华中科技大学民族精神研究院主持

国家教育部重大攻关项目"弘扬和培育民族精神研究"成果

民族精神研究丛书

主编：杨叔子 刘献君 欧阳康

民族精神研究丛书

杨叔子 刘献君 欧阳康 主编

现实挑战与路径选择
——民族精神的对策研究

刘献君 主编

人民出版社

总　序

杨叔子　欧阳康　刘献君

　　中华民族精神是中华民族在数千年历史发展中形成的以爱国主义为核心的团结统一、爱好和平、勤劳勇敢、自强不息的伟大精神。在发生亘古未有之巨变的近现代，中华民族精神一方面经受了巨大的挑战，显示出强大的生命力，但同时也得到了新的磨炼、丰富和扩展。在当今全球化的时代背景下，国家之间的竞争已不仅仅是经济实力的竞争，同时更是文化实力的竞争。一个民族，没有强大的科学技术，一打就垮；没有民族精神和文化，不打自垮。先进生产力的发展离不开先进的文化，而先进文化归根到底依赖于并体现于文化精神的先进。在全面实现小康社会的伟大历史征程中，在贯彻落实科学发展观的伟大社会实践中，中国特色的社会主义文化建设尤其应当把民族精神的培育和弘扬作为重中之重。江泽民在中国共产党第十六次全国代表大会上所作的报告中指出："面对世界范围各种思想文化的相互激荡，必须把弘扬和培育民族精神作为文化建设极为重要的任务，纳入国民教育全过程,纳入精神文明建设全过程,使全体人民始终保持昂扬向上的精神状态。"为此,2003 年教育部设立了哲学社会科学重大攻关项目"弘扬与培育民族精神研究"课题,华中科技大学组队申报获得成功。至承担课题后,又组成了课题组,课题组成员围绕如何弘扬与培育中华民族精神这一时代课题,从理论、历史、现实、比较、对策等不同角度进行了一系列深入的研究和考证。经过多年的精心组织、分工合作、联合攻关形成了本套丛书,集中反映了我们在这方面所取得的具有学术和应用价值的初步研究成果。

一

民族精神是一个民族在长期共同生活和实践中逐步形成和培育起来的,并通过他们特定的社会行为方式表现出来的思想观念、价值信念、性格与心理的总和。作为一种特定的文化现象,民族精神是一个民族共同的思想品格、价值取向和道德规范的综合体现,是被高度综合和概括了的一个民族的共同的精神品质和风貌。中国传统文化博大精深,源远流长,勤劳善良的劳动人民在长期的社会生产实践中逐渐形成了一系列优秀的文化传统和文化精神。在此基础上也形成了以爱国主义为核心,以团结统一、爱好和平、勤劳勇敢、自强不息为主要内容的中华民族精神。仁民爱物、忧乐天下、自强不息、与时偕行是中华民族精神的精髓。在全球化浪潮中,现代文明的示范影响早已突破商品生产和贸易往来,渗透到社会生活的方方面面,人们在日常生活中所接受的已不仅仅是本国本民族的文化传统和生活习俗,而且有来自世界各地的文化和信息。伴随文化交流而来的文化渗透,必然产生对民族文化的冲击,对于各民族的价值体系、思维方式、伦理观念、国民品性以及审美情趣,都会产生难以估量的影响。厘定固有民族精神的优秀因子,汲取其他民族精神的合理因素,凝聚中华民族的新的精神形态,是实现中华民族的伟大复兴并跻身世界伟大民族之林的必然要求。

开展民族精神研究具有深远的理论意义和实践意义。首先,该研究将有助于提高全体国民对民族精神重要性的认识,自觉地用民族精神指导、规范、激励自己的思想、意志和行动,成为合格的有美德的公民。其次,该研究有助于在经济全球化背景下,强化凝聚民族精神、加强民族认同的时代感和紧迫性,以爱国主义精神支持和激励民族的团结和国家的统一。最后,该研究有助于为精神文明建设提供根本的着眼点、新的思路和具体落实措施,从制度和规则上保障转变社会风气,有效地服务于全面建设小康社会,使物质文明、精神文明和政治文明及其制度建设协调发展,并为人类走出精神的低迷、形成新的文明做出贡献。

根据我们的考察,以往的研究成果虽取得了有目共睹的成绩,但还存在着严重的不足之处:

一是缺乏系统性。研究者往往仅仅从自己所在的学科出发来开展研究,而缺乏对于这个宏大课题的整体关照,少有从整体上去把握弘扬和培育民族精神这个论题的应有广度和深度。实际上,"弘扬和培育民族精神"这个论题是一个有自己理论体系的重大课题,从概念内涵、基本原理、基本规律到研究路径,应该是多层的立体的。

二是缺乏实证性。没有或少有关于民族精神现状的严密和求实的社会调查作为理论研究的支撑，因此研究难以深入，突出表现在论题和论证存在"泛化"倾向。如论证有一定的广度而深度欠缺，纵向谈论较多而横向比较研究很少。概而论之的多，深入具体分析的少。

三是缺乏比较性。对于国外和海外如何培育和弘扬民族精神不甚了解，缺乏多种参照系，也就难以更加科学合理地把握我们自身的民族精神。

四是缺乏时代性。对于如何在经济全球化和世界一体化的全新时代背景下培育和弘扬中华民族精神缺乏足够的关照。

五是缺乏建构性。对于如何科学合理和有效地弘扬中华民族精神缺乏具体和系统的探讨，缺乏对策性的建议，从而难以在实践中发挥积极作用。

有鉴于此，进一步开展弘扬与培育民族精神的研究就具备了现实的可能性和较大的探索空间。

二

我们的研究目标是：在认真学习吸取已有研究成果的基础上，努力克服在理论研究和实践运作中尚存的问题，科学地运用马克思主义哲学的基本理论和方法，立足于对世界格局、时代精神、中国特色的全面把握和深刻理解，以理论与实证、历史与现实、批判与继承、比较与借鉴相结合的方法，确立合理可行的研究思路和构架，围绕弘扬和培育民族精神的主题展开系列研究，构建和完善中华民族精神研究的理论体系，探索和寻求弘扬培育民族精神的实施策略和有效路径，为弘扬培育民族精神的实践提供理论与制度、机制上的支持。为此，我们分别从以下方面进行了深入细致的研究：

理论研究。旨在通过多学科交叉与综合基础上的学理性研究来奠定民族精神研究的学术和理论基础，其基本内容可概括为民族精神与民族生存、民族精神与民族文化以及民族精神与现代人的生存境遇三个部分。

历史研究。旨在以中华民族精神的起源、演化和发展进程为主线，通过深入研究来揭示中华民族精神发展的历史命脉和内在逻辑。

实证研究。目的是通过严密科学和广泛合理的社会调查统计和资料分析，展现当代中国人的精神生态，把握当前中国公众对中华民族精神的认同状况，揭示在民族精神的弘扬与发展实践中尚存的问题。

比较研究。我们力求以开阔的国际化视野将中华民族精神的弘扬与培育置于全球性的文化和精神碰撞之中，通过对跨国跨境不同文化和民族精神的比照和研究，尝试从海外境外寻求思想和学术借鉴，以推动中华民族精神的不断发展与创新。

对策研究。这是本课题研究的落脚点和归宿，旨在通过深入的历史与现实、理论与实践研究，探索有效弘扬民族精神的基本途径与方法。

三

本课题组自 2004 年年初启动"弘扬与培育民族精神研究"

课题后,专门成立了国内首家民族精神研究院,下设若干研究所,集中学校和海内外专家协同攻关;开设了"弘扬与培育民族精神"系列学术讲座,宣传造势,形成良好的学术和社会氛围;召开了"弘扬和培育民族精神"课题开题报告会和"全球化与民族精神"国际学术研讨会等,广泛开展国际和国内学术交流;在《华中科技大学学报》(社会科学版)开设了"民族精神研究"专栏,自2004年第1期开始到现在持续刊登本专题论文,已发表了近百篇相关专题学术论文。在进行学术研究的同时,我们根据国家教育部关于将中华民族精神教育贯穿在国民教育的全过程的要求,编辑出版了《中华民族精神教育读本》系列教材,分为小学版(含拼音版)、初中版、高中版,由华中科技大学出版社出版,力图将学术研究成果转化为教材和教学内容。教材已于2007年春季开始在湖北省部分中小学使用,迄今已印刷发行15万册,产生了较大的社会影响。

我们把弘扬与培育民族精神的研究从学理、实证、比较、对策等四个主要方面设立了相应的课题组,在课题负责人的带领下开展协同研究,取得了丰硕的和有价值的研究成果,形成了目前这5本学术专著。通过研究,在以下方面取得了一定突破:

其一,从人类生存的视角考察了民族精神与民族生存的相互关系;科学界定了民族精神的本质属性和文化内涵;探讨了民族精神与意识形态的关系;揭示了民族精神的道德支撑及其形而上学本质。

其二,探索了民族精神在表现方式上的多样性及其和时代内涵的统一性;揭示了民族精神与时代精神的关联;阐明了民族精神的相对稳定性及其与时俱进的变化性之间的关系。

其三,勾勒出比较清晰的民族精神的内容体系;系统阐述了民族精神与民族文化、哲学的民族精神与文化的民族精神之间的关系;全面把握中华民族精神的核心内容与构成要素、传统形态及其现代转换。

其四,探讨了中华民族精神与其他民族精神间的良性互动问题;分析了不同文化传统和民族精神比较研究的必要性和可能性;指出了民族精神比较研究中的误区并对民族精神比较研究中的若干前提性问题进行了反思;对与中华民族未来发展走向密切相关的东西方民族国家的不同文化传统和民族精神进行了较为细致深入的比较研究。

其五,结合实证研究手段,通过全面系统、科学合理的社会调查及其数据分析,揭示了当代中国人的精神生态和新时期的社会意识状况,为探索弘扬与培育中华民族精神的现实途径提供了可靠和有效依据。

其六,积极探索新时期培育与弘扬中华民族精神的有效途径和方法建议;把弘扬民族精神作为全面建设小康社会和人的自由全面发展的必要精神条件,为全面建设小康社会寻求理论资源和动力。

其七,研究了全球化进程中民族的自我认同和民族凝聚问题;为民族成员提供自觉弘扬、培育坚守民族精神的明确目标;同时提出了适应新的时代的以继承民族文化核心理念为基础的现代民族精神系统。

通过研究我们清醒地认识到,正如马克思所言,理论的难题无非是实践难题的一种观念表现。对于任何可能把理论难题探讨引向神秘主义的东西,都应当在实践中和对实践的合理理解中得到科学的解答。面对经济全球化和世界一体化的挑战,当代中华民族的民族精神应该而且必将在社会主义市场经济和现代化建设的实践中得以振兴、提升和发扬光大。当代中国特色社会主义建设的伟大实践不仅是民族精神的学术研究活动,更是中华民族精神的弘扬与培育最为丰厚的思想源泉和不竭的发展动力。

四

经过多年的精心研究,课题组成员积极探索了民族精神从理论走向实践的有效路径。但由于以下原因,本课题研究还需继续推进:第一,民族精神是一个非常重大和复杂的问题,具有很强的跨学科、跨地域和跨文化性,需要更加深入持久的研究;第二,从中央到民众对这个问题的认识与认同都在不断的深化和发展之中,尤其是社会主义核心价值体系构建和建设中华民族共有精神家园问题的提出,对于民族精神研究提出了更高的要求;第三,弘扬民族精神是一个涉及面很广、实践性很强、政策性很强的任务,需要更加全面深入的研究和探讨;第四,我们的学术平台刚刚搭建起来,学术队伍刚刚整合起来,学术研究的水平还有待提高,以推出更有分量的成果。

为此,我们准备在以下方面继续开展相关研究:一是继续深入开展理论研究,尤其是深入开展民族精神与社会主义和谐文化、民族精神与社会主义核心价值体系、民族精神与中华民族共有精神家园相关性研究。二是继续在民族精神层面开展国际学术对话与交流,积极学习借鉴其他国家开展民族精神教育的经验和办法,加强中华民族精神的国际宣传与交流,提升我国的国际影响力和竞争力。三是加强研究成果在实际中的推广应用。四是认真总结弘扬和培育民族精神的实践经验,在合适的时候推出适合大学生和各方面各层次人员需要的民族精神教育读本。五是开展民族精神与科技文化沟通与交融的理论与实践研究,探讨在现代条件下全层次有效开展民族精神教育的科学合理途径。

弘扬与培育民族精神是一个重大的研究课题,涉及的领域广泛,需要多方面的紧密合作。除课题组成员外,在课题设计和研究过程中,国内外、校内外的众多学者都不同程度地以各种方式参与其中,有的还参加了有关书稿的撰写,在此一并表示衷心谢意。课题的研究进展还得益于众多的博士生、硕士生的不断加盟,他们有的帮助搜集资料和翻译论文,还有的以此为题撰写学位论文。本丛书饱含着他们的汗水、辛劳和智慧。我们衷心希望,本丛书的出版不仅有助于民族精神研究的深化,而且能够对中华民族精神在当代中国与世界的弘扬有所助益。

人民出版社的领导和编辑为本丛书的出版费心谋划,特别是哲学编辑室的陈亚明主任、夏青编辑等同仁们的努力,促成本丛书顺利出版。在此表示由衷的敬意和谢忱。

目　录

前　言

　　本书研究内容属于教育部 2003 年度哲学社会科学研究重大攻关项目——"弘扬与培育民族精神研究"的"对策研究"部分,主要探索有效弘扬和培育民族精神的基本途径和方法。全书分为三个部分:第一部分,弘扬和培育民族精神的实施背景,主要分析经济全球化的历史趋势、社会主义市场经济建设、科学技术发展、社会主义政治文明建设等对弘扬和培育民族精神提出的新要求;第二部分,社会不同领域弘扬和培育民族精神的制度和机制保障研究,主要研究教育、文化、法律、传媒、思想政治工作等领域如何改革制度、机制以弘扬和培育民族精神;第三部分,社会不同群体弘扬和培育民族精神的实施策略和路径研究,弘扬和培育民族精神必须在具体的社会实践中进行,力图对中小学、大学、企业、部队、城市社区、农村社区、涉外等不同群体进行深入考察和分析,探寻弘扬和培育民族精神的内容、途径和方法。

　　本书以党的十六大、十七大精神为指导,以建设社会主义核心价值体系,增强社会主义意识形态的吸引力和凝聚力为目标,在研究的过程中,力图把握以下几点:

　　立足国情,立足现实。民族精神是来源于社会实践的一种重要社会意识,是对社会存在、社会生活的反映。在研究中,尽力了解中国现实状况,研究中国现实,把握中国社会发展的状况,总结中国经验,在此基础上认识中华民族精神的现状、发展趋势。为此,我们深入城市社区、农村社区、企业、学校、部队、涉外群体,通过问卷和访谈,进行了大量调查工作,获得了第一手资料;同时,查阅了各个时期的大量文献资料,学习党和政府各个时期开展民族精神教育的有关文件。

尊重历史，面向未来。"要全面认识祖国传统文化，取其精华，去其糟粕，使之与当代社会相适应、与现代文明相协调，保持民族性，体现时代性"①民族精神是历史的产物，它来源于历史的传统，丰富于时代精神，因此，要尊重历史，面向未来。中华民族精神历来具有与时俱进的品格，它随着时代的变化而推陈出新，不断丰富和发展自己的内涵。因此，在研究过程中，紧密注视时代的变化和发展，对经济全球化、教育国际化、社会主义市场经济的发展、网络化以及科学技术迅猛发展等对弘扬和培育民族精神的影响，进行了较为深入的分析。

积极进取，充满自信。面对国内外诸多因素的影响，我们既要看到弘扬和培育民族精神面临的严峻挑战，又不能处于一种被动的心态，显得底气不足、信心不足，而是要有主动积极的心态，对弘扬和培育中华民族精神要有充分的自信。"在五千多年的发展中，中华民族形成了以爱国主义为核心的团结统一，爱好和平，勤劳勇敢，自强不息的伟大民族精神。"②在中华五千年发展的历史长河中，涌现了无数英雄人物，在他们身上体现着浩然的民族正气，体现着中华民族的美德和社会公德。从大禹治水"三过家门而不入"开始到孔子"三军可夺帅，匹夫不可夺志"，孟子的"富贵不能淫，贫贱不能移，威武不能屈"；从诸葛亮的"鞠躬尽瘁，死而后已"，到范仲淹的"先天下之忧而忧，后天下之乐而乐"；从东林书院的"风声雨声读书声，声声入耳；国事家事天下事，事事关心"，到顾炎武的"天下兴亡，匹夫有责"，都充分体现了中华民族的民族精神随着时代的发展不断注入新的内涵。在民主革命时期先后形成了井冈山精神、长征精神、延安精神、西柏坡精神等；在新中国成立后又形成了抗美援朝精神、大庆铁人精神、雷锋精神、焦裕禄精神、"两弹一星"精神、孔繁森精神、抗洪精神，以及在抗击"非典"中显现出来的和衷共济、迎难而上的精神等，使我们的民族精神日益丰富、充满生机。

---

① 胡锦涛：《高举中国特色社会主义伟大旗帜　为夺取全面建设小康社会新胜利而奋斗——在中国共产党第十七次全国代表大会上的报告》，人民出版社 2007 年版，第 35 页。
② 江泽民：《全面建设小康社会主义事业新面向》，人民出版社 2002 年版，第 39 页。

本书紧紧围绕弘扬和培育民族精神的对策,着重讨论了以下问题。

一、从多学科视角,全面、准确地
把握民族精神

　　民族精神,作为一个文化体系来说,是一个综合体,涉及历史、文化、伦理、社会、政治、经济等方面,只有从多学科的视角来审视,才能全面、准确地把握民族精神。以往从政治、文化的角度研究比较多,本书在原有研究的基础上,侧重从经济、社会、科学技术发展等方面进行了研究。

　　从经济角度审视民族,民族首先是一个经济实体。一个民族,只有通过经济条件和物质手段上联结民族成员,构成区别于其他民族的利益共同体,并以经济条件和物质手段来保障民族的生存和发展时,作为一个实体的民族才有讨论的意义。因而民族精神和经济发展密不可分。一方面,一个民族的民族精神的形成与其经济发展有关;另一方面,民族精神对经济发展产生重要影响,这主要表现在:(1)作为一个民族长期演化的结果,民族精神是一个民族在道德上激励和约束民族成员行为的有效机制,它扮演着社会经济交往中“公正旁观者”的角色;(2)民族精神还可以影响民族成员的效用评价体系,从而最终改变民族成员的效用选择行为;(3)民族精神作为一个民族独有的文化内核和精神认同体系,它还是民族的文化防御机制和发展动力机制,从而构成一个民族经济进化的稳定进化策略的重要组成部分。研究中,本书进一步分析了市场经济与民族精神弘扬和培育的关系,指出,在社会主义市场经济条件下,弘扬和培育民族精神应从以下几方面着手:明确民族的时代任务,熔铸民族精神的时代特征;发展社会主义市场经济,夯实民族精神的经济基础;深化民族先进文化建设,完善民族精神文化支撑体系;加强社会主义精神文明建设,健全民族精神的转化与传承体系。经济全球化是一种重要发展趋势,在一个经济全球化的历史时期,各国人民的交流机会越来越多,其文化的交流与融合速度亦有越来越快的趋势。在这种情况下,只有弘扬和培育自己的民族精神,才能真正独立地参与各国之间的竞争与交流,而不至于在经济全球化的浪潮中丢失自己的根基,迷失自我。因此,现在弘扬和培育自己的民族精神成为各国十分重视的一项基本国策。

从社会学角度分析,民族精神是建构社会规范体系的内在核心部分,与其他重要规范处于相互补充、相互支持的关系中。法国启蒙思想家孟德斯鸠认为:"理性就是法的精神,就是民族精神。"一个社会的民族精神反映着这个社会的人们如何看待世界和他人,代表着某种特定的生活方式。我们正在努力建设和谐社会,需要弘扬和培育民族精神,这是因为:(1)民族精神是一种兼具精神气质和社会规范两种属性的社会存在,它与风俗、道德存在某种结构和功能上的互补;(2)民族精神是一种社会整合力量,使得单独的个人团结为一个共同体,和谐相处;(3)构建和谐社会,关键在于提高全体社会成员的素质,实现人的全面发展。人的全面自由发展需要弘扬民族精神,"民族精神作为一种对人内在的、本质的推动力量,其对人的自由全面发展的积极作用是普遍和永恒的。"[1]弘扬和培育民族精神是维护社会秩序,规范人们思想和行为的重要手段,更是一种重要的治国方略,是实现社会和谐的重要途径。

从法学角度分析,法律现代化是一个复杂的变革过程,在不同的国家和民族,这个过程的起因、发展、结果都表现出多样化特点,这其中各国本土的民族精神的差异性,是这种法律现代化多样性的内在原因。而在民族精神现代化过程中,如何确立国家、社会群体、个人之间的法律地位和关系,使得个人、集体和国家的关系,一方面适应现代化市场经济的法律需要,另一方面又适应中华民族精神中爱国和自强不息的心理诉求,成为中华民族现代化的核心问题。

人类进入了大科学时代,中华传统文化需要从现代科学技术发展中汲取营养,丰富民族精神的内涵。本书首先侧重论述了科学精神、科学方法和

---

① 唐永进:《弘扬民族精神与人的全面发展》,《齐鲁学刊》2005 年第 1 期。

科学知识与民族精神的关系。科学精神通过对科学实践活动的认识和抽象,科学教育实现信念的转变,对传统文化中科学精神的发掘等途径提升民族精神;科学方法可以通过思维方式和科学精神,提升民族的思维水平,实现民族的价值判断的合理性和价值追求的可行性,从而间接提升民族精神;由于科学知识构成了价值取向的客观基础,具有方法论功能,因而可以起到提升民族精神的作用。其次,在当代,科学技术发展日新月异,科学技术外在的巨大变革力量和内在的科学精神、科学理性正猛烈冲击传统文化,需要倡导科学理性,在价值观和认知模式中融入科学理性,以弘扬和培育民族精神。

二、分析和认识社会各群体民族精神教育的基本状况

随着社会主义现代化建设事业的蓬勃发展,人民生活水平的不断提高,党风和社会风气逐步好转,特别是由于党和政府不断强调加强和改进思想政治教育、不断强调弘扬和培育民族精神,人们的思想觉悟发生了可喜的变化,并创造了很多民族精神教育行之有效的新鲜经验。与此同时,我们必须看到,民族精神教育与时代发展的要求仍存在很大的差距。例如:就教育体系而言,存在的主要问题有:教育内容错位,缺乏层次性;教育体系不完整,缺乏全面性;教育方法简单,缺乏人文关怀;教育资源丰富,缺乏有效利用;流于造势,实际虚位等。中小学民族精神教育中存在课程目标不明确,缺乏教育的层次性;课程内容不系统,彼此之间出现重复和遗漏,民族精神教育方法单调,难以影响学生的心灵等问题。

农村社区的民族精神教育有赖于农村文化建设,但农村文化建设状况不佳,存在的突出问题有:农村文化的供给与需求矛盾突出,文化设施、经费、人才严重不足,农村文化空间缩小;农民生活所依赖的文化在物质标准

与媒体效应的刺激下,在社会文化当中越来越边缘化,且在边缘化的过程中,农村出现了一种无意识的精神上的不安,文化上的焦虑;农村文化建设能力不足所带来的种种弊端已有了比较明显的表现,妨碍了民族精神的弘扬与培育。现在,在农民温饱有余的物质基础上,培育和弘扬民族精神的关键在于培育群众参与村庄文化生活的组织与动员机制,通过乡村文化重建弘扬和培育民族精神。

在城市社区文化建设中,资源共享的跨界组织管理机制有待建立,大型文化设施的作用发挥有待挖掘,文化基础设施有待合理利用,文化资源有待充分利用。本书还从城市居民的国家观和民族观、人际关系观、诚信观、责任和义务观、利益观、劳动与奋斗观等方面对城市居民民族精神的现状进行了调查、分析。从调查情况看,我国城市居民目前对民族精神的认知总体上是积极的、健康的,但对有些问题的认知存在差异、不足和偏颇,特别是城市居民之间诚信的缺乏,导致个人认同与社会认同的差异,值得引起高度重视。

大众传媒发挥着引导社会价值观的独特功能,在弘扬和培育民族精神方面的作用无可替代。信息化、网络化和传媒文化对弘扬和培育民族精神提出了严峻挑战:信息化将中华民族精神置于世界文化体系之中,比较中出现了民族精神的迷失;网络化把人们的社会关系逐步移入虚拟空间,淡化了民族和民族精神;消费主义文化背景下的媒介主体形象,诱导社会泡沫心态,远离民族精神;揭丑性传播理念的兴盛致使社会丑陋现象充斥媒介,消解人们的民族自信心。

中国人民解放军在弘扬和培育民族精神中占有特殊地位。一方面民族精神是军队战斗精神的直接动力和源泉;另一方面,军队历来是民族精神最集中、最生动的体现者,在维护民族和民族精神的生存和发展中负有特殊的使命。军队和民族精神的关系,具体表现在:(1)军队和民族精神有着密切的联系。民族精神具有国防军事功能;军队是国家意志和民族精神最集中、最生动的体现者,也是国家意志和民族精神强弱兴衰的晴雨表;民族精神是一个民族在历史活动中表现出来的富有生命力的优秀思想、高尚品格和坚定志向,具有对内动员国防力量,对外展示军队形象的重要功能。(2)我军是体现民族精神的楷模,在这一方面有大量生动事例。(3)我军在传承中华民族伟大民族精神的同时,为民族精神注入了新的血液,培育了新的内涵。例如,"长征精神"、"南泥湾精神"、"雷锋精神"、"98抗洪精神"等,对丰富民族精神,增强民族凝聚力、向心力和为中华民族的自立、自强以及推进社会主义现代化建设产生了巨大影响,增添了无穷的精神力量。

三、研究弘扬和培育民族精神的制度、机制

弘扬和培育民族精神,必须有制度和机制的保障。制度具有规定性,它告诉人们能够干什么,不能干什么,给人们的行为规定了边界,正因为如此,制度可以使人们的行为达到预期的结果。从国家层面看,如何加强制度创新,推进弘扬和培育民族精神的工作,是一个十分重要的问题。我们通过研究,提出如下建议:(1)把民族精神的弘扬与培育纳入国家政治发展战略,高度重视民族精神弘扬与培育工作,具体体现在:把弘扬和培育民族精神纳入国民教育全过程,并大力抓好国民教育对民族精神的弘扬与培育工作;把弘扬和培育民族精神纳入精神文明建设全过程,大力抓好社会主义精神文明建设中弘扬和培育民族精神工作;党和政府率先垂范,大力倡导。(2)完善、创新政治整合机制,强化国家认同,具体体现在:加强党的建设,提高党的执政能力;维护中央权威,提高政府能力;完善利益整合机制与冲突协调机制;提高政治社会水平,强化国家认同。(3)建立、健全弘扬和培育民族精神的激励机制,具体体现在:大力宣传弘扬和培育民族精神工作,提高广大人民群众和全社会对弘扬和培育民族精神的认识,形成强大的弘扬和培育民族精神的社会舆论氛围;形成弘扬和培育民族精神的道德、政治评价机制;建立、健全弘扬和培育民族精神的奖惩机制;发展爱国统一战线。

我们对社会不同领域弘扬和培育民族精神的制度和机制也逐一进行了

研究。例如:全党全社会要为学校开展民族精神教育创造良好的法治环境。目前,针对民族精神教育中出现的一些问题,如自由的网络空间如何树立依法治网的法理权威,迫切需要进一步研究、讨论并制定出严格的、适当的法律法规,加强网络管理,打击网络违法行为。保护历史文化遗产,对于弘扬和培育民族精神十分重要,我们要建立和完善文化遗产保护的法律体系,逐步完善文化遗产保护的工作机制。

培育民族精神,有赖于人们对生存环境的感悟、对社会现实状态的评价、对重大公共政策的参与及对国家前途的预测,这些将影响人们对政府、国家乃至民族精神的判断和信心。而人们对政府、国家乃至民族精神的判断和信心从根本上有赖于制度的保障,要建立相关的制度和机制,如建立形势教育制度、建立畅通的言论传播机制等。

既然激发城市居民主动参与民族精神的建构,十分重要,那么,我们就要通过建立社区居民代表会议制度、社区居民座谈会制度等,完善社区居民自治自管制度,增强社区居民参政议政的积极性。

建立、健全弘扬和培育民族精神的奖惩机制。民族精神的弘扬和培育,一方面是要靠教育、宣传;另一方面,必要的奖惩不可缺少。我们要通过建立、健全奖惩机制,褒扬实践民族精神的行为和个人。这种奖励既应该有精神上的,也应该有物质上的,乃至行政与政治上的。总之,要通过建立、健全奖惩机制,一方面,使弘扬和培育民族精神的行为者获得道义上的褒扬和利益上的保障,另一方面使背离民族精神或不利于弘扬和培育民族精神的行为遭到道义上的谴责和利益上的损失。

四、探索社会不同群众弘扬和培育民族精神的对策

本书在分析宏观背景、剖析现状、分析问题的基础上,重点对社会不同

群体弘扬和培育民族精神的对策进行了研究。

　　教育战线是民族精神教育的主阵地,肩负着弘扬和培育民族精神的重要任务。首先,提出了建构民族精神教育层级分明的教育体系,内容包括:发挥各级各类学校教育的主阵地作用;确定统一但分层次的民族教育目标;教育内容在不同层次学校中不断深化;创新民族精神教育方法。接着,提出了分层次的民族精神教育目标:幼儿园教育——民族精神启蒙的最佳时机;小学教育——养成良好行为习惯,培养基本的民族素质;中学教育——将民族精神教育与塑造良好国民素质相统一;大学教育——培养和弘扬民族精神的先进群体。在此基础上,分别对中小学、大学民族精神教育的具体内容、方法进行了研究。例如,通过研究,设计了中小学民族精神教育内容体系,教育内容的主要方面有:修身之道;尊师敬长之情感;为人之德;为民之道(爱国主义)。通过研究还对每一方面提出了具体内容,以爱国主义为例,内容包括认识中国国情、热爱祖国河山、学习祖国的传统文化、自觉维护民族团结、维护国家主权和国家安全、爱国历史教育、公和私八个方面。而且,根据小学、初中、高中的不同状况,提出了各自的内容标准。以“认识中国国情”为例,小学教育内容标准为“知道中国是一个文明古国,初步了解本地经济、科技、文化发展状况”;初中教育的内容标准为“了解近代中国在国际上的地位及列强对中国侵略的简况,知道今天中国是一个发展中国家”;高中教育的内容标准为“正确认识与看待中国情况,分析中国在某些方面落后的原因,增强使命感与社会责任感”。

　　对农村社区,从农村文化建设的角度弘扬和培育民族精神,提出了两条具体对策:建设老年人协会;激活群众文化生活。由于老年人数量大,在村民中影响大,在农村民族精神教育中起到十分重要的作用,老年人协会的建立十分重要。研究人员一方面根据全国70万个村,每村建设一个老年人协会,每个协会补给5000元,共需35亿,提出建议,将国家转移支付粮食、种子“直补”给农民费用中的一部分,直接通过财政拨款拨入老年人协会;另一方面,开始在湖北荆门、洪湖市的六个村庄进行通过建设村民老年人协会来重建乡村文化的乡村建设实验,取得了初步成效。在大力发展农村群众体育方面,提出了以下对策:重建村庄文体活动组织,如"文体队";在形式上注意与农业生产劳动的特点相结合;在内容上注意竞技性与娱乐性结合;正确处理群众体育运动中的一些特殊问题,如运动中因村民的宗族、派性等力量的相互作用而产生的一些问题。积极发展农村群众文化,则应十分重视地方戏曲的开发、发展。

对于企业弘扬和培育民族精神提出了以下实施策略:把握市场体制改革,从企业生存的外部环境建设抓起,发挥其对企业发展的导向性作用;唤醒全民企业治理意识,切实加强制度机制建设;加强企业管理和企业文化建设的协调统一发展;加强团队建设和充分发挥个人主观能动性。

对城市社区则从挖掘历史文化,弘扬革命文化,重塑大众文化,建设城市新文化以及加强城市社区文化建设,激发城市居民主动参与民族精神的培育等方面提出了对策。

针对大众传媒的状况,弘扬民族精神提出从以下几方面着手:从制度上建立畅通的外来信息接收渠道,在开放的环境中引导国民理性对待外来文化;加强中华优秀文化及中国新闻信息的对外传播力度,抵制西方文化霸权和信息霸权,树立中国在国际上的良好形象,增强国民的民族自豪感;建立畅通的言论传播机制,以充分的意见表达和沟通增强民众自信心;重塑媒介主体形象,挖掘其体现民族精神的内涵,引导社会主流价值观;抓住重大历史时刻,报道国人在创造历史中迸发的民族精神,教育大众;在监视社会环境中弘扬正气,增强公民对生存环境和民族未来的信心。

思想政治工作方面,提出了"组织推进"。"组织推进",即党和政府运用党组织的或行政组织的权力依法对某些社会事务实施影响,以推动这些事务的进展。"组织推进"是中国共产党和人民政府政治优势的体现,具有强制性的力量。弘扬和培育民族精神,符合国家利益、民族利益、人民利益,也符合每个公民的个人利益,需要有力的"组织推进"。

在军队弘扬和培育民族精神方面,提出了应按照三个统一的原则,做好几个方面的工作,即:坚持继承性和创新性相统一,大力培育战斗精神;坚持广泛性和针对性相统一,不断增强弘扬和培育民族精神的有效性;坚持多样性与经常性相统一,形成弘扬和培育民族精神的长效机制。

　　涉外群体(指参加与异国人交往的活动即涉外活动的人们通过某种社会关系联结起来,进行对外交流活动和感情交流的集体)作为民族精神的传播者、弘扬者和建设者,在对外传播中华文明、彰显中华民族精神的同时,起到不断吸收外国优秀的文化并不断丰富中华民族精神的重要作用。中华民族精神能增强涉外群体的凝聚力,为涉外系统提供无价的无形资产。民族精神是涉外群体重要的精神旗帜,是反映我国涉外群体整体素质的重要尺度。涉外人员是做好弘扬中华民族精神工作的决定性因素。我们要针对外交机构、涉外商务群体、教育文化群体、青年涉外群体、"海归"学者等不同群体,分析其特点,制定相应教育方案,明确教育目标、内容和方法,把民族精神教育有效地贯穿到涉外群体教育的始终,使以爱国主义为核心的民族精神内化到每一个涉外人员的思想道德素质之中。

第一章

社会主义市场经济
与民族精神的弘扬
和培育

　　民族精神,作为一个民族的最基本和最核心的集体价值观和集体行为准则,是一个民族在长期的集体互动过程中形成的,具有自身显著特征的价值认同体系。维系这样一个价值认同体系,是不同民族特征得以确立的基本前提条件。在过去信息不畅的时代,各民族无论是外在表现还是内在的文化精神上,均存在明显的差异;但在目前文化交杂和社会政治经济制度嬗变剧烈的今天,一个民族要维持自己民族的独有性,在外在层面已无可能,①因而在精神层面,如何固守本民族千古不易之特质,并结合时代特征,将之发扬光大,传于后世,便成为当前许多民族国家所亟待解决的问题。

　　尽管在一般意义上,一国民族精神的维系和传承更多地被视为是文化领域研究的范畴,但文化的提升与传承,究其实质,却与人类的经济行为和

---

①　我们可以看到,这种器物层面趋同的在社会微观和宏观上都表现得十分明显:微观方面,偏僻落后的非洲部落地区,现代文化传播,仍然会使得这些落后地区的时尚人士在衣着打扮上紧跟世界潮流;而宏观方面,一个非常落后的国家,它在国家治理形态表征和结构上,与世界上的先进国家的模式也相差无几。这种器物趋同的原因实际上是社会群体中模仿效应在全球层面上的放大,它同时也是全球化的一个重要表现。

活动有着密不可分的关系。早在两千多年前,管仲的名言"仓廪足而知荣辱,衣食足而知礼节"(《管子·牧民》),就曾清晰阐述经济发展水平与民众文化水准维持之间的关系;而马克思主义政治经济学,更是透彻地指明:经济基础决定上层建筑,上层建筑反作用于经济基础。① 作为上层建筑组成部分之一的民族文化,自然受社会的经济发展水平和形态影响至深,并在同时也会影响本国的经济发展方式和水平。

从当前社会来看,市场经济,作为当前被证明是最有效率的资源配置手段,正以一种"世界潮流,浩浩荡荡,顺之者昌,逆之者亡"的气势席卷全球;市场经济体制的全球扩展,已经并且正在深刻改变着每一个正在和已经建立市场经济体制的民族国家的经济结构和社会行为,由此,也形成了对这些民族国家原有民族文化的巨大冲击和挑战。中国,正是属于这种被市场经济深刻改变着的国家之一。由于文化与经济存在这种紧密关系,所以我们将从经济学的角度,来研究经济制度变迁与民族文化的传承和发扬之间的关系问题,特别是中国的社会主义市场经济建构与中华民族精神弘扬之间的关系问题。

作为理论基础,本章第一部分将首先从经济学的角度审视民族与民族精神的经济含义;第二部分,我们将分析社会主义市场经济与中华民族精神之间的相容性;第三部分则是研究如何促进市场经济深化与民族精神弘扬之间的良性互动和协调共进,第四部分是一个简单的小结。

---

① 马克思指出:"我所得到的、并且一经得到就用于指导我的研究工作的总的结果,可以简要地表述如下:人们在自己生活的社会生产中发生一定的、必然的、不以他们的意志为转移的关系,即同他们的物质生产力的一定发展阶段相适合的生产关系。这些生产关系的总和构成社会的经济结构,即有法律的和政治的上层建筑竖立其上并有一定的社会意识形态与之相适应的现实基础。物质生产的生产方式制约着整个社会生活、政治生活和精神生活的过程。不是人们的意识决定人们的存在,相反,是人们的社会存在决定人们的意识。社会的物质生产力发展到一定阶段,便同它们一直在其中运动的现存生产关系或财产关系(这只是生产关系的法律用语)发生矛盾。于是这些关系便由生产力的发展形式变成生产力的桎梏。那时社会革命的时代就到来了。随着经济基础的变更,全部庞大的上层建筑也或快或慢地发生了变革。"

一、经济学视角下的民族与民族精神

由于学术界存在所谓政治民族(political nation)和文化民族(cultural nation)的区分,①为了分析的方便,在进行本节的讨论之前,我们需要首先界定民族的含义。以下若非特殊指明,我们谈到民族时,都是指政治民族。它一定与国族(nation-state)观联系在一起。② 但我们会放宽民族国家中(one people,one nation,one state)的一般假定,允许在一个民族国家中存在多个族群。也即在我们以下的讨论中,谈到民族时,我们一般给定其是一个拥有空间(space)和族群(ethnics)集合的群体。

(一)民族的经济目标

由于民族是一个多维度概念,即使沿着政治民族的分析思路,我们仍然会发现,认定一个民族的本质性特征仍然存在着诸多角度。③ 但在这些已有的从客观特质、主观意识或综合角度等不同视角给出的种种有关民族定义中,对民族的经济特质的挖掘的定义和解释却并不多见。目前仅见于斯

---

① 对于这两者之间的异同,朱伦就讲得很清晰:"所谓政治民族,指的是以现代主权国家为单位的人们共同体,习惯直接称 nation;而文化民族,则指的是不与国家相联的人们共同体,一般称 nationality 或 people。(注:两者含义有相同有不同,不同的地方在于前者一般适用于独立国家内部的世居人们共同体,后者除可做前者的同义词外,特别用于指称非政治的历史文化共同体。)当代西方民族主义理论研究者一般认为,'政治民族'的概念可以包含不同的'文化民族',因为并不是任何文化民族都可能实现独立。"

② 方维规谈到,政治民族是"在近代主权国家以及专制统治形成过程中发展起来的、以主权国家划分民族的倾向渐渐崛起,nation 概念也因此逐渐获得了总括性的、追求国家民族(state-nation)的明确政治意义;继之是追求民族/国家之建构(nation-building)。不管是'国家民族'还是'民族国家'(nation-state),其根据都是民族与国家的契合,即民族必然组建国家,国家必然创建民族"。

③ 对于民族概念纷繁复杂的表述,维基百科全书(维基网页:http://zh. wikipedia. org/wiki/%E6%B0%91%E6%97%8F)对此作了一个非常简明而又全面的说明。

大林在《马克思主义与民族问题》给出的定义中,提到了民族的经济特征。斯大林指出一个民族的经济内涵是"共同的经济生活"①。虽然斯大林对何为"共同的经济生活"的描述有失之粗疏之嫌,②但这一论断却清晰地表明,尽管民族依存根源可能来自血缘的、地理的乃至文化的诸种因素,但一个民族成员间在经济利益上的关联性和民族整体经济利益整合性是不容忽视的。

从经济角度审视民族,我们应当承认:民族首先应当是一个经济实体。所谓经济实体,是指民族本身具有经济产出的功能,它通过组织民族成员从事物质生产,来获得本民族生存发展所需的相应的物质条件,并在这种物质条件下,构成具有本民族特色的民族上层建筑。③ 一个民族,只有能够通过经济条件和物质手段连接民族成员,构成区别于其他民族的利益共同体,并以经济条件和物质手段来保障民族的生存和发展时,作为一个实体的民族才有讨论的意义。为了明晰我们对民族的经济功能的讨论,我们首先考虑在封闭情形下,一个民族维系的最低要求,然后我们将会推广到开放的环境中,一个民族存在需要的经济条件。

在封闭条件下,给定资源禀赋,对一个民族而言,其经济上压力表现为:民族是否能够在民族内部有效组织生产和分配,满足民族成员对物质产品

---

① 斯大林认为:"民族是人们在历史上形成的一个有共同语言、共同地域、共同经济生活以及表现于共同文化上的共同心理素质的稳定的共同体。"

② 斯大林指出:"单有共同的地域还不能形成民族。要形成民族,除此以外,还需要有内部的经济联系来把本民族中各部分结合为一个整体……总之,共同的经济生活、经济上的联系是民族的特征之一。"但这种所突出的"共同经济生活",在他所举的所谓格鲁吉亚民族的例子中,却是我们今天所熟知的市场联系,或曰商品经济,他指出:"而且在直到19世纪后半期格鲁吉亚才成为民族,因为当时农奴制度的崩溃和国内经济生活的发展,交通的发达和资本主义的产生,使格鲁吉亚各个区域之间实行了分工,彻底打破了各个公国在经济上的闭关自守状态,而把这些公国联成一个整体。其他一切度过了封建制度阶段,发展了资本主义的民族也是如此。总之,共同的经济生活、经济上的联系是民族的特征之一。"但市场经济联系能否等同于民族的共同经济生活的全部特征? 实际上是值得商榷的。

③ 而恩格斯曾经精辟地指出:"……人们首先必须吃、喝、住、穿,然后才能从事政治、科学、艺术、宗教等等;所以,直接的物质的生活资料的生产,从而一个民族或一个时代的一定的经济发展阶段,便构成基础。人们的国家设施、法的观点、艺术以至宗教观念,就是从这个基础上发展起来的,因而,也必须由这个基础来解释,而不是像过去那样做得相反。",这一论断对于我们理解和分析民族问题有着重要的启示意义。

的需求？这种满足包括主观和客观两个层面：

（1）所谓客观层面，即民族的经济产出和分配制度是否能保证每个民族成员及其家庭的简单再生产？换言之，民族的经济产出能力是否能够让大家活下来？这构成民族的生存标准（criterion of national survival）。一般而言，这种生存标准取决于这个民族所受的自然环境条件的约束。在给定一个民族人均的最低生存标准的条件下，一个民族在封闭条件下经济能力的最低标准，将服从于人口增长规律的支配：民族的经济增长率必须等于民族人口自然增长率。

（2）所谓主观层面，是指民族现有的对经济产出的分配结果是否能为每个民族成员所认同？这构成了民族内分配的公平标准。满足这一条件，就意味着民族在组织内部，实现了对经济发展成就的合理有效的调剂和分配，维持了民族内部的凝聚和团结。这是保障民族不至于内部分裂的基本经济保障，因而也是一个民族维持自己民族群体内部生存的基本前提，我们称之为民族的内部凝聚条件，它构成了民族存在的族内公平标准（criterion of inter-national equity）。①

而在开放条件下，民族在经济上将会受到其他民族的竞争压力，所以，对民族而言，封闭条件下生存标准和公平标准的目标将难以保证一个民族适应竞争的需要，这时，民族必须要追求动态的发展：即在一个开放和竞争的环境中，一个民族相对于其他民族，具有相应的竞争优势，保证本民族不被诸种竞争（经济竞争、文化竞争、军事竞争）淘汰，实现本民族的繁衍和发展。② 这在经济学上可以刻画为：在开放条件下，给定资源禀赋，一个民族是否能够具有比其他民族在资源配置上更高的效率？这种更高效率的民

---

① 孔子的名言："闻有国有家者，不患寡而患不均，不患贫而患不安；盖均无贫，和无寡，安无倾。夫如是，故远人不服，则修文德以来之。既来之，则安之。"（《论语·季氏篇》）就描述了对一个组织内部公平标准的重要性，当然，公平标准带有很大的主观性，它在很大程度上是意识形态产物。

② 在人类发展史中，有很多竞争不过其他民族而消亡的民族，这在中国历史中就有很多的例证。如中国古代历史文献中曾经出现过的戎、狄、夷、蛮、鲜卑、羌、大月氏、契丹等，迄今都成为了历史。

族,往往体现为更大的经济规模、更高的人口承载总量和更多的社会财富,这也就意味着其在民族竞争中具有更大的优势。这是一个民族能否得到最终发展的必然要求。我们称之为民族的外部效率条件。需要指出的是,当存在外部的民族竞争时,一个民族努力实现竞争优势,也是防止本民族成员分解的重要的经济保障。它构成了民族存在的族际效率标准(criterion of intra-national efficiency)。

这三个标准中,民族的基本生存标准和族内公平标准是一个民族存在性的保证,族际效率标准是民族发展性的保证,民族在经济上只有满足了三个条件,它在经济上才有存在合理性。否则,这样的民族终将在社会竞争中日趋衰落并走向消亡。

总之,一个民族要实现自己的生存和发展,就必须实现这三个标准,它们构成了确保一个民族屹立于世界民族之林的基本经济条件。[①]　而实现这三个条件,就表明民族是一个经济学意义上的追求"最大化"的组织。

(二)民族的共同行动的经济分析

毫无疑问,为了实现民族的生存和发展的目标,一个民族需要能够有效地组织和协调本民族的成员的集体行动。但由于民族是由多人组成的一个利益共同体,如何保证共同行动中民族成员的一致性? 便成为了一个民族能否达成目标的一个关键所在。

现代博弈论告诉我们,合作存在是需要两个基本条件的:(1)大家合作比不合作要好,也即 $1+1 \geq 2$;如果不满足这一条件,这说明大家不合作比合作至少不差,合作因而缺乏经济上的合理性。这在合作博弈中被称为集体理性(collective rational);(2)每个参与人参与合作所得到的收益至少不少于他不参与集体行动所能获得期望收益,如果不满足这一条件,这说明一个人单干至少不比他参与到合作行为中差,个人将缺乏参与合作的动机。

---

① 按照这一要求,所谓市场条件或曰商品经济,只是一个民族为了达到这两个条件而采取的备选方案之一,由此可见,斯大林对民族共同特征的所谓经济方面的定义并未穷尽民族的全部经济功能。

这在合作博弈中被称为个人理性(private rational);只有满足这两个条件,人们的合作行为才有可能产生。①

因而对一个民族而言,要保证民族成员行动的一致性,它必然应当体现出:(1)所有民族成员参与这个民族的合作与协调,所获得的总收益要不小于每一成员或其中一部分人合作所产生的收益之和,这是民族的集体理性约束条件。(2)这个民族中任何一个人参与民族群体合作所获得的收益一定不小于他脱离群体所获得收益,这是个人理性约束条件。上述的两个基本条件实际上就等价于合作博弈中所要求合作存在的两个基本条件:集体理性和个人理性。如果不满足集体理性原则,民族的存在就缺乏意义;如果不满足个人理性的原则,民族成员就会彼此疏离分化,民族也就会陷入分裂的危险境地;因而,我们可以总结出民族有效行动的两个基本经济尺度:一是民族利益最大化;二是个体利益最大化。

然而问题在于,如果仅从物质利益的衡量标准来看,民族利益并不必然和某个或某些民族成员的物质利益最大化统一在一起。甚至在某些时候会出现两者抵触的情形。一种情形便是,一个民族通过某一集体行动促进了经济增长,但在这种增长中,某些民族成员的个人福利水平却没有提高甚至下降,如何保证这一部分人能够认同这样一种发展结果而不进行抵制和反抗? 另一种情形便是在某些情况下,某些民族成员在追求个人物质利益最大化的过程中功能会与民族整体利益相违背,②如何有效约束这些人的行为?

从经济学上看,解决第一种情况,一方面可通过合作行动结束后,获得最多利益的民族成员自发地对在这种合作中的获得最少利益的民族成员进行利益补偿,这在合作博弈当中被称为旁支付(side payment);另一方面也可通过带有强制性的国家的转移支付(transfer payment)政策来实现这种补偿。

---

① 对合作博弈的相关理论,请参阅迈尔森的相关论述。
② 卖国求荣就是这一情形的最好例子。

而解决第二种情形,可以通过施加事后的惩罚条件来约束民族成员的行为。只要事后的这种惩罚是可置信的,并且这种惩罚施加之后的力度能够保证:违背民族整体利益而追求个人利益最大化的民族成员,其个人预期收益小于他不违背民族整体利益时的个人的保留收益,民族成员的行为将会得到很好的规范。

但问题并不能说到此就得到了很好的解决,因为要实行以上的这些经济手段,可能还会存在成本过高的问题。比如,如何认定合作中利益最少的民族成员? 他的利益最少到底是因为现有的行动的必然结果所致,还是因为他在合作中自我努力不够所致? 由于民族成员的群体性,信息不充分将会使得界定最少获利群体面临困难,机会主义行为也会由此盛行,并最终损害集体行动的有效性;又如这些获利最多的民族成员,他可以自发拿出一部分收益来补偿,他也可不拿,在他缺乏自觉性的同时,国家强制性的征收也会存在一个征收成本的问题,同时也可能会影响着一部分成员的积极性;再如施加事后的惩罚问题,不仅会存在一个惩罚的执行成本问题,[①]同时,单纯的惩罚也不能解决成员的积极性问题,不作为或曰冷漠现象也会出现。[②]以上种种,都充分表明,当交易成本过高时,有效的经济行动将会变得十分困难,民族的生存和发展也会因此而陷入窘境。

所以,在这种情形下,为了降低交易成本,有效协调民族成员的行动,除了经济手段之外,还必须诉之于必要的非物质的手段特别是文化和思想来进行民族整合。正是在这层意义上,民族文化或价值观的经济价值就体现出来了。

(三)民族精神的经济效用

在经济学中,对于道德文化等非物质手段与经济发展的关系的研究由来已久。早在18世纪,经济学巨匠亚当·斯密在《道德情操论》中,就着重论述了"情感"(sentiments)对于经济发展中社会和谐的实现所具有的不可

---

① 如一部分贪官污吏,他们损公肥私,从根本上损害的是民族的利益,但当他们跑到国外去时,惩罚的执行成本就是一个突出的问题,这往往导致惩罚的不可执行。
② "拔一毛以利天下而不为"就是一种典型的不作为或曰冷漠。

替代的重要作用。在斯密的论述中,我们可以看到这位现代经济学的创始人对道德伦理与人们经济行为之间的复杂关系的深切关注。19世纪,马克思和恩格斯从历史唯物主义和辩证唯物主义出发,通过生产力与生产关系的交互作用理论,深入分析了作为上层建筑的文化、宗教与经济基础之间的关系。

进入20世纪后,对文化、宗教、民族特性等非物质条件与经济发展分析就更加深入和广泛。这其中值得着重指出的是德国社会学家和经济学家马克斯·韦伯的工作。他通过其具有争议性的著作《新教伦理和资本主义精神》,揭示出了文化形态对社会群体的经济行为的深刻影响。在这本书中,韦伯以自己独有的推演方式和翔实的史料,令人信服地刻画出了新教伦理对当代资本主义兴起所产生的巨大作用。① 与其同时代的美国旧制度经济学派则从社会学的视角分析了人们的社会因素(包括文化因素)对人们经济行为之间的影响作用。虽然早期的先驱已就此问题作出了可贵的贡献,但这些讨论在当时的经济学理论研究中并未得到充分的重视。

直到20世纪60年代以后,随着新制度经济学派兴起,对经济发展中文化作用的探讨又被纳入了经济学家们研究的视野。新制度经济学代表人物诺思(North,1990)认为,一国的经济发展受三种重要的制度影响:产权制度、国家和意识形态。其中,意识形态作为一个国家和社会的基本共识,它能有效地克服集体成员间的机会主义行为和搭便车的动机,降低制度变迁的成本,是有效制度变迁实现的一个重要保障。由于意识形态实际上就是一种文化的集中体现,所以,诺思的分析是强调了文化对于一个社会在行动整合和行动协调上所具有的重要作用。

文化除了这种整合和协调作用之外,学者们还在更广泛的意义上,讨论了文化对于经济的影响:(1)它可以形成组织文化,组织文化会影响一个经济组织的行为,从而影响经济绩效;(2)文化会影响社会大众的消费和储蓄行为,从而影响宏观经济波动;(3)文化还会影响一个社会中制度的构成形态和

---

① 对韦伯思想的进一步深化可参见 Blum and Dudley 的一个工作,他们利用演化博弈和小世界模型将韦伯的思想模型化了。

制度效率;(4)文化还会影响一个社会的网络形态,从而影响人们的交互行为方式;(5)文化还会构成社会资本的一部分,影响一个经济社会中信息的传递。

正如我们在开始所指出的,民族精神,作为一个民族的最基本和最核心的集体价值观和集体行为准则,它是一个民族在长期的集体互动过程中形成的、具有自身显著特征的价值认同体系。民族精神是民族文化的一个重要组成部分,因此,上述有关文化之于经济发展作用同样也会在民族精神与经济发展的关系中表现出来。但由于民族精神的特殊性,它对经济发展的影响还在于:

其一,作为一个民族文化长期演化的结果,民族精神是一个民族在道德上激励和约束民族成员行为的有效机制,它扮演着社会经济交往中"公正的旁观者"角色。由于民族是一个群体,因此,为了有效约束和监督民族成员的行动,社会需要形成一种基本的原则和秩序。这种原则和秩序除了社会成文的规则之外,更多的是通过文化、伦理等社会基本共识来体现的。对于这一点的认识,斯密的《道德情操论》就予以了充分揭示。在这本巨著中,斯密提出一个重要的观点:在个人理性的社会中,个人行为会受到"社会中公正旁观者"的裁决。所谓"社会公正的旁观者",是指在社会成员的同情(fellow feeling)①以累积方式形成的整个社会共有的"同情"对社会成员行为的制约作用。累积的同情会使得"同情、不同情已经不仅仅只是人际关系中的和谐或冲突感,而是成为具社会仲裁性质的奖励和惩罚了"。实际上,民族精神正是在长期的民族成员互动过程中形成的对民族基本交往规则和基本目标的"同情",它包括民族认同感、对民族社会交往规则的尊重感和民族成员行为基本特征等一系列组成要素。一旦形成了这样一种"同情",民族精神就是一个民族在道德上激励和约束民族成员的有效机制。它通过扮演"公正的旁观者"的角色,对民族成员的行为形成很强的舆论约束并影响着民族的经济生产和消费。

---

① 这种同情并非我们通常所理解对弱者的怜悯。它是指"人同此心,心同此理",是指人们对社会基本原则的认同或曰同感。斯密认为这种"情"来自于造物主的创设的原则,这和后来康德的"绝对理性"的概念有相通之处。

　　其二,长期而言,民族精神还可以影响民族成员的效用评价体系,从而最终改变民族成员的效用选择行为。对一个民族而言,其民族利益与民族成员的个人利益的协调是民族稳定的关键。为了保证民族成员始终将民族利益置于首要位置,一个民族必须通过有效的意识形态和民族文化,改变民族成员的效用评价序列,换言之,这种有效的意识形态和民族文化将会使得民族成员的效用选择呈现出典型的字典式排序:只要某一行动 A 导致的民族利益的提高比另一行动 B 要高,那么,不管这一行动对个人利益的影响大小,民族成员将严格偏好于行动 A。这就是我们通常所讲的:民族利益高于一切。而且一旦民族成员接受了这种意识形态,那么,他的行为将会呈现出:在追求民族利益最大化化的过程中,个人利益(物质利益和非物质利益的总和)实现总能最大化。这样一来,民族通过统一的意识形态和文化的整合,使得集体行动所需要的两个条件:集体理性和个人理性同时得以实现。

　　其三,民族精神作为一个民族独有的文化内核和精神认同体系,它还是民族的文化防御机制和发展动力机制,从而构成了一个民族经济进化的稳定进化策略(ESS,evolutionary stable strategy)的重要部分。现代社会学的研究已经揭示出社会组织和生物组织一样,都拥有维护组织稳定的防御机制。这种防御机制的作用在于在满足和服从于组织最大化目标的条件下,能够消化短期的扰动和干扰(外部和内部的),实现组织面对冲击时的"稳健性"(Robustness)。① 民族精神正是一个民族所构造的核心的防御机制,它在经济上的作用在于:

　　一是通过民族精神的普遍价值观在民族成员内的教育和传承,整合民族成员对民族的忠诚感和认同感,调节民族成员在民族内部经济生产、分配、流通、消费等领域的行为,防止本民族成员的内部分化,维持群体的内部稳定性;当一个民族通过民族精神实现民族的内部稳定时,民族精神便在一般意义上转化为这个民族的基本价值观和民族的基本行为特征,并更多地泛化为这个民族的教化文化,并在民族成员间得到自我复制和加强。

----

① 稳健性即工程中所指的鲁棒性,其本意是指一项工程项目本身的稳定性,后多用于表述一个组织和机体的稳定性。

　　二是通过将民族精神贯注到民族国家的组织权威体系中,强化民族成员对民族整体性经济政策的支持和认同,实现本民族成员的一致行动,适应外部的经济环境变迁和经济冲击,维持民族经济体系对外的稳定性。当一个民族通过文化整合和精神统一来维持对外的稳定性时,民族精神便与民主主义产生了紧密的联系,虽然民族精神不同于民族主义,但民族主义对民族利益的最大化的追求和民族精神是一致的。民族主义背后都有民族精神的基础。① 事实上,发展经济学中的所谓"民族主义的发展理论"②,就清晰地折射出了第二次世界大战后广大新兴的民族国家,面对外部经济环境变迁时,民族精神对于民族经济战略调整所产生的巨大影响。③

二、市场经济与中华民族精神的相容性

　　在第一部分的分析中,我们已经指出了:一个民族的根本任务是追求民族的生存和发展,因此在经济上应当体现为追逐利益最大化的行为主体。这种利益最大化既包括民族的总利益最大化,也包括在这个民族内部每个成员的个人利益最大化。为了实现这种最大化,一个民族可以通过选择不同的经济制度,来配置本民族所拥有的资源和要素。

　　在经济制度的选择过程中,有两种动力机制驱使一个民族需要不断地

---

① 对于两者之间的形象的解释,伯林接受代尔斯的采访时,谈到"受伤的'民族精神'就像被压弯下的树枝,因为是用强力硬压下去的,一旦放开就会猛然反弹。民族主义是因为压抑紧绷造成伤口所致,至少西方的民族主义是这样发生的。"有关民族主义更全面的探究,可参见洪镰德的相关论述。

② 在战后主要的经济发展理论中,结构主义和新制度主义的发展理论背后都有民族主义的影响(对于结构主义和新制度主义的发展源头上的民族性影响,请参阅 Preston. P. W. 或参考台湾世新大学王志弘所拟定的"社会发展理论与研究"教学大纲的附录部分);而激进主义的发展理论尽管在理论上受马克思主义影响很深,但在实践上却体现出了很强的民族性特征,发展中的民族国家对经济发展和经济独立近乎焦渴的心态是激进主义理论能够成为政策的一个关键所在。

③ 有关对战后民族国家的经济发展努力的计量分析,请参阅 Carl Mosk 的相关论述。

寻求经济制度的效率改进：(1)本民族人口自然增长会对经济发展提出更高的要求；(2)外部的不同民族间经济竞争压力,也会要求一个民族实现其经济体制的竞争效率。而为了保证民族经济制度的顺利变迁,除了要在经济上提供可预期的经济刺激之外,一个民族还需要通过其民族文化来降低制度变迁的成本。民族精神正是一个民族文化的集中体现。民族精神在经济发展的作用体现为：(1)维持民族内部在经济变迁过程中的群体稳定性；(2)实现本民族成员的一致行动,适应外部的经济环境变迁和经济冲击,维持民族经济体系对外的稳定性。

经济制度的变迁与民族精神之间,本质上是一种良性互动的关系：有效的经济制度变迁需要民族精神的支撑才能顺利进行,而一旦这种变迁实现之后,它又会提高民族成员在民族内的利得,这种经济上的满足的提高,又会强化民族成员在情感和精神上对本民族的认同感和归属感并进一步使民族精神得以传承和弘扬。从这种基本认识出发,我们在此将着重考察社会主义市场经济与中华民族精神传承之间的关系。

(一)中华民族精神形成的文化基础与经济基础

中华民族源远流长,如果从概念辨析,学界一般认为,在近代以前,中华民族更多的应被看成一个"文化民族"。国学大家钱穆就指出："中国人常把民族观念消融在人类观念里,也常把国家观念消融在天下或世界的观念里,他们只把民族和国家当做一个文化机体,并不存有狭义的民族观与狭义的国家观,民族与国家都只是为文化而存在。"另一位国学大家章太炎也持有同样的看法。① 而作为整体性的"政治民族"概念的中华民族,其提出则

---

① 章太炎在论述何以称谓"中华"时,谈道："中国云者,以中外别地域之远近也。中华云者,以华夷别文化之高下也。即此以言,在中华之名词,不仅非一地域之国名,亦且非一血统之种名,乃为一文化之族名。故春秋之义,无论同姓之鲁卫,异姓之齐宋,非种之楚越,中国可以退为夷狄,夷狄可以进为中国,专以礼教为标准,而无有亲疏之别。其后经数千年,混杂数千百人种,而其称中华如故。以此推之,华之所以为华,以文化言可决知也。故欲知中华民族为何等民族,则于其民族命名之项,而已含定义于其中。"参阅:章太炎:《中华民国解》,《民报》第十五号,光绪三十三年(1907)刊。转引自:方维规:《论近代思想史上的'民族'、'Nation'与'中国'》,《二十一世纪》网络版2002年6月号,总第3期。

是近代民族觉醒后的产物。

　　需要指出的是,中华民族在学理上的这种分野,绝不意味着前后两种形态的中华民族能够分而视之,恰恰相反,在作为"文化民族"的中华民族与作为"政治民族"的中华民族之间,是中华民族精神这根主动脉一直将其紧紧相连。

　　对于何谓中华民族精神,党的十六大报告对此进行了高度的总结和概括,报告指出:中华民族精神是"以爱国主义为核心的团结统一、爱好和平、勤劳勇敢、自强不息的伟大民族精神"。

　　对于中华民族精神的这种基本内涵,我们很容易找到其在文化上的影响来源,那就是儒家文化。从文化角度去考虑,中华民族精神的形成受儒家文化的影响至深。中国自汉武帝以来,主流文化形态上认同儒家学说是一个不争的事实。儒家文化的很多思想正是在这种被历朝历代奉为圭臬的过程中,内化为了中华民族的基本的价值观和行为原则,并构成了今天我们所谈到的中华民族精神的基本文化内涵:儒家文化中对集体的重视观念便形成了我们今天爱国主义的重要伦理基础,[1]而儒家文化对"和"的看重又成为了中华民族爱好和平的重要思想来源,[2]儒家文化对个人修为的严格要求又形成中国人的勤奋勇敢和自强不息的民族特性。[3]

　　这种民族精神形成的文化来源固然值得我们重视,但更值得我们深思的是:中华民族为什么接受这样一种文化的熏陶和影响并将这些文化思想深深地固化为民族的基本特性而代代相传? 在这种思想传承背后,有没有更深刻的经济基础? 我们认为,只有找到了这种经济上的合理性,我们才能

---

[1] 孟子曰:"人有恒言,皆曰,'天下国家。'天下之本在国,国之本在家,家之本在身。"(《孟子·离娄上》),其后,顾炎武也指出:"天下兴亡,匹夫有责"(原话为:"保天下者,匹夫之贱,与有责焉。"《日知录》卷十三)。

[2] "礼之用,和为贵,先王之道,斯为美,小大由之。"《论语·学而篇》

[3] "饱食终日,无所用心,难矣哉! 不有博弈者乎? 为之犹贤乎已"。《论语·阳货篇》强调的是个人应当持有一种积极的人生态度,"而天将降大任于斯人也,必先苦其心志,劳其筋骨,饿其体肤,行拂乱其所为,然后动心忍性,增益其所不能……"《孟子·告子下》以及"天行健,君子自强不息"《易传·乾象》都主张的是个人的坚忍奋斗,"杀身成仁(孔子语),舍生取义(孟子语)","自返而缩,虽千万人,吾往矣"《孟子·梁惠王下》表明的是个人的勇敢。

为一种深深烙在一个民族心中的精神提供更为有力的解释。也就是说，在中华民族精神的形成过程中，经济上的影响同样不容忽视。从经济上来考察中华民族精神形成的经济机理，我们可以发现：中国古代先民的经济环境、生产方式和经济发展程度对中华民族精神的凝聚和传承有着深刻的影响。

众所周知，中华民族主要生活在黄河、长江流域，而长江、黄河流域，土地肥沃、灌溉方便，有利于农业的发展。所以，从远古时代开始，中华民族就形成了以农业为主的经济形态。正是因为生活在大江大河流域，为了建立发达的灌溉系统和有效地防止洪涝灾害，对这些中华民族的先民而言，集体协作的方式便成为一种最为妥当的生产制度安排。因此，早在远古时期，集体协作的生产方式就成为中华民族的主要经济形态，尽管这种集体协作是通过中央集权的政治体系来予以保障的，这种集体耕作在中国历史上的集中体现便是周朝的"井田制"。①对这中国传统农业的集体化特征，马克思和恩格斯在"亚细亚生产方式"中已有论述。过去的学者在看待中国古代这种集中式性生产方式时，多持批判的态度，但在我们看来，它满足我们在前面所提出的民族生存的标准，能够有效地保证民族的生存。而且，与这种生产方式相对应的是，远古社会在社会产品分配上也就有公平的概念。根据《礼记》中对远古中国社会规范的描述："……故人不独亲其亲，不独子其子；使老者有所终，壮有所用，幼有所长，矜寡、孤独、废疾者皆有所养；男有分，女有归。"（《礼记·礼运第九》）以及《孟子》中所提到的"老吾老以及人之老，幼吾幼以及人之幼"的描述，我们可以判定，这种组织制度是兼顾了民族内部的公平原则的，至少它在有意识地推行一种社会

---

① 对于井田制的集体耕作的特征，孟子说得很清楚："夫滕，壤地褊小，将为君子焉，将为野人焉。无君子，莫治野人；无野人，莫养君子。请野九一而助，国中什一使自赋。卿以下必有圭田，圭田五十亩，余夫二十五亩。死徙无出乡，乡田同井，出入相友，守望相助，疾病相扶持，则百姓亲睦。方里而井，井九百亩，其中为公田。八家皆私百亩，同养公田；公事毕，然后敢治私事，所以别野人也。此其大略也；若夫润泽之，则在君与子矣。"《孟子·滕文公上》

公平的理念。①

正是由于这种集体性的耕作方式以及集体内部在社会分配上的整体性考虑，就决定了中国人的集体主义的归属感与民族的这种经济效率性和福利性是分不开的。如果要说中华民族最早的对集体的认同感从何而来，那它是与这种生产方式是分不开的。这种经济上利益相关一旦建立后，集体感便会生成，而且，它会很自然地转化为对地理领域、文化的认同感，爱国主义也正是根植于最初的朴素的集体生产的环境之中。

由于灌溉农业需要通过有效的组织体系将系统连接，才能获得最大的生产效能。所以，民族成员的团结统一也就意味着整个生产链条和生产系统的完整，因此，通过维持社会的整体稳定和有效的生产管理体系的完整性，将会实现更高的产出水平。这样，以经济的角度，我们也可以很直观的理解团结和统一这一概念，对于古代人们在不发达的生产水平下，通过有效的集体组织获得更高生产效能的重要性。

而要维持生产系统的稳定，通过强化规则对社会的管理和调节功能是一个必然的选择，只有社会成员都接受并服从于这种规则，社会生产才有可能顺利推行。由于集体生产制需要权威体系，因此，服从权威的规则便成为社会中的基本规则。这便构成古代人对"礼"（规则）的尊重，这种尊重的一个根本性目的是要保证社会有秩序，如果这种秩序是社会每个成员所认同的，社会就会实现和谐。如果打破这样一种权威体制，可能会导致社会的失序，从而影响到经济生产的效率。所以对"和"的推崇以及由此所导致的对和平的爱好，实际上反映的是中国古代先人对经济发展中基本社会制度稳定性的深刻认识。

---

① 对于这一点，在《管子·问篇》中也有反映："……毋遗老忘亲，则大臣不怨，……"在这篇文中，又指出，国家在社会调查时，应当注重："……问独夫、寡妇、孤穷、疾病者几何人也？……问乡之良家其收养者几何人也？问邑之贫仍债而食者几何家？……"这种对公平的兼顾不仅仅是理念，而且还是实实在在的行动，从中国历史来看，注重社会平等的社会救济和社会保障自西汉初便开始一直延续到清。对于这一点，有兴趣的可参考：北京市残联编的一个简述公元前156年—公元1911年的一个社会保障的小史料。网址：http://www.bdpf.org.cn/flwqInfo.asp?id=846。

同时,由于在中国古代的生产中,农业容易受到气候条件的影响,旱涝无常,为了保证农业生产在最大可能的程度上满足社会的需要,农民必须通过艰苦卓绝的努力来改造大自然。在古代传说中,愚公移山的例子就很好地说明了在面对自然约束时,中华民族试图以群体努力来化解自然约束的典型事例。正是这种长期艰苦奋斗的历史培养了中华民族勤劳勇敢和自强不息的精神。

总之,中华民族之所以会形成"以爱国主义为核心的团结统一、爱好和平、勤劳勇敢、自强不息的伟大民族精神",就在于这种精神能够有利于中华民族的生存和发展,它是社会进化下所形成的中华民族的最佳生存原则的集中体现,因而才会得到一代又一代的传承和发扬。

(二)中华民族精神与中国古代的经济发展

从经济史来考察,中国古代的经济成就是十分辉煌的。在秦汉时期,中国的经济发展水平和人口总量就居于世界前列;其后盛唐的经济发展,更是被许多人当成了中国经济发展过程中一个难以媲美的辉煌时期;但其后宋的经济发展水平,从人均的角度来讲,还是超过了唐朝;[①]即使是清朝,这个在人们印象中的衰弱古老帝国,其经济规模、外贸总量和人口规模直到1820年前后都雄踞世界首位,[②]这表明中国传统文化和基于传统文化下发展而形成的民族精神充分满足了农耕文明时期中华民族的经济生存和发展要求,支撑了中国古代经济的长期发展。

---

① 麦迪森指出:宋朝的人均收入增长了1/3,并在1280年达到了人均600美元的高峰,远超过当时的欧洲。

② 对中国古代经济发展的国际比较,较为简略的可以参阅:贡德·弗兰克:《全球经济:比较与联系》第四章。国内学者陈振汉的研究成果也值得参考。陈认为,19世纪中国的经济发展已处于落后状态,但麦迪森指出:1700年中国和欧洲的总产值基本一样,但到1820年,中国总产值从830亿增加到2290亿,占世界国民生产总值比重从23.1%提高到32.4%,每年平均复合增长率为0.85,欧洲总产值从340亿增加到1890亿,占世界国民生产总值比重从23.3%提高到26.6%,每年平均复合增长率为0.68(参阅安格斯·麦迪森、楚序平、吴湘松译:《中国经济的长远未来》,新华出版社1999年版,第57页表2-2a,第58页表2-2b。)李伯重在其文章中除了引述麦迪森的观点之外,还提到了保罗·肯尼迪和弗兰克的对中国明清经济发展,特别是对19世纪早期的积极评价。

正是在具体的经济活动中,中华民族精神对集体观念的强调和重视,①强化了集体生存的发展取向,②从而促进了经济总量的增长和人口的增加。在中国古代,人口的持续增加一直是一个显著特征,由人口增加对物质产品所产生的压力,便促进了本民族在生产技术和生产方式上的改进,进而促进了经济的发展。

正是在具体的经济活动中,中华民族追求团结统一,并将经济联系视为是实现团结统一的重要途径,所以,古代中国在各地区的经济联系上一直十分紧密。③联系意味着市场的深化,而市场深化又促进了分工的加强。宋明时期南方的工场手工业的发达就是这种分工高度化的很好例证。这表明,"斯密定理"即使在古代中国的封建经济体制下,依然有清晰的表现。

正是在具体的经济活动中,中华民族爱好和平,才形成了民族内部重视秩序、追求和谐的社会构建原则和民族外部和睦共处、平等相待的处事方式,对内的"和"为民族的生产和商业提供了较稳定的社会环境,这使得中国古代的物质生产往往拥有较长的和平时期;④对外的"和"方便了古代中

---

① 在世界各民族文化中,中华民族对集体观念的重视和强调是十分突出的。如果深究一下中国的传统文化,可以发现,几乎没有"个人主义"的市场,一个人从其出生之日起,它就属于各种不同的集体范畴的一部分。这一点,在"君为臣纲,父为子纲,夫为妻纲"的"三纲"观念中就可体察。并由此演化出了一整套调整个人和集体关系的准则和方式(三纲五常)。如果不按这套规则行事,便如同子路曰:"……长幼之节,不可废也;君臣之义,如之何其废之?欲洁其身,而乱大伦。……道之不行,已知之矣!"《论语·卫子篇》,但中国的这种对集体主义的重视同样有个人理性的坚实基础,具体分析见本节的第三部分:市场经济与中华民族精神的相容性。
② 在对中国古代经济史的研究中,我们还可以看到一个突出的现象:每一个王朝,在其建立之初,都会制定很严格的抑制豪强的政策,其经济原因就在于要保证社会群体中普通成员的经济生存权利,他们是国家的贡赋来源,没有了他们,国家的整体利益也无法保障,"皮之不存,毛将焉附",这是一种典型的集体最大化生存的策略选择。如果允许消费和财富水平跨期迭代的假设,宏观上讲,而且这种资源禀赋周期性的分配实际上是使得社会成员人均资源禀赋量趋于平均,有利于社会成员的繁衍。
③ 在中原地区,为了加强地区联系,古代中国修建了先进的运河体系和陆上交通系统,这在同时代的世界是不多见的;并通过中央集权,从而在一定程度上消除了地方割据对商业活动的阻碍;而为了加强对外化的联系,中国自古就有很频密的边境贸易活动、跨国贸易商道以及带有很强的经济馈赠特点的朝贡制。
④ 从中国王朝的变迁史来看,历史上乱世持续时间都不太长:王莽新政与绿林起义、黄巾军起义与三国时期、魏晋南北朝时期的五胡乱华、隋朝的瓦岗军起义、安史之乱、五代十国、元末农民起义、明末农民起义等社会动荡时期,其持续时间,在大历史维度下都很短暂。

国商人在海外的商业活动,这使得中国的商业网络曾经拓展到了遥远的非洲和欧洲,促进了中国古代对外贸易的发展。①

正是在具体的经济活动中,中华民族的勤奋勇敢和自强不息,才使得即使是在封建农耕经济下,通过密集化的耕作方式、精密的手工业分工体制和发达的古代商业体系,中国人仍然创造出了惊人的物质财富。意大利人马可·波罗在元朝来中国游历后所写的那本带有些许夸张成分的游记中,对古代中国富裕的描写倒和南宋词人柳永的"东南形胜……"的名句相映成趣。

以上种种,都表明中华民族精神在传统的封建经济形态下,是充分发挥了它对经济发展的促进作用的。但人们或许会问:"这样一种精神,既然支撑了中国古代经济的长期发展,为什么没有造就中国自发演化出现代经济增长? 这是否意味这样一种精神并不适应现代市场经济的发展?"这一问题实际上是"李约瑟之谜"(Needham Puzzle)和"韦伯观点"的结合。分析中国近代落后的原因很复杂,在此限于篇幅,只能简而论之。如果以"西方中心论"来看待近代的中国,的确是落后了,但这种落后是相对于西方的资本主义社会和工业文明的落后,在中国周边地区,中国的经济发达程度一直未受到任何挑战;而从其本身经济演进来看,在1820年前后,中国经济生产的总能力,一直是与时俱进的。这说明两点:

(1)在受到外部冲击(西方对中国的殖民侵略)之前,中国自身的农耕文化为特征的经济系统,一直在自我进化,并且能够满足民族成员的生存需要,其民族精神也一直有效地发挥着支持作用,这种经济形态以及其上层建筑仍然具有适应效率。② 在此情形下,正如马克思所讲的:一种旧的经济体

---

① 现在已有越来越多的史料证明,中国古代是一个对外贸易大国。其主要线路包括著名的陆上丝绸之路(贸易对象:中欧贸易)、海上丝绸之路(贸易对象:中欧贸易、中非贸易、中国与南亚次大陆贸易)、中国对东亚日本、朝鲜的贸易网络以及中国与东南亚各岛国的贸易联系。对中国古代贸易的一个概览性介绍可参阅:梅育新:《中国古代外贸的三次飞跃》,http://www.caitec.org.cn/xsyjbg/050121003.htm。
② 更为本质一点:由于中国的自我经济演化进程被外部打断,我们虽然不能说其一定能演化出今天的市场经济形态,但我们也不能否认这种可能性。

制在其释放完全部的生产潜力前,是不会被替代的。这表明,在传统经济形态下,民族精神发挥的仍然是积极作用。

(2)在民族竞争中,中国的落后是资源配置方式的落后(封建生产方式与资本主义市场经济相比),固然是事实,而且,中国也为其落后的经济形态付出了割地赔款、任人宰割的惨痛代价;但其民族精神却迅速地激发出了民族主义思潮,掀起了近代中国史上的救亡图存、救国图强的滚滚浪潮,并在民族成员义无反顾、前仆后继的奋斗中,最终实现了国家的主权独立和经济自主。特别要指出的是,在这种消化外部冲击的过程中,民族精神不是阻碍社会变革,而是在很大程度上支持和推进了这种变革。在这一过程中,中华民族精神能够从民族的根本利益着眼,结合不同阶段的具体形势,提出了不同的阶段性的民族奋斗目标,推动民族成员在不同阶段从事了不同的民族复兴运动,产生了从早期的政治运动①到新中国成立后的经济复兴运动②一系列波澜壮阔的中华民族伟大的复兴实践,这表明,中华民族精神不仅很好地发挥了其防御机制的功能,而且还具有很强的与时俱进的特征。

总之,结合中华民族精神在古代对经济发展所作出的贡献和在近代为中华民族独立和复兴所产生的巨大作用来看,中华民族精神是一种具有强大生命力、推动力和凝聚力的精神力量。

(三)市场经济与中华民族精神的相容性

对市场经济与中华民族精神培育与弘扬的研究始于20世纪90年代中期。从已有的研究来看,一方面,许多学者肯定弘扬和培育民族精神对构建社会主义市场经济所具有的积极作用;另一方面,也有许多论者持有一种对

---

① 1840年—1949年间,中华民族的根本任务是寻求国家政治上的独立和主权的完整。洋务运动、戊戌变法、民国建立、北伐、抗日、包括国共之间的第二次内战都是民族成员为寻求国家政治独立而进行的不懈努力。
② 新中国成立后,我们先后尝试了新民主主义经济(1949—1953年)、社会主义过渡时期(1953—1956年)、社会主义计划经济(1957—1978年)、社会主义商品经济(1984—1992年)以及正在构建中的社会主义市场经济(1992年至今),其根本目的只有一个:实现中华民族经济上的腾飞,赶上西方发达国家水平。这些都属于民族的经济复兴运动。

市场经济冲击下所谓民族精神漫灭的忧虑。面对这样一种情况,我们这一部分的讨论主题是:社会主义市场经济真会对中华民族精神的培育和弘扬构成冲击吗?如果存在冲击,这种冲击来自于哪些方面?对于这些问题,我们的一个基本看法是:社会主义市场经济的构建本质上是和中华民族精神的基本内涵自洽的。所谓"冲击"一说,并不是一个很科学的认识。我们的依据有来自理论的支持和来自现实的印证。

表面上看,市场经济更多的可以被视为是一个有关个人的选择的经济机制。其经济伦理核心是个人主义,强调通过个人理性的计算,能够实现每个人的利益最大化,并在每个人利益最大化的同时,实现社会总福利最大化。而中华民族精神则更多的被看成是注重民族集体和根本利益的价值体系,这样,强调集体主义的价值体系能否与重视个人主义的市场经济机制在经济伦理上做到很好的对接,是一个不太好把握的问题。所以,当年韦伯写《新教伦理和资本主义精神》时,强调的是西方独特的文化形态与经济发展的匹配性,从而否认了其他文明形态对经济发展所具有的积极作用。

的确,由于亚细亚生产方式的特点,在中国古代文化中,特别强调对集体的归属感和对集体规则的重视。正是这样一种对集体的强调,很容易使现代的学者将之与"干预、压制"等字眼及强大的政府管制联系起来,从而形成了"中国的这种集体主义的价值取向,并不适合于今天的市场经济"的错觉。但在我们看来,中华民族对集体主义的重视并不构成对市场经济个人理性原则贯彻的冲击。有一个关键因素我们应当看到:中华民族对集体主义的重视同样有着个人理性主义的坚实基础。

古今中外的思想家无一例外都重视对秩序的构建:这种秩序在中国文化中体现为"道",其外在表现就是"礼";①在法国重农学派那里体现为"自然法则",在斯密的《国富论》中体现为"看不见的手"。那么,关键的一点在于这种秩序应当依托于什么?是来自外在的强制,还是来自内心的认同?

---

① 对"礼"的重视和重建,是孔子在看到东周的"礼崩乐坏"后一个最迫切的愿望。这种对社会秩序复归的努力,也是当时诸子百家一个共同追求的目标。尽管可能存在对社会秩序的不同认识,但这种秩序是必须要有的。因为"无规矩,不成方圆"。

在这一方面,东方和西方都毫无例外地坚持了从个人角度上确立社会秩序的逻辑思路。在孔子看来,由于"道"作为了一个预设的终极目标,①是不可变更也是个人所无法变更的。个人和社会运行只有遵循"道"的指引,才会最终实现"道"。因此,由对"道"的认同,便会演化出对社会运行规则——"礼"的要求。

而为了建构秩序,孔子并不主张社会对个人实施强制性措施,实际上,他及后来的孟子都主张通过个人的修养,实现个人对社会规则的自觉认同,并付诸个人的行动上。只要个人实现了在行动中自觉贯彻"礼",这也就意味着个人行动是符合个人理性原则的,也正是在这一基础上,社会才有可能达到大治,集体的利益才会实现。这种基于个人层次的集体主义观,造就了个人修为的"修身齐家治国平天下"的不同追求层次,与之相对应,中国传统社会中,也形成了清晰的利益皈依机制,这就是孟子所言:"人有恒言,皆曰:'天下国家。'天下之本在国,国之本在家,家之本在身。"

儒家还认为,只要这种个人主义的集体主义观能得以顺利运行,社会便会实现"和":对规则认同之后,大家按照规则行事,相安无事,各得其所。而需要着重指出的是,中华民族所追求的这种"和",并不是主张社会的一潭死水式沉寂,而是强调通过理解和认同规则之后,个人自发实现"己所不欲,勿施于人"的状态,从而达到孔子讲的"君子和而不同,小人同而不和"境界。这非常类似经济学中所谈到的"竞争均衡"的概念:"和"是均衡,"不同"是竞争。而且这种竞争均衡,也是一种帕累托最优的均衡,因为个人在实现集体利益最大化的同时,其个人的价值诉求也得到了最大的满足。②

---

① 《荀子·天论》:"天道有常,不以尧存,不以桀亡。"

② 由此,我们也可以看到有些学者所批评中国古代经济社会结构的超稳态结构时(金观涛与刘青峰),它恰恰是没有准确把握中国古代对"和"的认识。理论上讲,如果我们是在追求一种以"礼"来约束社会经济运行的行为时,那我们必然会推出:一旦我们形成了对某种"礼"的不变的认识,那么,社会发展的模式也就不会变,因此,社会也就实现了"和"。而这也正是中国古代社会发展出现周期性循环的必然,所谓"大乱之后必有大治",这种"治"和"乱"都是相对于预先设定的"礼"的标准而言的。而这种"礼"的标准的确定,又与中华民族历史上在生产力发展方面长期领先有关。

从西方的市场经济思想的源头来看,斯密的《国富论》同样是一种个人主义的社会秩序的思路。在斯密看来,个人对私利的追求是一个亘古不变的基本事实,只有允许个人自发的追逐私利,当每个人都实现利益最大化时,社会也就臻于极致了。这种个人自发性的行动在社会整体层面上体现出来的结果,便是像一只"看不见的手"在有意识地调节社会的整个经济活动。由此,个人的逐利行为便和社会的宏观运动规律紧密联系在一起。

由于"道"更多的是文化的范畴,而斯密的"利"是一个物质范畴,这使得东西方在对待社会发展目标上,出现了认知差异。这种认知差异的出现,与东西方所处的历史经济背景是分不开的:在中国古代,中华文明圈的经济生产能力一直是周边地区最高的,而16、17世纪,欧洲诸国在经济发展中,正受着国家之间在物质生产能力竞争上巨大的压力,因此,中国古代偏重于通过文化整合社会,而西方国家会在生存压力下强调以"国富"来化解危机。

但这种差异,只是对目标认同见解不一的差异,并不构成两种社会秩序思路之间根本性抵触。甚至可以这样讲,这两种思路是殊途同归的。之所以会作这样的认定,是因为从中国的社会秩序逻辑来看,它预设一个社会的终极目标和行动原则不变,个人通过修为对规则和终极目标产生认同、认识和掌握,并自发的转化到自我的行动中去,来实现社会秩序,这是一种协调博弈的观点,它相当于在给定社会最大化目标下求解个人行为问题;而西方的社会秩序思路则是给定个人行为动机不变,强调通过社会交互行为的连续博弈,演化出社会规则和秩序,这是一种演化博弈的观点。它相当于在给定个人行为下,求解社会的最大化问题。① 由于这两种思路都是要在个人行为的基础上追求社会的最大化,所以,中华民族的民族精神对集体主义的

---

① 对于这一点,韦伯也有所认识。有学者(何爱国)在辨析韦伯有关东西方理性主义的对比时,曾经这样表述了韦伯的观点:"韦伯认为儒教理性主义与清教理性主义的基本差异是:儒教的理性主义意指理性地适应(Anpa-ssung)世界;清教的理性主义意指理性地支配(Beherrschung)。清教徒与儒教徒都是'清醒的'。但是清教徒的'清醒'(Nüchternheit)乃建立在一种强烈的激情(Pathos)上,这是儒教所完全没有的。"

重视在伦理基础上和西方市场经济诉之于个人行为的伦理基础并无二致，他们至少不存在原则性的冲突。①

　　而正是由于不存在认知体系上根本性的冲突，所以，基于儒家文化的集体主义观是能够和市场经济做到很好的相容并支撑经济的发展（它相当于群体最大化目标）的。第二次世界大战以后的亚洲四小龙的经济发展，就清晰证明了当持有集体主义观的儒家文化群接受了经济发展作为社会发展的根本目标之一时，这种集体主义的价值体系是怎样发挥对经济发展的巨大促进作用的。

　　而中国在近代以来，在物质生产方面也受到了巨大的竞争压力，对经济发展的重视，自1840年以来便深深地烙在了中国人的心中。在这一过程中，我们尝试了通过不同的路径来实现经济的发展，并最终选择了市场经济。② 中国改革以来的经济实践，也清晰地表明根植于儒家文化集体主义的中华民族精神是能够组织和团结本国人民从事市场经济建设的。在这一过程中，我们看到，当中华民族对社会发展的目标从过去的重视文化转向经济发展和文化提升并重时，市场经济的运行原则，便会很自洽地融入中华民族成员的生活场景之中，并产生出惊人的经济发展潜力。

　　来自理论和现实的结论都告诉我们：儒家文化及根植于儒家文化的中华民族精神并不构成对市场经济个人理性原则贯彻的冲击；并且，这种基于集体主义的民族精神还有利于现代市场经济的发展：

　　（1）由于古典的完全竞争市场被证明存在市场失灵，所以现代市场经

---

① 虽然T.帕森斯（T. Parsons）看来，儒教伦理的"人文主义的理性主义"与新教伦理的"禁欲主义的理性主义"存在根本的区别。新教伦理"的确是一种明显的革命性的力量"，而儒教伦理"直接而有力地支持了传统秩序"。但我们持有相反的观点，因为从历史大维度来看，如果一种传统秩序能够得以长期维持，是在于决定这一秩序的经济基础具有长期的稳健性所致。而一旦经济结构发生变化，社会对所谓秩序的标准也会发生变化，不会出现绝对静止的社会秩序体系。因而，帕森斯的分析无法回答新儒家与东亚四小龙经济发展之间的关系。
② 实际上，正如我们在第一部分所指出的，一个民族在受到来自于其他民族的竞争压力时，它会自发地调整自己的资源配置方式。由于市场经济被证明是人类社会迄今为止最有效率的资源配置方式，所以，对所有非市场化的民族而言，学习和建立这种资源配置方式是一种民族生存和发展的必然要求。

济普遍是一种政府干预型经济,政府干预型经济就是体现集体利益目标对社会个人成员的经济行为的协调作用。而中华民族对权威尊重的传统和对集体利益的重视,显然有利于国家宏观经济调控能力的发挥,而不是相反。

(2)中华民族对和平统一的追求对市场经济的建立和发展也具有积极的作用。现代市场经济基本的要求就是市场开放统一和社会政治经济环境稳定,因为市场的开放统一是资源要素实现有效配置的一个基本前提,而社会政治经济环境稳定又是经济生产顺利进行的有力保障。中国对统一的要求在政治上当然是追求国家的领土完整和政令的统一,但国家的领土完整和政令统一,在经济上就体现为国家内部是一个统一的开放的大市场,不能存在地方割据和市场分割,从而有利于资源要素在国家内部的配置效率提高;而中华民族对和平的爱好,衍生出了在经济上微观领域"和气生财"基本交易法则和宏观领域的对社会稳定的高度重视,都是有利于市场交易的顺利进行的。

(3)中华民族的勤劳勇敢和自强不息对社会主义市场经济的构建也具有积极的促进作用。对于这种民族特性所具有的积极影响也可以从微观和宏观两个层次来认识:微观来讲,中华民族每个民族成员的勤劳勇敢和自强不息,可以有利于行为人在给定资源约束的条件下,尽量寻找出最优的决策行为,从而有利于个人利益的最大化,并且,勤劳勇敢和自强不息的民族特性还有利于支持民众的"企业家精神"的培育①;宏观上讲,中华民族的这种特性有利于国家形成高储蓄率,从而能加快国内的资本形成,有利于国家形成最大限度依赖于本身资源禀赋的生产模式,从而获得国际间的比较利益。

同时我们也应看到,社会主义市场经济的建立也有利于中华民族精神的弘扬与培育。因为市场经济本质上是一种效率经济,因此,市场经济的构

① 在过去不少学者的论述中,中华民族传统的重农抑商的思想是不利于商业发展的。但我们也可以看到,中国历史上的晋商、徽商其商业伦理和商业精神中都有着浓厚的儒家精神的特征。事实上,企业家精神并不是只有韦伯所描述的西方的那种形态,同样,在东方,基于儒家学说基础的企业家创新努力也是不遑多让的。

建有利于我国的资源配置效率的提高,它既体现在我国的经济产出总水平的不断增长上,同时也反映在整个社会成员利益丰富的物质文化消费能力上,它提高了中华民族整体和个人的经济福利,这种经济上的满足的提高,又会强化民族成员在情感和精神上对本民族的认同感和归属感,并进一步使得民族精神得以传承和弘扬。

如果中华民族精神与社会主义市场经济不存在冲突,那么,如何解释现实中人们对这一问题的担心?应当承认,在当前的社会现实当中,中华民族精神的宝贵精髓正在受到来自两方面的挑战:一是经济层面的,二是文化层面的。现试叙如下:

(1)社会经济的不均衡发展与经济体制的转型对民族内部的稳定构成了日益明显的冲击,从而构成了来自于经济层面的对民族精神的冲击。改革开放以来,我们曾长期坚持非平衡发展战略,这一战略的重点在于利用一部分地区和一部分人先富起来,产生示范和拉动效应从而带动整个国家经济的发展。应当讲,在制度给定的情况下,这一思路完全正确,但问题在于,我们在非平衡的发展中,整个国家的基本经济制度框架也在发生深刻的变化,这意味着,我们是在制度不确定的情况下来推行非平衡发展思路的。由于制度不确定,因此,如何制定制度来保证集体行动的集体理性和个人理性便成为关键所在。经济学的理论告诉我们,一项好的制度变迁应当满足帕累托改进的特征,即在整体利益增加的情况下,所有人的利益变得更好。这要求一项好的制度变迁既是有效率的(集体利益总量增加)又是公平的(每个人的利益得到保证)。然而,在我国的制度变迁中,在一段时间内,却没能正视一项注重效率的差距拉大的机制设计,是否同时也是一项具有制度上的公正性的机制设计。这种制度上公平性的不足,在经济演化中,进而外化为社会成员的财富和社会地位的消长上,从而在民族内部形成了人们对规则认同的困惑和冲突。这样一来,民族成员之间的利益分化和对立便构成我们这个社会紧张的一个深刻的经济根源。制度失范导致社会失范,并自然地在文化上转化为认同上的混乱和虚无,便成为当下转型经济条件下民族精神培育与弘扬的一个主要挑战。

（2）而从文化层面上看，文化传承链条的断裂与外来文化冲击对中华民族精神的传承的不利影响也不容低估。中华文化在 20 世纪经历了前所未有的锤炼，20 年代的新文化运动曾经对传统文化的传承形成巨大冲击，[①]而 60 年代的文化大革命更是对中国传统文化构成了文化上和物质上的双重解构。这种解构的后果便是使我们作为世界上文明最悠久的民族，在文化传承上的民众基础上出现了断层，并在文化认知上出现了科学对待传统文化的心理偏差；本土传统文化式微，不可避免地会造成社会大众对在此基础上提炼和凝聚成的中华民族精神的准确把握和深刻认知；而在此背景下，我国改革开放 30 年来，外来文化的进入对社会大众的价值判断的影响也不可低估。正如前所述，我们国家 20 多年的改革过程就是制度转型的过程，在这一过程中，由于制度本身带来的不确定性使得社会博弈结构出现了明显的短期化特征，因此，适应于这一结构决策的急功近利的功利主义思想和以邻为壑的非合作思想便有着很强的现实基础，而西方文化又使得这些思想和观点能够以很时髦的外观出现在我们的文化视野中，从而会对社会公众造成很大的影响。文化传承链条的断裂和外来文化的影响是对我们弘扬和培育中华民族精神形成的另一挑战。

但需要再一次指出来的是，这种冲击和挑战与其说是中华民族精神与市场经济的摩擦的表现，还不如说是我们现实的转型经济环境和文化建设上的不足对民族精神传承和发现所形成的制约和束缚。这些问题并不构成对民族精神内核和社会主义市场经济体制相洽性的颠覆和否定。

---

① 新文化运动是中国近代文化史上的一次狂飙突进。这次革命的伟大意义自不待言，它在中国文化史上引入了德先生和赛先生，揭开了中华民族文化向现代化、科学化和理性化迈进的篇章。但在这场运动中，对传统文化的态度确实有些激进。陈独秀在其 1919 年 1 月 15 日发表的《〈新青年〉罪案之答辩书》中曾提出"要拥护那德先生，便不得不反对孔教、礼法、贞节、旧伦理、旧政治；要拥护那赛先生，便不得不反对旧艺术、旧宗教；要拥护德先生又要拥护赛先生，便不得不反对国粹和旧文学"，陈涌先生点评道：在这里，在一种急躁、愤激的情绪下陈独秀已经不只反对礼法、贞节属于"三纲"的伦理政治思想，而且反对整个"孔教"，也就是反对整个孔子的学说了。而且对旧伦理、旧艺术、国粹和旧文学等都不加分析，都在反对之列。

三、社会主义经济条件下中华民族
精神的弘扬和培育

我们已经认识到社会主义市场经济不仅不会与中华民族精神形成冲突和挑战，而且相反，社会主义市场经济的构建与中华民族精神之间是一种相互促进的关系。所以，弘扬和培育中华民族精神必须从这一基本关系出发，去探寻在市场经济条件下，如何弘扬与培育中华民族精神。

（一）明确民族的时代任务，熔铸民族精神时代特征

由于社会是不断向前发展的，中华民族精神也应与时俱进，随着时代的发展而不断地丰富。所以培育和弘扬中华民族精神，也必须要结合新时代的特点，重新确立中华民族奋斗目标，并将这一目标融入民族精神之中，促进中华民族精神的新发展。

在当前形势下，国内正在经历由传统计划经济下市场经济的转轨过程，社会规则也在经历一个重大的调整过程。由于社会主义市场经济体制在建立过程中伴随着社会原有利益格局的调整，利益多元化的格局，又会导致各利益主体对自我利益保护而产生的权力意识转化为政治诉求，并在社会政治经济层面上形成相互冲突的局面，如果缺乏有效的机制整合和协调这种冲突局面，将导致社会失范，并最终造成民族成员之间的疏离和冲突。对此，中央已明确提出了构建社会主义和谐社会的号召，这是我们民族当前的主要的任务和目标，所以，作为社会和谐实现的基本"软环境"之一的民族精神，必须要在当前突出：协调民族成员意识形态，内求民族社会内部稳定的基本功能，要能在民族成员之间树立一种共生共荣的合作观，相互促进相互提携的发展观和顾全大局的得失观。这种对合作性和协调性强调和突出应当是当代民族精神的时代特征之一。

　　同时,从世界范围内来看,世界民族竞争的基本方向是民族之间经济竞争,文化竞争是伴随经经济竞争的一个重要内容。中国正在受着来自于外在的经济竞争和文化竞争的双重压力。但改革开放以来,中华民族抓住了难得的历史发展机遇,在 30 多年中实现了经济的高速发展,为中华民族雄踞世界民族之林奠定了雄厚的物质基础。可随着中国经济的持续发展,来自于外部的约束和压力也逐渐增大,如何实现中华民族的和平崛起,也成为了摆在中华民族面前的一个紧迫而现实的问题。对此,民族精神要能统一民族成员对于中华民族参与世界民族精神的认识,培养出一种恢弘开阔的民族胸襟,体现出一种和平友善的民族交往风范,这种具有开放性和友善性的民族精神应当是当代民族精神的第二个时代特征。

　　当代民族精神的熔铸必须要着眼于这两个基本任务,强化民族成员对社会稳定的认识和对社会发展的重视,凝聚社会合力,努力实现构建社会主义和谐社会的战略目标。

(二)发展社会主义市场经济,夯实民族精神的经济基础

　　弘扬与培育中华民族精神,其根本着眼点应在利用经济利益的协调整合集体归属感上。对于一个民族而言,能否满足民族成员的经济利益要求是实现内部稳定的必要保证。这要求中华民族必须将经济建设工作置于首要地位,这不仅是民族竞争的族际竞争效率标准的要求,同时,也是民族内部生存标准和公平标准的要求。

　　脱离经济上对个人利益诉求的满足而试图依靠单纯的文化灌输实现民族整合和民族维持,被历史证明是一种极其脆弱的连接机制。所以,要保证民族成员对集体的归属感,首要条件是要形成足够的经济吸引力,简而言之,就是要不断做大民族经济这块大蛋糕;在努力实现总量增长的同时,我们还必须重视民族成员内部经济利益的调整,努力实现民族成员之间经济利益的关联性和互补性,只有如此,中华民族才能为民族精神弘扬和培育提供坚实的物质基础。

　　市场经济已被证明为是人类社会迄今为止最有效率的资源配置体系。

改革开放以来,我国市场化的取向的发展路径,也以事实证明了这一体制对于增强民族的经济产出总量、提高民族成员福利水平所具有的不可替代的积极作用。而社会主义市场经济的培育和完善的作用,不仅在于可以不断提高中国经济总量和效率,并在此过程中,还可通过市场联系进一步加强民族成员之间的利益联结。不断深化社会主义市场经济,已成为当代中华民族精神熔铸的经济基础和物质条件。

因而,弘扬和培育民族精神,必须着眼于社会主义市场经济的完善和深化,通过不断完善我国的社会主义市场经济,提高资源的宏观配置效率和微观配置效率,努力实现我国经济的持续、健康发展,增强民族成员对民族的经济归属感和民族自豪感。

(三)深化民族先进文化建设,完善民族精神的文化支撑体系

培育和弘扬中华民族精神,除了要有坚实的经济基础之外,来自文化体系的支撑也是不可或缺的。对于中华民族精神而言,经过几千年中华传统文化的浸润,已形成了一个非常积极和健康的精神内核,但这种内核如何依托当前文化,衍生出一个具有现代性、开放性的文化体系,仍是我们目前所急需解决的问题。

我们认为,要解决这一问题,必须加强对民族精神文化源流的梳理和民族精神现实性的再造,重构中华民族精神的文化支撑体系。当前,对中华民族精神弘扬而言,有三个文化源流和一个现实文化约束值得我们予以同等的重视:所谓三个源流,是指影响中华民族精神的三种文化形态:中国古代传统文化中的优秀部分、中国共产党先进的文化意识形态和国外民族文化中的优秀部分。在这三部分中,中华民族优秀的传统文化代表着民族精神的传统基础;中国共产党先进的文化意识形态反映着中华民族文化的现代性和先进性;国外民族文化中的优秀部分代表着民族精神中蕴藏的国际化和开放性,这三个源流构成民族精神的文化特质。同时,中华民族还受着一个现实文化的约束,是指反映市场经济特点的文化形态:重视效率、强调交易规则的非人格化,提倡商业创造和商业冒险,鼓励个人追求物质利益等。

这种市场经济特征的文化形态对民族精神的影响在于它会将民族精神现实化和具体化,是民族精神"入世"的具体表现。①

所以,在当前中华民族的弘扬与培育中,我们必须强调现实民族精神四个支点:传统性—先进性—开放性—现实性,这要求我们坚持以马克思列宁主义、毛泽东思想、邓小平理论、"三个代表"重要思想和科学发展观为指导,以继承和弘扬民族精神的优良传统为基础,以吸收世界各民族优秀文化为补充,以适应社会主义市场经济发展要求为导向,构建出既体现时代特点又有着浓厚的民族传统并兼具有开放性和国际化特征的精神形态。

(四)加强社会主义精神文明建设,健全民族精神的教化与传承体系

培育与弘扬中华民族精神,我们还必须加强社会主义市场经济的精神文明建设。作为社会主义精神文明的一个重要组成部分,民族精神的先进与否往往受社会主义精神文明的整体建设水平影响和制约。一个高度先进的精神文明形态能为民族精神健康的发展提供有效的支撑平台。所以在新时期,我们需要大力加强社会主义精神文明的建设,通过坚持社会主义文化建设的主旋律,扬弃社会主义市场经济建设过程中一切落后的、庸俗的文化形态,加强对先进文化的传播和普及,确立适应市场经济发展要求的"鼓励竞争、强调公平、尊重规则、注重和谐"的文化建设导向,以此来锻铸民族成员性情,拓展民族成员视界,开阔民族成员的胸襟,提升中华民族的精神文明层次,培育出积极向上的中华民族精神。

由于教育是一个社会精神文明建设的基础工程,所以,民族精神的培育和弘扬与一个民族的教育是密不可分的。教育对于民族精神弘扬和培育的作用主要体现:通过深入持久的教育,可以将外在的民族基本任务和行为准则的文化表征转化为民族成员内在的精神素养和认知原则,形成民族成

---

① 此处所指的民族精神的"入世",既取中国古代文化中所谓"入世"、"出世"之意,强调民族精神现实性和世俗性,同时,也含有民族精神需要更多的与商业世界基本规则相融合之意,但并非为中国加入世界贸易组织之简称的"入世"之意。

员自觉性的民族精神实践活动,并由此建构成为具有本民族鲜明特色的精神体系,实现民族特征由物质向文化并最终向精神层面的不断升华过程。所以,通过发挥教育对民族成员素养养成功能,弘扬和培育民族精神,是我们进行民族精神培育与弘扬时的必然选择。

　　通过教育体制来培育与弘扬民族精神,首先是要重视正规的国民教育体系对民族成员民族精神的素质培养作用。通过学识教育与养成教育两个方面,进行社会主义市场经济条件下中华民族精神基本要求的教育,对学生实现民族精神内化的培养工作,在人格上塑造出符合时代需要体现民族精神的新一代民族成员;同时,也要重视社会教育体系对民族精神弘扬和培育的作用,通过将弘扬和培育民族精神作为社会主义市场经济下大众文化建设的主旋律,借助现代化的大众传媒手段,对体现当代中华民族精神的典型事件、典型人物进行有效地宣传和讨论,对弱化民族精神丧失民族气节的反面案例进行旗帜鲜明的批判和揭露,最大限度上发挥传媒的世俗教化作用,并最终在全社会范围内形成重视民族精神、弘扬民族精神的良好舆论氛围。

第二章

经济全球化对中华民族精神的挑战

一、经济全球化与民族精神的研究现状

伴随着全球化的浪潮,关于弘扬和培育民族精神的问题,已经成为了近年来各界关注的热点问题之一,十六大报告则更以专门的篇幅对弘扬和培育民族精神问题作了集中的论述。近几年来关于经济全球化背景下弘扬和培育民族精神的研究,围绕全球化对民族精神的冲击以及应对措施的研究已有一些研究成果。

(一)关于经济全球化的历史进程、特征与成因

在研究全球化与民族精神问题时,必须明确全球化的演变过程,在众多的有关全球化的资料中,关于全球化的起点、全球化历史进程的阶段划分也众说纷纭,主要观点有三阶段说和四阶段说。

1. 三阶段说

杨雪冬认为,全球化进程大致经历三个阶段:单一中心对多中心的侵蚀和单一中心确立;单一中心的维持与更迭;多中心的复兴和单一中心的衰

落。第一阶段从15世纪全球化进程起源到19世纪70年代大英帝国霸权的确立。第二阶段从1880年一直到1972年美元本位的终止,经历了欧洲中心向美国中心的转变。第三阶段从20世纪70年代一直到现在,而且还会继续下去。[①]

翟思成把经济全球化的历史进程归纳为三个时期:第一时期:萌芽时期(从15世纪末到18世纪中叶),经济全球化最初发端于15世纪的地理大发现。新大陆的发现和新航路的开辟,促进了世界贸易的发展,推动了世界市场的形成,揭开了世界经济全球化的序幕。第二时期:经济全球化的形成、发展时期(从18世纪60年代到20世纪50年代),这一时期,全球化最终形成,并达到了初步的发展,其间经历了经济全球化的两次浪潮:第一次浪潮是从18世纪末以蒸汽机为标志的第一次工业革命;从19世纪末以来,以电气化为标志的第二次科技革命尤其是电信、汽车、飞机产业的形成,迎来了经济全球化的第二次浪潮。第三时期:经济全球化的稳步发展时期(从20世纪50年代至今),第二次世界大战后,以信息革命为核心的第三次技术革命的迅猛发展,引发了资本的大规模跨国流动,经济全球化得以大发展,迎来了经济全球化的第三次浪潮。[②]

2. 四阶段说

主要代表是戴维·赫尔德、安东尼·麦克格鲁等人,他们在《全球大变革——全球化时代的政治、经济与文化》一书中,把全球化划分为"前现代的全球化"(大约在900—1100年)、"现代早期的全球化"(大约在1500—1850年)、"现代的全球化"(大约在1850—1945年)、"当代的全球化"(1945年以来)四个阶段。

唐海燕认为,经济全球化作为一种进程确实已经存在了几百年,并且经历了四个高速发展的阶段:第一阶段是16世纪到18世纪。15世纪末16世纪初的地理大发现以后,原先各个相互分离的区域性市场逐渐连接成世界

---

① 杨雪冬:《关于全球化与中国研究的思考》,《当代世界与社会主义》1998年第3期。
② 翟思成:《从经济全球化的历史进程审视经济全球化的特征》,《河北职业技术学院学报》2002年第6期。

市场,由此第一次出现了"生产和消费都成为世界性"的全球化的高速发展趋势。第二个阶段是 19 世纪 70 年代至 20 世纪初。统一的国际市场的形成推动了这一时期经济全球化的大发展,同时,由于经济的不平衡发展,新兴资本大国同老牌资本大国重新分割了世界殖民地市场,形成了这个时期的殖民地国家经济变成了世界金融资本活动的一些环节的全球化。第三个阶段是第二次世界大战结束以后到 70 年代。经济全球化得到了进一步的推动,形成了以生产经营跨国化、信息传播全球化、科技与产业梯度扩散为特征的世界经济全球化的新趋势。第四个阶段是 20 世纪 90 年代以来经济全球化的新发展。20 世纪 90 年代以来的经济全球化已经成为以国际政治多极化和国际经济多元化为基础,以科技革命和信息技术发展为先导,涵盖生产、贸易、金融和投资领域,囊括与世界经济相联系的全部方面和全部过程的庞大体系。①

3. 经济全球化的特征与成因

关于经济全球化的本质特征,伍旭东认为经济全球化的本质是资本的国际化。(1)生产国际化是经济全球化的基础;(2)贸易全球化是经济全球化的向导;(3)跨国公司是经济全球化的主要载体。②

傅明华分析了经济全球化的成因:(1)科技革命为经济全球化准备了可观的物质基础;(2)市场经济普遍被认可和接受,是经济全球化的制度基础;(3)金融国际化、世界金融市场的形成及迅猛发展是经济全球化的重要推动力量;(4)跨国公司的全球化经营是经济全球化的主要推动力;(5)西方自由化经济思潮及其政策选择是经济全球化的理论基础和政策环境;(6)美国对经济全球化的引导和推动;(7)发展中国家的推动和促进。③

---

① 唐海燕:《当代经济全球化的发展及后果》,《世界经济》1999 年第 10 期。
② 伍旭东:《经济全球化的历史进程和本质特征》,《北京青年政治学院学报》2001 年第 6 期。
③ 傅明华:《试析经济全球化的成因》,《发展研究》2001 年第 9 期。

(二)关于经济全球化对中华民族精神的冲击与挑战

1. 经济全球化对中华民族精神的冲击

刘晓霞从民族文化的角度分析了经济全球化对民族的冲击:全球化在加速各种文化的相互吸收和融合、促使各种文化发展的同时,也使民族文化日益面临着"殖民文化"和"文化侵略"的压力。第一,文化殖民对民族文化的侵蚀:(1)广开文化市场,倾销文化产品,消费主义的意识形态在全世界的扩散也强加给他们一种新的认同感,替代了传统文化和生活方式;(2)利用科学技术和大众传媒设施的优势占领精神空间,推销价值观念和意识形态。西方国家凭借信息和网络建设的优势将其意识形态、价值观念强加于人,不可抗拒地使受众产生亲近感、信任感,最后认同、依赖这种文化理念;(3)控制文化资源,侵蚀民族优秀文化传统。第二,文化殖民对中国民族文化的影响:(1)对西方文明的崇拜;(2)对本民族文化进行挑剔;(3)人文精神的失落。①

2. 经济全球化对中华民族精神的挑战

徐春林、黄辉伦认为全球化背景下民族精神的培育与弘扬面临的新挑战有:(1)如何在全球化背景下维护和发展民族精神的基础——民族文化。强势文化会利用强制认同和引诱认同等方式,迫使一个民族放弃自己的文化传统,从而达到消解一个民族的传统文化的目的。这种消解表现在两个层面:第一,对民族价值观的解构,第二,对民族文化要素的解构。(2)如何在全球化背景下树立民族自信心。在全球文化的交流与对话中,弱势文化常常会在强势文化的种种优越性面前怀疑、否定自己的民族文化,削弱甚至失去民族自信心。(3)如何在全球化背景下确立和强化民族意识。在全球化进程中,强势文化往往以普世文化的面目出现,并以其经济、政治、科技等方面的优势向全球推广。弱势民族则往往被西方国家所鼓吹的文化普遍主义所迷惑,对西方国家产生全面的认同感,从而淡化自身的

---

① 刘晓霞:《全球化视域中的民族精神》,《吉林工程技术师范学院学报》2004 年第 8 期。

民族意识。① 吴冬梅认为挑战在于四个方面:(1)传统的民族国家主权观念受到冲击,"国家意识淡化";(2)西方国家加强了对我国思想、文化领域的渗透,其"西化"和"分化"的目的十分明显;(3)社会体制的变革弱化了中华民族精神的凝聚和整合功能;(4)信息化、网络化的发展日益加大了弘扬中华民族精神的复杂性和艰巨性。②

程京武认为全球化对培育民族精神的挑战在以下几个方面:(1)国家权力的"弱化"影响了民族精神的凝聚功能;(2)影视形态的"分化"影响了民族精神的整合功能,在全球化进程中,西方发达国家凭借其政治、经济、军事和科技的强大优势,极力推广西方文明,宣扬西方的价值观念,力图把西方意识形态变成全世界的普遍选择,这对各国家民族的价值观和精神世界造成重大冲击;(3)民族文化的"西化"影响了民族精神的导向功能。③

梅萍阐述了经济全球化对民族精神的重塑提出新的挑战:(1)普遍伦理和民族文化多样性冲突;(2)意识形态的斗争日益复杂化;(3)国家主权受到冲击,民族意识被弱化;(4)精神追求的失落,道德相对主义的产生。④

(三)关于全球化背景下培育与弘扬民族精神的途径

1. 关于全球化背景下培育与弘扬民族精神的意义

徐春林、黄辉伦认为全球化背景下培育与弘扬民族精神的意义在于:(1)可以不断增强综合国力,提高我国在全球化进程中的国际竞争力;(2)可以为全球化背景下的中国文化建设提供重要的精神资源;(3)可以充分挖掘中华民族的普世性内涵,为克服当前人类面临的全球性危机提供宝

---

① 徐春林、黄辉伦:《全球化背景下民族精神的培育与弘扬》,《江西行政学院学报》2003年第3期。
② 吴冬梅:《经济全球化背景下弘扬中华民族精神途径探析》,《学术交流》2003年第9期。
③ 程京武:《论全球化进程中民族精神的培育》,《广东社会科学》2005年第9期。
④ 梅萍:《经济全球化与民族精神的重塑》,《云南社会科学》2003年第5期。

贵的思想资源。① 王丽梅认为弘扬和培育民族精神的重要性在于:(1)民族精神是一个民族赖以生存和发展的精神支撑,是衡量综合国力的重要尺度;(2)全球化弱化了当代人的民族国家意识。②

2. 经济全球化下民族精神重塑的基本要求

梅萍提出经济全球化下民族精神重塑的基本要求:(1)增强爱国主义的时代内涵是民族精神重塑的核心内容;(2)培养科学理性是民族精神重塑的前提;(3)确立正确的主导价值观与民族共同理想是重塑的关键;(4)保持民族精神的时代性与开放型,是重塑的动力源泉。③

徐春林、黄辉伦认为,培育与弘扬民族精神的途径是:(1)提高"文化自觉",发展民族文化;(2)加强民族精神教育,强化民族意识;(3)增强综合国力,提高民族自信心。④

3. 弘扬和培育民族精神的主要途径

王冬凌提出弘扬和培育民族精神的主要途径包括:(1)弘扬中华民族的传统精神;(2)与公民道德建设结合起来;(3)进一步强化教育对民族精神的培育功能;(4)把社会效益放在首位,积极发展文化事业和文化产业;(5)不断吸取世界上其他民族精神的精华。⑤ 张发钦提出强化政治理论教育是弘扬和培育民族精神的主渠道;社会实践是提升大学生民族精神的重要途径;实现大学生民族精神的文化涵育;优化教育环境,弘扬和培育民族精神。⑥

王丽梅认为,(1)弘扬和培育民族精神必须以"三个代表"重要思想为指导;(2)必须重视社会主义先进文化建设,特别是文化创新;(3)必须正确

---

① 徐春林、黄辉伦:《全球化背景下民族精神的培育与弘扬》,《江西行政学院学报》2003 年第4 期。
② 王丽梅:《论全球化进程中民族精神的弘扬与培育》,《内蒙古民族大学学报》(社会科学版)2004 年第6 期。
③ 梅萍:《经济全球化与民族精神的重塑》,《云南社会科学》2003 年第5 期。
④ 徐春林、黄辉伦:《全球化背景下民族精神的培育与弘扬》,《江西行政学院学报》2003 年第4 期。
⑤ 王冬凌:《谈弘扬和培育民族精神》,《大连教育学院学报》2002 年第12 期。
⑥ 张发钦:《浅谈经济全球化背景下高校弘扬和培育民族精神的途径》,《当代教育论坛》2005 年第3 期。

处理两个关系,与时俱进地丰富和发展民族精神,一是民族性和世界性的关系,二是传统性和时代性的关系。还要注重加强文化市场清理、整治,创造一个良好的文化环境,加强制度建设,发挥制度的规范引导作用。①

吴冬梅提出弘扬和发展中华民族精神的途径与措施:(1)加强爱国主义和社会主义教育,奠定弘扬中华民族精神的思想基础;(2)营造良好的社会环境,形成弘扬中华民族精神的融洽氛围;(3)净化社会风气,抵御有害于中华民族精神的不良思想的侵袭。②

这些研究就经济全球化对民族精神的冲击、挑战,进行了分析,提出了在全球化背景下弘扬和培育中华民族精神的途径,分析较为深入和中肯,但是有几点不足:一是对经济全球化影响民族精神的历史过程缺乏分析;二是缺乏关于经济全球化对民族精神造成冲击的机制和过程的研究;三是关于经济全球化背景下弘扬和培育民族精神的途径比较笼统,没有分别就民族精神的各种要素展开分析,重塑民族精神的重点、关键不突出。

本文将就这些问题进一步进行探讨:首先介绍经济全球化的概念、特征及历史进程;其次分析民族精神的概念和中华民族精神的内涵;再次探讨经济全球化对民族精神的冲击和影响,包括机制、过程以及经济全球化过程中中华民族精神受到的冲击及其效应;最后探讨面对经济全球化的挑战,重塑中华民族精神的途径和关键环节。

二、经济全球化对民族精神的冲击

(一)历史上经济全球化对民族精神的冲击

经济挑战是可以被看见、被衡量的,而民族精神的挑战是很难被看见,

---

① 王丽梅:《论全球化进程中民族精神的弘扬与培育》,《内蒙古民族大学学报》(社会科学版)2004 年第 6 期。
② 吴冬梅:《经济全球化背景下弘扬中华民族精神途径探析》,《学术交流》2003 第 9 期。

但是可以感觉到。从经济全球化的历史进程来看,在几次浪潮中,相对落后国家不仅在经济上受到冲击,民族精神更是受到冲击、侵蚀、打击甚至毁灭。

第一阶段:在经济全球化的萌芽阶段,15世纪的地理大发现和新航路的开辟,促进了世界贸易的发展,推动了世界市场的形成,揭开了世界经济全球化的序幕。这一时期的发达国家是英国、荷兰、法国,而亚洲的大多数国家、非洲和美洲相对落后,随着欧洲、美洲、亚洲、非洲相互之间的经济交往增加,全球化的萌芽,使美洲、非洲大陆沦为发达国家的殖民地。发达国家的经济殖民,使殖民地成为发达国家产品的销售地和原材料产地;同时,发达国家通过文化殖民,把自己的制度、文化、意识、宗教等强加给殖民地,美洲非洲大陆的原有居民的民族习俗、思维、情感、意志等被压制、打击,原有土著居民不仅民族的文化被毁灭,甚至遭到种族灭绝。

第二阶段:经济全球化的形成、发展阶段(从18世纪60年代到20世纪50年代)。这一时期,全球化最终形成,并有了初步的发展,其间经历了经济全球化的两次浪潮:第一次浪潮是从18世纪末以蒸汽机为标志的第一次工业革命。从19世纪末以来,以电气化为标志的第二次科技革命,尤其是电信、汽车、飞机产业的形成,迎来了经济全球化的第二次浪潮。这一阶段英、法、德、比利时、意大利、荷兰等国占据主导地位,这些发达国家不惜采取经济、政治、军事甚至武装侵略的手段,进行扩张,在自己获得经济利益的同时,却严重破坏了当地的小生产,古老的民族工业被排挤掉了。同时,过去那种地方的和民族的自给自足和闭关自守的状态被彻底改变了,精神的生产也如物质生产一样,各民族的精神产品变成了公共的财产,民族的片面性和局限性日益成为不可能。那些历史悠久的但是在工业革命中落后的国家,民族的意识、习俗、文化、意志、信仰,受到发达国家的侵蚀、打压和破坏,像中国、印度、埃及等文明古国的民族文化、核心观念受到空前的荡涤、侵蚀(当然也带来一些先进的文化、意识和观念)。许多国家的民族精神被淹没,全盘西化。

第三阶段:经济全球化的稳步发展时期(从20世纪50年代至今)。第二次世界大战后,以信息革命为核心的第三次技术革命的迅猛发展,引发了资本的大规模跨国流动,经济全球化得以大发展,迎来了经济全球化的第三次浪潮。这一阶段,发达国家通过贸易、交流、跨国公司甚至是和平演变等手段实现其文化霸权,意识形态的霸权,通过培植亲发达国家的代言人、文化宣传、网络传媒的渗透、示范效应、智力外流等手段侵蚀落后国家的民族精神,改变其核心观念,削弱其民族凝聚力。有些国家在经济上照搬欧美等发达国家模式的同时,对于发达国家的文化、信仰、意识、观念也全盘接受,本民族的特有的传统观念、美德逐步弱化、消失。

实际上,在整个世界经济发展史上,在经济全球化不断发展的过程中,随着经济的融合,发达国家在经济上扩张的同时,其文明的辐射也是逐步深入和加强的。落后国家的民族精神(核心传统观念)受到一次又一次的冲击,或淹没、或式微、或被侵蚀。

经济全球化的主导权在发达国家。为了实现既定的目标,具有先发优势的现代西方资本主义国家极力促使自己的民族精神在全球范围内得到推广,力图建立起符合自己利益的一整套价值文化体系,来取代丰富多彩的现存的文化价值体系。西方文化价值体系的基础是"科学技术万能"指导下急功近利的短视行为,完全抛弃了厚重的历史积淀特性,宣扬的是赤裸裸的金钱交易原则,在大工业时代的确获得了巨大的成功。然而随着时间的推移,环境污染、资源枯竭、人口膨胀等问题日趋严重,并成为制约西方资本主义经济进一步发展的瓶颈。由于他们自身的局限性,仅依靠他们自身难以打破这个瓶颈,因此,为了转移工业化进程中的必然代价,他们把目光投身古老的东方国家,投向尚未纳入自己体系的第三世界的国家,不遗余力地推行一系列文化侵略政策。实现精神层面的全球化,是实现西方资本主义国家的既定目标的根本保证。

(二)经济全球化对民族精神的影响

精神是由属于人内在生活的思想、情感、活动构成的整体,或者说,应当把它理解为引导人的活动与行为的思想、意志、态度。民族精神是一个民族性格的特征,它是一种正价值的、优良的精神传统。民族精神总是在本民族生活实践的基础上,通过形成一定的全民族认同的核心观念而构成的。文化的民族性是民族精神的体现,是对该民族独特的国情——地理环境、人口因素、相对稳定的经济、政治生活的反映。民族精神是文化的集中体现,体现民族文化,其核心是价值观。核心传统观念是以往社会价值观念和思想的主体,也是民族精神的主要载体。

经济全球化对民族精神的冲击,主要表现在以下三个方面:

1. 经济全球化对民族文化的冲击

经济全球化伴随着文化霸权与意识形态的侵蚀。经济全球化是西方发达资本主义自由市场经济的全球化,它使人类生活跨越了国界和地区的限制,在全球范围内展现全方位的沟通和联系,这种沟通和联系势必从经济领域不可遏止地延伸到文化领域。而且,随着科技的进步,特别是互联网的兴起,使信息更快更大量的交流成为可能,相对来说缩小了我们生存空间的时空范围,我们居住的地球缩小为一个地球村,这种延伸的势头就更加猛烈。因此,经济全球化在给各国经济体系造成巨大冲击的同时,依附于经济之上的西方发达资本主义国家的理想信念、价值取向、伦理规范、道德观念、风俗习惯等也或多或少渗进发展中国家各民族的现实生活中,改变着我们的理念和行为,不可避免地对民族精神产生了冲击。对于民族精神来说经济全球化是一把双刃剑,它为民族精神的重塑带来契机的同时也对民族精神产生了消极影响。

经济的全球化必然带来文化的全球化。汤姆林森提出了“非领土扩张化”的概念。他认为,非领土扩张化乃是我们目前全球化的文化状况。所谓非领土扩张化,就是指“无论从哪个方面来说,我们世俗的文化体验和我们的定位之间的联系都发生了转型”。人们整个的空间体验改变了,它把亲近感和距离联合在了一起。之所以探讨非领土扩张化,是因为这种文化体验的独特模式就存在于人们广泛的日常生活之中,并且在“削弱或是消解日常充满活力的文化和领土定位之间的联系”。尤为意味深长的是,这种世俗的体验并不是“富有戏剧性的暴动”,“恰恰相反,它们很快就被同化到了正常状态”,而且被人们理解成是“生活就是这样的方式”。汤姆林森认为,在西方发达社会中的非领土扩张化并不是大多数特权群体才拥有的一种体验,它同样也包括了一般民众的体验。也就是说,在非领土扩张化的范畴之内所考虑的那些问题,实际上"影响到了世界上的大多数人、并且以很激进的方式使他们的日常生活体验产生了转型"。简言之,非领土扩张化并不是意味着地方性的终结,而是说发生了转型,人们进入到了一个更为复杂的文化空间之中。

在非领土扩张化文化体验中,全球化的传媒与通信技术起到了至关重要的作用。因为,对于大多数人来说,他们对全球化的文化体验并不是乘着越洋飞机到异国他乡进行直接体验,而是大多数时间是坐在家里感受到的。正是由于传媒和通信技术改变了我们的现实世界。传媒和通信技术的发展,带来了非领土扩张化,传媒和通信技术把我们从毫无联系的地方与我们文化的、实际上也就是存在主义的联系中提取出来,而且从诸多方面来看,又使我们的生命世界向一个更为广大的世界开放。①

"文化全球化"主要体现在商业文化、大众文化以及后现代的消费主义占领文化市场的世界现象。一般来说"贸易跟着旗舰走",但现在情况是"文化跟着贸易走"。因为正如某些西方学者一针见血指出的:"一件有利于理解文化全球化性质的新奇事物,即资本主义卖的不仅仅是商品和货物,它还卖标识、声音、图像、软件和联系。这不仅仅将房间塞满,而且还统治着想象领域,占据着交流空间。"②

从目前的发展来看,由于全球化主要是由西方发达国家推动和主导的,因而文化的全球性发展除了通常提到的那些互动性、渗透性、交融性、开放性等一般特点外,还在出现这样一些引人注目的新特点:

第一,文化与经济日益"一体化",民族文化的发展受到了严重扭曲。文化发展无疑要受到经济发展的制约,但西方某些发达国家却把文化与经济硬性地捆绑在一起,经济上的优势衍生出文化上的优势,经济上的强权衍

---

① 参见约翰·汤姆林森:《全球化与文化》,南京大学出版社 2002 年版,第4—6页。
② 阿兰·伯努瓦:《面向全球化》,载王列、杨雪冬编译:《全球化与世界》,中央编译出版社 1998 年版,第 10 页。

生出文化上的强权。虽说不同民族的文化因所处的时代、所处的社会发展阶段不同,会有先进与落后的差异,但就其价值来说绝无优劣之分,每一个民族的文化都是平等的,世界也不应由任何一种文化来主宰。然而在经济、文化"一体化"的条件下,即在硬性"捆绑"下,民族文化的发展受到了严重扭曲,似乎经济越发达,民族文化也就越优秀。经济文化、文化经济化成了全球化的一个突出现象。

第二,文化交流日益蜕变为文化输出。从理论上讲,全球化中的文化交流应该是双向的、平等的。但在目前条件下,双向的交流很大程度上变成了单向的文化输出。一方面,发达国家利用其先进的信息技术手段如互联网、多媒体和遍及全球的传播媒介将西方文化渗透到世界各国,使得发展中国家的思想意识、价值体系、民族文化与信仰受到严重动摇;另一方面,发达国家又总是阻止有悖于它的价值观念的异质文化的传播,同时采取各种手段对发展中国家的优秀文化进行贬低、丑化。这样,所谓的文化交流不过是单向的文化出口。

第三,文化的功能日益加强,对社会生活形成全面冲击。伴随全球化的发展,文化开始越出原有的学理层面,快速走入日常生活,对社会各领域形成巨大冲击。像西方文化的传播、扩散,不仅深刻地侵蚀着发展中国家的民族文化,而且潜移默化地影响着这些国家的生活方式、消费方式、生产方式以及人们的社会心理,其教化功能、消费功能、审美功能、经济功能等集于一身,发挥着越来越大的作用。特别是文化向心理层次的渗透,使得人们的潜在欲望、需要和心理受到西方文化的左右,从而使得这些国家的社会发展失去了正常的社会心理基础。因此,文化冲突在更大程度上变成了一种社会心理冲突。①

总之,经济全球化必然导致文化全球化,这是一种更加深远、长远的影响。西方发达国家借助于先进的科技、众多的文化输出渠道及其领先的政治经济地位,推行文化霸权主义和文化殖民主义,把其社会价值观、思维和

①　丰子义:《全球化与民族文化的发展》,《哲学研究》2001 年第 3 期。

行为模式、生活方式甚至包括政治观点等随着资金、技术和知识的传输而传播到各发展中国家。民族精神面临着从西方文化的感性欣赏向内在理性追求的转变而被削弱的危险。这样就使得各国经济发展从理论到实践都不得不接受一种原本不属于本土社会的、与本民族文化传统不属于一条逻辑的模式与道路。在这一过程中,本土文化被置于西方文化霸权之下,从而被扭曲、削弱和淡化了。全球化对各民族文化和民族精神的历史延续、传承构成了严重威胁。

2. 全球化对国民价值观的冲击

经济全球化一方面大大加强了国家、地区间的经济联系和相互依存,但是另一方面,由于各个国家、民族从经济全球化中所获得的益处不完全相同,也引发了它们之间在价值观上的冲突与矛盾,主要表现为意识形态或政治价值观念的冲突。西方发达国家利用它们在全球化进程中的"先发展"优势,试图把自己的意识形态和政治价值观念强加给发展中国家,进行文化扩张。

价值观反映的是外部世界同人的主体需求的关系,这种关系具体体现了外界事物对主体人的需要或否定的关系。它作为一种社会意识,取决于社会的现实存在,其合理性也只能以它所赖以产生的社会存在说明。经济全球化必然会使各国各民族的价值观念受到猛烈的碰撞,整合趋势日益明显。全球化和市场经济体制所带来的一些普世性的观念已深入人心,并成为绝大多数人公认的价值准则。如:经济全球化的推进呼唤人的个性自由,实际地解放着人的个性,并在个性自由的基础上实现社会的整体和谐;它推动了自由竞争的价值规范的确立;它推动了民主政治价值规范观念的确立;它给能力本位的价值尺度以强有力的支持等。

罗纳德·英格尔哈特在"世界价值观测量"(Worldvalues Surveys)的研究中提出了关于价值观变化的两个假说:[①]第一,匮乏假说。一个人的优先价值观是社会经济环境的反映。人们把最主要的主观价值观给予相对匮乏

① 罗纳德·英格尔哈特:《全球化与后现代价值观》,《国外社会科学文摘》2001 年第 4 期。

的事物上。第二,社会化假说。社会经济环境和优先的价值观之间的关系并不是直接的相互调整,两者之间的调整存在一个时间的滞后,而这个时滞涉及一个人的基本价值观,更多反映的是青少年时期状况。

这两个假说产生出一套有关价值观变化的预测。匮乏假说意味着繁荣将促使后物质主义价值观的流传,而社会化假说意味着个人的价值观和社会整体价值观不可能在一夜之间改变。大多数情况下,当一个社会的成年人中年轻一代的主力军取代老一代时,基本的价值观变化就发生了。结果是,经济和物质安全长期提高后,一个人将发现在老一代和年轻一代之间的优先的价值观之间存在着相当的差异;它们是由不同的经历所塑造的。这个论点在 1970 年对英国、法国、西德、意大利、荷兰和比利时的公众价值观测量中得到确证。

根据这两个假说,经济的全球化带来经济的发展和繁荣,使得人的价值观发生了深刻的变革,后物质主义的价值观得以传播。而在全球化影响下成长起来的年轻一代的价值观会与年长一辈的价值观有着极大的差异,传统观念在年轻一代身上越来越淡薄,而由网络媒体传播的物质发达社会的价值观很轻易地就占据了他们的头脑。

3. 全球化对传统道德观念的冲击

经济全球化的冲击还表现在对传统核心观念的破坏。一方面,经济全球化会带来先进的文化、理念、创新精神,增加民族精神的普适性、融合进新的观念;另一方面对民族精神的冲击,负面的影响是极大的,对传统文化美德的破坏、对历史传统的虚无主义等。

戴维·赫尔德等人叙述道:"在全球化的诸种体现形式中,几乎没有什么像国际品牌、大众文化偶像和工业品以及卫星向各大洲成千上万的人现场直播重大事件那样如此直观,覆盖面广并且渗透力强。全球化最大众化的象征包括可口可乐、麦当娜和 CNN(美国有线新闻网络)新闻。无论这些现象有着怎样的因果重要性和实际意义,也很少会有人怀疑,最直接感受到和经历的全球化形式是文化全球化。"也就是说,全球化已经贯穿在人们日常的生活之中,贯穿在人们最为直接的经验感知之中,而这种"贯穿"在程度上和速度上还在迅速增长。①

各种道德传统在全球场景中受到功利主义、物质主义、感官主义、自由主义道德的深刻的消解,但力图寻求各种新的扩张和发展。

由于资本化在全球范围内的迅猛进展,其带来的功利主义、物质主义、感官主义、自由主义道德在今天的世界上大行其道。它们既展示在现实的社会生活中,也更为露骨地表现在网络世界中。这势必使多少都有禁欲主义和集权主义色彩的传统道德受到冲击和消解。毫无疑问,全球化势必将资本运作的基本道德原则带向整个世界。从正面和积极方面来理解,这些道德原则应该是公正、平等、民主、自由等。这在今天的全球社会生活中有着多方面的体现。

(三)经济全球化对民族精神的促进作用

经济全球化对民族精神有较大的冲击,同时也有促进作用,表现在以下几个方面:

1. 全球化有利于促进民族精神创新

全球化给民族精神提供了一个十分广阔的思考空间,从而形成一些新的思想观念和意识。全球化进程促进了世界性的普遍交往,使先进的技术手段和管理经验以及其他方面的文明成果在国际上普遍传播,被不同的民族共同利用。世界各国在交往中形成的"你中有我,我中有你"的相互依存的局面,使人们的民族心理、思想观念将发生深刻的变化。例如开放的民族心态;民主的政治观念;改革进取的思想意识;不屈不挠,敢于与强权政治作斗争的精神;振兴民族,完成社会同意的政治意识;参政、议政的政治欲望等等。

而且,全球化为拓展民族精神提供外在压力,从而促进民族精神的创新。全球化条件下,民族情结会由于民族国家全面竞争关系的加强而有所加强,这就为民族精神的培育提供了契机。即压力可以转变为动力,没有压

---

① 戴维·赫尔德等著,杨雪冬等译:《全球大变革》,社会科学文献出版社 2001 年版,第 456 页。

力没有竞争的优越环境会使得民族失去危机感、缺乏创新、固步自封、而逐渐衰弱。

2. 全球化为民族精神的发展提供了丰富的文化资源

随着信息技术的不断发展和全球交往的日益深入,文化交流和相互撞击机会大大增强,人们对各自文化的反省空前深刻,这就为重新构建各自文化提供了一个绝好的时机,全球化可以丰富民族精神的内涵。一方面,全球化进程使得更多先进的价值、文化和制度具有超越民族国家的普遍性,日益获得各国人民的认同和接受,开始出现全球认同。另一方面,经济全球化背景下的世界各民族理当更注重与发展自己的民族文化,已构成丰富多彩的、多元共存的世界文化图景。世界各国文化的相互激荡、文化多元化方兴未艾的背景下,为博采众长、借鉴世界各国一切优秀文化成果,丰富和拓展民族精神的内涵提供了新的契机。

3. 全球化可以促进民族精神的发展

经济全球化的发展可以推动不同民族文化的相互交流,提高人的文化品位。在经济全球化的条件下,与物质生产的世界性相适应,精神生产也具有世界性,不同民族的文化相互交流、相互补充,这对于丰富人的文化生活,开阔人的精神视野,充实人的内心世界,具有重要意义。人总是生活在一定民族文化传统中的人,民族文化传统是人的自我认同的精神之根,是人的精神家园,它使人具有归属感、亲切感,人们总是要通过特定的民族文化认同自己。因此,不同的文化之间的交流,不仅不应该抹煞各民族文化的特点,而且通过吸收和借鉴异质文化,可以促进本民族文化的发展和创新。在经济全球化的条件下,承认文化的民族差别性,承认文化发展的多样性,对于人的自我认同和发展,对于满足人的精神需要,提高人的文化品位,培养人的特征,具有重要作用。

在全球化的今天,民族精神作为一个开放的体系,它有机会和动力消除自身的局限性、通过开放与交流来激活自身的潜能。汲取新的生命养分,使民族精神的支撑、凝聚、导向、教育和激励等功能汇聚成对人心的维系力和对人心的感召力这样一种全方位多层次的社会功能方向发展,使民族精神在开放的动态过程中得到升华。①

三、经济全球化对中华民族精神的冲击

关于全球化的影响,阮仲準认为,全球化影响着民族的心理习惯、意志与情感,影响着独立的民族精神,影响着民族的主权。由于拥有更多的信息,人们可以自己比较,积极地选择学习和应用好的东西,摒弃陈旧的东西,从而促进民族与国家的发展。积极的方面显然值得尊重;但是如果缺乏分析、批判与积极的理性去其糟粕,也很容易在现代化的影响面前迷失方向;因而容易产生自卑、依赖、忍耐的心理习惯,或者模仿对立价值观,同时丧失本民族的精髓与宝贵价值。这是民族情感与精神所面临的最大挑战。②

在当今全球化的现代环境下,构建民族精神的所有成分(如习俗、情感、意志以及历经数代而建立起来的价值观)都在经历一种变化。实际上,甚至某些成分还以不同于以前的方式被重新认识。

(一)经济全球化对爱国主义思想的冲击

经济全球化对爱国主义的猛烈冲击,这主要表现在以下几个方面:

1. 经济全球化使爱国主义情感淡化

经济全球化,使国家疆界变得模糊,民族意识弱化,必然使爱国主义情感淡化。经济全球化浪潮席卷全球以来,其内容由贸易、金融领域扩展到政治、文化、法律等社会生活的各个领域。国家的主权地位因此而受到了挑战,传统的疆界正在变得模糊,国家的职能越来越多的被让渡和削弱。目前几乎没有一个国家的国民经济不处于世界经济的普遍联系之中,生产和流

---

① 程京武:《论全球化进程中民族精神的培育》,《广东社会科学》2005 年第 1 期。
② 阮仲準:《民族精神面临全球化挑战》,《华中科技大学学报》(社会科学版)2004 年第 5 期。

通领域已经发生了根本的变化,国际生产分工体系的形成和国际贸易的全球化使资源配置与经济运行突破了一国国民经济的框架。企业之间在全球范围内寻求合作以获得产品的最低成本和最大利润,纵横交错的分工协作体系在全球范围内迅速发展,同时,资本、信息、技术和知识流动的速度与自由度不断加强,国际经济与国民经济的界限正逐渐变得模糊。特别是信息与通信技术的发展,使国家的边界变得异常脆弱。所有这些都将不可避免地反映到人们的思想观念上来,淡化人们的国家意识和爱国主义情感,从而使爱国主义观念面临莫大的冲击。

2. 西方意识形态影响的增强使青年一代的民族意识和国家意识弱化

经济全球化特别是信息和通信技术的发展,必然带来西方的价值观念,而其中的重视商业、追求感官享乐、个人主义等价值观将会淡化一些青年学生的理性关怀和集体观念,从而弱化他们的民族意识和国家意识。另一方面,今天全球化的主角是少数发达国家,他们控制着当今世界经济体系的"主权",西方国家依然是全球经济活动中"游戏规则"的制定者。发达国家在继续通过各种手段维护本国经济、直接控制干预发展中国家经济的同时,还总是利用其在全球化过程中的优势地位向发展中国家施加政治影响和进行意识形态的渗透,而且依托于网络等前沿技术"潜移默化"地推广其文化和生活方式。带有政治目的的意识形态渗透将会慢慢腐蚀一些人的政治信念、政治热情和对民族国家的传统情感。①

(二)经济全球化对传统道德观念的影响

1. 对"义利观"的影响

在经济全球化背景下,企业家精神和商业文化受到前所未有的推崇,市场竞争这个概念也为整个社会所接受和认同,人们传统的"义利观"观念受到了强烈的冲击。因为商人是注重理性的职业,当发生利益冲突时往往采

---

① 杨旭:《经济全球化背景下的爱国主义教育》,《湘潭大学学报》2001 年第 2 期。

取谈判或者协商的方式解决问题,所以重商主义就成为一种社会稳定力量并为我们的民族精神注入了理性因素。但是,全球化的市场竞争,注重适者生存,优胜劣汰,这种观念的极端化就形成了一种只重结果、不择手段的价值观,所以实用主义、重利忘义就成为一种流行的观念并影响人们的行为。

2. 经济全球化对忠、公观念的侵蚀

在经济全球化的大潮流中,西方的个人主义思想大行其道。市场经济的核心之一就是强调个人主义,在市场竞争过程中,人们以自我为中心,自我利益为第一。西方的自由主义和新自由主义都推崇和鼓吹个人主义和反政府干预,突出个人利益。这些观念在全球化过程中,极大地影响了发展中国家的国民的思想,特别是在网络中长大的一代,极端个人主义思想普遍存在,而集体、国家的意思和观念则非常淡薄。这对我国传统文化的"忠"、"公"、先国后家、为大家舍小家、先天下之忧而忧的思想造成了极大的冲击。

3. 经济全球化对勤俭敬业观的影响

在物质生产和生活方面,勤俭是核心传统观念,同时也是中华民族精神的一种具体表现。从古代农耕时代开始,中国的自然资源刚刚好足够先民们过一种勤劳节俭的生活,这种生活观念既关乎人们的生存,又关乎中国的发展,而且被广大劳动人民所实践。在生产力水平低下、物质财富匮乏的时代,勤俭的美德和精神是重要的。在生产力高度发展的今天,勤俭仍然有极其重要的意义。但是在经济全球化的影响下,西方的消费文化也通过各种媒介传入到国内,并且逐渐成为时下年轻人的主流文化。

20 世纪 80 年代后在城镇出生的一代是在肯德基和麦当劳伴随下成长起来的。这些生活在城市的年轻一代正好处在经济全球化和中国经济高速增长的大背景下,他们一出生就乘上了社会现代化的高速列车,开始享受现代物质文明的丰硕成果。他们生活在一个物质日趋丰富的时代,国家不断成长的消费文化正好和他们的成长同步,所有产品的营销诉求几乎都是针对他们的趣味。消费对他们来说已不仅是生存需求,同时也是一种生活方式和精神需求。在这样环境中长大的一代人,更多的是关心自我,习惯于从家庭与社会中获得,追求时尚、享受生活,勤俭节约对他们来说是十分陌生的。

(三)经济全球化带来历史虚无主义及对民族传统的排斥

年轻一代从不讳言对财富的向往,但他们更注重自我的实现,"成功人士"成为他们的人生榜样。他们成长在中国社会的转型时期,市场经济和社会变革给他们的精神世界乃至行为方式打上了深刻的印记,因此比起上一代人,他们更容易接受新鲜事物,他们更崇尚过"洋节",但是他们中的许多人并不知道这些洋节的来龙去脉。传统节日是民族文化、民族精神与情感的一个载体。对"土节"妄自菲薄,不屑一顾;对"洋节"津津乐道,顶礼膜拜,其实是对民族文化、民族精神与情感的失敬。将这种失敬放在全球背景下,我们更感受到了强烈的冲击。全球化不仅丰富了物质财富,同时也带来了观念的变革,在潜移默化中改造着民族性格和精神。

四、应对挑战,弘扬和培育民族精神

(一)不断创新、增强本民族的竞争力

1. 民族精神是欠发达国家加快发展的强大精神动力

马克思主义告诉我们,存在决定意识,意识产生于人们对客观存在的反映和感知,并且对客观事物产生能动作用。社会历史作为人的活动过程和结果,总是受一定动机、愿望、思想等精神因素的支配和调节,在一定条件下,由物质派生的精神可以转化成历史发展的动力。民族精神是一个民族延续的血脉、发展动力、崛起的支撑、挺立的基石。它可以激发民族成员的归属意识和奋斗意识,凝聚社会各方面的力量,从而形成推动社会前进的强大动力。对一个民族来说,历史发展的精神动力首推民族精神。纵观人类社会,有多少民族衰败破落,有多少民族崛起复兴,决定民族国家盛衰的一

个根本原因,是这个民族所特有的包括素质、思想、道德、文化在内的民族精神。因此,民族精神是欠发达国家在全球化过程中发展自己的强大精神动力。

民族精神的力量是不可估量的。在人类的历史发展和民族进化过程中,常有一些弱者击败强者、少数战胜多数、落后赶上先进的实例,究其原因,往往不在物质和技术层面上,而主要在于思想文化和民族精神所释放的巨大能量,在于民族精神的作用。田克俭提出,是什么能在同一时刻使一个民族成千上万的成员形成某种差不多一致的行为倾向呢?这只能是一种看不见、摸不着、属于精神上、属于人们心灵里的东西——民族精神。①

各民族间的竞争,最核心的东西在于科技。科学与实用技术不同,它的产生源于主要不在于功利方面,而在于纯粹的求知兴趣。科学的理论性和思辨性越强,它离实际用途就越远,而某种精神信念越近。科学的生长点和原动力在于人类自己的精神需要和精神追求。每个民族都需要一种精神的支撑,一种精神的动力,或许这正是中华民族腾飞的关键所在。

民族精神是当前我国进行社会主义现代建设的强大精神动力。在现代社会,随着经济增长方式从粗放型向集约型转变,从劳动力密集型结构向科技密集型结构转变,人力资源在经济发展中的作用越来越大。弘扬和培育民族精神可激发和调动人们的积极性、主动性、创造性,把科技转化为现实的生产力。通过提高人们改革的自觉性,引导人们投入变革生产关系的时间,从而推动生产力的解放和发展。

我们正在进行的社会主义现代化建设,是一项关系中华民族前途命运的宏图伟业,是全中国人民的共同心愿和希望。以民族精神为纽带,引导人们心系国家命运,以振兴中华为己任,始终保持奋发有为、昂扬向上的精神状态,必将激发每一个中国人的聪明才智,对这项伟业产生巨大的推动作用。

---

① 参见田克俭:《民族精神与竞争力》序言,新华出版社 2005 年版。

2. 在全球化过程中吸收借鉴的同时必须保持自己民族的特色

经济全球化对发展中国家经济发展的冲击是巨大的,有正面的效应,更多的是负面的影响。除了经济上的冲击,在文化、思想意识、民族精神方面也有着非常大的冲击。经济全球化正在把全世界纳入一个统一的系统,世界经济已经成为一个有机的整体,现在世界上任何一个国家和地区都不能脱离世界市场而发展,而且,全球化已经影响到民族主权、文化和意识形态,对民族精神的冲击就是一个十分明显的例证。而一个发展中国家特别是一个发展中大国,完全模仿发达国家的模式,走发达国家走过的道路,是很难取得成功的,至少现在还没明显的成功案例。因此发展中国家在经济全球化过程中一方面要抓住全球化带来的机遇,通过全球化吸收借鉴发达国家先进的技术、文化、管理方式,同时必须保持自己的民族特色。许多发展中国家在全球化过程中丢掉自己的民族传统,全盘照搬发达国家的经验,整体上经济发展和社会进步都不太理想,而中国在过去的二十多年里,一方面发展市场经济,借鉴发达国家的技术和经济管理体制,同时,保持民族的特色,走出了一条不同于自由资本主义市场经济的道路,被国际社会称为"中国模式",其发展理念被称为"北京共识",这也是中国快速发展的重要原因之一。

概括地说,世界各国学者达成的"北京共识"是:(1)一个国家的发展模式应该由一个主权国家独立自主地进行探索,任何由外部强加的发展模式都注定是要失败;(2)强调发展的包容性、兼容性,努力把社会主义制度与市场经济结合起来,把经济高速增长与社会全面发展协调起来,把政府宏观调控与市场微观运行结合起来,把效率与公正协调起来;(3)强调发展的人民性而不是特权阶级性,"华盛顿共识"的目的是帮助银行家、金融家,而"北京共识"的目标是帮助普通人,强调以人为主;(4)强调本民族的文化和文明传统,并努力使传统优秀文化与现代发展结合;(5)强调发展的积累性、渐进性,通过累计效应发展自己。可见,在全球化过程中,强调本民族的文化和文明传统,并努力使传统民族文化与现代发展加以结合,是十分重要的。

3. 增强竞争力,壮大民族精神的物质基础

增强民族自尊自信和自强,要以综合国力的不断增强为物质基础,"有实力有魅力",这是很普通的道理,一个强大的国家是国民自尊自信自豪感的重要支柱。因此,加快经济建设,加快迈向小康社会的步伐,重铸中华民族的鼎盛和辉煌,把中国建设成为富强、民主、文明的社会主义现代化强国,使人民过上富裕、幸福、美满的生活,是我国发展的当务之急。国家强大了,人们富裕了,民族的自尊、自信、自强的精神就会显示出来。因此,必须加强自主创新、促进科技进步、加快经济发展、不断提高国际竞争力,以强大的综合国力来增强民族的自信心、自豪感和凝聚力,从而有利于民族精神的重塑。

(二)全球化背景下弘扬和培育民族精神

1. 坚持全球性和本土性的交融互动,积极应对全球化冲击

经济全球化是不可逆转的历史潮流。面对经济全球化的冲击有几种不同的态度:一是被动地接纳、全盘接受,结果是本民族的文化和精神被发达国家的文化和意识所侵蚀、覆盖、占领,本民族淹没在全球化的浪潮中失去自己的民族精神。二是孤立地排斥全球化,与世隔绝,试图避免受到冲击。这样做是徒劳无益的,使本民族失去吸收先进文化实现创新的机会,会更加衰败和落后。三是主动适应全球化的趋势,吸收先进的文化和意识观念,使之融进本民族,不断创新,增强本民族的竞争力,并为世界文明的进步作出贡献。四是凭借经济和技术的相对优势,极力宣传和扩张本民族的意识形态、文化理念,增强本民族的影响和控制力,争取文化和精神的霸权地位。

显然,我们应该选择第三种态度,积极主动地吸收优秀文化,不断创新,增强本民族的竞争力。从根本上来说,民族精神的本质特征就是那种能够从本质上反映一定时代民族发展的历史任务的精神特征。只要能反映全球化的时代特征,适合社会发展要求,民族精神就不会因经济全球化的潮流而瓦解、消失。

近代中国实行闭关锁国政策,拒绝融入世界,结果让我们尝尽了被世界

所抛弃并因落后而被动挨打的滋味。有鉴于此,在全球化趋势下,我们在重塑中华民族精神的过程中,必须走全球性与本土性交融互动的道路,既要在新的历史条件下,以马克思主义为指导对自身进行客观的反省,开拓本土传统文化资源中的精华部分,又要以开放、求实的态度吸纳全球文化资源中的合理因素和优秀成果。

2. 主动吸收国外的优秀文化、促进民族文化的健康发展

面对全球化,与其被动适应,不如主动出击。丰子义提出应当在民族文化的发展上正确地调整我们的思路并采取相应的对策。[①]（1）提高"文化自觉"。强调文化自觉,事实上就要求突出文化的"民族意识"或"主体意识"。这有赖于民族"自我意识"的增强和"危机意识"的强化。（2）调整文化心态。要用一种理智的、客观的眼光来看待全球化条件下的民族文化发展。"文化霸权"我们是坚决反对的,而一概拒斥西方文化的"唯我独尊"也是需要克服的。我们必须坚持文化的民族性。（3）加强文化的调适与转换。必须首先处理好转换的历史向度问题。（4）推进文化整合。以我为主,博采众长,为我所用。今天我们讲的民族文化,绝不是一般的传统文化,而主要是指有中国特色的社会主义文化。要说文化整合,只能按照这样的文化标准来进行。

要促进民族文化健康发展,必须加强传统文化教育。中华民族文化的精华部分正是我们实施民族精神教育的宝贵资源。仁义与诚信、爱国与自强、胸怀与品格、智慧与创造,都是民族文化传统的精华,必须切实加强对优秀传统文化的宣传、教育与普及。要采取灵活多样的形式向青少年进行中华民族悠久历史和灿烂文化的教育,帮助学生掌握中华民族的优秀传统,提高民族主权意识和民族文化修养。

要促进民族文化健康发展,在全球化背景下,还要主动吸收国外的优秀文化。任何民族的文化在其发展过程中,都必须处理好这样一对矛盾:一方面要维护其民族传统,保持其自身文化特色;另一方面又要吸收外来文化壮

---

① 丰子义:《全球化与民族文化的发展》,《哲学研究》2003 年第 11 期。

大自己。这一矛盾运动,就是文化的民族认同与对外适应。只有当一个民族与异民族发生交往,特别是发生尖锐冲突时,民族文化在同外域文化的冲突与融合中才能更快地更新发展,可见,外部刺激是文化发展的必要条件。

3. 加强爱国主义教育、锻造强有力的核心价值观

弘扬民族精神,首先要着眼于爱国主义教育。"爱国主义就是千百年来巩固起来的对自己祖国的一种最深厚的感情。"由于爱国主义是一种高级的社会情感,它不同于本能性的情绪反应,不可能自发形成,因此,应长期系统地向人们提供进入感受过程的信息材料,促进人们把爱国主义作为他们自觉的思想追求和行为规范。

如果说文化是凝聚一个国家和民族的灵魂,是维系社会发展的精神支柱和纽带,那么其核心价值观则是灵魂的灵魂。在建设社会主义先进文化的过程中,马克思主义的核心价值观是必须始终坚持的灵魂和命脉。锻造强有力的核心价值观,要加强以爱国主义为核心的国家意识教育。中国是一个具有悠久文化传统的国家,以爱国主义为核心的民族精神是中华民族增强凝聚力、实现统一、在艰难环境中生存、繁衍和发展的精神支柱。中华民族要复兴,必须更多地强调国家意识,以爱国主义为核心的民族精神来增强凝聚力,提升文化竞争力。要加强理想信念教育、民族精神教育特别是爱国主义教育,既区别于狭隘的民族主义,又反对盲目崇洋媚外,损害国家和民族利益,二者相互交融,相得益彰。在全社会进行社会主义、共产主义理想信念教育有利于统一广大民众的思想,防止西方意识形态对人们的侵蚀,深化人们对爱国主义教育的理性认识。

加强民族国家主权意识教育,增强民族凝聚力。价值观是民族精神的深层系统,价值观的取向决定理想和精神支柱。在经济全球化的今天,多元价值观并存并相互冲突已经成为普遍现象。问题的关键不在于否认价值观的多元存在,而在于人们价值观应如何选择,即应倡导什么样的价值观为国家的主导价值观。我国目前正处于社会转型时期,由于人们的极端个人主义、价值取向的拜金主义、价值标准的功利主义等原因,误导了人们的经济、政治、文化行为,从而给民族凝聚力造成一定程度的损伤。因此,我们应采

取积极措施,确立正确的主导价值观,消除、限制和打击错误价值观以及由此带来的有害行为,加强主导价值观的导向。

4. 继承和发扬优良的传统道德

在中华民族的传统道德中,凝结了许多精华,比如,"苟利国家生死以,岂因福祸避趋之"、"富贵不能淫,贫贱不能移,威武不能屈"、"鞠躬尽瘁,死而后已"、"老吾老以及人之老,幼吾幼以及人之幼"等,都是在教育人们爱国、爱家、尊老爱幼、忠诚、正直、勤奋、不断进取,集中体现了中华民族的传统美德,构成了中华民族的精神支柱。但是,在传统的道德中也有一些糟粕,如"三纲五常"、"三从四德"等。在面临全球化、信息化的挑战的背景下,一方面我们要不断引导青少年继承和发扬优良的传统道德,汲取精华,同时更要弃其糟粕,要注意旧思想、旧意识、旧习惯对青少年的影响;另一方面要从建立社会主义市场经济体制的角度,来思考和探索构建新的道德体系,帮助青少年确立与社会主义市场经济相适应的道德观念和道德规范。要培养青少年的独立人格、自立意识、效率意识、平等观念、民主法治意识、合作竞争意识和敢于打破常规、开拓创新的精神。同时,还要注重帮助青少年树立具有鲜明时代特点的道德风尚。要坚决摒弃投机取巧、不择手段、损人利己等不良观念,在青年中大力提倡勤劳创业、智慧创业、诚信创业等创业道德观念。

第三章

科学技术发展与当代
中华民族精神

按英国学者 C. P. 斯诺的观点,科学技术与人文是两种不同的文化。两种文化之间存在冲突,也可能融合。在当代,科学技术发展日新月异,科学技术外在的巨大变革力量和内在的科学精神、科学理性正猛烈冲击传统文化,中华民族精神的传承与发展成为迫切需要研究的时代问题。

一、科学技术与民族精神关系的研究述评

西方科学技术自明清传入中国后,与中华民族精神的关系一直是中国知识界关注的问题。"洋务运动"时期提出的"中学为体、西学为用",反映了对西方科学技术功能、经济功能和军事功能的认可,标志近代中国向西方学习的开始;同时也反映一种忧虑,担心西方科学技术对中华民族精神的颠覆。五四新文化运动对以科学和民主为核心的西方文化无比推崇,将中国向西方学习从物质层面提升到制度和精神层面。其间,个别思想家满怀对中国现代化的迫切愿望,甚至提出"打倒孔家店"和"全盘西化",陷入了否定民族精神的认识泥潭。20 世纪 20 年代的"科玄论战",其实质是对科学

和中国传统文化的评价,引出了科学精神、科学理性与中华民族精神的相容性问题。"科玄论战"虽然以科学派观点占优势告终,但"科玄论战"引出的问题至今仍未解决。

20世纪80年代,微电子技术、激光技术、信息技术、智能自动化技术、新材料技术、航天技术、新能源技术、生物技术和海洋工程等高新技术蓬勃兴起,其间,托夫勒的"第三次浪潮"、奈斯比特的"大趋势"、普赖斯的"大科学"思想进入了中国。伴随着中国知识界对高新技术"是机遇也是挑战"、"当代科学技术呈指数增长"、"科学技术发展的文化环境"等问题的反思,科学技术与民族精神的关系问题再一次受到关注。这些学术讨论部分反映在一些专著中,如王大珩、于光远主编的《论科学精神》,宋正海、孙关龙主编的《中国传统文化与现代科学技术》,胡志强、肖显静撰写的《科学理性方法》,王前撰写的《技术现代化的文化制约》等。但是,大量的研究成果主要集中在期刊论文中。

目前有关科学技术与民族精神讨论的内容可分为四个方面。

(一)"李约瑟难题"的文化解读

英国学者李约瑟提出了一个影响广泛的问题:中国科学技术在过去几千年一直领先于欧洲,但在近代落后了,没有发展出近代科学。这就是著名的"李约瑟难题"。几十年来,学界从语言、逻辑、实验科学、地理环境、经济、社会形态、政治、利益集团、文化、科学中心转移、偶然性等方面,尝试解读"李约瑟难题"。但这些解读都有失偏颇,正如孔令宏指出的,"李约瑟难题"涉及的是中国和西方几千年历史中的政治、文化、社会、经济等诸多方面的综合性问题。面对这样复杂的问题,企图用单因单果的观念寻找一个原因来回答,显然难以让人满意。①

这里不拟对"李约瑟难题"所有解读进行评述,而只关注其中的文化解读,因为从这些文化解读中可以了解学者们对"科学技术与民族精神关系"

---

① 孔令宏:《试论用技术社会学方法解答李约瑟难题》,《大自然探索》1998年第3期。

的认知。

概括起来,"李约瑟难题"的文化解读有四种代表性观点:(1)将近代中国科学落后的原因归咎于中国传统思维方式,认为古代中国人习惯于直觉思维,倾向于对感性经验作整体把握,而不是对经验事实作具体的概括分析,忽视逻辑化和形式化;思维对象模糊、概念不清、无边无界,如"气"的外延包括地气、阳气、精气、元气、正气、邪气、志气、心气等,诸多"气"之间的关系难以界定。这就使中国古代缺乏实证科学,缺乏严密的逻辑分析方法,科学在中国长期只能停滞在神秘经验论水平。①(2)认为中国传统文化最重视思想上的"守成"和"齐一",要求人们重圣贤、遵古训,以圣贤言论作为判断是非的唯一标准,这种大一统式的思想抑制了人们思维的个性化,扼杀了人的独立性、创造性和批判精神。长期的思想压抑使得人们习惯于求稳、保守,而这正是科学发现之大忌。②(3)认为传统文化是一种具有内在缺陷的"静"文化,是封闭、持重、不喜竞争和变革的大陆文化,受传统文化熏陶的古代中国人倾向于恬静、安忍、自大,对外来文化有一种天然的抗拒与排斥。③(4)认为思维的功利性使得古代中国人在追求知识时,具有强烈的功利色彩,表现在"知以致用"、"知行合一",把客体的知识仅仅维系在主体的使用上,使求知与道德、生活结合在一起。这样,古代中国人就没有濡养出对纯知识的兴趣。而对科学理论来说,这样一种兴趣显然不可或缺。④

但上述观点受到了批评:(1)不能简单判定中国人的思维方式的模糊性,事实上,中国古代产生了许多辉煌的数学成果,这些用思维模糊性难以解释;况且,思维方式并非一成不变,思维方式是在现实问题的解决过程中和科学技术发展过程中形成和变化的。(2)如果中国人真的因循守旧,性格内向、盲目排外、求稳惧变、不尚竞争,那五千年的灿烂文明为何能长存不灭?那佛教为何能传入中国生根、开花、结果,使中国取代印度成为向世界

① 李翔宇、黄雁玲:《中国传统思维的理性分析》,《广西社会科学》2001 年第 2 期。
② 王红婵、王丰年:《李约瑟难题的现实意义》,《哈尔滨师专学报》1999 年第 3 期。
③ 诸凤娟、陶建钟:《刍议近代中国科技落后的文化原因》,《绍兴文理学院学报》2003 年第 3 期。
④ 李翔宇、黄雁玲:《中国传统思维的理性分析》,《广西社会科学》2001 年第 2 期。

传播佛教的中心？那如何解释《易经》所讲的"天行健,君子以自强不息"？
(3)如果中国传统文化阻碍了近代科学的产生,为什么接受中国传统文化
的日本却能在科学技术和国家实力方面得到较快发展？阻碍近代科学在中
国产生的中国传统文化却能促进日本的近代科学发展,二者岂非矛盾？①
(4)如果近两三百年中国是由于中华文化而落后,特别是由于儒家文化而
落后,那么,同一个中华文化为什么造就了这两三百年前中华民族的辉煌？
为什么汉代"独尊儒术"、宋代的"儒学复兴"反而没有阻碍汉宋时代科学技
术的高度发达？有什么理由只根据近两三百年中国的落后,就断定中华文
化落后？这在逻辑上无法回答。②

(二)"科玄论战"评价

1923 年 2 月 14 日,北京大学教授张君劢在题为《人生观》的演讲中,指
出科学不能解决人生观问题,人生观问题只能由玄学来解决。同年 4 月,地
质学家丁文江(丁在君)撰文《玄学与科学》,激烈批评了张君劢,认为科学
完全有能力解决包括人生观在内的一切问题。张君劢又撰文《再论人生观
并答丁在君》,对丁文江的批评予以反击。论战迅速扩大,梁启超、胡适、吴
稚辉、张东荪、林宰平、王星拱、孙伏园、范寿康等人纷纷撰文参与讨论。论
战的双方被称为科学派和玄学派,论战焦点是能否建立科学的人生观。

"科玄论战"已成为历史,但对"科玄论战"的评价及反思一直延续到今
天。这些评价及反思间接反映了学者们对"科学技术与民族精神关系"的
理解。

有的学者注意到科学派和玄学派都渗透了奋发有为的民族精神,"他
们倡导的人生观,都要求青年要积极进取、勇于躬行实践的人格,同时又均
深受儒家思想的浸染,儒家思想中'修身齐家治国平天下'的观念对他们潜
移默化,因此他们都遵循'道德改造——社会改造'这样一条思想逻辑,通过

---

① 孔令宏:《试论用技术社会学方法解答李约瑟难题》,《大自然探索》1998 年第 3 期。
② 杨叔子:《民族精神:中华民族文化哲理的凝视》,《华中科技大学学报》(社会科学版)2005 年
第 1 期。

改造道德、改造国民性,达到改造社会的目的。"①同时,科学派还从传统文化中获取自己的精神资源,"胡适还原论立场的确立曾得益于范缜的神灭论观点。范缜把'神'对'形'的依赖归结为'形'对'神'的决定。这给胡适以深刻启发。胡适甚至还从清代实学中寻找实证方法的渊源。"②胡适推崇的科学实验主义也让人隐约看到陆王心学"知行合一"的影子。③

有的学者批评了科学派对民族性及民族精神的消解,"对文化作生命观,文化就不再是工具性的,而是获得了本体的意味,从而内在地蕴涵了对民族性的确认。因为就个体而言,生命乃是不可重复和不可替代的唯一事件。它因此才拥有了无上的尊严。这些内涵恰恰构成民族性立场赖以确立自身的前提。与玄学派不同,科学派则缺乏这种民族自觉。相反,它以消解民族性规定为标的。"例如,胡适就主张所谓的"世界主义"。④ 有的学者指出了科学派的"科学观"缺陷,"这种机械的科学观把因果律看做是不可侵犯的铁律,在这个铁律面前,人的自由意志与创造是没有任何地位的","胡适将人完全等同于一个一般的自然物,毫无自由意志可言,不可否认,张君劢的批评是切中要害的。"⑤

有的学者则猛烈抨击玄学派,认为玄学派和文化保守主义"给他们的论敌扣上一顶科学主义或科学万能论的帽子,借反对科学主义之名行反科学之实,但是结果收效甚微","要知道,中国传统文化最欠缺的是近代意义上的科学、民主、自由等因子,急需汲取这些人类的共同精神遗产。中国传统文化虽有瑰宝,但也不足以普世和救世。"⑥针对玄学派对科学派的批评,有的学者进行了辩护:"梁启超所犯的错误就是将科学知识不够充分而犯的错误归罪于科学本身,而反向中国传统不作对象化科学研究的方式求救。实际上是将一种前科学的形态当做后科学来用,这种谬误在新儒家那里,在

① 周云:《从"科玄论战"看20年代西方思想与中国社会思潮》,《社会科学辑刊》1999年第4期。
② 何中华:《"科玄论战"与20世纪中国哲学走向》,《文史哲》1998年第2期。
③ 周云:《从"科玄论战"看20年代西方思想与中国社会思潮》,《社会科学辑刊》1999年第4期。
④ 何中华:《"科玄论战"与20世纪中国哲学走向》,《文史哲》1998年第2期。
⑤ 李铁:《重读科玄论战》,《湘潭大学社会科学学报》2003年第3期。
⑥ 李醒民:《科玄论战的主旋律、插曲及其当代回响》(下),《北京行政学院》2004年第2期。

今天的传统主义者中间仍然屡见不鲜。"①但这种辩护过于简单化和标签化,因为"玄学派所揭示并捍卫的人生观领域实际上就是人的意义世界,它只能由价值规定为其提供本体论承诺。从这个意义上讲,玄学派对于人的存在的二重化结构所凸显的人类学本位论悖论,有比科学派远为深刻的领悟。"②

(三)民族精神与科学技术的相容性

中华民族精神是中华民族在长期共同生活和实践中形成的思想观念、价值信念与信仰、性格与心理的总和。关于中华民族精神与科学技术的相容性讨论,主要集中在传统中国人的价值取向、思维方式与科学技术的关系。

在古代中国,儒家学说占主导地位,儒家学说推崇的价值取向成了中国人的主流价值。对此,有的学者认为,这种价值取向不利于科学技术的发展。儒家学说倡导一种"内圣外王"的境界,以"格物、致知、正心、诚意、修身、齐家、治国、平天下"的理想,试图把个人的人格修养和追求治世安民理想的社会理论统一起来。儒家思想强调传统的礼仪,反对任何超自然主义,注意社会生活,忽视非人类现象。只研究"事",不研究"物"。这种过分注重世俗关系的学说,不可避免地落入复杂的社会人伦等级关系之中。在人伦关系中,人们被分为两个极端:一端是至尊、至贵、至高;另一端是至卑、至贱、至低。严重扼杀了人的个性、自由、欲望和创造性。③ 有的学者指出,儒家思想有一套完整的理论体系调节人们的社会关系,"仁、义、礼、智、信、忠、孝、节"和"三纲五常"把人们束缚、依附于皇族统治。这是一种静止、常规、服从、无为的心理戒律。它要求社会处于一种和谐、稳定和有序的平衡状态,这与近代科学精神完全背道而驰。儒家主张"天不变,道也不变",对

---

① 李铁:《重读科玄论战》,《湘潭大学社会科学学报》2003年第3期。
② 李秋丽:《现代化视野中的"科玄论战"》,《理论学刊》2004年第8期。
③ 刘芳玲、蒋佩琳:《中国科技发展与传统文化关系的几个问题》,《四川师范大学学报》(自然科学版)1997年第3期。

天的盲目崇拜代替了改造自然的努力,致使生产工具长期没有发展,有关自然规律的科学一再被禁止发展。①

有的学者则认为,以儒家学说为核心的传统文化有利于科学技术的发展。儒家重视教育,普及了全社会的文化知识,提高了全社会的知识水平,从而也提高了中国科学技术人员的数量和质量;儒家重视人的理想和道德教育,激励人才追求理想,作出青史留名的业绩;儒家倡导的勤奋好学、自强不息精神值得当代科技人员发扬广光大。② 有的学者承认儒家学说的价值取向有妨碍科学发展的同时,更多强调儒家并非从根本上反科学。儒家学说与科学相互独立,不存在阻碍科学发展问题。因为科学以研究自然界的法则为目的,有其独立领域;儒家思想以指导人生、提高精神生活、发扬道德价值为追求目标,也有其独立领域。一个科学家既可以在精神生活中尊崇孔孟,也可以在科学上有所发明,这两者并不矛盾。③

中国人传统的思维方式定型于春秋战国时代,与西方相比,中国古人强调“天人合一”、真善美统一和“体道”的思维。有的学者认为,“天人合一”思维造就了朴素的唯物主义观念,却大大限制了人们对自然现象的追逐和探求,因而不可能建构起“对象化”的知识逻辑体系。真善美统一思维的认知结构尽管受到现代认识论重视,但也应看到,事实之真、伦常之善、情景之美,三者之间毕竟存在一定的界限,思维方式亦有差异。中国古代的思想家由于凸显实践理性的主导地位,不重视认知结构的分析,使认识论和逻辑学没能获取自己的独立形态从而得到充分发展,这种近似无逻辑的思维方式极大地制约了科学技术的进一步发展。“观物、取象、比类、体道”的思维方式只能靠直觉,不可能运用逻辑推理和名言论证的方法来把握。④ 有的学者将这种依靠直觉“体道”称为神秘性思维,认为神秘性思维方式与强调可

---

① 刘啸霆、姜照华:《科技及其文化前提浅析》,《自然辩证法研究》1994 年第 6 期。
② 毛伟英:《论传统文化在现代科技发展中的作用》,《浙江师大学报》(社会科学版)1997 年第 3 期。
③ 郝海燕:《儒家文化与中国科学:现代新儒家的见解》,《自然辩证法研究》2004 年第 11 期。
④ 姚茂群:《传统思维方式与科学技术》,《杭州师范学院学报》(自然科学版)2004 年第 6 期。

检验性的科学思维方式大相径庭。自然科学不排除思辨和直觉,而且运用十分广泛,但是,它不允许由直觉或思辨得来的假说直接成为科学理论,而是一定要首先运用逻辑和数学工具,把假说表达得在形式和内容都富于可检验性,然后通过实验检验,再决定假说的取舍和向科学理论的过渡。①

(四)大科学时代的民族精神建构

20世纪50年代以来,科学技术发展呈加速度发展,规模越来越大,影响日益增强,人类社会进入了大科学时代。如何建构大科学时代中华民族精神,学界对此也有论述。

民族精神是传统文化的品格特征,民族精神建构应当从传统文化的继承与改造开始。有的学者认为,应对我国传统文化进行取舍和整合,消除不利于科学技术发展的文化因素,发扬和利用传统文化中有利于科学技术发展的文化观念。应发挥中国人注意现实性、实用性的长处,提高对科学技术的应用推广能力,从而将传统文化的智慧同现代科学思维相结合,使中国传统文化与现代科学技术相互促进、协调发展。② 有的学者提出,应提高我国民族文化的借鉴、吸纳能力,吸收不同的文化,丰富和强健我们的文化体系;必须以海纳百川的胸怀坚持对外开放,将文化的民族性置于世界性格局中加以参照,学习西方的科学技术、管理经验、思想文化,加快建设与人类文明进程相适应的中国当代先进文化。③

在民族精神建构过程中,如何看待弘扬民族精神与"讲科学"的关系?有的学者认为,我们现在必须客观地承认在科学技术方面的落后。一方面是普及问题,更重要的方面在于我们民族历史上的科学水平不高,我们民族精神中的科学精神和科学理性还比较薄弱。所以弘扬民族精神也需要与时俱进,要结合中国当前的具体情况,结合世界发展与未来科学发展的大趋势

① 马来平:《中国传统文化与科学技术发展三题》,《济南大学学报》1995年第2期。
② 徐祥运:《论科学技术发展与社会文化进步》,《青岛科技大学学报》(社会科学版)2004年第4期。
③ 王茹、谭泓:《在多元文化冲突中弘扬和培育民族精神》,《理论学刊》2003年第5期。

来弘扬民族精神。① 至于在弘扬民族精神中如何"讲科学",有的学者认为,
"讲科学"就是重视、讲求、学习科学精神、科学方法和科学知识。② 有的学
者强调,从"弘扬民族精神"的习惯提法改为"弘扬和培育民族精神",体现
了一种创新精神。在当代,培育科学精神更带有根本性和基础性。这是因
为科学精神作为一种理性精神,一种精神境界,对于物质文明建设、政治文
明建设和精神文明建设都有着重要作用。科学精神的本质在于求真唯实、
开拓创新,而其核心可以理解为"理性质疑",即解放思想、实事求是。③

民族精神建构不是一个消极吸收科学精神、科学方法和科学知识的过
程,民族精神建构对我国科学技术发展有着积极的推动作用。有的学者认
为,大科学时代民族精神的建构是科学技术和社会文化协调发展的历史必
然。科学技术发展与社会文化进步是一个互动的过程。科学技术渗透到社
会文化环境,反过来,改善了的新社会文化环境又会更有利于科学技术的生
长与发展。为了发展科学技术,以推进我国的现代化进程,提高中国在 21
世纪的国际地位,积极主动有意识地去造成一个有宜于科学技术发展的社
会文化氛围,是十分必要的。④

二、科学技术发展对民族精神的提升

民族精神是长期社会实践的产物,与时俱进是民族精神的应有之义。
人类进入了大科学时代,中华传统文化需要从现代科学技术发展中汲取滋
养,丰富民族精神的内涵。现代科学技术是一个庞大的体系,内部存在复杂

① 何祚庥:《弘扬民族精神要讲科学,要与时俱进》,《北京党史》2003 年第 4 期。
② 于光远:《怎样理解"在弘扬民族精神要讲科学"》,《北京党史》2003 年第 4 期。
③ 程京武:《论全球化进程中民族精神的培育》,《广东社会科学》2005 年第 1 期。
④ 徐祥运:《论科学技术发展与社会文化进步》,《青岛科技大学学报》(社会科学版)2004 年第
   4 期。

的结构,其中,科学精神、科学方法和科学知识对提升民族精神关系较为密切。

(一)科学精神与民族精神

从科学社会学角度看,现代科学已成为一种社会建制,科学家的任务是促进知识的增长与应用。青年学子成为科学家的过程,其实是社会角色转换和新角色的扮演过程。其间,青年学子要受到关于科学价值观念和行为准则的培训,使这些规范支配自己在科学中的行为。默顿把这些规范概括为普遍主义(Universalism)、公有性(Communism)、无私利性(Disinterested-ness)和有条理的怀疑主义(Organized Skepticism)。默顿认为,这些规范综合体现了科学的精神气质,"科学的精神气质是指约束科学家的有情感色调的价值和规范综合体。这些规范以规定、偏好、许可和禁止的方式表达。它们借助于制度性价值而合法化。这些通过告诫和凡例传达,通过偏好而加强的必不可少的规范,在不同程度上被科学家内化了,因此形成了他们的科学良知,或者用现在人们喜欢的术语说,形成了他们的超我(Super-ego)。尽管科学的精神特质并没有被明文规定,但可以从体现科学家的偏好、从无数讨论科学精神的著述和从他们对违反精神气质表示义愤的道德共识中找到。"[1]

显然,默顿讲的"科学的精神气质"或"价值和规范综合体"就是这里讨论的科学精神。科学精神保证了科学家的行为符合科学的发展目标;是否具有科学精神,成为区分科学家和非科学家的内在根据。科学精神包括价值判断和价值追求两部分。科学家内在的价值判断和价值追求外化为他们的行为准则,如强调科学的非个人特性、科学的国际主义、尊重观测和实验的权威、理性的怀疑和批判态度等。

五四以来对传统文化不断反思的最大成果之一,就是认识到科学精神对民族精神提升具有重要作用。但这里关注的问题是,科学精神和民族精

---

[1] R.默顿著,林聚任译:《科学的规范结构》,《哲学译丛》2000年第3期。

神是两个不同的价值系统,两个系统之间通过以下三条路径实现价值传递,从而完成科学精神对民族精神的提升。

一是对科学实践活动的认识和抽象。科学实践活动的目的是描述自然、解释自然和预测自然,科学实践活动蕴涵科学的世界观、价值观和方法论。在现代中国,科学已成为成熟的社会建制,科学实践活动的规模之大、普及范围之广在中国历史上从未有过。同时,中华民族对科学实践活动的认识和抽象正不断提升,从五四认可"赛先生"到新中国成立初期的"向科学进军",从"科学决策"到"倡导科学精神",这一切表明,中华民族对科学的认识和抽象已从具体的实践功效上升到价值层面。其实,当中华民族在"倡导科学精神"的时候,本身就说明科学精神已通过中华民族的自觉、内省进入到民族精神之中,成为正在形成的新民族精神的重要组成部分。

二是通过科学教育实现信念的转变。从科学哲学角度看,民族精神与科学精神是两种不同的"范式",彼此之间"不可通约",即不存在理性的逻辑通道。因此,将科学精神转变成为民族精神,并不是中国人认识的转向,而只是中国人信念的转变。这种信念的转变不是靠理性的说服,而是靠高强度的科学宣传和持续的科学教育。当然,不能指望每一个民族成员都坚信科学,但随着坚信科学的年轻民族成员越来越多并成为民族的主体时,科学精神才最终融入民族精神。所以说,新民族精神培育重点是对新一代进行科学宣传和持续的科学教育。

三是对传统文化中科学精神的发掘。中国传统文化应当含有类似"科学价值和规范综合体"的思想,即中国古代的科学精神成分。正是这些科学精神引领古代中国人取得辉煌的科学成就,不承认中国古代的科学精神,就会陷入"没有科学精神的科学行为"悖论。事实上,中国传统文化的确含有科学精神,如"顺天以求合","天行有常,不为尧存,不为桀亡","致知在格物,物格而后知至","博学之,慎思之,明辨之,笃行之"等。显然,按现代科学精神的价值指向,重新发掘、光大传统文化中的科学精神成分,对提升民族精神同样具有重要意义。

(二)科学方法与民族精神

科学方法有广义、狭义两种理解。广义的科学方法是指符合客观规律、在实践中行之有效的方法。狭义的科学方法是指科学研究活动的途径、手段和方式,即科学家在科学研究中的行为方式,其中包括观察方法、实验方法、模拟方法、归纳法、演绎法、类比法、分析与综合方法、理想化方法、数学方法、系统科学方法和假说方法等。这里讨论的科学方法是指狭义的科学方法。

科学方法的功能是帮助科学家发现科学问题、提出科学假说、建立科学模型、建构科学理论、进行科学解释和预言、对科学理论进行检验和选择。在所有科学方法中,都贯穿着科学理性,强调普遍性、确定性、建构性、系统性和怀疑性。科学方法是一种思维工具和程序规定,本身不包括价值判断和价值追求,与科学精神、民族精神不在同一层面。

科学方法可以通过思维方式和科学精神间接提升民族精神。

民族精神包含了价值判断和价值追求。在价值判断中,思维方式起着重要作用。价值涉及主客体关系,价值判断的合理性应建立在对客体正确认识和理解的基础上,而这种"正确认识和理解"直接决定于主体的思维方法。同样,在价值追求中,如何确定价值目标、如何达到价值目标,这些都需要在人们思维中形成构想,然后将构想外化为行为。显然,思维方式也影响人们的价值追求。

中国传统思维方式的特征之一是整体性。整体性思维依赖于直觉顿悟,不管细枝末节,大处着眼,强调高屋建瓴,从宏观特征认识客体的性质,应当说,这种思维方式有可取之处。如《荀子·王制》篇关于物质世界序列结构的论述:"水火有气而无生,草木有生而无知,禽兽有知而无义;人有气、有生、有知、亦且有义,故最为天下贵也。"又如《春秋纬·元命苞》对地球运动的猜测:"天左旋,地右动。"但中国传统的整体性思维不是建立在对客体分割、剖析和实验基础上,认识程度不够精确和严密,客体总联系在细节上得不到精确说明。因此这种整体性思维是模糊的、混沌的。当然,如果从模糊、混沌整体开始,通过分析,最后达到清晰、准确的整体,这种整体性思维符合科学方法。但如果认识全过程都贯穿模糊、混沌的整体性思维,则无助于将认识深化,反而会导致从微小的认识错误发展为庞大的虚幻认识体系。

中国传统思维方式的另一特征是直觉性。直觉思维是通过直觉判断、想象、类比等形式完成对客体的认识。直觉思维具有非逻辑性、突发性、偶然性和意外性。直觉思维能够在少量已知知识的基础上,实现认识的跳跃。如"子在川上曰:逝者如斯夫,不舍昼夜"。这里,孔子从流水联想到时间的连续性、流逝性和流逝的不可逆性。又如沈括《梦溪笔谈》所讲的:"予奉使河北,遵太行而北,山崖之间,往往衔螺蚌壳及石子如鸟卵者,横亘石壁如带。此乃昔之海滨,今东距海已近千里。"同样,沈括则从螺蚌壳联想到海陆变迁。

直觉思维有一定的事实根据,具有创造性;但直觉思维的事实根据不充分,因而可靠性很小。直觉思维不能直接提供理论研究成果,只能为认识提供新的启示、新的设想、新的路径。从直觉思维到理论成果,还需要艰苦的认识活动,还需要运用多种科学方法。沈括从螺蚌壳直觉到这是海陆变迁的结果,但"海陆变迁"结论是否成立还需要大量的分析论证。如要区分螺蚌壳是湖相生成还是海相生成;即使是海相生成,还要寻求海相存在的其他证据。

上述分析表明,通过精细化和实证性,科学方法可以弥补传统整体思维和直觉思维的不足,从而加快整个中华民族思维方式的现代化。

(三)科学知识与民族精神

科学知识是一种观念形态,反映了人们对客观物质世界规律性的认识。科学知识有多种表现形式,如概念、命题、陈述、范畴、定理、定律、公式等。科学知识的有机结合(即建立逻辑联系),就构成了科学理论。科学知识从科学研究活动中总结而来,又可以指导新的科学研究活动。

概要地讲,科学知识对民族精神的提升主要表现在三个方面。

一是科学知识构成了价值取向的客观基础。价值体现了一种主客体关系,合理的价值取向依赖于主体对客体属性的正确认识。应当承认,传统文化蕴涵的价值取向中,由于科学知识成分较少,导致了有的价值判断模糊。追求的某些价值目标具有不可检验性。如古代中国人追求"天人合一",但人们对"天"的认识是混沌的,"天"有时是人格化的"神",有时是整个自然界,有时是象征宇宙万物的本源。同样,"天人感应"之所以被古代中国人接受,其根源是当时的人们对地震、洪涝、泥石流、干旱等自然灾害的发生机制缺乏科学认识。又如,避免"上火"是古代中国人养生之道的重要内容。但"上火"概念的内涵缺乏坚实的科学知识基础,这样就导致了"上火"外延模糊不清,小至牙疼和其他炎症,大致烦闷焦躁都是"上火",使得人们无法在生活中采取有效的措施避免"上火"。

显然,宣传、普及科学知识,正确认识客观物质世界及其运动发展规律,重新梳理、解读传统文化的价值观念体系,使之建立在科学基础上,这是间接提升民族精神的途径之一。

二是科学知识具有方法论功能。科学知识体系(科学理论)是人们对客观规律的认识集成,反映了人们对客观世界的认识视角。科学哲学认为,科学理论对人们的观察认识具有导向作用。科学理论使观察认识具有目的性和选择性。没有科学理论的导向,观察认识就无从进行,因为人们不知道观察什么,认识什么;科学理论使人们在观察认识中有所理解,因为无理解的观察认识只能是熟视无睹。因此,人们掌握的科学理论越丰富,意味着人们观察认识的目的性更明确,选择更合理,对客观世界的认识更深入。显然,科学理论可以有效弥补中华传统文化中认识对象的模糊性、陈述的经验性、解读的多义性等缺陷。

另外,任何民族在发展初期,对客观世界的认识都存在"盲人摸象"的片面性。当然,从哲学角度看,这种认识片面性不可避免,但是,"认识片面性"是相对的,否则就没有认识进步。科学理论的发展,扩展了人们认识客观世界的新视角。因此,人们掌握的科学理论增多,意味着人们扩展了对客观世界认识的视角,减少了"认识片面性",实现认识进步。显然,科学理论可以有效提高中华民族的认识能力。

三是科学知识对其他科学方法具有支撑作用。科学方法可以提升民族的思维方式,但科学方法的使用需要科学知识配合。从学科看,有的科学知识体系本身就具有方法论性质。如系统分析方法,对决策过程有一套明确的规定,即明确决策事务,根据决策事务的要求,提出所要达到的目标,对影响目标实现的各种因素进行综合分析,对各种备选决策方案进行定性分析和定量计算,比较、选择其中最优的决策方案,在最优化方案中选择最满意方案,将方案实施并对实施进行检验和评价。显然,系统分析方法可以帮助人们从经验决策转向理性决策,可以提升人们的决策思维水平。类似系统分析方法的科学知识体系还包括控制论、信息论、运筹学、概率论、耗散结构理论、多属性综合评价理论等。改革开放以来,我国在科学决策方面进步很快,其中一个原因就是在管理部门普及了各种具有方法论性质的科学知识。

现代科学方法与科学知识紧密相连。如古生物法是研究古地理环境的必用方法。古生物法是根据古生物化石的分析,推测古生物的生存状况和环境条件。应用古生物法,必须熟悉生物学和生态学方面的知识,然后假定这些知识描述的规律在"过去"也起作用,于是才能够"说今论古",对古地理环境作出合理的推测。可以这样说,每一门学科的特殊科学方法背后都有专门的科学知识支撑。如要学习 C_{14} 测定地质年龄、遥感图片识别、多普勒效应的红移分析、CT 扫描等科学方法,首先得学习相关的科学知识。

上述分析表明,科学知识与民族精神之间存在一条逻辑链。科学知识支撑科学方法或直接成为科学方法,科学方法提升民族的思维水平,保证了民族的价值判断合理性和价值追求可行性。

三、科学技术发展对民族精神的呼唤

应当承认,在"李约瑟难题"解读和"科玄论战"中,对传统文化的负面评价渗透了一些非理性因素。经过几十年的冷静沉思,这种非理性因素开始淡化。在现代,随着科学研究的抽象化、复杂化,传统文化的价值受到越来越多人的认可;技术开发在强调标准化和兼容性的同时,正朝着民族化和本土性方向发展。尽管科学技术事业的国际化进程加快,但国家间科学技术发展竞争却更加激烈。这一切表明,科学技术发展并没有消解民族精神;相反,却在更高层次上呼唤民族精神。

(一)科学发展与传统文化价值的再认识

现代科学发展从三个方面彰显了中国传统文化的价值。

一是中国传统的思维方式在现代科学研究中具有一定优势。整体性思维本身是一种被广泛应用的科学方法。从科学方法论角度看,不存在十全十美的科学方法,于是,整体性思维存在局限性完全可以理解。但是,不能因为整体性思维的局限性,而否定这种思维方式的合理性及作用。有不少学者认为,源于古希腊的西方近代科学有长处也有不足。它重视分析、忽视综合;长于线性研究,短于非线性研究;习惯于孤立系统研究,不善于开放系统研究;重视结构研究,忽视功能研究。随着科学的新发展,这种不足开始暴露出来。在现代,非线性科学和复杂性研究的兴起,揭示的研究对象更加玄妙和深奥,如孤波、孤子、相干结构、奇怪吸引子、混沌运动、分形、化学震荡、自组织结构等。显然,要深刻理解这些研究对象,必须改变思维方式,转而重视对象整体性、对象联系、对象变化和对象存在条件研究,或者说重视综合、非线性、复杂性、开放系统和系统功能研究。然而这类研究及其观点、理论、方法,恰恰是中国传统科学文化的优势方面。这种优势,不仅得到了所有不怀偏见的学者的承认,而且还得到了耗散结构理论创始人普利高津、协同学创始人哈肯等当代著名科学家的充分肯定。①

二是中国古代积累的丰富自然史信息为检验和发展科学理论提供了珍贵的科学事实资料。中华文明源远流长,留下了许多有关天文现象、地质运

---

① 张浩:《发挥民族文化优势,促进当代科技创新》,《晋阳学刊》2001 年第 3 期。

动、地震、气候变化、海平面升降、环境变迁、生物活动的观察记录资料。这些资料具有类型多、系列长、连续性好、综合性强等优点。通过对这些资料的挖掘、整理，可以找到一些支持科学理论的证据。

这里有一个经典例子。18世纪，西方人用望远镜在金牛座（中国古星名"天关"）附近观察到蟹状星云；1921年，有人根据蟹状星云不断向外膨胀，反推蟹状星云大约是900年前形成的，是超新星爆炸的产物。对此推测，我国史书《宋会要》有记载："至和元年五月晨出东方，守天关，昼见如太白，芒角四出，色赤白，凡见二十三日。"1942年，荷兰天文学家奥尔特确认中国宋代（1045年）记录了超新星爆发，随后，《宋会要》的记载得到了世界天文学家公认。另外，我国古代对彗星的观察记录最完整，超过了巴比伦和古埃及。公元1500年以来出现的40颗彗星，他们的近似轨道几乎全部根据中国古代的观测推算出；公元前687年我国记载的流星雨，是世界上关于此天象的最早记录；我国有世界上最完整的太阳黑子记录，最早的太阳黑子观测记载于西汉河平元年（公元前28年），比西方最早的文献几乎早1000年。

三是中国传统文化中许多隐喻式论述对提出新的科学理论，实现科学范式突破具有启迪和催化作用。

20世纪不少著名科学家，都曾说过他们从中国传统文化中得到了启迪。获得诺贝尔奖的日本物理学家汤川秀树说他深受庄子混沌思想启发。现代物理学家卡普勒所著的《物理学之道》，20世纪80年代初在美国畅销一时，其中专门探讨了现代物理学与中国的道和禅宗思想的关系。著名的量子力学家玻尔提出的互补性概念也深受阴阳学说启发，以至采用太极图作为其学说的标志。① 美国生态学家林德曼则从"大鱼吃小鱼、小鱼吃虾米"和"一山不容二虎"的隐喻受到启发，建立了生物之间"吃与被吃"的食物链关系和金字塔营养级理论。

---

① 宣宇才：《传统文化是现代化的宝贵思想资源——访北京大学教授楼宇烈》，《人民日报》2000年4月27日。

在《道德经》中，"道"是万物本源，"道生一，一生二，二生三，三生万物"。"道可道，非常道"，"道"是"无状之状、无物之象"，"玄之又玄"。在宇宙大爆炸理论中，"奇点"是宇宙演化的开端，经过"奇点"后，宇宙才产生基本粒子、元素、星云、星系、恒星、行星、地球和生命。在"奇点"处，所有定律及可预见性都失效，"奇点"可看成空间时间的边缘或边界，或不能用时空描述。显然，老子的"道"与霍金的"奇点"可以类比。令人感兴趣的是，霍金提出的"奇点"概念是否受到老子"道"的启发？

(二)技术开发的民族性与本土化

科学研究的评价标准是"真与假"，即科学理论的正确与谬误。技术开发的评价标准是"好与否"，即技术应用效果的满意与不满意。"真与假"属于客观判断，可以用观察和实验检验；"好与否"则属于主客观判断，涉及主体因素和技术应用检验。显然，通过对技术开发评价标准分析，可以了解技术开发的民族性与本土化特征。

技术具有自然属性和社会属性。技术开发需要遵循通用的国际评价标准，如船舶吨位、飞机速度、发动机功率、计算机信息容量等。这些国际标准体现了技术的自然属性。技术开发也要遵循技术使用者的评价标准，这些标准体现了技术的社会属性。技术使用者的价值观念、思维方式、生活状态、行为规范、风俗习惯等，会直接或间接地制约技术开发。在我国历史上，人口众多，人力成本低，使得传统技术开发向重"人力"轻"物力"（自然力）方向发展。尽管我国很早就利用了畜力、水力和风力，在汉代就发现了石油和天然气，在明代就发明了炼焦，但多数技术产品的动力还是靠人力。李约瑟提出了一个等式：蒸汽机 = 水排 + 风箱。因为水排提供了直线运动和圆周运动之间的转换设备，风箱则解决了蒸汽机中双作式阀门问题。但发明了水排和风箱的中国人为什么没有发明蒸汽机，显然，这与当时人们对新的自然力没有迫切需求有关。另外，中国古代的火药没有取代刀枪剑戟，"二踢脚"没有发展为火箭，走马灯没有进化成燃气轮机，其原因都大致相同。

在现代，技术的社会属性更是决定了技术产品的开发与消费。在我国，随着改革开放,社会开始转型,人民生活从追求"吃饱"变为追求"吃好",即从温饱型向小康型转变。上海厂商敏锐地注意到这一转变,率先开发出"蜂王浆"营养品。"蜂王浆"一时风靡全国,成为当时人们的馈赠礼品和老人、独生子女的营养品。"蜂王浆"产品的成功启发了厂商,于是"蜂王浆"升级换代为"人参蜂王浆"。同时,大量新开发的营养品铺天盖地。这些营养品可以用"X口服液"通用式表达:只要是有营养的,如燕窝、天麻、三七、乌鸡、鳖、"钙加锌"等,都可以制成口服液,畅销市场。改革开放加快了人们的生活、工作节奏,台湾厂商顺势推出了"康师傅"方便面,满足了人们对经济、快捷食品的需求。"康师傅"方便面培育了一代消费者。"X口服液"和"康师傅"方便面两个例子生动印证了技术评论家森谷正规的观点:"每一个国家的技术和制成品,都是该国文化的产物。"①

除了文化性,技术产品还具有地域性。这里的地域性是一个自然地理概念。任何技术产品总是在具体的地域使用,地质、地貌、气候、植被、土壤、水文等自然地理要素会在不同程度上影响产品的性能。如同样的电气控制柜,在我国少雨干燥的西北地区使用,可能没什么问题。但在多雨潮湿南方地区,电气控制柜易受潮或霉变导致故障,因此,南方地区使用电气控制柜要求更为严格的密封装置。又如越野车,在干旱、半干旱的戈壁使用,强调防尘、耐热;在青藏高原使用,则强调功率大和防冻。技术产品的地域性表明,技术的普及应用也存在"因地制宜"问题。如同样的能源技术应用,在不同地区应有不同的重点。西北地区阳光充足、风力资源丰富,可应用风力发电和太阳能技术;南方地区水力资源丰富,可应用水力发电技术;东部沿海地区海洋能丰富,可应用潮汐发电技术等。

(三)科技事业的国际性与国家性

在科学社会学看来,"科学无国界",科学是一种全人类的、国际性的事业,任何真正的科学成就都应当被承认,都可以被利用。用默顿的"普遍性

---

① 常立农:《技术的民族性与国际性》,《中国科技论坛》2004年第1期。

规范"陈述,就是对科学成果的评价、利用,与科学成果取得者的性别、民族、国籍、信仰和政治态度无关。只有遵循"科学无国界"的评价准则,才能更好地促进知识的增长与应用。但是,"国际性的科学"却由一个个具体的国家科学构成。正是美国、俄罗斯、德国、日本、英国、法国、中国、印度、巴基斯坦、巴西等所有国家的科学构成了世界科学,科学的每一次新突破总是由具体科学家取得的,都可以理解为某一国家、某一民族对世界科学事业的贡献。因此,强调科学的国际性并不否认科学的国家性。从微观看,按社会学的角色丛理论,科学家个体扮演着多重社会角色。科学家个体不仅是科学共同体的成员,而且也是国家公民和社会其他组织的成员。科学家个体除了履行"科学家"的职责外,还要履行其他社会角色的职责。正像有的科学家所讲的:"科学无国界,科学家有祖国。"显然,科学家个体忠诚科学事业和忠诚祖国科学事业是统一的,科学的国际性和国家性二者可以相容。

中国有13亿人口,占世界人口的1/5,是最大的发展中国家。大力发展中国的科学事业,提高全民族的科学文化水平,用科学知识造福于中国人民,推进中华民族的伟大历史复兴,这是所有中国科学家的崇高历史责任。中国科学事业发展了,就是对世界科学事业作出了贡献。同样,从微观看,"用科学报效国家",这是中国科学家履行各种社会角色职责的最佳平衡点。

在当代,科学技术呈指数增长,科技成了推动经济社会发展的主要动力。各国之间的科技竞争更加激烈。据《2004年洛桑报告》,2004年的我国科技综合竞争力比2003年有所提高。2000年以来,我国的国际竞争力一直在第24—26位之间徘徊,2003年一度降到第29位。2004年的排名是第24位,比上年提高5位。对中国科技界来讲,弘扬民族精神的最好行动,就是围绕提高我国的科技竞争力,切实推进各项科技事业。

一是大力鼓励科技创新。创新是一个民族屹立于世界先进民族之列的主要标志。中国古代的灿烂文明之所以受到世界敬仰,就在于我们的先人在当时取得了灿若星辰的创新成果,为人类文明作出了重要贡献。近百年中华民族的屈辱史表明,没有创新就要落后,落后就要挨打。在21世纪,要实现中华民族的历史复兴,必须通过科技创新,以科技创新成果促进经济、教育、文化和国防发展。要围绕有利于创新的原则,设计或调整科技政策和科技管理体制,加大科技投入,激发广大科技人力的创新精神,让古老的中国重新成为充满创新活力、创新成果不断涌现的国度。

二是促进高新技术的研发和产业化。高新技术产业具有高投资、高风险、高势能、高效益特点,是未来产业的制高点。当前,要继续强化科技园区的建设与发展,探索企业、大学、研究院所在科技园区的有效结合形式;要大力扶植民族高新技术企业的发展,推动企业迅速成长,走向世界;要为高新技术产业创造良好的发展环境,鼓励民间风险资本进入高新技术产业;要继续扩大开放,引进、消化、吸收国外高新技术产业的资金、信息和先进管理经验。

三是加强基础研究。基础研究的实质是增长知识,而技术开发则是知识的应用,基础研究是技术开发的源泉。基础研究内含的科学精神、科学理性和科学方法深刻影响了人们的精神状态和思维方式。就像诺贝尔奖一样,重大的基础研究成果已成为衡量一个民族、一个国家科学发展水平的标志。基础研究成果属于精神文明,基础研究投入难以产生明显的经济回报。因此,不能用经济效益指标来评价基础研究的价值。在市场经济条件下,基础研究难以得到企业投入。但基础研究关系到民族威望和社会的根本利益,支持基础研究应成为"国家职责"(National Responsibilities)。

四、科学理性与当代民族精神建构

科学理性概念可以从广义和狭义理解,广义的科学理性是指人类认识自然规律时形成的一种自觉、有目的、有意识的主观心理活动;狭义的科学理性是指人们经过长期科学教育或科研训练所形成的逻辑思维能力和认知模式。这里讨论的主要指狭义的科学理性。

　　科学理性体现了主体尺度与客体尺度的统一,主观理性与客观理性的统一,工具理性和价值理性的统一,主体需求与价值生成的统一。① 在当代,倡导科学理性对民族精神建构具有重要意义。

(一)科学理性的主要内容

　　有关科学理性的讨论主要集中在科学哲学、科学方法论和科学史学。在文献中,常将科学理性表述为"在科学看来"、"科学的"、"从科学角度"或"科学家认为"等。为便于讨论,这里也将科学理性按习惯表述。

　　概括起来,科学理性包括四方面内容。

　　一是重视逻辑推理和形式化。逻辑推理是科学家必需的思维品质,科学家应用的所有科学方法都贯穿了逻辑推理。科学家认为,理论只有符合逻辑,描述的对象才可能存在,才可能真;否则,就不存在,就是假。当然,符合逻辑的不一定真,但不符合逻辑的一定假。

　　逻辑推理具有精细思维特征。如在科学归纳法中,用逻辑推理可将因果关系联系判明分为五种形式:(1)如果在所研究的现象a(需探求原因)出现的两个以上场合中,除了先行条件A外没有一个别的是共同的情况,由此判明A是a的原因;(2)如果所研究的现象a在第一个场合出现,在第二个场合不出现,而这两个场合只有某一个现行条件A不同,由此判明这个条件A就是这种现象a的原因;(3)即用上述合并使用,以判明A是a的原因;(4)如果在所有考察的场合中,某种现行条件A发生变化,所研究的现象a也随之发生变化,由此判明这种条件A就是所研究的现象a的原因;(5)如果得知被研究的某一复杂现象是由另一先行的复杂原因所引起,把其中以判明因果联系的部分减去,那么,可确认所余部分定有因果联系。

　　二是描述、解释和预测。科学家研究自然的目的是要描述自然、解释自然和预测自然,即要解决自然界"是什么"、"为什么"和"怎么样"问题。描

---

① 陈军科:《理性思维:文化自觉的本质特征》,《北京师范大学学报》(社会科学版)2003 年第 5 期。

述自然是研究的起点,应通过观察、实验,搜集信息,积累科学事实,用"思维剃刀"将研究对象从纷繁复杂或浑然一团的自然整体中剥离出来,用概念框架在研究对象各部分之间建立联系。这样,使研究对象进入思维中,成为能够用语言表达的清晰客体。解释自然是在描述自然的基础上,探索自然表象的内在本质,即用因果联系解释自然规律与的外在表现。预测自然是根据认识的规律,揭示自然界未来的变化。

尽管哲学和宗教也用自己的话语体系进行描述、解释和预测,但科学与哲学、宗教的最大不同是,科学的描述、解释和预测遵循严格的逻辑推理,必须用观察、实验检验,用科学哲学家波谱尔的话讲,就是能够被证伪。

三是明确预设、建构理论。预设不证自明,是已知的知识(如数学的公理),科学研究以预设为起点,根据新的科学事实,通过逻辑推理,建构起有关研究对象的知识体系,即科学理论。科学理论内部由一些核心概念构成,核心概念之间具有相容性,可以互相说明,即存在逻辑联系。如果将科学理论喻为一张网,网上的"结"就是核心概念,"结"与"结"之间的网线就是逻辑联系。如在进化论中,有四个核心概念,即遗传、变异、自然选择和进化。四个核心概念之间存在递进说明关系,只有理解遗传,才能说明变异;理解了变异,才能说明自然选择;理解了自然选择,才能说明进化。进化论事例表明,科学理论关注知识之间的联系,零散的知识只是知识单元,不是科学理论。

四是强调可重复性、可检验性。科学命题陈述的内容都是可重复的,即只要边界条件确定,命题陈述的自然现象可重复出现。如"水在100℃沸腾"命题是指:当在海平面,1个大气压的条件下,温度达到100℃时,水就开始从液态变为气态。显然,通过观察,发现这个命题陈述的内容是真实的,"水在100℃沸腾"是一个科学命题。其实,可重复性包含了命题的可检验性。一般意义上讲,观察、实验是检验科学命题是否为真的权威标准。但由于受观察条件和实验条件的限制,有些命题无法用观察、实验检验。这时可以对命题进行逻辑检验,不符合逻辑推理的命题,肯定为假。爱因斯坦常用的理想实验方法,就是在思维中构造一个实验场景,通过逻辑推理对命题进行检验。另外,可检验性含义还包括,尽管现实条件下不能检验,但理论上可以检验。

(二)科学理性与人文理性比较

理性作为人类生存的智慧与知识,最初体现在神话、宗教、哲学之中,后来随着实践形式的分化,尤其在自然科学和人文科学领域相对独立后,才逐渐分化出科学理性和人文理性。[①] 人文理性也是一种主观心理活动和认知模式,"是生命意义和社会价值的灵魂,它不仅构成人的生命内在光辉和超迈性质,而且构成社会和谐发展的文化地基和一个民族的价值认同"[②]。

科学理性和人文理性是一对范畴,它们之间有交集,但更有区别。这里,用物理学代表科学理性,用诗词代表人文理性,来比较二者的区别。

物理学强调抽象思维。伽利略做了一个小球斜坡实验,让小球在 U 形斜坡中自由来回滚动,最后小球在 U 形斜坡底部停止。伽利略判断,小球停止滚动是因为受到空气摩擦和斜坡壁面摩擦。伽利略从这一现象抽象推断,在真空中,在绝对平滑的壁面上,小球将在 U 形斜坡中永远来回滚动。对此,牛顿再一次抽象:在 L 形斜坡,小球在斜坡底部有一个初始速度,如果在真空和绝对平滑的平直面,小球将做匀速直线运动。从小球 U 形斜坡底部停止滚动现象,伽利略和牛顿却抽象出著名的物理定理。与物理学强调抽象思维不同,诗词则强调形象思维,如白居易《琵琶行》的"大弦嘈嘈如急雨,小弦切切如私语。嘈嘈切切错杂弹,大珠小珠落玉盘"。又如李商隐的"春蚕到死丝方尽,蜡炬成灰泪始干"。

物理学强调逻辑性,这方面例子比比皆是。但诗歌允许非逻辑,如果用逻辑性标准去批评苏轼的"我欲乘风归去",就会认为人的密度远远大于空气,因此"我"不可能"乘风归去",只能掉下来。当然,没有人会这样批评,除非承认自己不懂诗词。同样,如果有谁用逻辑推理判断"心如刀绞"和

---

① 任雪萍:《科学理性及其双重效应》,《安徽大学学报》(哲学社会科学版)1998 年第 6 期。
② 王岳川:《科技的兴盛与人文理性的重建》,《民主与科学》1997 年第 5 期。

"倾盆大雨"不真实,那只是暴露自己"没文化"。

物理学追求真,但诗词追求善、美和"言志"。从"安得广厦千万间,大庇天下寒士俱欢颜"中,读到了杜甫的善良的心。从"大江东去,浪淘尽千古风流人物"中,看到苏轼描绘的壮美的历史画卷。岳飞的《满江红》:"怒发冲冠,凭阑处,潇潇雨歇。抬望眼,仰天长啸,壮怀激烈。三十功名尘与土,八千里路云和月。莫等闲白了少年头,空悲切。靖康耻,犹未雪;臣子恨,何时灭?驾长车、踏破贺兰山缺。壮志饥餐胡虏肉,笑谈渴饮匈奴血。待从头,收拾旧山河,朝天阙。"这首《满江红》表达了民族英雄岳飞忧国报国的壮志胸怀,迸放的浩然正气和英雄气质感染了千千万万人。

物理学强调客观实证,而诗词追求内心体验。在陈子昂的《登幽州台歌》中:"前不见古人,后不见来者,念天地之悠悠,独怆然而涕下。"作者登高远望,苍穹无垠,茫茫的宇宙中,个体的人显得何等的渺小,渺小得像一粒微不足道的尘埃,随时会随风飘去,不知飘向何方。这时,一种极度的渺小感、孤独感油然而生,于是,作者才"怆然而涕下"。这是一种特殊场景的情感体验。但在另外的场景中,如在推杯换盏的酒宴上和熙熙攘攘的菜市中,就不会产生这种体验。

科学理性和人文理性代表了两种认知模式。科学理性追求物质世界规律性的认识,并以此指导人们改进劳动工具,完善劳动手段,丰富物质产品,不断提高人们的物质生活水平。人文理性追求人类精神世界规律性的认识,以理想信念、道德情操等观念形式,引导人们对自身价值的关注,从而在精神世界实现人的尊严和价值,不断提高人的精神境。科学理性和人文理性是民族文化中不可或缺的组成部分。一个民族缺乏科学理性,那将是孱弱的民族;一个民族缺乏人文理性,那将是野蛮的民族。因此,在当代民族文化建设中,应同时培育科学理性和人文理性。

(三)科学理性对当代民族精神建构的意义

在中国古代,知识分子的最高价值追求是治国、平天下。而治国、平天下的内涵是对人的管理,是处理各种人与人的关系。在传统文化看来,经济、社会发展"盛世"的到来,主要依靠明君和大臣的有效治国方略,而不是依靠科学技术进步。其中,"休养生息"尽管有发展生产、促进经济增长之意,但发展生产、促进经济增长的动力也不是源于科技进步,而是源于减免赋税、改变财富分配方式、提高生产者积极性。传统文化对科学技术并不重视,科学技术被视为奇技淫巧,不入主流。公认的知识分子的"雅好"是琴棋书画,而不是观察自然现象、探索自然之谜。沈括、徐霞客、李时珍的社会评价远远低于科举考试中的状元、榜眼和探花。由于科学技术不被重视,科学理性得不到张扬,求知、追问被贬为"钻牛角尖"、"认死理"。这样,在传统文化结构中,人文理性和科学理性极度不均衡,是典型的"重文轻理"。

五四新文化运动以来,科学技术在中国的地位开始提高。今天,"科学技术是第一生产力"已成为社会的共识。但应当看到,人们主要是从发展经济需要科学技术支撑的角度来理解科学技术的重要性,即看重科学技术的经济功能。显然,这种理解远远不够。实际上,科学技术的作用评价可分为三个层次:对自然变革的效果评价,认知模式评价,对价值观变化的影响评价。

当代民族精神建构的重要内容就是在价值观和认知模式中融入科学理性。

在民族价值观方面,要看到科学理性是人类文明高度进化的产物,每一种民族文化中都内含科学理性,差异只是含量不同。中华民族文化内含科学理性,这是没有疑问的,否则,就无法解释中国古代何以有众多的科学发现和技术发明。但与西方民族相比,中华民族文化的科学理性含量较低。对这方面,"李约瑟难题"解答和"科玄论战"中有不少中肯评价,这里不再赘述。因此,在当代民族精神建构中,应继续沿着五四新文化运动指引的方向,更加尊重科学理性。

在民族认知模式方面,科学理性对提高全民族的认知能力具有重要现实意义和深远的历史意义。20世纪50年代之所以出现浮夸风,喊出"人有多大胆,地有多高产"的口号,在文化大革命中出现全民畸形政治狂热,其中一个重要原因就是民族认知模式中科学理性含量太少,导致了多数民族成员认知能力弱化。人们不能从科学理性视角判断事物，而只是盲从权威。甚至还出现少数人秉持科学理性提出的观点却受到多数人的错误批判，在真理和谬误的竞争中，真理被"逆淘汰"。这是科学理性的悲哀，也是全民族的悲哀。20世纪80年代，"决策科学化、民主化"的意识得到社会的广泛认同，标志着科学理性作为一种认识模式再次被重视。经过二十多年的宣传教育，科学理性正融入民族认知模式中，强化了民族认知能力。

需要指出的是，在民族价值观和认知模式中，科学理性不能取代人文理性。科学理性不可能将丰富、生动的政治生活、经济生活、文化生活乃至个人精神、心灵和道德都变成操作对象，变成逻辑程式和操作程序。因此，在当代民族精神建构中，倡导科学理性，并不意味排斥人义理性。

（四）科学理性融入当代民族精神的路径

作为一种逻辑思维能力和认知模式，科学理性广泛渗透在科学家的研究活动中，渗透在科学理论、科学方法和科学知识中。科学理性要融入民族精神，成为多数民族成员自主意识和思维方式的一部分，必须通过一种转化机制，耳濡目染、潜移默化，将表象和经验层次的认识逐渐抽象上升到方法论和价值论层次。换言之，科学理性融入当代民族精神主要通过一些长期化、组织化和社会化的科学宣传活动。

概括起来，这些科学活动有三种：

一是科技奖励。在默顿指称的"科学奖励系统"中，包含了广义和狭义两种科技奖励。广义的科技奖励泛指各种对科技人员的鼓励和赞许，如颁发奖状、出光荣榜、报道先进事迹、通报表扬、发贺信、发奖金、提级晋升、组织疗养等；狭义的科技奖励是由专门组织定期实施、已形成社会建制的奖励活动，如"国家最高科学技术奖"、"国家自然科学奖"、"国家技术发明奖"和"国家科技进步奖"。实施科技奖励的目的在于呼唤全社会对科技发展的重视。如"国家最高科学技术奖"颁发给中国科学院院士吴文俊和中国工程院院士袁隆平。他们的获奖证书由国家主席江泽民签署、颁发，每人并获得500万元的高额奖金。在中国的政治、经济语境中，这是顶级规格，充分反映了政府对科技发展的高度重视。另外,在科技奖励中,科技人员内在的科学方法论思想通过具体的科技成就外化,通过反复宣传,逐渐被一般社会公众感知,内化为自己理解的认知模式。

二是科学教育。科学教育包括专业教育和面向社会公众的科学普及教育。专业教育应在传授科学专业知识的同时,也应配套传授科学史、科学规范、科学方法论和科学哲学的知识。让学生能从历史、社会学和哲学的视角审视科学、反思科学,领悟科学理性。这样,随着科学教育事业发展,专业学生规模扩大,具有科学理性的民族成员越来越多,最终导致全民族科学理性水平的提升。科普教育内容广泛、形式多样。科普教育的内容与专业教育类似,也包括专业知识、科学史、科学规范、科学方法论和科学哲学,只是表述强调"深入浅出";科普教育的形式包括读物、讲座、宣传张贴画、电视、广播、电影、DVD 等。当代科学呈现了分化和综合的发展趋势,所有民族成员,即使是受过科学专业教育的人也需要了解其他科学专业的发展。而这种"了解"多数是通过科普教育。因此,科普教育也是提升全民族科学理性水平的重要途径。

三是推广科技成果。科技成果的广泛应用,极大地丰富了社会的物质文明,深刻地改变着人们的生产方式和生活方式。人们从吃穿住行中,处处感受到科技的存在,看到科技的力量。人们在享受科技成果带来的物质文明时,其实也是接受了一种"无言之教",存在的改变迟早会引起意识的改变。人们只要看到洲际导弹、人造卫星、计算机、数控设备和核能发电装置时,不用多说,"无言之教"会使他们对科技认识更加深刻,这正是"一个产品胜过一堆书"。科技成果及其产品属于科技文化的一部分,凝集着科学理论、科学方法和科学知识。因此,当代科技产品的普及,会推动科学理论、科学方法和科学知识在全社会普及,从而间接催化科学理性融入当代民族精神。

第四章

社会主义政治文明建设对中华民族精神的建构和导向

　　弘扬和培育民族精神是一个复杂的系统工程,需要各领域、各方面的协调与配合。在这一工程中,政治系统起着重要的作用。概言之,弘扬和培育民族精神需要社会主义政治文明为其提供政治基础与政治导向,需要完善相应的政治制度建设以为其提供制度保证。因此,弘扬和培育民族精神,政治系统责无旁贷,我们要通过深化政治体制改革,努力推进社会主义政治文明建设,从而建立和完善弘扬与培育民族精神的政治支持体系。

一、弘扬和培育民族精神是政治体系必须承担的职责

　　弘扬和培育民族精神属于文化建设领域,初看起来好像与社会的政治体系关系不大,因而有一种观点认为政治体系不能介入民族精神的弘扬和培育工作。也有一些人认为,民族精神的弘扬与培育是民族传统文化在现代化过程中的适应、转型问题,无须政治体系的主动介入;更有一些人简单

地把弘扬和培育民族精神看成是传统的意识形态工作而试图否定这一工作的必要性。因此,认清政治体系在弘扬和培育民族精神中的职责,确有必要。就其主要之点来说,弘扬和培育民族精神之所以是政治体系必须承担的职责,主要是由于以下几方面原因:

(一)民族精神受制于社会的政治关系与政治制度

从性质上看,民族精神属于上层建筑中的政治文化范畴(进一步看是一种政治心理)。按照马克思主义社会存在决定社会政治意识形态的基本原理,包括民族精神在内的政治文化实际上也是由一定社会物质条件决定的社会政治生活的抽象。马克思和恩格斯指出:这些观念都是他们的现实关系和活动、他们的生产、他们的交往、他们的社会政治组织的有意识的表现(不管这种表现是真实的还是虚幻的)。因此,民族精神作为政治文化的内容之一,在本质上不是源于人们的主观情感、想象或理论,而首先是对社会政治生活的反映,是对人们所生活的社会政治、经济环境的反映。普列汉诺夫在《马克思主义的基本问题》中说,包括政治心理在内的社会心理,"一部分由经济直接所决定,一部分由生长在经济上的全部社会政治制度所决定","某一经济结构所产生的法权和政治的关系,对于社会人类的全部心理有着决定的影响"[①]。这里,普列汉诺夫指出了社会政治关系和政治制度是政治心理的客观基础。民族精神是一个民族所具有的较为稳定的精神状态,是民族政治心理的基本内容之一。作为一种政治心理,民族精神当然要受制于社会政治关系和政治制度。从这一意义上说,弘扬和培育民族精神,必然需要政治体系的推动。

(二)政治体系的意识形态功能影响着民族精神的发展与传承,而民族精神成功地融入主导意识形态,则将大大强化政治体系的合法性

政治体系掌握着社会意识形态的统治权、支配权,对民族精神的塑造起

---

① 《普列汉诺夫哲学著作选集》第 2 卷,三联书店 1961 年版,第 275、281 页。

着至关重要的作用。统治阶级的思想在每一时代都是占统治地位的思想。这就是说,一个阶级是社会上占统治地位的物质力量,同时也是社会上占统治地位的精神力量。为了维护政治体系的统一与自身利益,取得国家统治权的阶级必然会按照自己利益和意志来塑造社会的主导意识形态,并通过一定的政治社会化手段使之进入社会文化层面与民众心理层面。而另一方面,其他社会意识形态则会受到主流意识形态的整合,与主流意识形态相悖的意识形态则会遭到政治体系的压制、打击而难以产生广泛影响。国家在意识形态方面的这些功能对民族精神的形成、发展与传承有着重要意义:民族精神正是国家主导意识形态可以利用并为国家提供合法性支持的重要精神力量。有学者曾分析指出:任何一个国家都会自觉提倡一种意识形态以凝聚社会,由此,这种意识形态也就很自然地成为这个国家民族精神的一种培养基,它的一些内容也便成为民族精神的一部分。特别是进入近代以后,国家和民族的界限开始对接,国家意识和民族意识吻合起来,爱国主义的倡导便成为国家层次上弘扬民族意识和培育民族精神的努力。在当代,以国家为单位的民族竞争在世界各个领域展开,人们对民族精神的重要性和认识的科学性都在提高,于是国家在意识形态方面对于民族精神的塑造便有了完全自觉的意义了。① 民族国家的形成及相互间的竞争,使得各国都在强化国民的民族精神,使之成为对外维护本国国家利益、对内凝聚国民力量的重要精神支柱。而且,进一步看,那些成功地把民族精神融入主导意识形态的国家,民族精神还可成为国家政治统治合法性的重要来源,成为支持国家政治统治的重要精神力量。而民族精神的这种合法化功能又促使国家进一步强化民族精神的培育与弘扬。

(三)政治体系是弘扬和培育民族精神的重要主体

民族精神的塑造、培育、传承与弘扬,其主体是多元的。粗略看来,在其中发挥作用的有家庭、学校、工作场所、社会团体、社区、政治体系等,在这些

---

① 王希恩:《民族精神的形成和发展》,《世界民族》2003 年第 4 期。

主体中,政治体系无疑是最为重要的。这不仅是由于政治体系主导国家公共权力而能量最大,由于民族精神作为意识形态内容之一必然要受到政治体系的整合,由于家庭、学校、工作场所、社会团体、社区等主体作用的发挥要受到政治体系的制约、影响(在一定意义上它们的作用只有通过国家的认可或与国家的意志相协调才能产生相应的效果),也由于政治体系出于意识形态需要而有弘扬与培育民族精神的强大动力。

(四)弘扬和培育民族精神是民族国家应对经济全球化挑战的必然选择

随着经济全球化的发展,民族国家特别是发展中的民族国家对民族精神的弘扬与培育更具有紧迫性,可以说,发展中的民族国家弘扬和培育民族精神是应对经济全球化挑战的必然选择,是民族国家在全球化时代维护国家政治安全、文化安全的必然选择。之所以这样说,至少是基于如下两个事实:第一,全球化对国家主权与民众的爱国情感带来重大冲击。当前,经济全球化浪潮席卷全球,其内容由贸易、金融领域扩展到了政治、文化、法律等社会生活的各个领域,全球化浪潮与现今的国家体系正在发生冲突,使民族国家面临许多重大挑战:国际行为主体的数量增多和功能强化,限制或替代了国家权力的发挥;全球问题的出现,不仅推进了全球意识的提升,而且对国家解决跨国界问题的能力提出了质疑;市场力量的扩张,侵蚀着国家力量的边界,并且削弱了国家存在的理念基础;个人行动的选择性增强,自主性提高,使个人对民族国家这个共同体的依赖程度有所减小。① 在这样的背景下,一些人和一些政治力量出于特定政治目的,大肆宣扬民族国家终结论、民族国家主权过时论等观念。这些观念的盛行,对民众的国家意识、爱国主义情感等必然造成重大冲击。第二,全球化对民族文化也带来重大冲击。全球化的发展,促进了各地区、各民族间文化的交流与交融,使人们的文化视野更加开阔,可以更广泛地借鉴和吸收人类优秀文化成果;但我们也

---

① 参见杨雪冬:《全球化:西方理论前沿》,社会科学文献出版社 2002 年版,第 158—163 页。

必须注意,由于发达国家在全球化进程中经济竞争方面的强势地位和支配信息资源能力方面的强势地位,造成一种文化强势,向处于弱势地位、被动地位的发展中国家输出他们的价值观念与文化精神。这样一种文化输出与价值渗透的过程,对发展中国家的民族文化、传统的价值观念产生着巨大的冲击和影响,使广大发展中国家在经济发展和文化发展上都面临着严峻的挑战。发达国家的这种文化渗透和文化扩张,吞没和消解着发展中国家民众的民族意识、国家意识和对民族、国家、集体的理性关怀,对发展中国家维护民族文化和生活方式的多样性、维护民族道德传统提出了更大的挑战。总之,经济全球化在推动世界经济发展和文明成果共享的同时,也对民族国家主权观、安全观和民族文化产生了前所未有的冲击,不可避免地会淡化人们的民族国家意识和爱国主义观念。面对全球化的这一严峻挑战,民族国家在主动适应和参与全球化进程的同时,也必须大力弘扬和培育民族精神,加强民族文化建设,否则,国家政治安全与文化安全必将受到致命冲击。

"一个民族、一个国家,如果没有自己的精神支柱,就等于没有灵魂,就会失去凝聚力和生命力。有没有高昂的民族精神,是衡量一个国家综合国力强弱的一个重要尺度。"①对于这样重要的一种精神力量,任何国家、任何政治体系都不能也不应该忽视,都应该主动承担起弘扬和培育民族精神的职责。

二、社会主义政治文明建设对民族精神的建构和导向功能

政治体系弘扬和培育民族精神的职责,需要通过该体系对政治、经济、

---

① 中央文献研究室编:《江泽民论有中国特色社会主义》(专题摘编),中央文献出版社2002年版,第395页。

社会、文化系统的调整、改革与创新来实现。就政治系统而言,为了弘扬和培育民族精神,在我国需要大力加强社会主义政治文明建设,充分发挥社会主义政治文明建设对中华民族精神的建构和导向功能。

为了便于展开论述,这里有必要对政治文明、社会主义政治文明等概念加以界定。所谓政治文明,是指人类社会政治的进步状态,它既包括人们改造社会所获得的政治上的全部进步成果,也包括人类社会政治进化发展的具体过程,是由政治意识文明、政治制度文明和政治行为文明等三个部分组成的有机整体。[①]"社会主义政治文明"这一概念,则是由"社会主义"和"政治文明"这两个有明确内涵的概念组合而成的,因此它既包容了人类政治文明的一般内涵,也突出了社会主义的本质属性。社会主义政治文明是与社会主义基本价值原则和基本经济、社会文化条件与制度相适应的政治文明形态。社会主义政治文明作为一种新型的政治文明,其本质是社会的进步状态始终与最广大人民群众社会地位的不断提高和根本利益的实现紧密联系在一起,社会管理者始终站在有利于最广大人民的根本利益的立场上,来寻求解决社会矛盾和促进生产力发展的最佳方式。社会主义政治文明基本内涵就是十六大报告中提出的"党的领导、人民当家做主、依法治国有机统一"。这三者的有机统一,既包含了人类政治文明的精华——民主、法治,也体现了社会主义的本质规定性——党的领导。

推进社会主义政治文明建设,对于社会主义物质文明、精神文明建设具有重要意义。就作为社会主义精神文明建设重要内容的民族精神的弘扬和培育而言,离不开社会主义政治文明建设的建构和导向功能。

(一)国家建设是民族建设的基本前提

现代国家与现代民族是密切联系在一起的,对发展中国家而言,国家建设是民族建设的基本前提。从民族发展的历史形态看,一般认为可以分为部族民族、文化民族和政治民族。政治民族是民族发展的高级形态,现代民

----

① 虞崇胜:《政治文明论》,武汉大学出版社2003年版,第123页。

族是政治民族。政治民族是近代以来人口增长、生产发展、族际交往与互相渗透扩大、社会结构与功能分化的结果。其中,理性主义、市场经济和中央集权的领土国家的出现,是政治民族得以形成的主要条件。政治民族之所以成为政治民族,从根本上说它实现了与国家主权的一体化,把民族的独立、发展以及基本社会体制的维护与国家利益联系起来,把对国家的忠诚置于对家族、村落、社区、等级、阶级、宗教的忠诚之上。政治民族最早在西欧形成,恰好是与西欧民族国家的国家建设联系在一起的。正如黑格尔所说的:"民族不是为了产生国家而存在的,民族是由国家创造的。"①就中国而言,近代以前的中国是一个典型的文化民族,发源于欧洲的现代化运动把东方纳入了"世界历史"轨道,中国也被动地开始了由文化民族转变为政治民族的进程。这一转变是通过革命实现的。几经徘徊与曲折,最终由中国共产党领导人民取得了新民主主义革命的胜利,建立起新型的人民民主政权。考察中国由文化民族向政治民族的转变,可以发现,在近现代的中国,政治民族的确立有赖于政治推动,这种政治推动主要包括:一是否定文化民族的某些传统特征,寻找一种组织民族公共生活的方式;二是塑造强大的公共权威,以便把民族公共生活的新方式植入现代主权、民主、自由的政治框架中。② 应该说,这种政治推动直到当前都没有全部完成。社会主义政治文明建设也正是完成这种政治推动的最合适方式。此外,通过回顾近现代中国由文化民族向政治民族的转变,我们还可以发现,国家建设的滞后以及由此导致的政治上的衰朽,必然影响民族建设,乃至威胁到民族的存在与发展。在这一意义上,国家建设应该是民族建设的前提条件。这里说的国家建设,其核心内容就是政治文明建设所包括的诸范畴。简而言之,在当代,要加强民族建设,弘扬和培育民族精神,首先就应该大力加强社会主义政治文明建设。

---

① 转引自王缉思:《民族与民族主义》,《欧洲》1993 年第 5 期。
② 陈明明:《政治发展视角中的民族与民族主义》,《战略与管理》1996 年第 2 期。

(二)时代所达到的文明水平是民族精神培育与发展的基础

民族精神应该随着时代发展而发展,时代所达到的文明水平是民族精神培育与发展的基础。也就是说,只有在先进的文明基础上孕育和发展起来的民族精神才能适应时代需要而具有强大生命力,才能成为凝聚人心、推动民族国家发展的强大精神动力。这里所说的民族精神的文明基础,不仅包括物质文明与精神文明,当然也包含政治文明。没有高度的政治文明基础的支撑,民族精神将失去核心内容而局限于狭隘民族主义,甚或因为政治的衰朽、动乱而难以在社会中产生影响。张岱年先生曾指出:"在中国思想史上,一种思想满足两个条件才能称为民族精神:一个是具有广泛的影响,被许多人接受,还有一个是它能够促进社会发展。"[1]民族精神要能够促进社会发展,最根本的要求是它应该能够适应时代需要,包含时代发展所需要的养分。一个时代所达到的政治文明成果正是民族精神所需要努力吸收的养分。

如前所述,作为一种政治心理,民族精神要受制于社会政治关系和政治制度。因此,社会政治关系和政治制度达到的文明程度,直接制约着民族精神的弘扬和培育。在封建社会,民族关系以及其他政治关系从属于阶级关系,这一社会的民族精神也必然深受阶级关系的影响,封建剥削关系制约了民族精神的培育与发展。在社会主义条件下,生产资料公有制、人与人在社会中的平等以及社会主义政治文明所决定的人民当家做主的政治地位,为新时代的民族精神的弘扬和培育提供了广阔的空间。同时,我们也应该注意到,民族精神的弘扬与培育不是对民族历史文化的简单继承,而是结合现实需要对民族传统与文化的改造和发扬。正因为这样,民族精神的弘扬与培育不能无视时代对政治文明建设的迫切要求,不能无视时代政治文明所规定的发展内容。就当前现实而言,社会主义政治文明所内涵的党的领导、人民当家做主和依法治国的有机统一,也应该是我们弘扬和培育民族精神过程中所必须坚持并应该努力实现的基本内容。

---

① 张岱年:《炎黄传说与民族精神》,《炎黄春秋》1993 年第 1 期。

（三）政治制度的科学性、有效性直接制约着民族精神的弘扬和培育

民族精神的弘扬和培育是在一定社会和政治制度下进行的，社会和政治制度的科学性、有效性直接制约着民族精神的弘扬和培育。如我们在前面已经分析过的，民族精神要受制于社会政治关系和政治制度。对世界文明史稍加考察，人们不难发现，在政治不文明或文明程度很低的情况下，民族精神或者难以形成，或者会异化。"社会制度和社会成员参与政治生活的程度对民族凝聚力产生重要作用。"①先进的政治制度能够推进民族凝聚力的发展，而在落后的束缚生产力发展的政治制度下，民族凝聚力难以稳固。民主政治越发展，社会政权就越贴近社会成员，社会成员参与社会事务的积极性就越高，就越反映出民族凝聚力的强大。马克思在分析亚洲社会时指出："我们在亚洲各国经常可以看到，农业在某一个政府统治下衰落下去，而在另一个政府统治下又复兴起来。收成的好坏在那里决定于政府的好坏，正象在欧洲决定于天气的好坏一样。"②可以想象，一个不能履行其基本经济和社会职能的政府，当然无法凝聚和团结民众，更无法弘扬和培育民族精神。毛泽东明确指出，"一定的文化（当做观念形态的文化）是一定社会的经济和政治的反映"③，"我们要革除的那种中华民族的旧文化中的反动成分，它是不能离开中华民族的旧政治和旧经济的；而我们要建立的那种中华民族的新文化，它也不能离开中华民族的新政治和新经济。中华民族的旧政治和旧经济，乃是中华民族的旧文化的根据；而中华民族的新政治和新经济，乃是中华民族新文化的根据"④。毛泽东的这些分析指出，民族文化是民族经济生产和政治生活的反映。我们也由此可以进一步推断，作为

---

① 任涛、孔庆榕、张大可：《统一战线与中华民族凝聚力》，中国社会科学出版社 2000 年版，第 22 页。
② 《马克思恩格斯选集》第 2 卷，人民出版社 1972 年版，第 65 页。
③ 《毛泽东选集》第二卷，人民出版社 1991 年版，第 663 页。
④ 《毛泽东选集》第二卷，人民出版社 1991 年版，第 664 页。

民族文化内容之一的民族精神,也必然以民族的经济和政治为基础,必然体现和反映民族经济生产和政治生活。因此,可以这样说:没有以先进的、符合时代生产力发展要求的政治制度为基础,民族精神的弘扬和培育会受到很大制约,其对社会发展的积极作用也会受到严重阻碍。我们只要联想到岳飞、袁崇焕等民族英雄的悲惨遭遇以及晚清那些为了民族独立、祖国繁荣富强而牺牲的爱国先烈,应该对这一点有更充分的认识。而新中国的成立,社会主义政治制度的确立和完善,则为中国的繁荣富强提供了可靠的保证,也为中华民族精神的弘扬和培育提供了广阔的空间。就当代中国民族精神而言,党的十六大报告概括为:以爱国主义为核心的团结统一、爱好和平、勤劳勇敢、自强不息,这只有在社会主义政治制度的规范和引导下才有可能得到弘扬,只有在高度的社会主义政治文明的基础上才能落实,才能发挥出推动中华民族前进的强大精神动力的历史作用。

(四)社会主义政治文明建设为爱国主义与社会主义的一致提供坚实的政治基础

民族精神以爱国主义为核心,爱国主义是中华民族最宝贵的精神财富之一。"在爱国主义精神的激励下,我们的国家和民族自强不息,具有伟大的凝聚力和生命力。"[1]爱国主义在不同时代有不同的内容和表现形式。"只有社会主义才能救中国"、"只有社会主义才能发展中国"成为 20 世纪以来的中国历史所一再证明的真理,马克思主义则已经揭示了社会主义代替资本主义是人类历史发展不可逆转的总趋势,因此,爱国就必须把祖国引向符合人类历史发展总趋势的社会主义道路上来。"在当代中国,爱国主义和社会主义在本质上是统一的。"[2]爱国主义与社会主义的一致,不仅由于社会主义是中国人民的历史的选择的结果,也由于只有社会主义才能实现国家的繁荣富强。正是从全部近代史以及实际生活的切身感受中认识到

---

① 《十三大以来重要文献选编》(中),人民出版社 1991 年版,第 1047 页。
② 《十四大以来重要文献选编》(上),人民出版社 1996 年版,第 449 页。

了社会主义对于中国发展的伟大意义,人民自觉地把爱国主义与社会主义结合起来:"中国人民有自己的民族自尊心和自豪感,以热爱祖国、贡献全部力量建设社会主义祖国为最大光荣,以损害社会主义祖国利益、尊严和荣誉为最大耻辱。"①爱国主义、社会主义由此成为凝聚中华民族、推动中国发展的伟大精神力量,而且,爱国主义与社会主义的有机结合,使这种精神力量的威力进一步增强:社会主义赋予爱国主义以崇高的理想和崭新的时代内容,爱国主义为社会主义提供了广泛深厚的社会基础。

当然,在认识爱国主义与社会主义的有机统一时,我们也必须注意:社会主义不是一成不变的,也必须随着时代发展而发展,必须创造出高度的物质文明、精神文明和政治文明。只有建立在这三大文明协调发展且高度发达基础上的社会主义,才能在与资本主义的竞争中赢得最终胜利,才能赢得广大人民群众对社会主义的认同和支持。正如邓小平指出的,我们要发挥社会主义制度的优越性,在政治上要"充分发扬人民民主,保证全体人民真正享有通过各种有效形式管理国家、特别是管理基层地方政权和各项企业事业的权力,享有各项公民权利"。他还强调:"我们进行社会主义现代化建设,是要在经济上赶上发达的资本主义国家,在政治上创造比资本主义国家的民主更高更切实的民主,并且造就比这些国家更多更优秀的人才。"②毫无疑问,发扬社会主义民主,健全社会主义法治,创造高度的社会主义政治文明,这是社会主义现代化的题中应有之义。没有高度的社会主义政治文明支撑的社会主义不是真正的社会主义,也是无法实现爱国主义与社会主义的有机统一与内在一致的。因此,建设高度的社会主义政治文明,将为爱国主义与社会主义的一致提供更为坚实的政治基础。

(五)社会主义政治文明为中华民族精神的作用方向提供了切实保证

众所周知,民族主义被认为是一把双刃剑,它既可能促进社会发展,也

---

① 《邓小平文选》第三卷,人民出版社 1993 年版,第 3 页。
② 《邓小平文选》第二卷,人民出版社 1993 年版,第 322 页。

可能极端化而导致灾难与罪恶。民族主义对社会发展与人类进步的作用方向,不能靠民族主义自身来保证,民族主义也不可能为社会发展指明方向。决定民族主义沿着何种方向发挥作用的关键因素,还是社会的政治体制与政治文明程度。在世界现代史上,我们可以看到,一些国家的民族主义爱国情绪与大国沙文主义以及独裁体制结合在一起,发展为法西斯主义与极权政治,既给本国人民也给其他国家人民带来了巨大灾难。而一些国家,由于有健全的民主体制的保证和制约,民族沙文主义与民族虚骄之气受到遏制,民族理性得以维持。著名思想家阿克顿在论述民族主义时曾谈道:"真正的爱国主义,即自私向奉献的发展,其显著标志在于它是政治生活的产物。"①依此推断,有什么样的政治生活,就会有什么样的爱国主义,政治生活的质量或者说政治文明的程度直接影响到民族精神和爱国主义的发挥方向与作用大小。社会主义政治文明,能够保证人民权利的切实行使,促进我国的和平崛起。以高度的社会主义政治文明为基础和保障,团结统一、爱好和平、勤劳勇敢、自强不息等民族精神将对推动社会主义现代化建设、实现国家的繁荣富强产生重要作用,也将对维护世界和平、推动人类文明进步产生积极作用。因此,社会主义政治文明建设的加强,能够保证中华民族精神沿着积极的方向发展,起到推动中国社会进步的作用。

现代社会是一个思想文化多元发展的社会,在这样的背景下,社会的一致性对于社会的稳定与发展就显得特别重要。在民主国家,"这种一致性可以通过人们对基本价值体系和社会政治游戏规则及程序的共识而得以继续"②。而只有建立在高度政治文明基础上的社会价值体系与政治制度,才能得到公众最稳固的认同和支持。也就是说,民族精神要成为凝聚民众的强大精神力量,需要以社会政治文明的发展为基础。现代意义上的民族认同,不仅是一种血缘的、心理的、情感的、文化的认同,而且更是一种政治上的认同,即对民族国家的政治合法性的认同。说到底,作为民族精神核心的

① 阿克顿著,侯健、范亚峰译:《自由与权力》,商务印书馆2001年版,第130页。
② 菲利克斯·格罗斯著,王建娥、魏强译:《公民与国家——民族、部族和族属身份》,新华出版社2003年版,第197页。

爱国主义,不仅是作为特定民族的国民而对国家有深厚情感,对民族历史与传统文化产生了热爱,更重要的是对国家的现实、对国家各项制度包括政治制度的认同、自豪与信心。建立在这种认同、自豪与信心基础上的爱国主义,将是最为牢固、最为深厚的情感。著名思想家托克维尔在谈到爱国主义时曾经指出,有两种爱国心,其一是本能的爱国心,它主要来自那种把人心同其出生地联系起来的直觉的、无私的和难以界说的情感,托克维尔认为,同所有的轻率的激情一样,这种爱国心虽然能够暂时地激起强大的干劲,但却是不能持久的;而另一种理智的爱国心虽然可能不够豪爽和热情,但非常坚定和非常持久,这种爱国心"来自真正的理解,并在法律的帮助下成长","它随着权利的运用而发展"。他强调:"使人人都参加政府的管理工作,则是我们可以使人人都关心自己祖国命运的最强有力手段,甚至可以说是唯一的手段。在我们这个时代,我觉得公民精神是与政治权利的行使不可分的。"①托克维尔的这些分析,指出了理智的、能够长久发挥影响的爱国主义情感来源于公民的政治权利与政治参与的发展,也就是说来源于政治文明的发展。

概言之,现代民族国家内,民族成员与民族国家的关系,不是简单的民族成员与民族共同体的关系,而是公民与国家的关系,是公民与政府权力的关系。这些关系的理顺,只有通过不断的政治文明建设才能实现。社会主义政治文明建设,为中华民族精神的弘扬和培育提供了坚实的基础,拓展和深化了民族精神的内容,并保证了民族精神的发展和作用方向沿着健康轨道运行。

三、加强社会主义政治文明建设,努力弘扬和培育民族精神

以上的分析说明了弘扬和培育民族精神,需要充分发挥社会主义政治

---

① 托克维尔著,董果良译:《论美国的民主》(上册),商务印书馆 1988 年版,第 269—270 页。

文明建设的建构和导向作用。应该说,改革开放以来,随着社会主义民主政治的发展,社会主义政治文明建设取得了重要成就。当然,同社会主义制度提供的内在可能相比,同广大人民群众的要求相比,我国的社会主义政治文明建设在一些方面还存在较大差距,还需大力加强。那么,如何通过社会主义政治文明建设来推动民族精神的弘扬和培育呢? 社会主义政治文明建设和民族精神的培育每一个都是复杂的系统工程,包含极为广泛的内容,要通过社会主义政治文明建设来推动民族精神的弘扬和培育,当然也是一个系统工程。大致说来,我们可把它分为三个大的方面:一是社会主义政治文明建设的基础性工作,这些工作可能并不直接对弘扬和培育民族精神发挥作用,但可为弘扬和培育民族精神提供良好的政治环境与政治基础;二是社会主义政治文明建设中对弘扬和培育民族精神能够产生积极推动作用的那些宏观性战略性工作;三是在社会主义政治文明建设中,通过微观性的、操作性的制度创新来推动弘扬和培育民族精神的工作。以下我们就分别对这三个方面的措施加以分析:

(一)抓好社会主义政治文明建设的基础性工作,为弘扬和培育民族精神提供良好的政治环境

党的十六大报告提出,建设社会主义政治文明,要在坚持四项基本原则的基础上,继续积极稳妥地推进政治体制改革,建设社会主义法治国家,巩固和发展民主团结、生动活泼、安定和谐的政治局面。具体来说,在当前,加强社会主义政治文明建设,以下一些方面的工作具有重要意义:

1. 大力推进社会主义民主政治建设,建设高度的社会主义民主

我们要深化政治体制改革,完善人民当家做主的各项制度,使人民当家做主的各项权利得到切实保证;要丰富民主形式,扩大公民有序的政治参与,保证人民依法实行民主选举、民主决策、民主管理和民主监督;努力发展各种层面的民主,大力推进基层民主,完善国家层面的民主。

2. 健全社会主义法治,建设社会主义法治国家

我们要继续加强立法工作,提高立法质量,健全社会主义法治体系;要

保证政府机关坚持依法行政,保障公民权利,坚决制止滥用权力、违法行政的现象;要深化司法改革,保证司法机关严格执法,确保司法公正;要大力加强普法教育,增强全民的法律意识,在全社会培育法治观念,特别是要提高领导干部和公务员的法治观念和依法办事能力。

3. 深化改革,完善各项政治制度,促进制度文明建设

制度文明是政治文明的核心组成部分,制度建设则是政治文明建设的重要内容。制度建设也是一个复杂的系统工程,涉及方方面面,其主要之点应该包括:坚持和完善人民代表大会制度,充分发挥人民代表大会作为国家权力机关在国家政治生活中的作用;坚持和完善共产党领导的多党合作和政治协商制度,充分发挥中国特色的政党政治的优势与功能;完善民主集中制,进一步开拓既有集中又有民主、既有纪律又有自由、既有意志统一又有个人心情舒畅的生动活泼的政治局面;改革干部的选拔任用工作制度,建设一支德才兼备的高素质的干部队伍;拓展联系群众的制度渠道,完善群众监督机制,等等。

4. 改革和完善党的领导方式和执政方式,提高党的执政能力

按照党的十六届四中全会的要求,提高党的执政能力,主要包括:坚持把发展作为党执政兴国的第一要务,不断提高驾驭社会主义市场经济的能力;坚持党的领导、人民当家做主和依法治国的有机统一,不断提高发展社会主义民主政治的能力;坚持马克思主义在意识形态领域的指导地位,不断提高建设社会主义先进文化的能力;坚持最广泛最充分地调动一切积极因素,不断提高构建社会主义和谐社会的能力;坚持独立自主的和平外交政策,不断提高应对国际局势和处理国际事务的能力。

5. 深化行政改革,推进政府文明

我们要进一步转变政府职能,改进管理方式,提高行政效率,降低行政成本,形成行为规范、运转协调、公正透明、廉洁高效的行政管理体制,保证政府的先进性、公共性、服务性、科学性、效率性;要继续推进政府机构改革,科学规范部门职能,合理设置机构,实现机构和编制的法定化;要加强公务员队伍建设,建立广纳群贤、人尽其才、能上能下、能进能出、充满活力的行

政用人机制;要大力推进依法行政,实现行政法治;正确处理政府与市场、政府与社会的关系,建立良性互动的政府治理模式;改革和完善政府决策机制,加强政府能力建设,提升政府能力。

6. 完善公民权利保障机制和公共权力制约机制

要继续推进政治体制改革,确保人民当家做主的各项权利真正贯彻落实;要强化执政为民理念,密切党群、干群关系,完善民意反映机制,强化群众监督;要完善执法、司法体制,严厉打击侵犯公民人身权利、财产权利以及其他权利的违法行为;建立结构合理、配置科学、程序严密、制约有效的权力运行机制,从决策和执行等环节加强对公共权力的制约,保证把人民赋予的权力真正用来为人民谋利益;重点加强对领导干部特别是主要领导干部的监督,加强对人财物的管理和使用的监督;强化领导班子内部监督,完善重大事项和重要干部任免的决定程序;改革和完善党的纪律检查体制,建立和完善巡视制度;实行多种形式的领导干部述职述廉制度,健全重大事项报告制度、质询制度和民主评议制度;完善权力监督、行政监督、司法监督和社会监督,加强事前监督、事中监督和事后监督的全方位监督,构建全面高效的公共权力监督体系。

(二)在政治文明建设中抓好对弘扬和培育民族精神有直接推动作用的战略性工作

1. 加强和创新意识形态建设

政治意识文明是政治文明的核心内容之一,是政治文明的内在灵魂。①与社会进步和政治发展相一致的民族精神,是政治意识文明的一个重要方面。民族精神的弘扬和培育,本身属于意识形态工作的一部分。意识形态工作的质量与效果,会直接影响到民族精神的弘扬和培育工作。成功、高效的意识形态工作,会促进社会的政治意识文明,并强化、提升民族精神;而意识形态工作的失误或低效,会使民众疏离、反感,或者徒具形式,民族精神的

---

① 虞崇胜:《政治文明论》,武汉大学出版社 2003 年版,第 143—144 页。

弘扬与培育工作的效率也会大打折扣。这就是说,从外部看,民族精神的弘扬与培育工作依赖于意识形态工作,意识形态建设是弘扬和培育民族精神的基础性工作。另一方面,从内部看,在整个意识形态工作中,民族精神的弘扬与培育置于何种地位,以什么方式进行这一工作等,也直接制约着民族精神的弘扬与培育。

改革开放以来,意识形态工作一度有所弱化,并带来了一些消极后果,我们要吸取教训,努力抓好意识形态工作,要通过有效的意识形态工作来弘扬和培育民族精神。当然,社会环境的变化也要求意识形态工作的方式、方法、手段等也要随之改变。在当前,加强意识形态工作以培育民族精神,除了要把民族精神的弘扬与培育作为意识形态建设的重要任务而提到战略高度外,在整个意识形态工作全局上我们还应该注意:

(1)解放思想、实事求是、与时俱进、开拓创新,把坚持马克思主义同发展马克思主义结合起来,不断开拓马克思主义理论发展的新境界。教条化是意识形态工作的大敌。我们要适应实践的发展,坚持以实践作为检验真理的唯一标准,从对马克思主义的错误和教条式的理解中解放出来,从主观主义和形而上学的桎梏中解放出来,既要坚持马克思主义基本原理,又要谱写新的理论篇章,要善于在解放思想中统一思想,用发展着的马克思主义指导新的实践。要用时代的眼光审视意识形态工作,用求真务实的精神做好意识形态工作,不断创新内容、创新形式、创新手段,更好地体现时代性、把握规律性、富于创造性。

(2)加快构建不同层次的思想文化平台,保持主导意识形态足够的弹性和包容性。社会在发展,作为对物质能动反映的思想意识也必须适应社会的发展,表现出高度的灵活性。著名经济学家诺思曾指出:大凡成功的意识形态必须是灵活的,以便得到新的团体的忠诚拥护,或者作为外在条件变化了的结果仍能得到旧的团体的忠诚拥护。意识形态的弹性和包容性是其作用发挥的基础,僵硬的意识形态只能使执政党和政府远离群众、远离社会。意识形态工作必须要适应时代和形势发展,主流意识形态必须包容和反映社会绝大多数民众的利益和要求,必须体现或整合主流社会心理、社会意识与价值观念。

（3）加快民族文化建设，以民族文化抵御全球化过程中的不利因素，同时，自觉融入世界文明主流，实现中华文化的现代转型，保持主导意识形态的先进性。面对全球化对意识形态带来的挑战，我们一方面要加强民族文化建设，强化维护民族文化的意识，在继承的基础上发展与创新民族文化，使民族文化体现时代的内容，真正体现民族性与时代性的统一，体现时代进步的要求；另一方面，我们也要注意坚决抵御西方国家的文化殖民与文化侵略，抵制随全球化和对外开放而来的各种腐朽思想和文化，但同时也要以开放的心态、开阔的胸怀面向世界，着眼世界文化发展大局，开展广泛的文化交流，批判地吸收、借鉴包括西方文化在内的世界各国文化的精华，不断丰富和发展我们的民族文化，不断提高民族文化的竞争能力、抗风险能力。

（4）采取灵活多样的工作方式，注重意识形态工作的实效。意识形态工作的方式和手段要适应时代发展要求，注重推陈出新，注意方式的多样化和实效性。要注意采取群众喜闻乐见的方式、方法进行意识形态工作，注意避免意识形态工作的教条化、僵硬化、形式化。要紧密联系改革开放和社会主义现代化建设的实践，努力形成有利于意识形态工作保持蓬勃生机和旺盛活力的新机制；要紧密联系丰富多彩的社会生活，积极寻求满足人民群众多层次、多样性、多方面精神文化需求的新方式；要站在科技发展的最前沿，及时把科技成果运用到意识形态工作中，推动各种文化传播方式的融合，进一步扩大意识形态工作的覆盖面和影响力；要积极探索运用法律手段来加强改进意识形态工作，逐步把完善的政策上升为法律法规，推动宣传文化事业管理走上规范化、法治化的轨道；要建立社会舆情汇集和分析机制，加强舆情信息工作，增强宣传思想工作的前瞻性和主动性。

（5）进一步提高引导社会舆论的能力。引导社会舆论是意识形态工作的重要内容，在这方面我们要加大工作力度。要通过扎实高效的工作，形成积极、健康的主流舆论，充分发挥社会主义意识形态对人民的引导和激励作用，最大限度地在全社会形成共识，最大限度地统一不同方面、不同阶层人们的意志和行动。为此，要坚持团结稳定鼓劲，正面宣传为主，唱响主旋律；

要讲究艺术、注重效果,以生动活泼的形式、丰富多彩的内容,拨动人们的心弦,引起人们的共鸣;要进一步加强和改进新闻宣传工作,不断增强吸引力、感染力、公信力;要高度重视互联网等新兴媒体对社会舆论的影响,主动占领随着时代发展和科技进步而不断涌现的宣传舆论新阵地,积极抢占宣传舆论阵地的制高点。

2. 落实以德治国方略

从十六大概括的民族精神的内涵看,爱国主义、团结统一、爱好和平、勤劳勇敢、自强不息等,在本质上都具有道德属性。这些道德素质的培育,不可能靠国家以行政性、强制性手段来加强,而主要在于国家以一定方式引导、塑造。作为一种群体心理或精神,民族精神要发挥作用,还需要内化为个体认同与个体心理。这就要求民族精神的弘扬与培育工作,需要遵循道德建设规律,着眼于提高全体人民思想道德素质。中国共产党所提出的以德治国方略,把道德建设提到了治国方略的高度,对加强全社会的道德建设提出了更紧迫要求。把民族精神的弘扬与培育和以德治国方略密切联系起来,一方面民族精神的道德激励作用将推动以德治国方略的落实,另一方面以德治国作为国家治国方略的地位,也会推动包括民族精神的弘扬与培育在内的整个社会的道德建设。江泽民在庆祝中国共产党成立 80 周年大会上的讲话中谈到社会主义思想道德建设时指出:“要把依法治国同以德治国结合起来,为社会保持良好的秩序和风尚营造高尚的思想道德基础。要在全社会倡导爱国主义、集体主义、社会主义思想,反对和抵制拜金主义、享乐主义、极端个人主义等腐朽思想,增强全国人民的民族自尊心、自信心、自豪感,激励他们为振兴中华而不懈奋斗。”①仔细体会,这里谈以德治国和思想道德建设,就包含了重视民族精神的内容。可以说,以德治国方略的落实,在为民族精神的弘扬与培育提供良好的政治环境与社会环境的同时,也会直接促进民族精神的弘扬与培育。只有抓好德治,才能坚定理想信念,升

---

① 中央文献研究室编:《江泽民论有中国特色社会主义》(专题摘编),中央文献出版社 2002 年版,第 405 页。

华人生境界,提高思想道德觉悟;才能使爱国主义、团结统一、爱好和平、勤劳勇敢、自强不息等品德在全社会、全体人们中具有更大影响力,使它们内化为人们的精神气质与道德理念。

那么,如何确保以德治国方略贯彻实施以促进民族精神的弘扬和培育呢?

(1)继承和发扬中华民族传统美德。民族传统美德是民族国家道德建设的重要资源,同时也是弘扬和培育民族精神的重要资源。中华民族的悠久历史孕育了光辉灿烂的中华文化,传统美德就是中华文化中的精华,以德治国本身就包含了对中华民族优良道德传统的肯定、褒扬、继承和发展,它必然能激励中国人民弘扬中华民族传统美德的热情,增强人民群众投身以德治国的心理驱动力。另一方面,中华民族的传统美德,尤其是爱国主义思想道德的倡导和弘扬,必然能更加振奋我们的民族精神,增强中华民族的自尊心、自信心、自豪感和凝聚力,使社会主义道德具备更为丰富的内涵。因此,贯彻以德治国方略,必须注意继承和发扬中华民族传统美德。

(2)建立适应社会主义市场经济及民主政治建设需要、体现民族精神的社会主义道德体系。以德治国要求社会要有完善的道德体系,这里所说的完善,不仅是指体系上的健全,也是指内容上的完善,即道德体系要适应时代需要、体现时代发展要求。具体说来,就是要确立起以马克思主义为指导,以为人民服务为核心,以集体主义为原则,以诚实守信为重点,以爱祖国、爱人民、爱劳动、爱科学、爱社会主义为基本要求,以社会公德、职业道德、家庭美德建设为落脚点,与社会主义市场经济、社会主义民主政治相配套的社会主义道德体系,并使之成为全体公民普遍认同和自觉遵守的行为规范。为此,在道德建设中,我们要把尊重个人合法权益与承担社会责任相统一,把注重微观效率与维护宏观社会公平相协调,把先进性要求与广泛性要求结合起来,积极促进全体公民树立正确的世界观、人生观、价值观,最终形成与经济发展和社会进步相适应的积极、健康、和谐的思想道德规范。

(3)大力加强公民道德建设,努力提高全民道德水平。公民道德建设是以德治国最广泛的社会道德基础。在加强公民道德建设过程中,我们应当特别重视加强社会公德、职业道德和家庭美德建设。要积极探索加强社会公德、职业道德、家庭美德建设的有效途径和方法,务求取得更大实效。要努力扩大道德教育的覆盖面,研究和开发能覆盖全社会各种不同人群的道德传递媒介和网络,积极探索适合各种不同群体道德成长的有效的方式方法。要逐步形成一整套"三德"教育体系,扎扎实实地、一件事一件事地去做,并坚持群众路线,本着简便易行的原则,使"三德"建设的各项活动渗透到经济发展的各个领域和社会生活的各个角落,从而从整体上提高全体公民的道德水准。要增强教育的针对性和实效性,把主流意识形态的一致性,与社会不同群体的思想、意识、需求的多样性统一起来,把理想、信念、道德宣传的理论性与人民群众日常工作、生活的实践性统一起来。

(4)注意在制定和执行公共政策中体现道德属性和民族精神。公共政策无疑应该有其伦理基础,而且公共政策对伦理道德和民族精神的体现直接影响着公众对伦理道德的践行,影响着整个社会的道德风尚与民族精神的弘扬。因此,在制定和执行政策的过程中,要特别注意政策的伦理属性与伦理意义。在制定和推行政策的时候,要进行伦理评价,要尽可能使它符合我国社会道德与民族精神的基本规范,能够为一般社会成员所接受,并能够产生伦理上的积极效果。政策的推行过程以及推行政策产生的结果也要符合道德要求,符合弘扬和培育民族精神的要求。

(5)强化道德他律机制。道德需要自律,也需要他律。在道德建设中,他律机制的完善有重要意义。道德他律机制主要包括道德价值的评价机制、舆论机制、奖罚机制和教育机制等。只有从道德评价上肯定道德行为,谴责乃至惩罚不道德行为,从舆论上宣传和表彰道德行为,并把每个人的社会评价(乃至物质利益)与其行为的道德属性合理地联系起来,才能营造良好的道德建设环境,促进道德他律。为落实和推进以德治国,我们要综合运用教育、法律、行政、舆论等各种手段,倡导和鼓励良好的道德行为,约束和制止不道德行为,形成扶正祛邪、扬善惩恶的社会风尚,切实提高全民道德水平。

(6)从严治党、从严治政,切实提高领导干部的道德素养。以德治国方略能否贯彻执行,关键在我们的各级领导干部,特别是党员领导干部。中国共产党作为执政党,作为国家的领导力量,在治国中处于核心地位,党的各级领导干部和国家机构的公务员,依据人民的授权,代表人民治国。因此,在一定意义上说,执政党及其领导干部在以德治国中起着关键的作用,以德治党,以德治政,是实施以德治国的治本措施。我们必须要从严治党、从严治政,不断提高各级党的领导干部和广大公务人员的思想道德素质特别是行政伦理水平。只有我们的党员干部尤其是领导干部以身作则,率先垂范,成为思想纯正、道德高尚的示范群体,成为弘扬和培育民族精神的典范和楷模,才能充分调动人民群众贯彻执行党的各项路线方针政策的积极性,才能提高全民族的思想道德水平,才能促进社会主义思想道德建设,才能弘扬和培育民族精神。

3. 构建和完善公民社会

成熟的公民社会是现代政治文明发达的标志之一,也对民族精神的弘扬和培育有积极作用。公民社会和民族精神初看起来好像不相干,但其实二者是有非常密切联系的,如著名人类学家、社会学家菲利克斯·格罗斯所说的:公共领域和私人领域的划分,"是建立一个多民族的、民主的、多元性国家——公民国家的途径之一"①。在他看来,在私人领域与公民社会独立于国家的情况下,所有公民,不论他们的文化、种族或宗教认同如何,不论他们属于哪个社会团体,他们都享有同样的权利和义务。在这样的情况下,族裔活动属于私人领域,属于公民社会,而成熟的公民社会里,人们不仅有对自己族属身份的认同,更有超出这种认同之上的国家认同,这种认同的二重性或多重性,是发展或建立一个多民族公民国家的最基本的条件。仔细分析,弘扬和培育民族精神之所以需要公民社会的建构和完善,是由于以下几方面原因:

（1）前面已经分析过,政治体系在民族精神的弘扬和培育中承担着重

---

① 菲利克斯·格罗斯著,王建娥、魏强译:《公民与国家——民族、部族和族属身份》,新华出版社 2003 年版,第 198 页。

要的职责,但是,我们也必须注意,政治体系并不是弘扬和培育民族精神的唯一主体,政治体系在弘扬和培育民族精神中承担重要职责,也不能排斥社会主体分担这一职责,而且,政治体系要真正、高效承担起这一职责,必须充分发挥社会主体的作用与积极性。在当代社会,在国家与社会的边界日益清晰的背景下,国家能力范围是有限的,国家权力也不能无所不入,因此国家应该引导和利用社会来完成国家所不能或无法单独、有效承担的任务。

(2)成熟的公民社会在弘扬和培育民族精神方面能够发挥十分积极的、有些是难以替代的作用。一些"草根"性的社会团体在宣传、动员的可接近性、影响力、拾遗补缺性等方面就较有优势。社区、社会团体以及志愿者更贴近普通社会大众,更熟悉和了解民众生活与思想实际,而且他们的非官方身份在一些方面、一定条件下更容易开展工作,在弘扬和培育民族精神方面有政府无法替代的作用。还有,部分人或群体由于某些特殊原因在一些情况下可能对官方背景的活动和信息不太信任,可能更相信民间组织、志愿者团体或他们所熟悉的其他个人或群体,这时,民间组织、志愿者团体等组织或群体在弘扬和培育民族精神方面的作用就更为重要了。

(3)从世界其他国家的经验看,公民社会在弘扬和培育民族精神方面有着十分重要的作用。在发达国家,公民社会比较成熟,民族文化的继承、宣扬、教育、捍卫等许多工作主要就是由各种各样的社会团体承担的,爱国主义情感的培养也是各种社会团体与志愿者组织社会活动的基本内容之一。如在美国,"政治教育更多地体现为隐形的、来自基层和民间的、自发的和自然的"[1]。特别是在国家遇到危难时,公民社会的积极参与,往往是激发民众爱国主义情感、战胜困难的重要力量。如在美国的9·11事件中,非营利组织、志愿者团体等不仅是参与救援的重要力量,而且也通过他们的高效活动,爱国主义的民族情感大大激发出来了,成为战胜困难的重要精神力量。又如在韩国的金融危机中,在非政府组织的广泛动员下,民众表现出了极大的爱国热情,掀起了捐赠高潮,其场面十分感人,极具震撼力。

---

[1] 潘一禾:《观念与体制——政治文化的比较研究》,学林出版社2002年版,第247页。

　　因此,弘扬和培育民族精神,我们要重视公民社会的力量,要善于利用公民社会的力量。但是,由于新中国成立后相当长一段时期在国家与社会关系上是一种强国家弱社会(甚至有人说是强国家无社会)的局面,公民社会的发育很迟缓。因此,利用公民社会推进民族精神的弘扬与培育,首先需要大力推进公民社会的成熟。在这方面,如下一些工作值得引起重视:

　　其一,进一步深化政治体制改革,切实转换政府职能,合理配置公共权力,规范公共权力的行使。要进一步转变政府职能,形成行为规范、运转协调、公正透明、廉洁高效的行政管理体制,建立结构合理、配置科学、程序严密、制约有效的权力运行机制。要正确处理国家与社会关系,合理确定二者职能的边界,特别是国家要把本属于社会的职能还给社会,同时要规范公共权力的行使,保证社会的自主活动空间。

　　其二,培养社会中间层和各类社会组织。社会团体的发展程度是公民社会成熟程度的一个重要标志,而且市场经济与民主政治的推进也需要社会团体的发展,因此我们也努力培育各类社会组织,鼓励和支持社会团体的发展。要深化各项改革,为社会团体的健康发展创造良好的外部环境。要建立健全社会团体法律体系,逐步实现社会团体的法治化、规范化管理。同时社会团体也要强化自律机制,提高整体素质。

　　其三,造就适应市场经济需要的公民个体。为此,要努力培育社会成员的契约精神;强化社会成员的平等意识;培养社会成员的独立意识,进一步消除他们对国家、单位的依赖心理;切实保障公民合法权利,提高公民法治观念;加强公民道德建设,努力提高公民道德素质。总之,要造就具有平等意识、契约精神、自由观念、较高道德素质和具有独立、自立能力的现代公民,当然,更要注意把民族精神的弘扬和培育贯穿到整个这一过程之中。

　　在培育公民社会的同时,国家也要注意引导公民社会的发展,特别是要引导公民社会重视民族精神的弘扬和培育,要积极采取舆论引导、政策支持、经济激励、法律规范等措施鼓励和促进社会各类组织、公民个人的符合民族精神的行为。公民社会也应该明白,弘扬和培育民族精神是自身毋庸置疑的职责,是社会成熟的标志。公民社会也应该抓住各种机会,努力开展各种弘扬和培育民族精神的活动,对这些活动,国家也应该采取切实措施大力支持。

4. 在政治文化转型中把民族精神作为政治文化的核心内容

政治文明建设必然包括政治文化的建设。政治文化是从一定思想文化环境和经济社会环境中生长出来的、经过长期社会化过程而相对稳定地积淀于人们心理层面的政治态度和政治价值取向,是政治系统及其运作层面的观念依托。作为一种主观意识领域,"政治文化包括了社会对政治活动的态度、信仰、情感和价值,具体地讲,包括了政治意识、民族气质、民族精神、民族政治心理、政治思想、政治观念、政治理想、政治道德等各个方面"[1]。也就是说,民族精神应该是政治文化的当然内容。但是,不同政治文化模式对民族精神的弘扬和培育显然有不同的影响。如孙中山先生就曾经谈道"中国人最崇拜的是家族主义和宗族主义,没有国族主义,外国旁观的人说中国是一盘散沙,这个原因在什么地方呢?就是因为一般人民只有家族主义和宗族主义,而没有国族主义。中国人对于家族和宗族的团结力非常大……中国人的团结力,只能及于宗教而止,还没有扩张到国族。"[2]孙中山先生这里论述了中国传统的家族文化对民族精神的消极影响。仔细分析,对民族精神的弘扬和培育有消极影响的当然不止家族文化,可以说,民族精神在整个社会的政治文化中处于何种地位以及包括民族精神在内的政治文化在社会中发挥影响的整体状况,对民族精神的弘扬和培育有着重要影响。比如,就后者而言,一个不适应时代需要的政治文化,当然无法有效承担起规范政治体系、指导政治行为的责任,也无法凝聚民族力量,无法弘扬和培育民族精神。

因此,弘扬和培育民族精神在政治文化建设方面的要求,一是要把民族精神的弘扬和培育作为政治文化建设的重要任务;二是要努力实现政治文化的现代化。

---

① 王沪宁:《比较政治分析》,上海人民出版社 1987 年版,第 159 页。
② 《孙中山选集》,人民出版社 1981 年版,第 617 页。

（1）要把弘扬和培育民族精神作为政治文化建设的重要任务,使民族精神成为我国政治文化的核心内容之一。在政治文化建设中,要把民族精神的弘扬和培育提到战略地位,提高弘扬和培育民族精神的主动性、积极性,高度重视弘扬和培育民族精神的有关工作。要广泛宣传弘扬和培育民族精神的重要意义,使人们充分认识到民族精神对国家富强与文化发展的重要意义。要大力加强民族精神各项内容的宣传与教育,强化人们对民族精神各项内容的心理认同。要努力形成弘扬和培育民族精神的政治文化氛围,推动人们在自己生活实际中践行和维护民族精神。

（2）努力实现政治文化的现代化,以更具时代性、更有感染力和凝聚力的政治文化推进民族精神的弘扬和培育工作。为此,应该特别注意:第一,批判地继承传统政治文化的精华,摒弃其糟粕。传统政治文化中有些内容与时代发展是不相适应的,是政治发展的阻碍,对这些必须要摒弃。但是传统政治文化中也有许多政治精神与现代政治文化并不违背,而且比西方更悠久、更深刻并体现出鲜明的中国特色,我们必须要批判地继承、创造性地转换与更新。第二,创新发展主流政治文化。主流政治文化是一个国家政治文化的灵魂。在我国,主流政治文化是马克思主义的政治文化。在全球化时代,坚持马克思主义要和发展马克思主义有机结合起来,我们要坚持解放思想,实事求是,与时俱进,致力于研究经济社会发展的新情况、新问题,概括新实践,不断创新,不断丰富和发展马克思主义的政治文化。第三,批判地借鉴西方政治文化中的精华。西方政治文化尽管带有浓厚的资产阶级色彩,但是它所内涵的自由、平等、正义、公平、法治、权力制约等思想,还是有其借鉴价值的。社会主义政治文化的发展,只有在批判地借鉴西方政治文化精华的基础上才能创造出超越西方政治文化的新型文化。对西方政治文化,我们要保持高度警惕,但也不可一味排斥,其精华还是应该要注意批判地借鉴。第四,完善政治社会化机制,提高民众对主流政治文化的认同。通过国家、社会、社区、家庭、工作单位等各种政治社会化渠道的协调、配合,加大主流政治文化的引导力,强化民众对主流政治文化的认同。

（三）加强制度创新，推进弘扬和培育民族精神工作

上面主要是从宏观的、战略层面论述了为了弘扬和培育民族精神在政治文明建设中要努力的方向。这些宏观性、战略性层面的建设的加强，将为提高弘扬和培育民族精神提供良好的大环境并将直接促进民族精神的弘扬与培育。当然，微观的、策略性、操作性层面的制度构建与机制创新也是不可忽视的。在这一方面，如下工作具有重要意义：

1. 把民族精神的弘扬与培育纳入国家政治发展战略，高度重视民族精神弘扬与培育工作

党的十六大报告指出：民族精神是一个民族赖以生存和发展的精神支柱。一个民族，没有振奋的精神和高尚的品格，不可能自立于世界民族之林。面对民族精神在新形势下面临的挑战，面对全球化的迅速发展所带来的世界范围内思想文化的相互激荡，我们应该从维护国家政治安全、文化安全的角度重视弘扬和培育民族精神工作，把民族精神的弘扬和培育纳入国家政治发展战略全局来考虑，要求各级党委、政府、各部门、各单位高度重视弘扬和培育民族精神工作，各项相关工作、各个环节、各个方面要保证民族精神的弘扬和培育获得有效的落实措施、实施形式和运作载体。

（1）把弘扬和培育民族精神纳入国民教育全过程，并大力抓好国民教育对民族精神的弘扬和培育工作。从政治学的一般理论看，学校是政治社会化中最重要的机构之一，学校教育对一个人的政治认知、政治情感与价值观的形成有着重要的作用。因此，弘扬和培育民族精神，必须高度重视学校教育。江泽民就曾经特别强调了教育在增强民族凝聚力方面的重大作用。他指出：中华民族的凝聚力"来自中华民族的优良传统，来自我们共产党人的崇高理想和社会主义制度的优越性，来自爱国主义、集体主义、社会主义和马克思主义教育。正确的世界观、人生观、价值观的确立，民族优良传统的发扬，共同理想和精神支柱的形成与巩固，科学文化水平的提高，都离不开教育工作，而这些都是我们民族凝聚力的重要基础和内容。我们的各级各类教育机构，我们的全体教育工作者，对增强包括民族凝聚力在内的综合

国力,承担着庄严的职责"①。因此,我们必须把民族精神的弘扬和培育纳入国民教育的全过程,大力抓好国民教育对民族精神的弘扬和培育工作。国民教育要把弘扬和培育民族精神作为自己明确的目标和任务,国家和社会也要把民族精神的弘扬和培育工作作为评价国民教育的重要指标。民族精神的弘扬和培育要从小抓起,贯穿于学前教育、初等教育、中等教育、高等教育的全过程。弘扬和培育民族精神应该贯穿于国民教育的各种教育内容体系之中,学校教育中的德智体美各育、各门课程,都要以合适的形式和内容,进行弘扬和培育民族精神的有关工作,要纳入学生日常行为习惯和道德品质的培养过程中。要根据学生思想认识发展规律和特点,积极运用现代教育技术发展的最新成果,不断进行教育观念、内容、技术、方法等的创新,提高民族精神教育的针对性、吸引力和实效性。

　　(2)把弘扬和培育民族精神纳入精神文明建设全过程,大力抓好社会主义精神文明建设中弘扬和培育民族精神的工作。要把民族精神的弘扬和培育作为社会主义精神文明建设的一个重点,渗透到精神文明建设的各个方面、环节和过程。首先要注意把民族精神的弘扬和培育渗透到思想道德建设中去,思想教育的不同层次如"思想道德教育"、"思想政治教育"、"思想理论教育"等,都应该贯穿着中华民族精神的教育。科学文化建设也应该渗透着中华民族精神的教育,哲学社会科学、新闻出版、广播影视、文学艺术以及卫生、体育、文物、图书馆、博物馆等各项事业,都应该根据自身的特点,利用自身的优势,为弘扬和培育中华民族精神作出贡献。哲学社会科学必须紧紧围绕弘扬和培育民族精神这一重大课题,将弘扬和培育民族精神纳入发展和繁荣哲学社会科学的全过程,坚持以科学的理论武装人,以正确的舆论引导人,以高尚的精神塑造人,以优秀的作品鼓舞人,以优秀的哲学社会科学成果和高品位的学术研究环境推动民族精神的弘扬和培育。新闻出版和广播影视事业是精神文明建设的重要载体,也应该成为弘扬和培育民族精神的重要载体

---

① 教育部、中共中央文献研究室编:《毛泽东邓小平江泽民论教育》,中央文献出版社 2002 年版,第 274—275 页。

与渠道。大众传媒部门应该把社会效益放在第一位,探索把经济效益与社会效益统一起来的有效途径,努力在自身工作中弘扬和培育民族精神。群众性精神文明创建活动是精神文明建设的重要形式,我们也要注意把民族精神的弘扬和培育工作渗透到群众性精神文明创建活动中去。在精神文明建设中,要充分运用弘扬和培育民族精神的各类活动方式,如选择重要节日、历史重大事件和历史重要人物的纪念日,开展形式多样、富有教育意义的活动,通过各种途径在全社会坚持不懈地倡导和实践民族精神。总之,精神文明建设的各个方面、各个环节要高度重视民族精神的弘扬和培育工作,要努力为民族精神的弘扬和培育创造文化条件、整合有效资源、提供有力保障。

(3)党和政府率先垂范和大力倡导。在当代中国,中国共产党是弘扬和培育民族精神的核心主体,民族精神的弘扬和培育离不开党和政府的率先垂范和大力倡导。为此,首先要求把民族精神的教育纳入党员、国家公务员教育培训工作中去,提高他们对弘扬和培育民族精神重要性、紧迫性的认识,提高他们弘扬和培育民族精神的主动性、自觉性。其次,要对党员、国家公务员特别是各级领导干部实践和体现民族精神提出更高要求,要求他们在自身工作和生活中实践和体现民族精神,促进、推动民族精神的弘扬和培育。再次,要把民族精神的弘扬和培育工作纳入党员和国家公务员考核体系,作为考核党员、公务员思想政治素质以及工作实绩的指标。此外,党和政府要注意加强对各类思想文化阵地的管理,牢牢地把握正确的舆论导向,依法规范文化市场,加强文化市场的清理、整治,为弘扬和培育民族精神创设良好的舆论氛围、文化环境和制度环境。

2. 完善、创新政治整合机制,强化国家认同

在政治学上,政治整合也被称为政治一体化,"意指若干个政治单位结合成一个整体"。作为一种规范的进程,它被"用来使那些处在独特的民族国家环境中的政治行为主体将其忠诚、期望和政治活动归到一个新的中心"①。简

---

① 戴维·米勒、韦农·波格丹诺编,邓正来等译:《布莱克维尔政治学百科全书》,中国政法大学出版社2002年版,第604页。

单地说,政治整合是指一个国家通过各种方式和手段把国内各种社会力量结合进一个统一的政治中心的过程和状态。在一定意义上说,政治整合的状态也就是社会成员和社会力量在心理上认可现行政治制度、在行动上支持国家的政治活动以及由此带来的强大政治凝聚力的体现。在一个民族国家内,存在着各种各样的共同体,如家庭、社会组织、社会团体、宗教团体、种族团体、政治组织、公民团体、民族集团、阶级集团、地域共同体等,事实上国家也是一个政治共同体。与一般共同体不同的是,国家这一特殊的政治共同体要能够把各种共同体都纳入到自己的范畴中来,并且将它们统一和团结起来。要做到这一点,就必须借助于政治整合机制。只有通过高效的政治整合机制,国家才能够把各种共同体以及社会个体凝聚起来。民族精神的孕生、强化,也是国家政治整合的结果,成功的政治整合能够在民族国家内催生出一种对国家这一核心的政治共同体的挚爱与忠诚,并进而演化出以爱国主义为核心的民族精神。而低效的政治整合,将导致社会动荡、分裂,也将弱化国家认同,甚至导致对民族国家离心力的发展。由此可见,要弘扬和培育民族精神,我们必须要使国家的政治整合机制适应时代变化与形势需要,要不断完善、创新政治整合机制,不断强化国家认同与爱国主义情感。

当前,完善和创新政治整合机制,如下一些方面的工作具有重要意义:

(1)加强党的建设,提高党的执政能力。中国共产党是我们国家的执政党,是国家的领导力量,当然也是国家政治整合与弘扬和培育民族精神的核心力量。在一定意义上,国家政治整合机制的适应性与效率,关键就取决于中国共产党的领导能力、动员能力、执政能力。在利益分化与多元化迅速发展的背景下,中国共产党要完善政治整合机制,需要继续发扬党的优良传统,贯彻"三个代表"重要思想,切实维护和发展好广大人民群众的利益;要继续加强党的自身建设,坚决惩治腐败,提高党的拒腐防变能力和抗风险能力;要改善党的领导方式和执政方式,提高党的领导水平和执政水平。在当前,要深入贯彻党的十六届四中全会精神,不断提高驾驭社会主义市场经济的能力、发展社会主义民主政治的能力、建设社会主义先进文化的能力、构建和谐社会的能力、应对国际局势和处理国际事务的能力。

（2）维护中央权威，提高政府能力。在一个统一的多民族国家内，中央政府没有足够权威，是不可能有效整合全社会的。中央权威的衰落，必然影响到国家的统一、各民族之间的团结与社会的和谐，从而也无法凝聚起全体人民的意志和力量为共同目标而奋斗，民族精神的弘扬和培育也难以成功。许多发展中国家的实践都已证明，没有强有力的中央权威难以进行适应现代化需要的制度重组并保证社会政治稳定。就我国情况而言，市场经济的发展，利益主体的多元化以及社会调控方式的变化，难免会带来弱化中央权威的诸多因素，加强中央权威在中国当前形势下也有着非常的重要性。当然，加强中央权威并不意味着回到改革开放前僵化的模式和状态中去。但改革中应该始终注意维护中央权威，这一点是不能忘记的。在当代条件下，法理型权威是更可靠的、更有效的权威形式，我们要切实贯彻依法治国战略，以制度建设、法治建设为重点，努力推进建设社会主义法治国家的进程。同时，中央权威也是以中央政府能力为基础的，为强化中央权威，我们要继续提升中央政府能力。要通过深化政治体制、行政体制与经济体制改革，强化政府的政治行政能力和政策过程能力，巩固和提高中央政府的社会资源配置能力和宏观调控能力，强化政府的社会服务和社会平衡能力。

（3）完善利益整合机制与冲突协调机制。"人们奋斗所争取的一切，都同他们的利益有关。"①政治整合中，利益整合是无论如何不能忽视的。在我国当前的状况下，我们要兼顾效率与公平，建立相对公平的利益分配机制，保证全体社会成员能够持续不断地得到从社会发展进程的推进中带来的好处。要继续深化收入分配机制，完善以按劳分配为主体、多种分配方式并存的分配制度，在鼓励一部分人通过诚实劳动、合法经营先富起来的同时，政府也要强化对收入分配的调节职能，调节差距过大的收入。

利益整合的核心在于对利益冲突的协调。在利益分化和利益主体多元化迅速发展的背景下，社会不可能没有矛盾与冲突，成功的社会往往是那些

---

① 《马克思恩格斯全集》第 1 卷，人民出版社 1957 年版，第 82 页。

能够容纳矛盾与冲突并表现出很强的解决冲突与纠纷的能力的社会。当前,我们在强调要构建社会主义和谐社会,其实,和谐社会绝不是一个没有利益冲突的社会,而是一个有能力化解利益冲突并由此实现利益大体均衡的社会。因此,我们要通过深化改革,完善社会的利益表达、利益综合机制,以有效的制度安排容纳各种利益主体的利益表达,并规范各利益主体的利益博弈行为,确保公共政策的公共性。

(4)提高政治社会化水平,强化国家认同。成功的政治整合离不开高效的政治社会化。我们要继续加强和改进思想政治教育,通过高效的思想政治教育提高政治社会化水平。在政治社会化的各项工作中,要提高国家的政治整合能力,弘扬和培育民族精神,就要特别注意提高和强化对国家的认同、对中华民族的认同、对中华文化的认同、对中国特色社会主义道路的认同。要使每个公民充分认识到,维护祖国统一,是国家的最高利益之所在,也是全国各族人民的根本利益之所在。每个民族、每一个公民的命运都是同祖国的命运紧密联系在一起的。只有祖国强大繁荣、文明昌盛,每个民族才能繁荣进步,每一个人才能幸福发展。每个公民都要把维护祖国统一和加强各民族团结作为自己的神圣职责。

3. 建立、健全弘扬和培育民族精神的激励机制

无论是对行为模式的倡导,还是对文化价值的弘扬,都需要建立、健全相应的激励机制。没有一定的激励机制的支撑,符合预定模式与价值的好的行为得不到褒扬,而背离预定模式与价值的坏的行为得不到应有惩戒,甚至还会造成那些努力实践所倡导行为与价值的人吃亏,而故意背离所倡导行为与价值者获益的情况。一旦这样,这一倡导与弘扬工作必然是失败的。在弘扬和培育民族精神问题上,激励机制的建立、健全也是非常重要的。我们要通过这一机制的建立、健全,形成强大的社会舆论氛围,在精神上与物质上或者是政治上与经济上鼓励实践民族精神的优秀人物以及为弘扬和培育民族精神作出贡献的人,惩戒、贬抑背离民族精神的人与事。只有这样,弘扬和培育民族精神工作才能得到最有力支持,才能取得理想成就。

(1)大力宣传弘扬和培育民族精神工作,提高广大人民群众和全社会

对弘扬和培育民族精神的认识,形成强大的弘扬和培育民族精神的社会舆论氛围。要使人们充分认识到民族精神对一个民族国家的重要意义,认识到中华民族的民族精神是中华民族漫长历史中形成的宝贵精神财富,推动中华民族振兴和发展的强大精神动力;要使人们认识到我国作为一个发展中的多民族国家,作为一个有着悠久历史与灿烂文化的国家,要凝聚国内各族人民力量,加快发展,抵御西方文化的冲击与侵蚀,必须大力弘扬和培育民族精神。要通过国家主导的主流媒体及各种宣传工具,并充分调动各种社会力量,宣扬弘扬和培育民族精神的意义与紧迫性,在全社会形成弘扬和培育民族精神的强大舆论氛围。

(2)形成弘扬和培育民族精神的道德、政治评价机制。要开展广泛的宣传、讨论,这种宣传、讨论既要由国家主导,更需要国家调动社会机构与力量,在人们广泛参与的背景下,形成从道德上、政治上评价人们行为是否符合民族精神的社会共识。道德评价机制主要是针对一般公众,政治评价机制则针对国家公职人员特别是各级党政领导,道德评价与政治评价的主要内容是个体行为是否符合弘扬和培育民族精神的要求。这种评价要纳入国家公职人员考核体系,成为其年度考核、晋职晋级考核时思想政治素质考核的当然内容。

(3)建立、健全弘扬和培育民族精神的奖惩机制。民族精神的弘扬和培育,一方面要靠教育、宣传,另一方面,必要的奖惩也是不可缺少的。我们要通过建立、健全奖惩机制,褒扬实践民族精神的优秀个人以及为弘扬和培育民族精神作出较大贡献的个人与团体,贬抑背离民族精神的行为与个人。这种奖励既应该有精神上的,也应该有物质上的,乃至行政与政治上的。总之,要通过建立、健全奖惩机制,一方面使有利于弘扬和培育民族精神的行为者获得道义上的褒扬和利益上的保障,另一方面使背离民族精神或不利于弘扬和培育民族精神的行为遭到道义上的谴责和利益上的损失。

4. 发展爱国统一战线

统一战线对发展民族凝聚力有很重要的功能,是一项更直接地增强民族凝聚力的工作。统一战线对民族凝聚力的推进是通过下述功能去实现:

第一,团结功能,即在共同的目标下,通过求同存异,增大凝聚强度,消除离散力。第二,沟通的功能,即通过相互加深了解,协商对话,互相监督,取得共识,实现行动的一致或基本一致。第三,协调的功能,这表现为统一战线采取统筹兼顾的方针,调整关系,照顾同盟者利益,让大家各得其所,自觉促进凝聚。第四,自我教育的功能,通过自我教育,增进共识,使团结有坚实的思想基础。①

　　统一战线是中国革命和建设的法宝之一。中国共产党在领导中国人民进行革命和建设的过程中,正是整合了其他社会先进分子,如知识分子、民主党派和海外华人等各阶层、团体的力量,才使新民主主义革命取得了胜利,使社会主义建设取得了重大成就,同时也在革命和建设中通过广泛的统一战线凝聚人心,弘扬和培育民族精神。在新的历史时期,统一战线高举爱国主义和社会主义两面旗帜,努力把中华民族中不同党派、不同信仰、不同习俗、不同层次、不同地域的人民群众紧密团结起来,为实现民族团结与凝聚全社会力量、推动社会主义政治文明、物质文明、精神文明建设作出了重大贡献。通过卓有成效的工作,统一战线无论是在广度和深度上都实现了前有未有的大发展,从政治领域拓展到经济、文化等许多社会领域,从大中城市拓展到小城市以及部分乡镇,从全民所有制单位拓展到集体所有制和各种非公有制单位,从单位拓展到社区,从上层拓展到基层,从大陆拓展到海外,一个最大范围的中华民族的大团结、大凝聚已经形成。总之,统一战线把全国各族人民、各阶层、各民主党派等各方面的积极因素团结在一起,由全体社会主义劳动者、社会主义事业的建设者、拥护社会主义的爱国者、拥护祖国统一的爱国者组成最广泛的爱国统一战线进一步发展和壮大,形成了群策群力的合作奋斗的局面,使中华民族的团结统一、自强不息、爱国主义精神等也由此得到了进一步弘扬和培育。

　　因此,在新世纪新阶段,为了弘扬和培育民族精神,一方面,我们要进一

───────────

① 任涛、孔庆榕、张大可:《统一战线与中华民族凝聚力》,中国社会科学出版社 2000 年版,第 28 页。

步发展爱国统一战线。为此,我们要继续坚持和完善共产党领导的多党合作和政治协商制度,推动多党合作事业的进一步发展;要落实知识分子政策,进一步做好知识分子的统战工作;落实党的民族、宗教政策,进一步巩固和壮大党同民族上层人士、爱国宗教界的统一战线;要适应形势需要,加强非公有制经济领域统战工作,团结、引导非公有制经济群体为国家富强、民族团结、社会进步作出更大贡献;要加强海外统战工作,培育及维护海外华人华侨的中华情结,加快祖国和平统一进程。另一方面,要把民族精神的弘扬和培育作为统一战线的一个重要任务,要在统一战线工作中突出对民族精神的弘扬和培育,统战工作的相关部门和人员在开展统战工作时,要提高弘扬和培育民族精神的主动性、积极性(事实上,有效利用民族精神对做好统战工作也有很大帮助),同时,改进工作方式、方法,根据不同目标群体的特点,提高弘扬和培育民族精神工作的针对性、实效性。

第五章

大众传媒对弘扬民族精神的制度保障和主流引导

　　弘扬和培育民族精神,实现中华民族的伟大复兴,是新时期党和政府面临的新任务。虽然目前学术界对民族精神的研究成果较多,但从大众传媒领域研究这一问题的成果尤其是研究如何发挥大众传媒的功能弘扬和培育民族精神的成果并不多见。大众传媒发挥着引导社会价值观的独特功能,它是科学价值观的引导器、放大器和推进器,是错误价值观的校正器,其在弘扬和培育民族精神方面的作用无可替代。然而,现实地看,大众传媒所处的环境今非昔比,受传媒市场化的强大压力和经济全球化、信息化时代的传媒文化影响,大众传媒在报道理念、报道内容和报道方法上存在着种种偏差,限制着其功能的有效发挥。本章着重针对大众传媒在弘扬和培育民族精神方面存在的问题,探讨实现其主流引导功能的现实途径。

一、大众传媒与弘扬民族精神的研究现状

　　关于民族精神的弘扬和培育,从大众传媒视角进行研究的成果并不很

多。从已有的成果来看,主要集中在经济全球化及传播技术的发展对民族精神的传播带来的机遇、中华民族精神应成为大众传播中的主题等内容的宏观分析,也有一些学者从抵御国外文化霸权论以及如何利用大众媒介尤其是网络媒介传播中华传统文化,进而扩大中华文化的覆盖面,增强人们的民族自信心,以利于弘扬中华民族精神。主要观点如下:

(一)全球化时代与民族文化的传播

民族精神是民族文化的集中体现,民族文化的传播和弘扬直接关系到民族精神的弘扬和培育。探究民族文化的传播和弘扬,不能不分析我们所处的时代背景。经济全球化是当今社会最大的时代背景。在这一时代背景下,中华民族文化会面临怎样的命运,有的学者从全球化对民族文化的冲击探寻保护民族文化的途径,有的则乐观地看到了经济全球化时代发达的传媒技术及紧密相联的信息系统为中华文明传播提供了广阔的平台。

1. 经济全球化及发达的传播技术为民族文化的传播搭建了无限广阔的平台

可以肯定的是,伴随着经济全球化一同出现的信息全球化为中华文化的全球传播带来了无限机遇,中华文化的全球传播对于增强民族自信和弘扬民族精神无疑至关重要。刘卫东在《全球化:华夏文明传播的新机遇》一文中,对中华文化利用发达的传播技术进行传播的机遇进行了充分的阐释。文化作为经济生活的直接反映,在全球化经济格局形成之时,也使多元文化的相互交流、传播和互补成为可能。中国加入WTO意味着中国选择了加入全球化经济运行轨道的发展战略,国际自由贸易不仅带来商品流通,也会在观念、法治、文化及管理等方面创造更加广泛的交流机会。与此同时新传播技术日新月异的发展,为中华优秀民族文化的世界性传播与交流构筑了良好的技术平台。随着新技术革命的不断深化,卫星通信技术、信息网络技术、计算机技术和高速交通运输工具的广泛使用,以及报纸、期刊、广播、影视等大众传媒的进一步普及,使世界各国之间的空间距离在缩短,经济和文化之间的联系在加强,尤其是以全球信息互联网络的形成为标志的信息技术革命,已使全球联结成一个紧密相连、彼此依存、不可分离和相互联动的信息系统,成为新世纪各国文化交流的技术平台。在世界多元文化的交流、传播中,中华优秀民族文化中的人性涵养和道德追求,为解决战争、种族冲突、环境恶化、能源和人口危机、贫富差异、腐败等问题提供了有价值的文化观念和评判标准,成为解决当今人类发展进程中所面临的重大社会问题的有效手段之一。① 世界各国向中国传统文化寻求价值精神的现实为中华民族精神的弘扬提供了良好的机遇。

2. 经济全球化过程中的文化霸权向中华民族精神提出了更大的挑战

更多的学者则在与经济全球化相伴而生的信息全球化过程中看到了中华文明、中华民族精神遭遇的强烈挑战,着力探寻应对这种挑战的对策。这种研究视角相对较多,在论及"文化霸权"对本国文化冲击的论文中大多有所涉及。全球化大大压缩了人类的生存空间,各国的交往和交流越来越频繁,但是,"在互相依赖的'全球村'里,各国的交流是不平等的,有着强大经济实力的美国统治着全球的文化传播,单向地向全球传播美国的大众文化。这种文化霸权行为带来的是美国文化和价值观对别国的渗透,导致处于边缘地位的一些国家在政治上形成对美国一定程度的依赖"②。这种文化霸权或称文化殖民"在一定程度上弱化了中国民族文化,侵蚀了中国的民族精神,使民族精神在部分人头脑中发生了蜕变",表现为对西方文明崇拜、对本民族文化进行挑剔等。如何在全球化背景下抵制文化殖民主义?李存秀撰文指出,要加强对西方文化产品进入的管理,构筑有效的国家安全预警机制。对于符合我国文化利益和有助于我国发展的产品,大胆地借鉴和吸收,对于危害我国文化利益的产品,坚决地拒绝和抵制。同时,要借鉴别国成功经验,建立必要的文化案例防范机制。以欧洲各国为例,美国占有了欧洲电影市场的80%,为了夺回本国的视听市场,欧洲各国采取了两项措施:

① 刘卫东:《全球化:华夏文明传播的新机遇》,《国际新闻界》2001年第1期。
② 董肖曼:《试析全球传媒中美国文化霸权的根源》,《世界经济与政治论坛》2003年第4期。

一是对国产电影实行补贴,二是对电视节目实行配额制度。1989 年 10 月欧共体通过一项关于"无边界"指导政策,建议各国所有电视频道至少播放 50%"欧洲原有"电视节目。这两项措施有效地保护了欧洲的文化产业。欧洲各国经济基础比我们雄厚,尚知道主动采取措施,保护本国文化,作为发展中国家的我们更应该在这方面多做工作,以抵制西方文化肆无忌惮的入侵,制定出相应的文化保护措施,使西方失去推销文化殖民主义的市场。① 当然,更主要的是发展本国文化,并通过各种媒介大力传播本国文化。

(二)用新闻舆论的力量提升民众的精神状态

论及大众传媒与弘扬民族精神的关系时,较为一致的看法是,新闻宣传要以弘扬民族精神为己任,要用新闻舆论的力量提升民众的精神状态。

1. 新闻宣传要以弘扬民族精神为己任

胡锦涛总书记在 2003 年 12 月召开的全国宣传思想工作会议的重要讲话中强调指出:"坚持把弘扬和培育民族精神作为宣传思想战线极为重要的任务。要在爱国主义、社会主义旗帜下,倡导一切有利于民族团结、祖国统一、人心凝聚的思想和精神,倡导一切有利于国家富强、社会进步、人民幸福的思想和精神,倡导一切用诚实劳动创造美好生活的思想和精神,不断增强中华民族的凝聚力。"②这段话精辟阐述了在新世纪、新阶段宣传弘扬伟大的民族精神的极端重要性,明确提出了宣传和弘扬民族精神的方针、任务、目的,同时也表明宣传和弘扬民族精神,不断提升民众的精神状态,是新闻宣传战线义不容辞的神圣职责。新闻媒体作为党和政府的喉舌,应时时坚持正确的舆论导向,以传播先进文化、弘扬民族传统文化、民族精神为己任。民族精神是综合国力的重要组成部分,也是衡量综合国力的重要标志。面对世界范围各种思想文化的相互激荡,文化作为维系一个国家和民族的

---

① 李存秀:《论全球化背景下西方的文化殖民主义》,《学术交流》2002 年第 6 期。
② 胡锦涛:《在全国宣传思想工作会议上的讲话》,《人民日报》2003 年 12 月 8 日。

精神纽带,一旦丧失了民族特性和民族精神,必然导致本民族文化的衰落,甚至导致民族的衰亡。我们应当充分发挥报纸、广播、电视、网络等新闻传媒的优势,为弘扬和培育民族精神营造浓郁的氛围,创造良好的舆论环境,以高尚的精神塑造人。要运用新闻传媒覆盖面广、辐射力强、渗透性深的特点,促进民族精神的培育、传承和弘扬。要把弘扬和培育民族精神作为新闻传播"永恒的主题",充分发挥新闻传媒对民族精神的牵引作用。① 许多学者在论及弘扬和培育民族精神的途径时,都把发挥报纸、广播、电视等新闻传媒的宣传功能视为一条重要的途径。如把发挥传媒作用纳入社会教育的范畴:社会舆论和大众传媒等要积极为弘扬和培育民族精神营造浓郁氛围,即优化弘扬和培育民族精神的社会环境。社会舆论是大力弘扬和培育民族精神的有力武器,要特别注意把握正确的舆论导向,营造良好的舆论氛围,形成昂扬向上的社会风气。

2. 改进民族精神的宣传方式以增强吸引力和感召力

针对当前新闻宣传中出现形式化、口号化倾向导致群众反感的现实,许多学者提出必须改进媒体的宣传方式,增强民族精神宣传的吸引力。韩青峰在《用新闻舆论的力量提升民众的精神状态》一文中指出,要"坚持求真务实、联系实际的作风,提升新闻宣传的吸引力、影响力和感召力"。新闻宣传工作应该从新的实际出发,求真务实,积极探索宣传民族精神的新规律、新途径、新形式、新方法,不断提升其激励价值、教育价值和导向价值,使之在新的伟大实践中得以发扬光大,在良好的舆论环境中被广大人民接受、认同并身体力行。要努力转变过去形成的思维定势和宣传模式,克服新闻宣传领域的形式主义倾向,抓文风、改作风,在内容和形式上积极创新,用人民群众喜闻乐见的、生动活泼的形式,用实实在在的新闻事实,宣传改革成果,讴歌火热生活,反映时代特色,弘扬民族精神,不断提高舆论引导的水平和质量,力求使新闻宣传贴近实际,贴近群众,贴近生活。② 至于具体采取

---

① 盛沛林、周洋:《新闻媒介在传播先进文化中的地位和作用》,《南京政治学院学报》2003 年第 5 期。

② 韩青峰:《用新闻舆论的力量提升民众的精神状态》,《青海民族研究》2004 年第 4 期。

哪些手段和方法,让民族精神的宣传喜闻乐见深入人心,目前的著述较少涉及。当然,针对我国媒体尤其是各级党委机关报在宣传典型人物方面存在的诸多问题,新闻学界进行了严肃的批评,而且内容较多。对典型人物的宣传存在的问题主要表现在:典型人物主要不是自下而上的推选,而是自上而下的指定,使新闻人物因产生方式而使他们与群众产生了一定的隔阂;在报道宗旨上,把典型人物报道当做道德说教的机会,不仅为典型人物赋予了"毫不利己专门利人"、"大公无私"、"心中只有他人唯独没有自己"、"只讲奉献不讲索取"、"见困难就上见荣誉就让"以及遇到危险就要挺身而出之类的"无限道德",而且把赋予典型人物身上的这些价值观念直接在人物报道中讲出来,引起读者反感;在报道手法上,为了突出典型人物的教育意义,采取片面的手法,集中突出人物身上的闪光品质,而对其身上的不足哪怕是微疵都极力遮掩,这种媒介推出的无缺点人物给人以极度虚假之感。尽管这些典型人物身上有许多值得全社会学习的精神品质,但因为媒体对他们采取了片面的报道手法,树立起来的多是一些"高、大、全"的形象,因而人们对他们或感觉高不可攀便敬而远之,或心生反感而嗤之以鼻。鉴于此,他们提出了要改进典型人物的报道手法,以增强其吸引力和感召力。不过,对典型人物宣传手法的研究虽然很多,但上升到改进对民族精神的宣传方式的高度还是很少。

(三)互联网将成为弘扬民族文化和民族精神的重要阵地

互联网作为一种新媒体,它不是一般意义上的媒体,已成为一种人们赖以生存的空间,社会生活的方方面面都与这个空间有着不可分割的联系。在论及利用大众传媒弘扬和培育民族精神的现实途径方面,对网络冲击传统文化的研究稍多一些。

1. 网络文化霸权侵蚀着民族的价值观念

全球化时代的一个突出特征就是网络化。网络突破了国界,突破了信息交流中的文化差异和隔阂,使不同国别、民族和信仰的人自由交流,但同时又给保持各国政治和文化独立性带来了强烈的挑战。从互联网文化发展的现状来看,美国在信息业中的主导地位和英语"网络第一语言"身份已使其成了名副其实的"信息宗主国"。当今世界最流行的计算机操作系统DOS、WINDOWS 系列等都是用英语开发出来的,那些能够使用本民族语言进行操作的系统、应用软件,大都不过是英语版本的所谓"汉化"、"德化"和"×化"而已,其基本程序还是用英语写成。这种状况加剧了美国文化的扩张与对他国文化的渗透,其扩张与渗透的过程也意味着传播损害信息的过程。对于一个国家或一个主权来说,构成损害的信息大概分为以下几类:一是对国家安全和社会稳定不利的信息,从我国来说,主要是境外一些别有用心的信息源对中国不负责任的宣传与报道。二是一些谎言、谣言信息。这些信息既可能是别有用心的人所散发,也可能是一种恶作剧,但如果传播面积过大,也会对社会稳定构成影响。① 蔺福军、庄岚在《网络时代弘扬和培育民族精神》一文中更是明确提出,生活于网络空间的人们无法避开各种各样的信息,也无法不接受不同文化观念的冲击,这种冲击完全是浸润性和弥漫性的。在国际互联网中,英语的霸主地位使得人们不得不面对滚滚而来的英语信息,英语信息占 90% 左右。承载这些信息的语言本身就蕴涵着这些国家、民族的文化信息,同时以英语为载体传播的信息也携带着大量的反映这些国家文化意识、价值观念的信息。这些文化意识和价值观念对弘扬民族精神构成了强烈的冲击。②

2."硬""软"结合,利用网络弘扬民族文化和民族精神

对于网络文化霸权对弘扬民族精神的冲击,必须采取切实有效的对策。甘满堂撰文指出,应采取堵与建结合的办法。"为了防止这些有害信息,目前从技术角度来说,有两种办法可用:第一种是采用过滤法。针对我国目前互联网主要有害信息来自于国外的情况,通过几个国际互联网出口路由器加上路由过滤功能,就可以把国外有害信息源的 IP 地址在路由器上设为'拒绝'就可以达到。第二种方法是在应用层面上做文章,即用防火墙和专

---

① 甘满堂:《网络时代的信息霸权与文化殖民主义》,《开放导报》2001 年第 9 期。
② 蔺福军、庄岚:《网络时代弘扬和培育民族精神》,《长春理工大学学报》(社会科学版)2004 年
　第 4 期。

门的过滤软件安置在服务器或用户端,对有害信息进行过滤。"当然,使用技术方法防堵不良信息,仍是一种消极的措施。积极的措施当然是软硬件并行。软的方面,就是有计划地把我们重要的民族文化遗产、艺术作品、文化艺术科研成果和历史文物都制成数字化产品,使中文的文化信息在整个互联网上占到一定的比例,在世界范围内产生重要的影响;同时要有意识地将世界主要文化遗产、文物、艺术品的网上信息资源用中文形式介绍给中国大众,使中国的百姓可以更为便捷地吸收人类的优秀文明成果。硬的方面是加强信息与互联网基础设施建设,缩小与发达国家之间的数字差距,为本民族文化宣传打下坚实的物质基础。[①]

蔺福军、庄岚提出要采取综合手段通过网络培育和弘扬民族精神。要充分重视和运用信息网络技术,提高民族精神培育的实效性,扩大覆盖面,增强影响力。首先,国家应加大对网络建设的财力、人力投入,建立完善和高效的国家网络宣传机构,创办有中国特色的信息文化传播产业,加强对我国社会主义事业和中华民族传统文化的宣传。其次,大力开发民族信息资源,扶植更多的新闻、宣传和文化机构以及报纸刊物进入网络。再次,不断增加信息输出量,让中国文化在网上抢占阵地,建立起中华文明传播基地。第四,运用网络宣传媒体,做好典型宣传、热点引导和舆论监督,大力弘扬社会正气,营造良好的社会氛围。通过电子邮件、网上新闻、网上论坛、电子公告等各种方式向量多面广的网民传播民族精神。[②]

马晓东、韩立尤其提出要建立中文信息平台,组织中国信息资源入网,"世界各国很关注中华文化,很关心中国经济的高速发展,很关心中国政治中的热点问题,这些在网上外国人的评论很多,而中国的正面声音却很少。对于这些政治、经济中的热点问题,我国社会科学工作者做了大量的研究,有很多具有说服力的信息资源,国家有关部门应尽快组织中国信息资源入

---

① 甘满堂:《网络时代的信息霸权与文化殖民主义》,《开放导报》2001年第9期。
② 蔺福军、庄岚:《网络时代弘扬和培育民族精神》,《长春理工大学学报》(社会科学版)2004年第4期。

网的工作,在互联网络上树立中华民族的伟大形象"①。

以上这些研究从宏观上对加强民族精神的培育和弘扬的必要性论述得较多,但对大众传媒在弘扬民族精神方面存在哪些突出的问题、这些问题存在的深层原因、如何实现大众传媒弘扬民族精神的特殊功能等问题,还需进一步研究。

二、民族精神面对信息化、网络化和传媒文化的强烈挑战

任何民族文化、民族精神的形成和发展都有自身的历史轨迹。中华民族在数千年历史发展中形成了以爱国主义为核心的团结统一、爱好和平、勤劳勇敢、自强不息的伟大精神,这一民族精神是中华民族得以生生不息地繁衍和发展的活的灵魂和根本动力。但是,任何民族文化、民族精神的发展又不能不受到它所处的时代的影响。在信息化、网络化的现今时代,世界文化的渗透与融合以润物无声的力度向民族文化、民族精神提出了前所未有的挑战。消费主义主导下的娱乐化和揭丑性的传播理念也无时无刻不向民族精神的培育和弘扬发出挑战。

(一)信息化将中华民族精神置于世界文化体系之中,比较中出现了民族精神的迷失

中华民族的民族精神是在内忧外患的环境中解决生存危机的选择,或者说是中华民族在千百年来求生存谋发展的历程中锻造起来的。中国幅员辽阔,地貌复杂,天灾频繁。在许多不适宜人生存的地方寻找生存的机会,要频繁地与恶劣的自然环境抗争,养成了中国人勤劳勇敢、自强不息的民族

---

① 马晓东、韩立:《在网上弘扬中华文化刻不容缓》,《长白学刊》2002年第1期。

性格。人们很早就认识到,在不利的生存环境中生存,必须结成整体,在追求整体利益的过程中使个人利益得到庇护。于是对整体利益、国家利益的追求和维护与个人利益的实现高度一致,"整体利益的弥足珍贵成为了个人的一种真实的人生体验"①。与此同时,古代中国诸侯割据,内乱频繁,民不聊生;近代中国军阀混战。在这种内战多发背景下,对和平的渴望成为中华民族的不懈追求。中国是一个多民族国家,多民族国家的和谐统一对一个国家的和平发展就更显珍贵。

随着全球化时代的到来,世界各民族的文化交往方式发生了根本的变化。以往通过战争并伴随着贸易而来的文化入侵不再是唯一的文化渗透或融合方式,通过改革开放、经济合作,以附着于先进生产方式之上的文化价值观和思维方式吸引其他民族效仿和学习,成为更加普遍的文化交往方式。信息化使跨文化传播突破了时空间隔,全球共享信息成为可能,任何一个民族的文化都将作为人类文明成果的一部分为世界各民族所共享,也接受着全球目光的审视。虽然民族精神作为一个民族最深层的思维方式和精神追求,在每个时期都不能不从上一代人那里学习和传承,但它必须受到它所处的那个时代的冲击,深深地打上那个时代的烙印。伴随着经济全球化,与经济密不可分的政治、观念、信息传播等领域的全球化势不可挡。民族精神不可避免地已被置于全球化带来的信息化的新坐标之中,必须重新加以审视。

当我们在信息化时代重新审视民族精神时,不可否认的是,其内涵已发生了显著的变化。以民族精神的核心——爱国主义为例,信息化时代的国家安全有了新的含义,因而爱国主义也有了新的内涵。当战争爆发时,抵御外敌入侵、保卫国家领土完整和统一,是爱国主义的重要内涵。此时,基于领土之上的国家概念在国民心中十分突出。在和平时期,跨国界的交往和定居已使许多人在一定意义上成为世界公民,国家已不只是领土概念。更重要的是,大量无形的威胁如信息安全的威胁、文化入侵的威胁等随着频繁

① 唐凯麟、李培超:《民族生存与发展的生存透视》,《北京大学学报》(哲学社会科学版)2001年第3期。

的经济交往愈益增强。一些美国学者也指出,文化侵略不在于领土征服和经济控制,而在于控制人的心灵,借以改变国家间的权力关系。这种文化侵略带来的安全威胁比领土侵略和扩张手段更隐蔽危害更剧烈。今天的人们,无论是否走出国门,都能通过发达的媒介频繁地接触外来信息。在强大的信息流面前,也有许多人迷失了方向,他们对自己的民族产生了自卑心理,对于发达国家从物质产品、文化产品到语言、思维方式都极度崇拜,自己的民族语言陌生了,自己的民族精神也逐渐丢失了。

在对传统文化进行反思的过程中,有一种值得警惕的民族虚无倾向,即对西方文化极端崇拜,对自己的民族文化极度自卑。他们认为,中国传统文化完全不适应现代社会的需要,是社会现代化最大的绊脚石和最直接的阻力,"说话做事"往往从西方的理论和现实中寻找依据。"言必称美国"似乎已成为当下的一种时髦。学术研究奉美国人的研究方法为范本,研究的问题不是在中国的现实中寻找,而是把美国学术界正在研究的问题当做自己的研究对象,生活方式也向美国人看齐,仿佛那才叫做生活。媒体在报道中国城市建设的成就时常常使用"中国的华尔街"、"东方芝加哥"、"中国的曼哈顿"等字眼,把美国的现实当成了我们发展的"标尺"。所以,有人提出了中国现代化之路必须"脱美国化"的主张。①

(二)网络化把人们的社会关系逐步移入虚拟空间,淡化了民族和民族精神

网络化与信息化紧密相连,也与虚拟化如影随形。"人和机器之间区别的模糊意味着对以人为本的传统文化的根本性破坏,更不用说与此相适应的各种社会、经济和政治结构了"。"国籍(或公民感)、民族、种族、性别等因素在人们的社会结构中所起的作用越来越小,或者说在人与人之间的关系中越来越不起作用,那么人与人之间的社会关系还有什么能形成政治

---

① 丁刚:《我国走向现代化必须应对的挑战:脱美国化》,http://www.sina.com.cn 2004 年 9 月 16 日。

或社会力量的内涵"?① 网络社会没有国家的界限,人与人之间没有地位身份的悬殊,没有言论和行为的限制,没有现实的困惑和苦恼……只要语言相通,网络世界的交流和沟通没有任何障碍,这是一个虚拟的无障碍的"大同世界"。

不分国家和民族,自然也无所谓民族精神。因为在这里,"任何人可以是任何人"。国籍、性别、年龄、学识、地位的差别都可以忽略,或者说可以互换,身份不固定或不确定,其他的一切都变得不确定、不重要了。网络化的世界里,任何人的交往圈都可以遍及世界任何角落,传统的国家等政治结构在网络世界不复存在,或不甚突出,爱国主义的民族精神内涵便需重新审视;网络世界虽然也有社区或社群,在许多问题上也观点一致,但这种团结统一与现实世界的概念不可同日而语,或者说网络世界里的态度无法变成现实世界里的行动;网上交流是以虚化地位、财富的差别为前提,现实与理想的反差可以在网络世界里得到修补和平衡,既然网络世界各种差别不再明显,勤劳勇敢、自强不息等民族精神的培育和弘扬就缺乏外在压力和内在动力。

(三)消费主义文化背景下的媒介主体形象,诱导社会泡沫心态,远离民族精神

这是一个媒介的世界。媒介频频推介的主体形象对社会价值观、社会风气的引领作用超乎想象。媒介推出什么样的主体形象,无形中告知人们当今社会需要这样的人,随之也会出现一大批向着这个目标努力的人。这也印证了传媒的力量。

然而,随着传媒市场化的发展,媒介的消费主义倾向越来越明显。所谓消费主义,是 20 世纪二三十年代在美国开始出现并逐渐盛行起来的一种生活方式、社会文化现象和价值观念体系。消费文化作为特定含义的生活方

---

① 杨伯溆、刘瑛:《关于全球化与互联网的若干理论问题初探》,《新闻与传播研究》2001 年第 4 期。

式绝不仅仅指消费本身,而是一种价值体系。它以不断追求被制造出来的需求、不断刺激被煽动起来的欲望为目的,鼓励人们尽量去消费,并把这种消费活动作为人类存在的意义。作为一种价值观念,消费主义存在并得以推广的载体,便是大众传播媒介。作为一种影响到社会的各个领域和生活的各个层面的文化形态,消费主义的影响也已经渗透到大众传播媒介,使全球传媒文化正在趋向消费主义化,其主要表现是:传媒内容正实现着对消费主义文化的大力张扬,主要表现为内容重点向娱乐消遣的转移;传媒运作上的拜金主义,即传媒为利润而生产,它们正越来越多地以经济利益为主要乃至全部的奋斗目标,这也就是传媒自身的消费主义化。① 为了满足受众的口味,媒介逐渐丧失了自己的社会责任,越来越多地出现了媚俗化、低俗化的倾向。

在计划经济时代的"生产的社会"阶段,新闻多是生产方式报道,媒介所极力推出的主体形象多来源于社会生产实践第一线,"他们身上具有严肃的态度和创造的精神","鼓励人们艰苦奋斗、创造进取"。这与社会所倡导的民族精神内涵高度一致。市场经济体制建立之后,新闻报道内容逐步从生产方式转向生活方式,生活方式报道的核心是社会的消费行为,媒介主体形象也被一夜成名、过着奢华生活的各种影视、歌舞、体育明星所取代。这类报道"带给阅听人的主要不是他们历经磨炼的创造过程本身,不是他们的能力和进取心,媒介注重挖掘的是他们的生活习惯、衣着及食物的偏好,特别是他们的家庭、情爱、私生活的内容。因此对各种明星的报道,带给人们更多的是一种形体的审美、感官的愉悦与享受。"②当被父亲从初中教室里拽出校园的中国台球"神童"丁俊晖夺得世界冠军时,媒体争相追捧时也领教了他的"名言":"读书有什么用? 将来毕业了还不是要找工作? 找不到工作就会待在家里让父母担心。我觉得人活着就是为了更好地生活,现在我打球有钱挣,挺好的。"这种媒介主体形象与媒介所倡导的时代精神相去甚远。

---

① 徐小立:《全球传播时代的传媒消费主义倾向》,《湖北大学学报》(哲学社会科学版)2005 年第 4 期。
② 秦志希、刘敏:《新闻传媒的消费主义倾向》,《现代传播》2002 年第 1 期。

不仅如此,媒介频繁开展的"造星运动"刺激人们尤其是青少年的欲望,参加选美、唱歌、主持人比赛,甚至参加电视台举办的娱乐节目,一旦步入"星光大道",命运可能从此改变,媒介也频繁地报道那些参加活动的人(即使未取得成功)获得了更多的成功机会。"造星运动"的频繁开展,导致铺天盖的群星闪烁。这种状况诱发并加剧了人们尤其是年轻人的成名幻想,致使社会弥漫着一种不需脚踏实地艰苦奋斗,只需等待幸运降临,成名便唾手可得的泡沫心态。

媒体主体形象的转换加上频繁的"造星运动",在很大程度上影响着人们的思维方式和精神追求。当人们关注的焦点变成了娱乐明星的高档消费,关注自身的容貌、身材、嗓音等外在条件(天赋条件),中华民族精神所倡导的团结统一、勤劳勇敢、自强不息等价值内涵就难以内化为人们的精神追求。

(四)揭丑性传播理念的兴盛致使社会丑陋现象突然地充斥媒介,消解人们的民族自信心

人们对民族精神的认同有赖于对民族生存现状的认识和对其未来前景的信心。这种认识和信心的获得,有赖于媒介所提供的是一种什么样的图景。媒介是人们认识社会的中介,媒介信息是人们借以判断和认识社会的依据,人们认识的社会实际是媒介反映的社会。"任何大众传媒在内容选择上都不可能完全满足目标受众的知情权,媒体在实质上主导着大众的眼睛与头脑。"[①]以往,媒介的职能定位于宣传工具,因而媒介所提供的信息主要的是社会的光明面,人们获得的社会印象是形势一片大好。随着媒介的职能越来越倾向于"揭丑"或曰"监视环境",大量的丑陋现象见诸媒介,关于社会的负面信息突然地向受众倾泻而来。人们的媒介印象迅即转化为社会印象。通过媒介集中传播的揭丑性信息,人们感觉我们这个社会似乎就是一个官员腐败、唯利是图、尔虞我诈、诚信尽失、缺乏安全的人人自危的社会,由于积弊深重,国家虽重点惩治腐败、大力倡导诚信但见效甚微。对身

---

① 黄耀红:《论大众传媒的社会责任》,《出版科学》2005年第1期。

处其中的社会环境形成如此灰暗的判断,对社会的信心自然会大打折扣,对民族精神倡导的观念也会产生怀疑。这种心理状况对民族精神的培育和弘扬提出了挑战。

但是,由于敏感信息的传播受到的控制较多,媒体揭丑常常只限于一定的领域、一定的层面,而对于受众极欲知晓的信息如公共政策的决策过程、人们直接行使民主权利的行动如静坐、游行等信息,媒体很少甚至几乎没有报道。这些公众关注度高的信息缺失,在较大程度上引起人们对政府处理问题的能力的怀疑,消解人们对政府的信心,也消解人们对政府所倡导的民族精神的信心。

三、民族精神与新闻媒介功能实现

弘扬和培育民族精神是新闻媒介的历史责任和光荣使命,在弘扬和培育民族精神方面,新闻媒介具有广泛性、权威性和易受性等独特优势,具有不可替代的作用。同时,民族精神是新闻事业具有普适性的精神资源。把民族精神作为新闻传播的精神资源之一,有利于对新闻媒介功能的全面认识,为新闻传播功能全方位的认识和实现,开阔了视野和道路。民族精神也是新闻从业人员的精神支柱,保证新闻媒介功能实现。面对西方的文化霸权,除了物质层面的努力之外,更需要弘扬和培育优秀的民族精神和文化,民族精神的固守和发扬,这既是我们的目的,也是对待西方文化霸权的重要工具,更是新闻媒体责无旁贷的社会责任。在这个过程中,新闻媒介及其从业人员应增强阵地意识,加强民族精神的自觉。

(一)民族精神与新闻媒介功能的关系

1. 培育和弘扬民族精神是新闻媒介义不容辞的重要功能

新闻媒介的功能是什么? 这是新闻学理论和实务面临的核心问题之

一,新闻媒介的功能分为基本功能、直动功能和联动功能。其中,"告知新闻信息"是基本功能,直动功能主要包括政治宣传功能、经济促进功能、社会组合功能和文化娱乐功能等,连动功能主要指社会化功能。① 新闻媒介通过告知新闻信息来实现其他多项功能,构成新闻媒介立体多元的功能体系。这些功能只有和个体的人、社会及其中的各团体发生关系,才有价值。新闻媒介不仅仅是新闻信息传送的渠道,也是各种观点的意见场,更是各种文化、利益的角斗场。

新闻媒介无论是作为大众传播工具,还是作为党和国家的宣传工具,都承载着传播、传承、弘扬民族精神的伟大任务。新闻媒介功能体系中政治宣传功能、经济促进功能、社会组合功能、文化娱乐功能和社会化功能都涉及民族精神的内容,两者有着内在联系。新闻媒介通过直接和间接两种方式传承、弘扬民族精神,前者直接报道有关弘扬和培育民族精神的内容,后者通过其他内容的报道较曲折地予以反映,以中央电视台的《新闻联播》为例,在奥运会的报道中,每次在播报我国运动员获得金牌的消息时,无一例外地使用了升国旗奏国歌的镜头,而且,大多在受众注意力最集中的时间段,占用镜头的时间从 3 秒至 10 秒不等。为什么一向追求镜头内容丰富多变以增强可视性的电视新闻要反复使用这一特殊场景呢? 因为这一场景虽然对"民族精神"未著一字,但对达到强化中国人民民族自豪感的传播效果,有着非凡意义。

2. 新闻媒介弘扬和培育民族精神具有独特优势

在多种培育和弘扬民族精神的多种途径中,新闻媒介具有自身的特点和优势,是其他方式所不能替代的,突出表现在影响的广泛性、权威性和易受性。

(1)影响的广泛性。新闻媒介是大众传播媒介,其受众占人口相当大比例,接触新闻媒介所需的门槛极低,接近为零,即使是对文化和经济水平要求较高的网络媒体,其受众的数量也在大幅度增加,在 2006 年 2 月 15 日

① 参见程世寿、刘洁:《现代新闻传播学》,华中理工大学出版社 2000 年版,第 70—85 页。

的国务院新闻办新闻发布会上,国家版权局副局长阎晓宏公布中国网民总人数超过 1. 1 亿,互联网已深入到社会生活的方方面面。有人预计到 2010 年,中国上网人口将有 2.3 亿。从新闻媒介涉及的人口构成来看,可以影响到不同年龄、职业、教育水平、收入水平、社会地位等社会阶层的人,社会覆盖面大。

(2)权威性。新闻媒介的权威性首先来自新闻传播的真实性,虽然在任何社会都有假新闻存在,但新闻媒介依然是人们获取真实信息的重要来源。中国媒介是党和政府的喉舌,是党和政府联系人民的纽带,很多权威信息通过新闻媒介予以传播。

(3)易受性。从传播内容来看,新闻媒介以涉及社会生活各个方面的新闻事实为载体,而不是单一的宣教,人们在接受新闻信息的同时潜移默化地受到民族精神的熏陶。从传播形式来看,新闻媒介的传播形式要求通俗易懂、形象生动、新颖灵动,便于人们接受。从收受的方式来看,无论是报纸、广播、电视、网络还是诸多新媒体,人们接触都很方便。

基于新闻传播媒介的传播特性,可以说,新闻媒介是培育和弘扬民族精神不可或缺的重要手段。

3. 民族精神为新闻媒介提供精神资源

新闻媒介运行需要多种资源作为必备条件,这些资源除了物质资源(如设备、纸张等)、资金资源、人力资源、受众资源等以外,还有非常重要的精神资源。所谓新闻媒介的精神资源指新闻媒介运行遵循的立场、方针背后的精神动力。

新闻媒介面对社会最广泛的群体,是广大人民群众的现代生活必需品。新闻传播的精神资源既是社会主流意识形态的反映,同时也代表和反映最广大人民的根本利益,不能局限于某些个体、利益集团。

民族精神是具有普适性的新闻传播精神资源。从横向来看,民族精神具有最广泛的代表性,不局限于政治信仰,也不局限于地理、政治意义上的国家范畴;从纵向来看,有深厚的历史内涵和积淀,为新闻这一“容易使人浮光掠影”的工作增添历史责任感和厚重感。

民族精神作为新闻媒介精神资源的一部分,完全符合"三个代表"提出的最广大人民群众的根本利益的要求。同样,只有在新闻媒介的精神资源上同广大人民群众贴近,才能真正做到"三贴近、三深入"。不仅没有削弱,而是加强和改善党的领导的措施之一。执政党中国共产党的理论和精神精髓,通过多年的实践和理论宣传,已经成为民族精神的重要组成部分和核心。两者并不矛盾,是一体的。从革命党到执政党,从实践到理论,中国共产党人的革命精神逐渐成为现代中华民族精神的主体,"从历史性和时代性的有机统一来看,中国共产党人的革命精神继承和丰富了中华民族精神,使民族精神的内涵更加丰富,影响更深。正如党的十六大所提出的,中华民族形成了以爱国主义为核心的团结统一、爱好和平、勤劳勇敢、自强不息的伟大民族精神"①。

把民族精神作为新闻媒介的重要精神资源,有利于对新闻媒介功能的全面认识,民族精神从人群、地理、历史等方面都具有广泛性,为新闻传播功能全方位的认识和实现,开阔视野和道路。

(二)提高新闻媒介和从业人员民族精神的自觉

新闻传播本身不能是没有灵魂的简单的信息传递,不只是物理层面的信息传送,是精神产品的生产活动,这种活动的精神动力来自于多方面。民族精神是一个民族赖以生存和发展的精神支撑,它是一个民族得以维系和凝聚的精神纽带,对一个民族的生存和发展来说起着精神支柱、精神动力的作用。民族精神是新闻媒介及其从业人员的精神支柱和精神动力。

增强新闻媒介和从业人员的民族自豪感和责任感。新闻媒介和从业人员履行培育和弘扬民族精神的历史使命,首先不是技术问题,而是立场问题、认识问题。在经济全球化的背景下,文化入侵和渗透在新闻媒介表现比较明显,民族虚无主义和盲目崇尚西方的倾向露头,消费文化蔓延,新闻媒介单纯追求经济利益,这些都一定程度上腐蚀侵害了新闻媒介和从业人员

① 陈秀华:《弘扬和培育民族精神》,《思想政治教育》2004年第3期。

的民族自豪感和责任感。因此,应建立民族精神教育的长效机制,新闻工作者对自己担负的历史使命要有清醒的自我意识,记录民族奋斗历程,振奋民族精神,适应为民族文化的积累、延续、发扬光大作贡献的工作需要。要认识到弘扬和培育民族精神,是党赋予新闻媒介的时代责任,新闻媒介"为弘扬和培育民族精神发挥作用,在本质上则是服务于中国特色社会主义事业的具体体现"①。

从简单的把关人,转化为阐释者,做民族精神的坚守者。传统的新闻媒介及其从业人员是新闻信息的"把关人"。实际上,新闻媒介及其从业人员不仅仅是"把关人",还是"阐释者",对不同的新闻信息予以不同的解读。新闻事件的发生,新闻媒介是无法控制的,为保证信息的畅通,一般不能"瞒报"和"漏报",但怎么报道是可以调控的。新闻从业人员要有"阵地意识",坚守培育和弘扬民族精神的阵地,抵制指导思想的多元化,尽量较少可能带来的负面效应。

受众的价值观对新闻媒介弘扬和培育民族精神也有一定影响,传播学选择性理论认为,受众不是不加区别地对待任何传播内容,而是倾向选择与自己固有价值、态度相同或接近的信息,进行选择性接触、选择性接受、选择性理解。新闻媒介对受众的价值观不能不管不顾,但是也不能一味顺从。对于有悖于民族精神和先进文化的做法和思想,不能简单批评或不加分析地跟从,而要入情入理透彻分析,遵循传播规律,讲求传播效果。

(三)发扬民族精神,优化对外传播功能

从民族国家角度出发,对外新闻传播是国家软实力的重要组成部分。从经济实力、影响力来看,中国新闻媒介在国际传播上相对处于弱势,与国家发展需要不相符合。当今世界国际传播实力严重不均衡,哈梅林克(C. Hamelink)1983 年的研究发现,约 80 家跨国公司控制着国际传播市场的75%。美国学者史蒂文森(R. Stevenson)在《21 世纪的世界传播》(1994 年)

---

① 濮端华:《大众传媒:弘扬培育民族精神的重要力量》,《中华新闻报》2003 年 5 月 16 日。

一书中提供的数据表明,世界上一万家日报中有一半是英文的;电视节目中绝大多数使用的是英语;学术研究成果的 80% 以上是首先以英文发表的,其中许多后来从没有被译成其他语言。① 在经济、政治、文化全球化背景下,特别是中国加入世界贸易组织以后,我国新闻媒介介入全球新闻传播竞争的范围和深度会进一步扩大。

媒介的竞争表面上是资本、人力等的竞争,实际上往往是民族文化与民族精神的竞争。面对西方的文化霸权,除了物质层面的努力之外,更需要弘扬和培育优秀的民族精神和文化。民族精神的固守和发扬,既是我们的目的,也是抵制西方文化霸权的重要工具,更是新闻媒体责无旁贷的社会责任。

我国对外宣传的对象,一是同根同族的海外华人,二是其他文化背景的人和集团。对于海外华人,民族精神是联系他们和祖国之间的强大精神纽带,其中民族精神和文化中的精华应予以发扬光大,如"以仁义为核心的政治文化"、"以操守为标准的君子文化"、"以自由为追求的人道文化"等,是海外华人的精神依托。对于不同的文化和民族背景,我们需要吸取其他民族文化的营养,更需要坚守神圣的民族精神,"民族的才是世界"的,弘扬和培育中华民族精神的真髓,这也是对于世界文化多样性的贡献。

四、大众传媒对弘扬民族精神的
制度保障和主流引导

与传统社会民族精神的生长土壤相比,今天的社会环境无论是民族的国际地位还是国民心理、信息环境都发生了剧烈变化。从根本上说,民族精神的弘扬和培育有赖于国民信心的塑造和保持。当人们对民族的未来充满

① 转引自张咏华:《互联网与中华文化的对外传播》,《国际新闻界》2001 年第 4 期。

信心时,便对赖于创造这种未来的民族精神充满荣誉感,这是民族精神得以弘扬的基础。要发挥大众传媒在此项建设中的作用,就应加强对弘扬和培育民族精神的制度保障和主流引导。

(一)从制度上建立畅通的外来信息接收渠道,在开放的环境引导国民理性对待外来文化

信息化、网络化对民族精神的挑战,提出了民族文化与世界文化的比较、选择与融合的问题。"从特性上分析,民族精神是本民族的一种遗传信息,是该民族与其他民族相区分的根本标志。这种遗传信息既有自然传承的一面,又有在自然、社会实践中自觉选择的一面,还有在与其他民族交往中相互融合甚至被强制改变的一面。"[1]信息化的过程必然是世界各类文化汇集、交流和碰撞的过程,任何文化都需要在碰撞和冲击中得到重铸和锻造。通过大众媒介主动介绍他国文化(包括各种思潮),主动传播发生在其他国家的新闻,主动接收其他国家媒体传播的新闻,都是主动实现文化交流和碰撞的过程。

妄自尊大和妄自菲薄的心态都不利于民族精神的弘扬。"任何的民族文化本身都有其稳定性和排他性,特别是像中国文化这样具有悠久历史的文化类型,其稳定性和排他性也时隐时现于包容性之中。"[2]无论在传统封闭的社会里,还是现代开放的社会里,一个民族保持对自身传统文化、民族精神的自信,都是这个民族自立于世界民族之林的根本。然而,自信并非妄自尊大。当自信膨胀为以本民族的文化和民族精神是世界上最优秀、已臻至善至美的民族文化和民族精神时,就有些盲目自夸了。如果在传统封闭的社会里,这种过于自信是因为不知外界天高地厚的话,那么在现代开放的信息化社会里,就只能是闭目塞听了。拒绝外来信息不是自信的表现,相反多表现出有些不自信。当一个国家敢于敞开胸怀接受任何外来信息,实则

---

① 王耀:《民族复兴与民族精神》,《郑州大学学报》2004年第1期。
② 尤小立:《论传统思想文化资源与现代理性爱国主义》,《苏州丝绸工学院学报》1999年第4期。

表明这个国家敢于与他国进行比较,敢于接受他国的评说,是一种自信的表现。这种表现会在很大程度上影响和感染国民的民族信心,进而对政府所倡导的民族精神油然生起一种崇敬之情,并将其化做自己的行动。在与世界广泛交往的信息时代,民族精神不应局限于狭隘的本民族之内,必须以开放的胸怀,吸收其他国家的先进的东西。信息化社会的最大优势就是全球丰富而全面的信息传播。培养民族精神必须让人们广泛接触国内外各类信息,自觉地选择和比较。当人们在比较中认识到中华民族精神的优越性,并在比较中主动吸收异质民族精神,丰富本民族精神,民族精神才能自觉地得到弘扬。当然,在接受外来信息的过程中对外来文化顶礼膜拜的妄自菲薄的态度也是要摒弃的。

建立畅通的信息接收渠道既关系到有没有开放的胸怀和勇气接收外来文化、外来信息的观念问题,更需要固定的制度予以保障。建立畅通的信息接收制度就是不管出现任何情况,都能保证国外的信息尤其是新闻信息畅通无阻地经由国内外媒体到达国内受众,不会因为领导人的更迭或所谓的非常时期对外来信息进行封锁。当然,这些外来信息也包括国外媒体对我国的报道、对我国发生的事实的评价信息等。从制度层面上保证外来文化、外来新闻信息包括国外对中国事务的评价信息顺利地通过国内媒体得以传播,与开放观念的培育相辅相成。2002 年 7、8 月,华中科技大学新闻学院石长顺教授等人做了一项对境外电视频道落地广东的调查,主要调查了广东观众对已在当地公开落地的香港无线翡翠台、明珠台、亚视本港台、国际台、凤凰台、华娱台、星空卫视 7 个境外频道的态度。调查显示,广东观众"最常收看的电视频道中,境外频道高居首位"。其新闻资讯节目是最受欢迎的两个节目之一。整体来看,被访者对境外频道在心理上呈现为开放的态势。①

当然,传统文化和民族精神的开放性并不意味着"言必称西方",必须坚持本民族的文化精髓。法国等许多西方国家实行"新闻放开,文化保护"

---

① 石长顺、薛江华:《境外电视频道落地广东的调查报道》,《现代传播》2002 年第 6 期。

的做法值得我国借鉴。

(二)加强中华优秀文化及中国新闻信息的对外传播力度,抵制西方文化霸权和信息霸权,树立中国在国际上的良好形象,增强国民民族自豪感

当我们从网络中知道谁在说、说什么、向谁说等传播要素视角来审视网络文化传播模式时,毋庸置疑,网络成了西方价值观念的传声筒和放大器。针对西方文化占据网络世界主导地位的现实,积极的态度是借助网络,从硬件和软件两方面着手,缩小与发达国家的差距,让中国的声音传遍全球,让民族优秀文化成为网上丰富而重要的资源。面对现代化进程带来的种种社会问题,许多西方国家转而向从中国的传统哲学思想中寻求医治现代社会痼疾的药方,从而形成文化上的互补。在西方国家凭借发达的技术手段掠夺式地发展经济的同时,造成了资源耗竭、全球气候变暖、环境污染等一系列的问题,自然变成了人的对立物。此时,西方学者纷纷推崇中国哲学中的"天人合一"的哲学观,认为当前各国发展"最需要的精神就是中国文明的精髓——和谐"。当西方国家"注重冲突与竞争"的文化带来一系列社会问题时,中国文明中"兼收并蓄"、"求同存异"文化越来越受到西方学者的关注。[1] 西方发达国家纷纷把文化关注的目光投向中国,这是大力弘扬中华民族文化的大好时机。应"强化媒体的议题设置,突出民族文化在传播中的分量。大众传媒对中国传统文化的物质遗存、生活方式存留、精神观念存留与民族文化建设的传播要有长期与近期规划","要有系统、持之以恒地介绍"[2]。在利用传媒传播民族文化时,既要保证民族文化信息在传播活动中占据足够的份额,更要保证民族文化信息在大众传媒活动中的质量。那些利用传媒向世界展示我国落后历史以满足洋人猎奇心理、形成世界对中国及中国人的不良刻板印象的做法应该坚决制止。在这一过程中,各种不

---

① 刘卫东:《全球化华夏文明传播的新机遇》,《国际新闻界》2001 年第 5 期。
② 孙旭培主编:《中国传媒的活动空间》,人民出版社 2004 年版,第 100 页。

同的媒介要协调配合,在互联网时代,尤其要有计划地把我国重要的民族文化制成数字化产品,使中文的文化信息在整个互联网上占到一定的比例,在世界范围内产生重要的影响。这是增强国民民族自豪感、弘扬民族精神的重要途径。

与此同时,利用新闻媒介,向世界把发生在中国的新闻,尤其是把中国在社会主义现代化建设中的成就、中国对世界大事的态度广泛传播出去,让世界了解和认识中国。近年来中国在各方面取得的成就令世人刮目相看,虽然一些国家的一些人发出的"中国威胁论"论调没有根据,但不能不说明中国因其取得的经济高速发展国力日渐增强的巨大成就而赢得了不可忽视的国际地位。这种地位的取得与我国媒体的允分报道不无关系。

对于建设成就的正面宣传,我国媒体做得很充分,也是新闻管理部门极力主张的。而对于一些较为敏感的新闻尤其是负面新闻,由于新闻主管部门控制较严,常常是事实发生以后,媒体已派记者到现场采访,却在记者发稿之前接到不予报道的禁令。殊不知,正常的信息传播渠道被封锁之后,在电子媒体高度发达的现今时代,电子邮件、手机短信不仅难以控制,而且为谣言的传播插上了翅膀。"一旦社会公众从其他途径获知这些信息,由于这些社会信息不完整,就必然要靠猜疑、揣测来回答人们心中的疑惑,社会恐慌随之而来。"①这种因信息不畅而带来的恐慌往往使人们迁怒于政府,降低对政府的信心。此时,国外媒体对于同一事实的报道尽管可能不客观不完全真实,甚至可能是谣言,但无法从正常渠道获得相关信息的人们宁愿相信一切可能获得的信息都是真实的。只有当正常的新闻信息畅通,人们能够及时全面地获得这些负面信息,一个积极、自信、敢于负责的政府形象才能在世界树立起来,才能在国民心中树立起来。可见,对负面新闻的及时报道,也是弘扬和培育民族精神的良机和有效途径。以"非典"报道为例,2002 年 11 月,广东出现了第一例"非典"病人,当地媒体却称"没有流行病在传播"。2003 年春节期间,"非典"在广州暴发,媒体却保持沉默。2 月 8

---

① 孙旭培、王勇:《不同理念导致不同实践》,《当代传播》2004 年第 3 期。

日,一条消息借着手机短信以惊人的速度在广州传播:"广州发生致命流感"。据统计,当天短信流量就达 4000 万条,到 10 日已达 4500 万条。① 紧接着,南方发生了抢购醋和板蓝根的风潮。在媒体的遮遮掩掩下,本来是地区性的"非典"迅速波及全国 25 个省份,本来希望通过媒体的信息沉默来消除社会恐慌,却造成了更大规模的社会恐慌。4 月 20 日,党中央、国务院明确提出要以对人民高度负责的态度,及时发现、报告和公布疫情,决不允许缓报、漏报和瞒报。由于大张旗鼓地报道相关信息和知识,使全国人民都心中有数,感到不必惊慌,而且人们正是从信息的大量公开中,看到政府对"非典"的重视而信心大增,因此很快制服了"非典"。与此同时,正是因为这样做了,我国的国际形象大为改善,中国向世界公开疫情,正是一个负责任的大国的表现。② 可见,媒体和政府积极面对重大负面新闻,不仅能够促使问题早日解决,还可以在社会公众中树立良好的形象,使公众对政府充满信心,同时还可以在国际上赢得良好声誉。

(三)建立畅通的言论传播机制,以充分的意见表达和沟通增强民众信心

培育民族精神,有赖于人们对生存环境的感悟、对社会现实状态的评价、对重大公共政策的参与及对国家前途的预测,它们影响人们对政府、国家乃至民族精神的判断和信心。这些判断和信心,从根本上有赖于制度的保障,即建立畅通的言论传播机制。

公民不仅有获知信息的需求,也有表达意见的需求。表达意见既是宣泄的途径,也是民主参与权利实现的途径。由于通过媒介表达的意见往往是对政府举措、各方政策不科学、不合理之处的批评,因而往往并非一直能得到媒介通行证。正因如此,人们对这一权利的实现格外重视,许多人依此作出对政府及其所倡导的观念的评价。通过媒介形成畅通的意见表达渠

---

① 《非典百日实录》,《南方都市报》2003 年 5 月 21 日特刊。
② 孙旭培、王勇:《不同理念导致不同实践》,《当代传播》2004 年第 3 期。

道,在一定程度上显示了党和政府广开言路的胸怀,敢于正视群众批评的勇气,也有助于增强公众对政府及国家的信心。当人们的意见有地方表达,尤其是表达之后能得到反馈(群众意见较多的做法、政策能及时得到更正或修改即是一种反馈),人们就可能获得一种参与的成就感,进而对政府、国家前景产生信心。令人欣喜的是,近年来,我国的舆论环境获得了较大的改善,人们评论的目标对象越来越广泛,问题越来越尖锐,表达渠道越来越畅通,往往是一项政策刚出台甚至是拟出台,立即有不同的观点进行讨论和交锋。一个敢于直面批评的政府当是一个负责任的政府、自信的政府,也是一个令人信任、令人充满期待的政府。这对人们形成对国家和政府的信心非常重要。

不过,我们还应当看到,评论所及除了宪法禁止之外并非没有禁区。当公众的言论所及的话题有所限制,一些特殊之人、特殊之事不允许公众通过媒介进行评说,匿名的网络便成了人们表达意见的最通畅的渠道。由于这种表达意见的通道是公开渠道不畅后的变通选择,它在一定程度上就可能远离理性而成为情绪的发泄。"由于网民的组成和匿名特点,网上舆论在表现上非理智成分会更为突出,直截了当的情绪发泄,偏激的语言,甚至谩骂十分常见,而理性分析和冷静讨论则十分缺乏。"①这种情绪化的意见的"秘密"聚集,就可能导致一种片面的认识方法——怀疑论的产生。只有当他们的意见能够在大众传媒公开亮相,理性的评论才占上风。当这些理性的观点被管理者重视并作为决策的依据,他们参与管理的权利才得以体现,从中产生对政府及民族未来的信心。

(四)重塑媒介主体形象,挖掘其体现民族精神的内涵,引导社会主流价值观

大众传媒推出的主体形象潜移默化地影响着社会中的任何人。尤其是"在未成年人面前,大众传媒是一种跨越家庭、学校与社会的教育力量,它

---

① 闵大洪:《中国互联网上的民意表达》,《媒介研究》2004年卷2—3。

为整个社会提供教育的话语背景","大众传媒直接或间接地为未成年人的社会化过程提供着最生动的教材"。① 大众传媒在市场化的过程中,受到市场的压力和诱惑,越来越迎合受众的需要,致使媒介的娱乐化色彩越来越明显。从电视栏目到影视作品,都是如此。正是在这种背景下,有学者指出"红色经典"所刻画的英雄人物体现着中华民族精神的共同点,大众传媒应以"红色经典"重铸民族精神。② 愈演愈烈的媒介娱乐化正在削弱媒介的核心功能:引导公众关注国内外大事,引导公共舆论。当下,大众传媒应正视娱乐化带来的负面影响,利用媒介的扩散功能和超强的示范效应,重塑媒介主体形象,让媒介推出的主体形象是一些能体现中华民族精神所倡导的爱国、团结、勤劳勇敢、自强不息的精神,能引导社会主流价值观的主体形象。可喜的是,最近,包括央视在内的许多媒介开始认识到媒体娱乐化、低俗化给社会带来的负面影响,这对引导社会的主流价值观将会起到一定的作用。

典型人物报道是我国大众传媒加强宣传工作力度的传统手段,也是经常采用的手段。典型报道最重要的功能在于它的引导和宣传作用,目的是"促进社会意识向个体意识的转化、强化或形成与社会要求相适应的、积极的社会态度"。尽管随着市场经济的发展和改革的深入,社会的非群体意识倾向越来越明显,"一种标准、一种模式、一种思维"的局面被打破,价值取向、生活方式都趋向多元化,人们的思想更加开放,独立自主、自由平等意识逐渐增强,偶像崇拜、模仿典型的意识渐趋淡薄,但典型报道给人们的启发作用、示范作用、参照作用依然还在社会上发挥着积极的影响。近些年来,大众传媒相继推出的徐虎、吴天祥、任长霞、徐本禹、许振超等优秀人物,不仅感染了一批又一批人,而且涌现了一个又一个以他们为榜样的群体。比如自武汉的各类媒介集中推出优秀共产党员干部吴天祥的典型报道以来,这个被中组部、中宣部命名为"基层党员干部的榜样"感染了各行各业的无数的干部群众,成千上万个"吴天祥小组"活跃在武汉市的各条战线、

---

① 黄耀红:《论大众传媒的社会责任》,《出版科学》2005年第1期。
② 王会:《"红色经典"铸造民族精神》,《河北大学学报》(哲学社会科学版)2005年第3期。

大街小巷。他们立足岗位,服务社会,从点滴小事做起;他们数年如一日,向群众掏出一颗爱心,向社会奉献一片真情,为身边的人们排忧解难,送去温暖。从独秀盆景到缤纷花园,先进典型的个体作用化作了强大的群体力量,群众通过吴天祥小组的每一个人的行动看到了吴天祥这一时代典型的高尚精神在延伸、在发扬。因此,新时期加强典型人物报道,以典型人物所体现的民族精神内涵引导社会主流价值观,仍是弘扬和培育中华民族精神的有效途径。

(五)抓住重大历史时刻,报道我国人民在创造历史中迸发出的民族精神,教育大众

重大历史时刻,是指发生了对国家命运产生重大影响的事件的时刻以及这种事件的纪念日,这种时刻也常常是受众关注的焦点时刻。大众传媒抓住这样一些时刻,报道党、政府和人民在创造历史的过程中所迸发出的民族精神,教育大众,就会取得一般报道难以达到的效果。

以 2005 年纪念中国人民抗日战争胜利 60 周年的媒介传播内容和形式为例。2005 年的纪念抗日战争 60 周年活动,比以往任何一年的纪念活动都开展得声势更大,媒体的报道内容和形式也更丰富。从年初,对这一影响中国乃至世界历史的重大事件的纪念活动的报道就由新闻主管部门布置到所有媒体,各媒体也纷纷制订了详细的报道计划,纷纷使出自己的策划优势,以求在报道内容和形式上更胜一筹。除了各地举办的纪念活动报道以外,报纸纷纷在 8 月 15 日日本投降日这天出版了纪念抗战胜利特刊,其中既有日寇当年侵略中国的暴行,更有中国人民众志成城浴血奋战的可歌可泣的场面,尤其是突出反映一些革命英烈为着国家和人民的利益忍受敌人的酷刑拷打慷慨就义的民族气节,深深教育着年轻的读者。电视则利用其画面优势,通过新闻、专题、晚会、电视剧等多种形式,形象生动地传播着抗日战争中中国人民迸发出的民族精神。应该说,通过媒介的议程设置,报纸、广播、电视等媒介利用各自优势,既让受众了解那段历史,也让受众体会那段历史中中国人民抵御强敌战胜强敌的精神,媒体在挖掘和传播这些历

史信息的过程中注重对受众认识的引导,发出了"崛起是最好的纪念"的呐喊,这些对广大受众来说无疑是一场生动的民族精神教育课。

抓住这种重大历史时刻进行民族精神教育,关键是要挖掘事件中蕴涵的民族精神,要有对国民经常性地进行民族精神教育的责任心。香港、澳门回归与中国近现代史,"神五"、"神六"载人航天飞船发射成功与中华航天科技发展历史,"非典"与中国人民战胜重大困难的勇气和能力等,每一个重大历史时刻,都应该是大众传媒借以对国民进行民族精神教育的重要时刻。

(六)在监视社会环境中弘扬社会正气,增强公民对生存环境和民族未来的信心

监视社会环境是大众传媒的重要功能,实现这项功能的重要手段就是揭露那些不合理、非正义的社会问题。问题在于,媒体不能仅仅满足于暴露,更重要的在于建设。暴露丑陋是为了建设美好,暴露的过程是引导人们形成正确认识、促进相关问题得以解决的过程,它应以弘扬社会正气、增强公民对生存环境和民族未来的信心为目标。由于故事化的潮流正在风靡传媒界,对社会丑陋现象的暴露常常停留于展示事件的曲折过程、问题的触目惊心,很难看出其中蕴涵的社会主流价值观。在美国,虽不存在官方的意识形态,媒介也不必接受官方的指导,媒介与政府甚至屡屡在具体问题上发生对抗,但是新闻报道"同维护主流价值观毫无冲突"。"据美国学者赫伯特·甘斯的研究,美国各类新闻报道长期以来反映了民族优越感、利他主义的民主、负责任的资本主义、个人主义、社会秩序、领导作用等八项价值观。"[①]反观我们的报道,尽管总体上宣传的成分更多一些,但由于在监督类报道方面过分追求暴露的快感,对不合理、非正义的丑陋现象过分渲染,给人的印象是社会环境恶劣,政府管理失控。由此,人们似乎感到前景一片暗淡,信心不足。

---

① 展江:《媒介评论三题》,《中国青年政治学院学报》2000 年第 4 期。

　　针对这种情况,大众传媒在监视环境的报道中,不应满足于暴露和渲染,而应着力引导公众树立对丑陋现象的科学认识。故事化的报道方法往往着力暴露问题,展示生动的情节,以吸引受众关注,其追求的目标是新闻故事在受众中的传播率,而不在意受众从报道中体悟到什么。理性的报道方法则在暴露问题的同时,更着力探讨问题形成的客观和主观原因,探讨问题解决的有效途径;因此,这种报道方法能引导受众形成对问题的科学认识:任何社会问题的出现,不管客观因素的作用有多大,都不可能完全归咎于社会体制不完善的漏洞,毕竟个人的主观因素起着最关键的作用,况且随着社会体制的健全和完善,这些问题越来越多地得到了解决。这种理性的报道方法有助于弘扬社会正气,增强公民对生存环境和民族未来的信心。

　　同时,在研究如何发挥大众传媒对弘扬和培育民族精神的作用时继续强调坚持正面宣传为主的报道方针也是非常必要的。坚持正面宣传为主,既是全党全国工作大局的需要,也符合生气勃勃的中国特色社会主义事业的实际。坚持正面宣传为主,不是一段时间、一个时期的要求,而是在整个社会主义现代化建设中都必须长期坚持的工作方针。只有加强对我国社会主义建设成就宣传报道的比重,加强对政府处理各类严重的社会问题的力度和效果的报道比重,改进对社会问题的报道手法,弘扬社会正气,增强国民信心,才能有利于民族精神的培育和弘扬。

　　总之,在传媒渗入社会各个领域、各个层面、影响范围越来越广、影响力度越来越大的传媒时代,要弘扬和培育民族精神,不能不借助大众传媒。在借助大众传媒的过程中,只要我们从思想观念、制度机制、具体对策层面采取了切实有效的措施,大众传媒在弘扬和培育民族精神方面一定会大有作为。

第六章

思想政治工作：弘扬和培育民族精神的重要途径

数千年来，伟大的中华民族精神维系着中华民族顽强地生存、顽强地发展。当今中国社会，汇入世界现代化的浪潮之中，改革开放迅速推进，科技经济社会快速发展，与此同时，人们的思想意识也在发生急剧的变化，中华民族精神经受着锤炼。我们在这里分析和探讨的是：社会转型时期中华民族精神是否出现了淡漠倾向和为什么会产生淡漠倾向，思想政治工作在弘扬与培育中华民族精神的工作中具有哪些有利条件，如何加强和改进思想政治工作以弘扬与培育中华民族精神。

一、社会转型时期中华民族精神的淡漠倾向及其原因分析

（一）社会转型时期，中华民族精神正在经受锤炼

什么是社会转型？社会转型是一种社会结构、运行机制、利益格局、思想观念全面的转变状态。它包括经济转型、政治转型和文化转型，而且三者

彼此影响,相互作用。改革开放是中国历史上最新一轮的社会转型,主要表现为从以农业为主导的经济社会向以工业和服务业为主导的经济社会转变,从以农村人口为主体的传统社会向以城市人口为主体的现代社会转变,从指令性的计划经济体制向现代市场经济体制转变,从传统中央集权的政治体制向社会主义民主政治体制转变。"中国目前所经历的是迄今为止人类社会规模最大、变化速度最快的经济政治结构变化。""中国用了不到一代人的时间完成了西方国家和其他发展中国家需要几代人的社会转型过程。"①

什么是中华民族精神?人们普遍认为:"在五千多年的发展中,中华民族形成了以爱国主义为核心的团结统一、爱好和平、勤劳勇敢、自强不息的伟大民族精神。"②仁民爱物、忧乐天下、自强不息、与时偕行是中华民族精神的精髓。

在当今社会转型时期,中华民族精神是否淡漠了?回答这个问题,要从两方面看。改革开放的大潮给中国人民的思想意识带来巨大冲击,既产生了积极影响,也产生了消极影响。社会转型锤炼着中华民族精神。中华民族精神的一些方面增强了,充实了,发展了,突出表现为自强不息、与时偕行的意识增强。具体表现为竞争意识、成才意识增强;民主意识、主体意识增强;创新意识、开放意识增强;求真意识、实效意识增强。试看在中华民族发展的哪一个时期,出现过如此强烈的自强不息、与时偕行的意识呢?从来没有过。自强不息、与时偕行的意识增强,既是适应社会发展的改革开放的产物,反过来,又有力地推进着改革开放向前发展。这一方面的情况有目共睹,不言自明。

不容忽视的是,社会转型所产生的消极影响也很突出,中华民族精神另外一些方面弱化了,淡漠了,突出表现为在部分青年人中,一是民族自豪感淡漠、民族自信心淡漠;二是仁民爱物、忧乐天下的精神淡漠。在改革开放

---

① 胡鞍钢:《中国发展前景》,浙江人民出版社1999年版,第2—3页。
② 江泽民:《全面建设小康社会开创中国特色社会主义事业新局面》,人民出版社2002年版,第39页。

的大潮中,广大青年既有思想空前活跃的一面,又有思想失落彷徨的一面。一些青年人,包括他们中的佼佼者——大学生,往往只看到一些西方国家当前科技发达和经济繁荣,只看到这些国家人们的生活优裕,却不了解中国人民以怎样的英雄气概在一穷二白艰苦的条件下崛起,更不知道自己有责任为中华民族的崛起贡献青春。一些大学生醉心于实证主义、存在主义、行为主义,以欣赏诸如此类的理论为时髦,却不了解中华民族的灿烂文化,不了解老子的深邃,不了解孔孟的博大,更不了解抗击倭寇的戚继光,收复台湾的郑成功和"留取丹心照汗青"的文天祥。一些大学生对待中外关系上存在矛盾心态,一方面,比如在美国发射导弹轰炸我驻南使馆、美国飞机撞击我国飞机等事件发生后,表现出强烈的民族义愤;另一方面,在他们选择出国留学时,往往首选又是美国。这种矛盾的心态,实质上还是缺乏一种坚定的明确的民族意识、民族自豪感和民族自信心左右摇摆的表现。一些青年人只关注个人的利益,却不关心集体的和民族的利益,他们崇拜的是那些在产业界、文艺界、体育界以及科技界取得成功、同时又是腰缠万贯的"明星",津津乐道的是"自我选择"、"自我设计"、"自我实现",却没有为人民鞠躬尽瘁、为民族死而后已的精神境界。杨叔子院士曾经指出,伴随着高科技、信息科技、计算机科技的发展与应用,知识经济在以不可阻挡之势发展与成长的同时,也带来了种种负面影响,即"五精五荒":精于科学,荒于人学;精于电脑,荒于人脑;精于网情,荒于人情;精于商品,荒于人品;精于权力,荒于道力。五个荒于的严重后果是荒于个人的社会责任,其根本则在于"荒于人学","荒于人文"①。当然,民族精神淡漠的问题不只是存在于青年人中,在其他人群中也有所表现;不只是存在于党外群众中,在共产党员中也有所表现。党的十六大召开期间,代表们曾热烈讨论过弘扬和培育民族精神的问题。有的代表尖锐指出:"在市场经济的大潮下,一些党员身上民族精神少了。他们崇尚拜金主义、实用主义、个人主义,对社会淡漠、对群

---

① 杨叔子:《现代大学与人文教育》,《高等教育研究》1994 年第 4 期。

众冷漠。因此,弘扬和培育民族精神刻不容缓。"①

值得欣慰的是,近年来,人们的思想觉悟包括民族精神正在逐步恢复和提高。随着祖国社会主义现代化建设事业的蓬勃发展,人民生活水平的不断提高,党风和社会风气的逐步好转,特别是由于党和政府不断强调加强和改进思想政治教育、不断强调弘扬和培育民族精神,人们的思想觉悟特别是青年大学生的思想觉悟发生了可喜的变化。例如,在2005年4、5月间反对日本"入常"的事件②后,在学生的激动情绪尚未完全消失的时候,调查人员询问了华中科技大学的一些学生:"如果有人鼓动你不理睬政府的规定而上街游行,你去不去?"学生的回答几乎都是:"不去。"为什么不去?其理由集中在如下四点,第一,学生要集中精力搞好学习,否则将来怎样搞好工作?学习不好今后可能连工作都找不到;第二,我国政府大力推进社会主义现代化建设,祖国发展很快,人民生活水平不断提高,我们对前途充满了期待,不愿意破坏这种来之不易的局面;第三,党中央大力惩治腐败,有相当成效,看到一个个贪官落马,我们相信党和政府惩治腐败的决心;第四,班上学生中有很多党员,如果说要上街游行,他们马上就会来做思想工作,何必找那个麻烦。其他高校学生的思想反映也与之类似。这些回答生动地、真实地反映了当今大学生的思想状况,特别是反映了新形势下青年人爱国主义精神和处理国际关系的政策意识在逐步提高。

(二)中华民族精神淡漠的宏观原因分析

社会转型时期尖锐复杂的矛盾是导致中华民族精神淡漠的基本原因。

---

① 贺劲松、赵承、于绍良:《让民族精神的旗帜永远飘扬——十六大代表畅谈弘扬民族精神》,新华网2002年11月13日。

② 2005年四五月间,由于日本政府一些人坚持修改教科书,坚持参拜靖国神社,否认第二次世界大战期间的侵略罪行,同时要求"入常"(联合国常任理事国),激起了中国人民和许多亚洲国家人民的愤怒,中国一些大学生反对日本"入常"走上街头示威游行,表达了强烈的愤慨之情。我国政府为了维持社会稳定、维持国家经济发展、维持中日两国正常邦交,也为了防止个别不良分子浑水摸鱼搅乱社会秩序,因此要求学生按照法律规定的程序申请游行,最好只在校内有组织地开展抗议活动。通过党组织和行政组织的劝导工作,学生很快就稳定下来了,恢复了正常的学习生活秩序。

和发达国家当年现代化起步的情况不同,我国的社会主义现代化建设面临着更多的艰难险阻,情况更复杂,任务更艰巨。西方发达国家的现代化靠野蛮的原始积累起步,当时的能源充足,物质资源丰富;而我国社会主义现代化建设起步之时,则面临能源短缺、环境污染等严重困难。他们在发展中所碰到的经济、社会、意识形态之间的矛盾,是在几百年时间里逐步解决的,其发展基本上呈自然演进状态和基本协调状态,传统文明与现代文明的冲突相对平缓;我国社会主义现代化则要求在较短的时期必须解决诸多尖锐的冲突,必须克服严重的不平衡状态,才能维持巨变系统的稳定,才能求得经济与社会的发展。在社会转型的过程中,工农之间、城乡之间、沿海与内陆之间发展不平衡,经济体制改革与政治体制改革不同步,经济发展与人们的法律、伦理观念的发展不协调,再加上经济成分和经济利益多样化,社会生活方式多样化,社会组织形式多样化,就业岗位和就业形式多样化,整个社会都呈现出复杂的多元状态。社会生活的多样化,必然带来人们思想观念的多样化,人们对现实政策的评判、对社会与个人前途的期望,也会出现巨大差异。诺贝尔经济学奖获得者库兹涅茨指出:经济持续性高速增长是一个连续性破坏过程,因为它对每个部门(即构成总人口的各种集团)的影响大不相同。在高速经济增长过程中,增长较慢的部门的人口集团较之增长较快的部门的人口集团相对受损,他们付出的代价往往不是少数受惠者获得的利益所能补偿的,因而可能发生摩擦和对抗。① 社会转型,改革开放,必然要对人们的社会利益进行调整,利益的调整既会引起人们的满腔热情和无限期待,也必然会引起一部分人的不安、不满和恐慌。我们看到在一段时间里,三农问题、失业与就业问题、收入差距扩大问题、生态环境破坏问题、腐败和各种社会犯罪猖獗问题等,搅得人们心神不宁。期待难以充分满足,不安难以有效消除。在这种情况下,急于求成的浮躁心态、怨天尤人的相对丧失心态就四处蔓延。浮躁心态和相对丧失心态是社会转型时期

---

① 西蒙·库兹涅茨:《现代经济增长》,耶鲁大学出版社1966年版。转引自胡鞍钢:《中国发展前景》,浙江人民出版社1999年版,第12—13页。

最突出的两种心态,从曾经普遍流传的一些顺口溜中,就可以看到它们的生动表现。① 中华民族精神如民族自豪感、民族自信心和仁民爱物、忧乐天下的精神都遭受着这种心态的巨大冲击。

同时,我国社会主义现代化建设面临着经济全球化的复杂多变的局面。世界各国和各地区的经济相互影响与制约从来没有如此强烈,各个国家和民族之间的政治文化也同时相互影响,任何国家和民族都不可能孤立地求得生存和发展。我国改革开放以来,各种各样的外来文化,特别是西方文化蜂拥而入,在大学校园里曾先后出现过"尼采热"、"萨特热"、"弗洛伊德热"……几乎是"异彩纷呈",各种思潮交互激荡,人们的思想日趋复杂。我们还可以从信息社会的角度来认识这个问题。大众传播媒介把偌大的世界缩小为一个"地球村",特别是网络技术、通信技术的快速发展,既给人们提供了获取信息的方便、快捷、高效的工具,同时又把大量低级趣味的、反映社会阴暗面的、带有迷信和伪科学色彩的甚至是反动的信息推到人们的面前,其结果导致少数人观念混乱、精神空虚、行为失范,有的甚至走上违法犯罪的歧途,中华民族精神承受着严重挑战。

(三)中华民族精神淡漠的思想政治工作原因分析

在社会转型时期的十分复杂、十分困难的情况下,思想政治工作者根据党和政府的要求,含辛茹苦,认真做好思想政治工作,为改革开放事业保驾护航。思想政治工作在社会转型时期的最重要任务是:第一,以经济建设为中心,提高人们对改革开放方针的正确认识,提高人们执行党和政府方针政策的自觉性,遵纪守法,为推进社会主义现代化建设努力工作。第二,"稳定压倒一切",稳定人们的思想,理顺人们的情绪,维护政治稳定,维护社会治安稳定,为经济建设创造一个安定良好的社会环境和舆论环境。从总体上讲,思想政治工作者基本上完成了这一困难的工作,他们依靠自己的忠诚

---

① 不少顺口溜是"黄段子"或具有恶意调侃谩骂性质,流传者只图一时嘴快,不管所造成的搅乱人心的严重后果,因此必须制止。但是,也有一些顺口溜生动地反映了民心民意。

和智慧努力工作,不辱使命。例如在高校里,他们克服重重困难,努力探索,坚持对学生进行马列主义、毛泽东思想、邓小平理论和"三个代表"重要思想的理论教育,进行思想道德教育和形势政策教育,引导学生开展各种生动活泼的活动。他们同时尝试着开展民族精神的教育,一些高校在师生中开办《老子》、《论语》等中华元典读书班,开设唐诗宋词选修课,组织包括博士生、硕士生、本科生在内的全体新生的中国语文考试,邀请国内外著名专家学者走上人文讲台介绍中华民族精神精要。特别是在出现某些政治风波、学生思想产生动荡的时候,他们深入到学生之中,晓之以理,动之以情,导之以行,经过不懈努力,他们总是一步步渡过了难关。近两年来,由于党和政府强调弘扬和培育中华民族精神、强调未成年人思想道德建设、强调大学生思想政治教育,情况迅速好转,关心和重视思想政治工作的氛围逐步形成,广大思想政治工作者深切感受到,一个加强和改进思想政治工作的良好契机出现在眼前。

从另一个角度看,思想政治工作者在如此复杂和困难的情况下,完成如此艰巨的任务,确实难度相当大。他们碰到的主要问题有两个:思想政治工作定位模糊的问题,思想政治工作理论滞后的问题。

关于思想政治工作定位问题。江泽民曾经说过:"我们是历史唯物主义者,承认生产力在社会发展中的最终决定作用。但是,我们又是辩证唯物主义者,充分肯定精神对物质、社会意识对社会存在、生产关系对生产力、上层建筑对经济基础、政治对经济的强大的反作用。这两个方面我们都要认识到。"[1]我们把社会意识细分为心理形态、观念形态、理论形态,绘制出如下各因素相互作用的框图,以说明思想政治工作在社会实践、社会意识中的地位。

存在决定意识,在社会实践活动中产生的社会意识,包括心理形态、观念形态、理论形态三个方面;社会意识又反作用于社会实践。社会意识的理

---

① 中共中央宣传部编:《毛泽东、邓小平、江泽民论思想政治工作》,学习出版社2002年版,第25页。

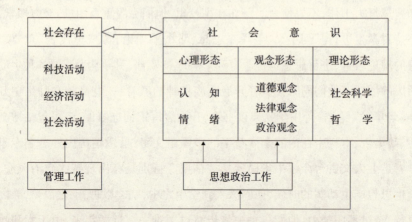

论形态主要通过理论工作者的工作,把心理形态和观念形态的东西上升为理论形态的东西,即哲学和社会科学。反过来,理论形态又通过思想政治工作,包括教育与宣传,反作用于心理形态和观念形态,以及通过行政管理、工商管理和各种管理工作对社会实践发挥作用。一方面,思想政治工作相当重要,思想政治工作是经济工作和其他一切工作的"生命线"。另一方面,思想政治工作又不是无所不能、包打天下,不能取代法律工作,不能取代其他各种管理工作,它只能遵循人们的心理和观念发生发展规律进行适当调节,调动人们的积极性,形成健康浓郁的思想氛围。弘扬和培育中华民族精神,乃是调节人们的心理和观念,是思想政治工作的分内之事。中国共产党有着做思想政治工作的光荣传统并取得了伟大的成功。这种成功,既留下了宝贵的经验,又留下了一种有意无意夸大思想政治工作作用的不科学的认知倾向。夸大思想政治工作作用的认知倾向是必然要碰壁的。当面对社会转型时期十分复杂的情况,思想政治工作者感到力不从心的时候,这种夸大思想政治工作作用的认知倾向又很快地走向了反面,出现了思想政治工作无用论。无论是夸大思想政治工作的作用,还是说思想政治工作无用,都使思想政治工作的处境十分尴尬而难以发挥应有的作用。

关于思想政治工作理论滞后问题。改革开放的实践发展迅猛,所碰到的问题十分复杂,许多实际工作都是靠边探索边前进,靠"摸着石头过河"。邓小平为我们勾勒了改革开放的蓝图,提出了建设有中国特色的社会主义理论,阐述了许多重大原则问题,指引着我们前进的方向。人们期待着经济工作者、法律工作者、思想政治工作者对如何具体操作给予更详细的说明。可惜的是,和经济工作、法律工作相比,思想政治工作的理论研究显得相对滞后,没有能够及时地很好地回答问题。曾经较长时间困惑着人们思想的理论问题很多,主要有:我们曾经说资本主义必然灭亡社会主义必然胜利是社会历史发展的必然趋势,但是为什么现实中却是资本主义国家依然不断发展,而苏联与东欧等社会主义国家相继解体? 我们曾经说社会主义比资本主义具有更先进的生产力,但是为什么现实中社会主义国家在许多方面与发达资本主义国家相比还存在较大差距? 我们曾经说社会主义的本质是共同富裕,但是为什么现实生活中居民的收入差距不是在缩小而是在拉大? 我们曾经说工人阶级是领导阶级,但是为什么现实生活中许多产业工人下岗失业,许多"打工仔"、"打工妹"生活困苦? 我们曾经说中国共产党是工人阶级先锋队组织,以全心全意为人民服务为宗旨,但是为什么现实生活中某些党员干部贪污腐败却屡禁不止? 我们曾经说要诚实守信、与人为善,但是为什么现实生活中却"撑死胆大的,饿死胆小的"? 等等。在思想政治工作连这些重大理论问题都没有给人以满意回答的时候,弘扬和培育中华民族精神当然无从谈起。

二、思想政治工作是弘扬与培育
中华民族精神的重要途径

改革开放以来,在党和政府正确地坚强地领导下,中国人民沿着邓小平理论和"三个代表"重要思想指引的方向拼搏前进。经过不懈努力,取得了社会主义现代化建设事业的伟大胜利。2003 年,我国人均 GDP 突破 1000美元大关,人民生活水平不断提高,党风和社会风气逐步好转。党中央适时提出树立科学发展观,实现建设社会主义和谐社会的目标,弘扬和培育中华

民族精神,提高人们特别是提高广大青少年的思想觉悟的任务被提上重要日程。思想政治工作理所当然地要为弘扬和培育民族精神贡献力量。在思想政治工作中开展民族精神教育,可以充分发挥思想政治工作的优势。反过来,开展民族精神教育也能够为思想政治工作增添活力,使之更加深入人心。

(一)思想政治工作理所当然地要为弘扬和培育民族精神贡献力量

弘扬和培育民族精神是思想政治工作的应有之义。我们说,思想政治工作是经济工作和其他一切工作的"生命线",其本质意义在于,思想政治工作为经济工作和其他一切工作把握正确方向,既提供有力的思想保证,又提供强大的精神动力。弘扬和培育民族精神是思想政治工作的重要内容之一,思想政治工作应该为、也能够为弘扬和培育民族精神贡献力量。在2004 年中共中央、国务院发出的《关于进一步加强和改进大学生思想政治教育的意见》中,提出了加强和改进大学生思想政治教育的主要任务:一是以理想信念教育为核心,深入进行树立正确的世界观、人生观和价值观教育;二是以爱国主义教育为重点,深入进行弘扬和培育民族精神教育;三是以基本道德规范为基础,深入进行公民道德教育;四是以大学生全面发展为目标,深入进行素质教育。《意见》明确指出:"要把民族精神教育与以改革创新为核心的时代精神教育结合起来,引导大学生在中国特色社会主义事业的伟大实践中,在时代和社会的发展进步中汲取营养,培养爱国情怀、改革精神和创新能力,始终保持艰苦奋斗的作风和昂扬向上的精神状态。"无论什么时候,只要把人民群众团结起来,把人民群众的积极性调动起来,我们就有无坚不摧的力量。靠什么调动人的积极性呢?靠共同的利益,靠共同的理想。通过思想政治工作,阐明共同的利益关系,把我们的目标、规划、政策等,宣传和灌输到人民群众中去,就能激发亿万人民群众的民族精神,使他们有一个共同的思想基础,树立起共同的理想信念和共同的奋斗目标。

民族精神教育与思想政治工作的道德规范教育、素质教育、世界观人生观价值观教育相互配合，相得益彰。民族精神教育与思想政治工作其他方面的教育在内容和形式上有所差异，但是目标是完全一致的。这个目标是教育人们热爱祖国，热爱人民，热爱中华民族，热爱社会主义现代化建设事业，热爱中国共产党和人民政府，信仰马克思主义真理，树立正确的世界观、人生观和价值观。有一所高校的党委提出，他们的思想政治工作，一是教育学生成才，二是教育学生爱国，三是教育学生信仰马列。这三者有一定的层次递进关系。哪一个学生、哪一个学生家长不巴望学生学好本领，将来能更好地发展？哪一个学生、哪一个学生家长没有一定的爱国情愫？教育学生成才，教育学生爱国，具有被学生所认可、获得家长支持的强大内在动力。教育学生成才，教育学生爱国，又是教育学生信仰马克思主义、信仰真理、树立为人民服务信念的重要基础。

思想政治工作能够解决在弘扬和培育民族精神工作中出现的一些思想困惑。民族精神教育要以爱国主义为核心，思想政治工作要突出理想信念教育。信念被一些学者认为是认知成分强而情感成分弱的态度。弘扬和培育民族精神既要培养爱国主义情操，又要引导理性思维。例如，爱国家、爱党、爱社会主义是否具有统一性？弘扬民族精神、吸纳国外先进文化是否具有统一性？在一些青年同志的心目中，认识还不甚清晰，需要思想政治工作者予以回答。下面，我们对这两个问题进行简要分析。

爱国主义和拥护党的领导、坚持社会主义道路是统一的。祖国、人民、民族历来是紧密相连的概念。经过反帝反封建斗争和社会主义建设事业的长期艰苦探索，中国人民选择了中国共产党，选择了社会主义。当今中国，各族人民正在共产党的领导下，意气风发地建设社会主义现代化。因此，祖国、人民、民族、社会主义、共产党这些概念具有本质的联系，无法分离。我们可以从爱国主义的角度切入来进一步讨论这个问题。爱国主义是民族精神的核心，在不同历史时期，爱国主义有着不同的内容和主题。如果说封建社会的爱国主义主要是反对民族压迫和民族分裂、反对统治阶级的昏庸腐败以及抵御外侮维护国家安全；而近代的爱国主义主要是对外反对帝国主义列强的侵略、对内反对依附帝国主义并出卖国家主权的反动统治阶级；那么,在社会主义建设时期,爱国主义基本的、本质的表现,是对祖国经济发展和社会进步的追求并为之作出贡献。如果经济不发展,国家的富强、社会的进步、民族的复兴、人民的幸福就不可能实现,民族的独立也难以维持和巩固。邓小平指出:"必须发扬爱国主义精神,提高民族自尊性和民族自信心。否则我们就不可能建设社会主义,就会被种种资本主义势力所侵蚀腐化。"[1]在历史跨入 21 世纪的今天,正是中国共产党用"三个代表"重要思想提升民族精神,为中华民族在先进生产力发展要求、先进文化发展方向、最广大人民利益需求方面指出了明确的发展目标,为振兴民族大业奠定了坚实的思想基础。祖国不是抽象的,爱国主义不是抽象的,我们在中国共产党的领导下,"以热爱祖国、贡献全部力量建设社会主义祖国为最大光荣,以损害社会主义祖国利益、尊严和荣誉为最大耻辱。"[2]

弘扬和培育民族精神与吸纳国外先进文化是统一的。独立自主不是闭关自守,自力更生不是盲目排外。无论是东方文化还是西方文化,无论是传统文化还是现代文化,都是一定的生产方式的产物。反过来,它们也都具有特定的功能,在一般情况下,能够适应一定生产方式的需要并推动生产力和生产关系向前发展。一项跨文化研究发现,美国儿童从小就受到个人主义、个人独特性的教育,美国人更具有竞争性和自我中心主义,日本儿童从小就受到团队精神、遵从的教育,日本人在团队中完成标准化任务会更好,两种不同的文化都曾经为美国、日本的经济社会发展发挥过重要作用。另外,关于民族文化是否变得越来越相似的问题,在学者们之间存在着两种对立的意见。有人认为,随着传播媒体和交通工具的迅猛发展,特别是互联网的普及,庞大的地球真正变成了一个"地球村",各个民族的文化越来越相似。也有人证明,一个国家中独特的传统和习俗仍然有力地塑造着本国人民的态度和行为。在霍夫斯塔德的著名研究中,对 40 个国家中为一家多国公司工作的 11.6 万名员工进行了调查,发现民族文化对员工与工作有关的价值

---

[1] 《邓小平文选》第二卷,人民出版社 1994 年版,第 369 页。
[2] 《邓小平文选》第三卷,人民出版社 1993 年版,第 3 页。

观和态度起着主要影响,国家之间的差异可以令人信服地归因于民族文化的差异。① 一方面,我们要继承和弘扬中华民族精神,保持我们的优秀文化传统,保持昂扬向上的精神状态,以中华民族鲜明的特色文化融入世界民族之林;另一方面,我们也要学习、吸纳世界各国一切先进的文化。我们不仅因为今天科学技术落后,需要努力向外国学习,即使我们的科学技术赶上了世界先进水平,也还要学习人家的长处。

(二)通过思想政治工作开展民族精神教育的政治优势:"组织推进"

所谓"组织推进",就是党和政府运用党组织的或行政组织的权力依法对某些社会事务实施影响,以推动这些事务的进展。党和政府的"组织推进",具有目标一致性和执行强制性两个显著特点。

开展思想政治工作和管理其他社会事务一样,党和政府的目标,人民群众的目标具有高度的一致性。当人民群众对于社会转型时期一度出现的思想政治工作不力表示强烈的忧虑和不满时,邓小平也严厉批评了宣传思想教育工作:"十年最大的失误是教育,这里我主要是讲思想政治教育,不单纯是对学校、青年学生,是泛指对人民的教育。对于艰苦创业,对于中国是个什么样的国家,将要变成一个什么样的国家,这种教育都很少,这是我们很大的失误。"②对于党和政府宣传孔繁森、郑培民、任长霞、牛玉儒等一批典型人物,宣传抗洪救灾、抗击"非典"精神,对于宣传日新月异的社会主义现代化建设的伟大成就,对于宣传人民群众在创造新生活中表现出来的精神风貌,广大人民群众都给予了充分肯定;对于党和政府加强未成年人的思想道德建设、加强和改进大学生思想政治教育、清理整顿文化市场包括清理整顿网站网吧,广大人民群众都表示了坚决的拥护。

"组织推进"具有强制性的力量。党有党纪,政有政纪,认真执行组织

---

① 斯蒂芬·P.罗宾斯著,孙建敏、李原等译:《组织行为学》,中国人民大学出版社1997年版,第45页。
② 《邓小平文选》第三卷,人民出版社1993年版,第306页。

决定,就会受到肯定、表扬或奖励,执行不力或拒绝执行,就会受到批评或处罚。在长期的革命和建设实践中,广大党员和干部形成了下级服从上级、全党服从中央的坚定信念。心理学的研究也证明,一般情况下,只要组织的决定与个人的利益没有重大冲突,大家都会认真执行组织的决定。同时,在长期的工作实践中,为了有效贯彻执行党和政府的方针政策,我们形成了一支数量可观的思想政治工作队伍,形成了一套较为有效的运行机制,这是实现思想政治工作"组织推进"的重要保证。例如在高校里,有党委统一领导,党委宣传部、学生工作部等职能部门牵头,基层党组织具体负责,形成了多层次、全方位、党政工团齐抓共管的组织体系;有教学、管理、服务三大系统"人人有责,齐抓共管"的责任制;有比较稳定的专、兼职队伍,有比较充足的经费投入;有逐步完善的奖优罚劣的评价体系和激励机制等,思想政治工作队伍较好地完成了宣传贯彻执行党和政府的各项方针、政策的任务。

"组织推进"是中国共产党和人民政府的政治优势的体现。弘扬和培育中华民族精神,加强和改进思想政治工作,符合国家利益、民族利益、人民利益,也符合每个公民的个人利益。运用"组织推进"的手段推进思想政治工作并且取得成效,既是党和政府所具有的政治优势的体现,也是符合中国国情的、具有显著中国特色的工作模式。例如2004年下半年,中共中央、国务院颁布了《关于进一步加强和改进大学生思想政治教育的意见》后,从中央到地方的各级党政领导同志都表现出高度重视大学生思想政治教育的热情,相关各项工作都得到不断推进、不断发展,形成了热烈的舆论氛围,收到一定效果。在高等学校里,我们耳闻目睹了加强和改进大学生思想政治教育的种种变化,从内心感到喜悦。①

---

① 《北京日报》2005年1月24日报道,中国社会科学院青年人文社科中心的"青年学生马克思主义信仰状况调查"公布的调查结果显示,青年学生马克思主义信仰总体状况是好的,主流是积极的;但是也有部分学生存在共产主义理想淡化、信仰多元化的倾向。在对马克思主义的认识上,78.8%的学生认为马克思主义"有说服力,没有过时",4.8%的学生认为马克思主义已经"没有说服力,完全过时了",16.4%的学生感到"说不清楚"。在谈到"当代西方学说和理论是否能取代马克思主义成为解决中国实际问题的指导性思想"的看法时,76.2%的学生作出了否定性回答,8.2%的学生作出了肯定性回答,15.6%的学生表示"说不清楚"。该课题组有重点地选择京内外5所有代表性的高校为主要调查样本采集地。

(三)开展思想政治工作的特有传统:中国古代社会的"思想教化"

中华民族有着做思想政治工作的传统,积累了极为丰富的经验。继承和发扬这种传统,我们的思想政治工作就容易为人们群众所接受,就容易取得成效。当然,思想政治工作只是一个近代概念,中国古代的思想政治工作叫做"教化"。所谓教化,就是通过教育和其他影响方式,引起受教育者思想上的改变,使之形成与社会主流文化相一致的价值观念和生活模式。中国古代的思想教化具有两个极其显著的特点,一是运用各种形式渗透到各个方面,二是强调爱人、守义、诚信、自强、修身,形成了完备的体系。

中国古代社会的教化有家训、蒙学、乡俗民风、民间文化和文化经典等多种形式,既有针对幼儿的初级教化,又有针对知识分子和士大夫的高级教化;既有学堂里的有形教化,又有渗透在日常生活中的无形教化,简直是无时不有,无处不在,渗透到社会的各个方面,渗透到人们的心灵中。家训是父母对儿女的谆谆训诫,三国时诸葛亮的《诫子书》、北齐颜之推的《颜氏家训》、宋代袁采的《袁氏世范》、明代庞尚鹏的《庞氏家训》、清代曾国藩的《家书》等都是家训的典范。蒙学是由名儒编撰官方认可的儿童启蒙读本,著名的蒙学读本有《三字经》、《百家姓》、《千字文》、《女儿经》、《弟子规》、《增广贤文》等。乡俗民风是民众在长期生活中形成的行为规范,它深刻地左右着人们的思想观念和生活方式。民间文化包括戏曲、传说、评书、小说、诗词歌赋、民间说唱文学等,千百年来,有力地影响着民众的价值观和人生选择。文化经典指《大学》、《论语》、《老子》、《尚书》、《诗经》、《春秋》等典籍,它不仅被知识分子和士大夫奉为经典,对普通百姓也有巨大的影响。

中国古代的教化内容,强调爱人、守义、诚信、自强、修身,形成了完备的体系。北大著名教授辜鸿铭在 1924 年就指出,和西洋人相比,我们中国人早就形成了自己的人生观,"那就是'入则孝,出则悌'。即在家为孝子,在国为良民。"[①]许多经典的语言世代流传,所表达的思想构成了中华民族精

---

① 辜鸿铭:《东西文明的异同》,载《北大演讲百年精华》,中国档案出版社 2002 年版,第22—23 页。

神的雏形。例如:"老吾老以及人之老,幼吾幼以及人之幼","己所不欲,勿施于人"、"国家兴亡,匹夫有责"、"先天下之忧而忧,后天下之乐而乐"、"君子之言,信而有征(证)"、"言忠信,行笃敬"、"自力更生","发奋图强"、"与时携行,革故鼎新"、"吾日三省吾身"、"富贵不能淫,贫贱不能移,威武不能屈"、"舍生取义"等。这些语言在今天仍然具有强烈的启迪和鼓舞作用。

中国古代的思想教化,铸造了中华民族灿烂的古代文明。我们加强和改进思想政治工作,弘扬和培育中华民族精神,当然最重要的是立足于中国现实的社会实践,但是也必须从祖国传统文化宝藏和外域文化优秀成果中汲取营养。当年列宁所说的话依然值得借鉴:只有"吸收和改造了两千多年来人类思想和文化发展中一切有价值的东西",才能发展真正无产阶级的文化。①

(四)开展民族精神教育也能够使思想政治工作更加深入人心

开展民族精神教育也能增加思想政治工作的活力。在中华民族五千年发展的历史长河中,涌现出无数英雄人物,在他们身上体现着浩然的民族正气,体现着中华民族的美德和社会公德。从大禹治水"三过家门而不入"开始,到孔子的"三军可夺帅,匹夫不可夺志"、孟子的"富贵不能淫,贫贱不能移,威武不能屈";从诸葛亮的"鞠躬尽瘁,死而后已",到范仲淹的"先天下之忧而忧,后天下之乐而乐";从东林书院的"风声雨声读书声,声声入耳;家事国事天下事,事事关心",到顾炎武的"天下兴亡,匹夫有责",都充分体现了数千年来一脉相承的中华民族精神。中国共产党在领导中国人民进行革命、建设和改革的过程中,为中华民族的民族精神注入了许多新的内涵。在民主革命时期先后形成了井冈山精神、长征精神、延安精神、西柏坡精神等;在新中国成立后又形成了抗美援朝精神、大庆铁人精神、雷锋精神、焦裕禄精神、"两弹一星"精神、孔繁森精神、抗洪精神,以及在抗击"非典"斗争

①《列宁全集》第 39 卷,人民出版社 1986 年版,第 332 页。

中显现出来的和衷共济、迎难而上的精神等,使我们的民族精神日益丰富、充满生机。这些英雄的精神和英雄的动人故事扎根于人民群众的心中,为他们喜闻乐道,广泛流传,经久不衰。人们还因此产生深深的情愫,以作为这些先辈的后代而自豪。这些动人的故事为思想政治工作增添丰富的素材,能够唤起群众深沉的民族归属感,使思想政治工作深入人心。

下面着重讨论一下民族精神教育有效唤起民族归属感的问题。归属感是人类原始的深层次意识之一。人们归属的这个"群体"可大可小,可以是学习单位、工作单位,可以是地区民族国家,甚至是整个人类。一个职工或许由于某种原因对本单位领导人有意见,但是,在本单位和其他单位之间进行球赛时,他会期望谁赢呢? 他会不由自主地期望本单位赢,会情不自禁地为本单位的赢球而欢呼。若干年前曾经出现过这样的事件:中国球队输球之后,有些青年人大骂中国教练,甚至用玻璃瓶子砸伤了友队的队员。这当然是一种有损人格、有损国格的行为,必须避免。但是,在这些青年人的思想深处,难道没有折射出一种民族归属感吗?! 看到香港、澳门回归祖国,看到北京申奥成功,看到中国女排20年后重新登上奥运冠军领奖台,看到"神五"、"神六"飞向太空,举国欢腾,举世瞩目,每一个炎黄子孙都会心朝澎湃,热血沸腾。"起来! 不愿做奴隶的人们! 把我们的血肉,筑成我们新的长城!"无论身在故土还是异国他乡,每当听到这雄壮激昂、催人奋进的国歌,每一个普普通通的中国人都会在心中升起一种民族归属感和民族自豪感。如同对父母的感情一样,人们对祖国、对民族的感情往往深深地蕴涵在心底。邓小平对祖国怀有一腔朴素而深厚的感情,他所说的话"我是中国人民的儿子,我深情地爱着我的祖国和人民",表达了全体炎黄子孙的铁骨柔肠!

唤起归属感、提高群体凝聚力是我们的思想政治工作的目标之一,教育儿童爱班级、爱学校、爱家乡、爱祖国,是弘扬和培育中华民族精神的重要内容之一。在开展思想政治工作的时候,通过认真策划,举办体育、文艺等各种群众喜闻乐见的活动,则可以唤起群体归属感,提高群体凝聚力,进而达到唤起民族归属感、提高民族凝聚力的效果。这种教育,也能够有效提高思想政治工作的可接受性。

三、加强和改进思想政治工作，大力
弘扬与培育中华民族精神

　　加强和改进思想政治工作，大力弘扬与培育中华民族精神，相互制约的因素很多，操作的难度很大。教育生态学的研究证明，在教育生态系统中，各种教育制约因素都可能影响到教育活动的有效进行，[①]各种教育制约因素"过重"和"过轻"都是有害的。[②] 对此，很多学者和思想政治工作者都发表过精彩的议论，不必赘述。这里，只对必须重视民族精神教育的层次性、形成健康浓郁的文化环境、搭建交互性沟通平台这三个需要进一步完善的重要问题进行讨论。

（一）层次性：正面教育为主和全面信息提供

　　人的心理发展水平、个性心理特征都是有差异的。开展思想政治工作、进行民族精神教育，必须注意到这种差异性，切忌采取"一刀切"的方式。正如邓小平曾经说过的："我们在鼓励帮助每个人勤奋努力的同时，仍然不能不承认各个人在成长过程中所表现出来的才能和品德的差异，并且按照

---

① 生态学中的限制因子定律指出，植物需要的某种营养物质降到这种植物最小需求量以下时，这种营养物质就会限制植物的生长。但是由于教育生态系统的特殊性，教育生态学中的限制因子定律表现为一定的特殊性：第一，在教育生态系统中，所有的生态因子都可能成为限制因子，而不只是某些特定的因子。限制作用不仅仅是因为某些因子量太少，某些因子过多也起限制作用，也会影响生态主体的正常发展；第二，教育生态系统中的有机体不仅对限制因子的作用具有适应机制，而且能主动地创造条件，积极地反馈调节，变限制因子为非限制因子。

② 一个生物能够出现，并且能够成功地生存下来，要依赖各种复杂条件的存在。如果对其中任何一项生态因子加以改变，或将其含量予以增减，就可能导致一种生物减少，甚至绝种。即生物对一种生态因子的忍耐范围是有限度的，"过"和"不及"都是有害的。在民族精神弘扬和培育的过程中，重要的一个问题也是要能够准确地把握"度"。

这种差异给以区别对待,尽可能使每个人按不同的条件向社会主义和共产主义的总目标前进。"①一般情况下,对于心理水平低、或者对某问题尚处在犹豫迟疑中的人,以进行正面教育为宜;而对于心理水平高的人,以全面信息提供为宜。有层次、有针对性地开展思想政治教育工作,是一个很值得研究和需要很好把握的大问题。例如,对儿童进行爱国主义教育,就要遵循儿童心理发展的规律,在不同的年龄阶段,采用不同的教育内容和不同的教育方式。美国心理学家赫斯与脱尼对美国小学生的调查研究发现,儿童的国家意识按照三个连续的阶段逐步发展:第一阶段是国家象征期。这时的儿童以国旗、国歌和国家领袖为国家的象征,儿童对国家的依恋和热爱,表现在尊敬国家象征物的言行之中,唱国歌、升国旗、悬挂领袖像是培养儿童国家意识的重要途径。第二阶段是国家观念期。这时的儿童以国家、政治群体等抽象观念作为爱国的依据,并通过自己和自己家庭所享受的公民权利、所履行的社会责任和参加的社会活动来培养国家意识。第三阶段是国际组织系统期。这时的儿童逐渐知道世界由许多国家所组成,自己的国家只是国际大家庭的一员,他们对国家的忠诚也就是对自己国家在国际舞台上扮演角色的忠诚,他们的爱国观念扩展到自己的国家在国际上所承担的职责中。②

正面教育就是提供肯定性信息,即从正面阐述道理,树立标兵和榜样,表扬好人好事,调动大家的积极性,以此推动有关工作顺利开展。正面教育具有如下鲜明的特征:立场坚定,态度鲜明,阐述的道理是非界限明确,能够很好地弘扬正气、鼓舞斗志、凝聚人心。在中国传统的社会教化中,特别是在中国共产党长期的思想政治工作实践中,正面教育的方式运用娴熟,效果显著。开展民族精神教育就是正面教育。

正面教育具有下述心理效能:第一,能够明确地"晓之以理"。它所阐述的道理言简意明,没有曲折婉转,接受宣传教育的对象不必反复思考,就

---

① 《邓小平文选》第二卷,人民出版社1994年版,第106页。
② 全国13所高等院校"社会心理学"编写组:《社会心理学》,南开大学出版社1995年版,第46—47页。

可以迅速理解其中的含义,明白自己应该怎样思考和怎样行为。第二,能够有效地"动之以情"。无论是阐述道理,还是树立标兵和榜样,肯定性信息提供往往带着一股正气,可以给宣传教育对象以感染和激励。特别是所树立的标兵和榜样,其高尚的情操和突出的贡献,能够净化宣传教育对象的情感,给他们以启发和振奋,引起他们的模仿。第三,能够使宣传教育对象明确自己的行动方向。与他人进行比较,是一个人认识自己的重要途径。对照宣传教育工作者所阐述的道理和所树立的榜样,一个人会不由自主地反省自己的思想与行为,找到自己的不足,更准确地评价自己,明确努力的方向。第四,可以强化宣传教育对象已有的正确态度。这一条非常重要。如果一个人对某社会现象已经具有了正确的态度,在他接收到所提供的肯定性信息后,会很愉快,很兴奋。因为这种信息向他证明,他的已有态度是正确的,是和其他人特别是和组织、和传媒、和宣传教育者的态度是一致的,因此受到鼓舞,使这一态度得到强化。如果许多人都有了正确态度,那么,肯定性信息提供就会使大家都受到鼓舞,已有态度都得到强化,进而又相互影响。在这种情况下,就有可能逐渐形成一种热烈健康的舆论氛围。20世纪60年代初期开展的学雷锋活动就是如此。这一类情况,许多老同志都有亲身体验,记忆犹新。第五,有助于提高宣传教育者的影响力。宣传教育者坚定不移地提供肯定性信息,可以给宣传教育对象留下深刻印象。特别是在一片否定声中,宣传教育者坚定不移的立场,会引起劝导对象的深思,进而引起他们的态度改变。这种做法,被社会心理学家称为"影响者的行为风格"。

在强调以正面教育为主的时候,还必须高度重视全面信息提供的问题。随着社会的进步,随着大众传播媒介的发达,人们的现代化意识不断提高,思想境界不断开阔,在宣传思想教育工作中,对于全面信息提供的要求越来越高。所谓全面信息提供,就是既提供肯定性信息,也提供否定性信息。无论是提供肯定性信息还是提供否定性信息,其目的是让大家形成正确的态度,准确地分析处理问题。提供一定数量的否定性信息,批评不良行为,揭露阴暗面,以赢得广大宣传教育对象的理解、信任和拥护,同时这样做,才能有效地修正错误、消除腐败。这正是我们共产党人能够保持旺盛生命力的原因之所在。

在正常的情况下,否定性信息提供能够产生下述心理效能:第一,能够使宣传教育对象全面准确地认知事物。能够认识到所存在的问题,包括自己存在的问题,自己的组织中存在的问题,社会中存在的问题,辩证地认识形势,同时明确自己的行动方向。第二,能够使宣传教育对象对宣传教育者产生亲近感。会认为宣传教育者是真诚的,是信任和尊重他们的,进而在感情上向宣传教育者靠拢,倾向于接受宣传教育者的观点。相反,如果他们怀疑宣传教育者有意隐瞒了否定性信息,则会认为宣传教育者不信任他们,甚至认为宣传教育者别有用心,因而拒绝接受他们的意见。第三,能够对宣传教育者产生强大无畏的良好印象。人们往往会有这样的一种推理过程:你能够真诚地提供否定性信息,说明你心地坦荡;你心地坦荡,说明你无所畏惧;你无所畏惧,说明你力量强大,充满生机,前途光明。

毫无疑问,对儿童要进行正面教育。① 而对于部分成年人来说,社会转型使他们思想上产生许多矛盾:期待改革开放带来实惠,也知道改革开放要付出代价。但是,当自己的个人利益受到损害时,仍免不了产生困惑和牢骚,对他们来说,也要强调"以正面教育为主",以坚定他们克服困难坚持改革开放的决心。这种情况将长期普遍存在,因此,加强正面教育,加强中华民族精神的弘扬和培育工作,具有重要的现实意义。

(二)"泡菜"理论:民族精神教育要营造适宜的文化环境

在大学文化素质教育问题讨论中,华中科技大学的涂又光先生提出的

---

① 下述资料可以帮助我们理解要对儿童进行正面教育的意义。国外有人提出"让儿童面对真实世界"的观点,曾经引起过争论。有人提出:父母在孩子面前应该使自己的情感公开化,充分暴露他们之间的矛盾,让孩子从小就在充满矛盾的真实世界中生活,这样,可以降低孩子长大后步入社会时感受到的巨大反差,降低他们所遭遇到的巨大情感危机,增强社会适应性。这种观点,实际上就是赞同向孩子提供否定性信息。绝大多数学者理所当然地拒绝了这种观点。他们认为,孩子生理、心理发展有一个从不成熟逐步走向成熟的过程,在不同的阶段,有不同的发展主题。如果孩子尚未成熟时就过多地接触否定性信息,会严重影响他们正常人格的形成。这些道理简单易懂:父母亲吵架的时候,大多都会避开年幼的孩子;国外某些太"暴露"的影视片都标明了"儿童不宜"的字样。

"泡菜"理论十分形象,颇有影响:"泡菜的味道,主要取决于由糖、盐、生姜、大蒜等构成的泡菜水的味道。同理,大学的教化很大程度上取决于大学的文化氛围。"对于少年儿童来说,他们个性的形成与发展,环境的影响具有决定性意义;对于成年人来说,虽然他们具有较强的自我控制、自我调节能力,但是他们的观念和态度依然受到环境的有力影响。社会心理学家指出影响儿童社会化的几个最重要的因素:家庭、学校、同辈群体、社会文化,社会文化中大众传播媒介尤其重要。文化环境主要包括精神文化环境、制度文化环境、行为文化环境、物质文化环境。精神文化环境主要包括历史传统和被大多数人认同的、大家共同遵循的共同价值观念、理想情操等,它们是文化环境的核心和灵魂,是高层次的文化环境。制度文化环境主要包括各种法律法规、制度、公约、行为规范及惯例,是保证社会活动得以正常展开的一系列硬性指标。行为文化环境主要指各种文化生活方式,如各种社会舆论、人们的社团活动、文体活动、闲暇文化活动等,是文化环境的主要体现,是最活跃的部分。物质文化环境主要包括各种文化设施、人工建筑、自然风光等,如博物馆、图书馆、运动场、广场、道路等,这些环境以其独特的风格和文化内涵,潜移默化地对人们的行为和观念产生影响,是文化环境的基础和载体。

环境对人们的影响具有"浸润性",无时不有,无处不在,潜移默化,润物无声。茅于轼先生指出:"外界心理暗示的反复作用,可以使印象得到巩固,人们的行为规范就会渐渐跟着改变。20世纪60年代初对于雷锋事迹的报道,对提高全社会的道德水平曾起过巨大的作用。他的助人为乐、勤俭克己、勇于牺牲、认真负责的高尚品质感染了我国不同年龄、不同阶层的许多人。"[1]一个有趣的现象是,人们在环境中生活,在某一时刻发生的某一事件会对某个人产生巨大的影响,甚至决定他一生的发展道路。例如,老师在课堂上讲了一句感悟深刻的话,对其他许多同学来说,这句话似乎也没有什么特殊之处,听完了也就过去了,但是对某个同学来说,却可能深深地震撼

---

① 茅于轼:《中国人的道德前景》,暨南大学出版社1997年版,第28页。

了他的心灵，让他刻骨铭心。这种现象被刘献君教授称为偶然事件的影响力。从心理学的角度讲，由于每个人某一时刻的思维和情绪的演进状态不同，注意的着重点不同，也由于每个人思维和情绪的习惯有差异，所以环境中某事物对他们所产生的刺激效果大相径庭。当然，偶然事件的影响力有正面影响和负面影响的差别，处于某一场合中的青少年，一句具有积极意义的话可能使他大受启发，引导他走上积极的人生；而一句具有消极意义的话，也可能引发了他的极为深刻的消极感悟，影响他一辈子。因此，形成健康浓郁的文化环境，诱导更多的具有积极意义的"偶然事件"出现，对于弘扬和培育中华民族精神意义重大。

青少年是祖国的未来，是民族的希望。青少年兴则国家兴，青少年强则国家强。毛泽东曾经指出，"思想政治工作，各个部门都要负责任，共产党应该管，青年团应该管，政府主管部门应该管，学校的校长教师更应该管"①。邓小平根据新的情况进一步指出："我们希望从事教育工作的同志，各个有关部门的同志，整个社会的家家户户，都来关心青少年思想政治的进步。"②他还要求，"学校的党团组织和所有的教员都要做学生的政治思想工作"③。各级政府和社会各部门要积极开发利用教育资源，充分运用传媒的导向作用，加强社会文化市场及娱乐场所的管理，针对青少年特点，开展生动活泼的民族精神教育，为青少年成长提供所需要的丰富多彩的、健康有益的精神食粮。要用生动活泼的故事、传记等形式把中华民族的文化传统、文明历史、英雄人物、历史事件等编写出来，通过电影、电视、书刊、漫画、教科书等渠道广为宣传。要用各种社会实践，包括参观、访问和参加社会活动，让广大青少年了解中华民族饱经沧桑、艰难曲折的奋斗历史，了解民族精神的时代特点，树立民族自信心和自豪感，焕发报效祖国的壮志豪情。要充分挖掘爱国主义教育资源，利用重大事件、重大节庆日和重大纪念日，发挥各类博物馆、纪念馆、革命遗址等教育基地的作用，发展"红色旅游"，深入宣

---

① 《毛泽东著作选读》（下册），人民出版社1986年版，第780页。
② 《邓小平文选》第二卷，人民出版社1994年版，第105—106页。
③ 《邓小平文选》第二卷，人民出版社1994年版，第290页。

传中华民族的优秀历史文化,宣传中国共产党的光荣奋斗历史,宣传改革开放和现代化建设的辉煌成就,引导和激励人们同心同德地创造幸福和谐的美好生活。同时,各级政府和执法机关要对社会环境进行综合治理,持续不断地进行反腐、打黑、扫黄、禁毒、反邪等工作,特别要对腐蚀毒害青少年的犯罪行为予以严厉打击,坚决清理整顿和取缔校园周边的黑网吧和各种非法游戏厅、录像厅、影像厅、音像书刊点,从根本上扭转社会风气、净化社会环境。要发挥课堂教育主渠道的作用,把民族精神教育的内容贯穿到学校德育、历史、地理、语文、科技等各学科课堂教学之中,让广大青少年了解中华历史,强化国家意识,升华民族感情,把伟大的中华民族精神弘扬光大,永世相传。

(三)搭建交互性沟通平台:加强和改善思想政治工作的重要手段

互联网为交互性沟通奠定了坚实的技术基础。互联网的本质就在交互。Internet 的前缀是"inter",中文意为"交互";主题词是"net",中文意为"网络",合在一起就是"交互的网络"。互联网上的人际交往手段包括:电子邮件、新闻组网络系统、电子公告栏系统、网络文本聊天、多用户网络游戏。互联网沟通的利弊都十分突出。"互联网给了网民最大自由度的交流和谈论空间,具有在重大问题上迅速形成舆论、使政治活动变得非常透明的特点,从而起到较好地保障政治民主、推进政治民主化进程的作用。但若网络传播的舆论造势失误,将会给政治带来巨大的杀伤力。"[1]任何意见和言论,无论是否有价值、是否正确,都可以上网传播,这使得协调社会正常运作所必需的统一思想观念无法形成,不仅不利于社会整合,甚至可能给社会带来灾难。不能回避的事实是,互联网为人们提供了极为广泛的交互性沟通平台,如果得到很好的运用,就能够使思想政治工作的交互性沟通充分实现,使其无论是在深度还是在广度上都达到了传统沟通所无法达到的程度,

---

① 柳泽花、吴廷俊:《从多维角度看网络传媒的负面效果》,《华中科技大学学报》(社会科学版)2003 年第 6 期。

有力地推动思想政治工作的开展。互联网可以实现双向沟通、快速沟通、全面沟通、反复沟通,网络思想政治工作可以采用一对多、多对一、多对多等互动方式,极大地扩展了沟通方式的类别,同时也可以使思想政治工作的形式得以不断创新,效果不断提高。

心理水平的提高突出了人们交互性沟通需求。现代社会人们的生活水平和文化水平得到了普遍提高,当人们的物质生活需要得到适当满足后,就会逐渐转向对较高层次的精神生活的追求。随着心理水平的不断提高,人们需要有一个生动活泼的社会心理环境,需要获得信任和尊重,需要发挥才能和作出贡献,需要民主政治和民主管理。他们"本能"地讨厌高高在上指手画脚的教育方式,需要平等地交流,需要充分发表个人的意见,以维护和发展自己的自尊心与成就感。在社会变迁缓慢、沟通迟缓、信息相对贫乏的时候,思想政治工作常常采用单向沟通的形式,如简单"灌输"的形式,并取得了很大的成功。在那种情况下,沟通者掌握着重要的、新颖的信息,这些信息能够引起被沟通者的高度兴趣,沟通者具有明显的传播优势,并因此形成很高的威望。但是,在社会变迁剧烈、沟通发达、信息出现"爆炸"的情况下,传统的单向沟通形式遭受到严峻挑战,各种传媒把各种信息推到人们面前,人们一方面为眼花缭乱的信息所困扰,另一方面又能够根据自己的需要有选择地接受信息,并根据自己的意愿发布信息,成为能够左右信息的主人。

我们党的领袖们都曾经倡导思想政治工作要进行交互性沟通。毛泽东在人民军队初创时期,就提出思想政治教育应采取"启发式",反对灌输式。在革命胜利后又进一步指出要唱对台戏,说唱对台戏比单干好。他强调运用民主的方法开展思想政治工作,强调思想政治工作对象的参与,实际上是把交互性沟通纳入思想政治工作的规律中。邓小平对思想政治工作交互性沟通思想有了进一步的发展。他指出:党要领导得好,就要不断地克服主观主义、官僚主义、宗派主义,就要受监督,就要扩大党和国家的民主生活。……只有各种意见表达出来,进行争辩,才能真正发展马克思主义,发展辩证唯物主义。江泽民在十六大报告中强调:"共产党员首先是各级领导干部,都要努力运用说服教育、示范引导和提供服务等方法,做好新形势下的群众工作,团结和带领群众不断前进。"同时要求我们把解决群众的思想问题同解决群众的实际问题有机结合起来,深入到群众中,倾听群众呼声,了解群众疾苦,千方百计为群众排忧解难,把党和政府的关怀送到群众心坎上。这里不仅贯穿着交互性沟通的思想,而且强调把思想政治工作落到实处,使交互性沟通的内涵得到深化和发展。

要积极通过报纸、电视、广播,特别是互联网等媒体搭建交互性沟通平台。一些城市的报纸、电视、广播中都开辟了政府职能机关与市民的对话栏目或节目。一些大学在校园网上设置了学校领导、职能部门负责人与师生直接对话的窗口,师生们可以通过校园网上的 BBS,发表自己对某问题的看法,提意见,提建议。这些工作做得还不普遍,需要继续加强。做这些工作虽然矛盾很多,困难很大,但是确实是势在必行。搭建交互性沟通平台,既是有效开展思想政治工作的基础,更是党和政府了解人民群众的心声、发挥人民群众参政议政作用、监督与避免官僚主义、预防与惩治腐败的重要途径,对于建设和谐社会具有重要意义。

第七章

中国法治现代化进程中
"民族精神"本土化资源
的曲折发展历程与作用

近现代中华民族的历史是多灾多难的历史,外来入侵使得中华民族为了民族独立进行了艰苦卓绝的斗争,在付出巨大牺牲以后,才获得民族独立。为了富国兴业、人民富庶,我们又为建设有中国特色的社会主义道路进行艰辛的探索。在这个过程中,面对外来文化的冲击和对本土传统习惯的依赖,我们努力地摸索适应中国国情的现代化道路。在法律领域,我们在制定法上决然地否定了延续了两千年的中华法律传统,按照西方模式建立起现代法律制度体系。但是制定法在现实社会中大量失范现象的存在,使得中国法治现代化在进一步深化过程中必须考虑中国传统的民族精神的现代化问题。

一、清末修律中"礼"、"法"之争开启
中国法治现代化的历程

近代中国的国门是被西方列强用枪炮打开的,但是庞大的封建帝国沦为半殖民地的过程远比西方列强想象的要复杂。千年文明古国长期形成的

传统和习惯对于尚处于资本主义发展初期的西方列强有许多百思不得其解的疑惑。列强之间在中国的竞争和中国人民此起彼伏的起义,使得西方列强放弃了独占中国的野心,转而逼迫晚清当局修改法律、改革政治体制以适应他们利用清王朝进行殖民统治的需要。

1900 年义和团运动引发八国联军入侵北京,腐朽的清政府不堪一击,被迫逃往西安,在李鸿章的斡旋下,清政府被迫与列强签订了《辛丑条约》。在接受了一系列丧权辱国的要求之后,于 1901 年被迫下诏变法,从而开始了中国法治现代化的历程。1901 年 1 月,流亡西安的慈禧下诏:"世有万古不易之常经,无一成罔变之治法。大抵法久则弊,法弊则变。""法令不更,痼习不破,欲求振作,须议更张。"(《光绪朝东华录》)在这个诏书中为了推脱罪责,将康有为的"百日维新"运动斥为"乱法"而不是"变法"。这时清政府也承认"习气太深"、"文法太密,庸俗之吏多,豪杰之士少",必须学"西政之本源","取外国之长,乃可补中国之短"。这时候英、美、日、葡等列强许诺在中国废除残酷的刑罚之后,可以考虑放弃领事裁判权。于是,慈禧又下诏:"现在通商、交涉,事益繁多,着派沈家本、伍廷芳将一切现行律例,按照交涉情形,参酌各国法律,悉为拟议,务期中外通行,有裨治理。"①次年,清政府任命沈家本、伍廷芳为修订法律大臣,着手全面修订现行法律和制定新的法律。

根据清政府发布的"中外通行"的修律指导方针,沈家本确定了修律的基本原则,这就是"参考古今,博稽中外","专以折冲樽俎,模范列强为宗旨"。沈家本希望能兼容中西,博采众长。一方面,西方国家法律比中国封建制法律进步,是这次修律需要实现的法治变革的目标;另一方面,中国是一个拥有数千年历史传承的文明古国,中国礼教风俗与欧美存在重大差异。这就决定了从清末修律开始的近代中国法治现代化是一个艰难的历程。

1902 年沈家本等修律大臣在遵循"中外通用"的指导思想下,开始了近十年的修订法律的活动。先从清朝最基本的法典——《大清律例》修订开始,于 1910 年公布了《大清现行刑律》。这部法律删除了凌迟、枭首、戮尸、

---

① 怀效锋主编:《中国法治史》,中国政法大学出版社 1997 年版,第 430 页。

缘坐、刺字等酷刑,将笞、杖、徒、流、死封建五刑改为死刑、徒刑、拘留、罚金,与现代西方刑罚制度相一致。取消了按吏、户、礼、兵、工、刑六部而分的六律总目,将旧律中继承、婚姻、田宅、欠债等纯属民事的内容从新的法律中分出,不再科刑,以示民刑有别。在新律中集中革新了五个方面的内容,即更定刑名、酌减死罪、死刑唯一、删除比附、惩治教育,对旧律例进行了全面的修改。除此之外,又分别制定了诉讼法、民法和商法。改变了中国千年以来诸法合体、民刑不分的封建法律结构形式。

清末修律是在国门洞开、西学东渐、新旧相斥的历史背景下进行的。在《大清新刑律草案》完成的前后,就触发了关于法治变革的"礼教派"和"法理派"之间的激烈斗争。礼教和法理分别代表着两种不同的法律思想。"礼教派"代表着封建法律思想,以维护宗法家族等级制度,进而达到维护整个封建制度为目的;"法理派"则代表新兴资产阶级法律思想,以维护人权为手段,进而实现建立资本主义社会制度的目的。礼教和法理的争执一开始主要是围绕着《大清新刑律草案》中有关封建皇权和家族伦理道德有关内容展开的。但随着辩论的深入,开始涉及法律的一些基础性问题,如法律现代化的社会基础。

1910年,法理派代表人物之一的杨度作为宪政编查馆特派员,到资政院议场代表政府阐述新律的宗旨时,与当时礼教派代表人物劳乃宣进行了激烈的争论。杨度在演说中指出,旧律与正在预备的立宪宗旨不符。现代社会中宪政体制要求立法和司法分开,审判活动依据的主要是立法机关的法律,而旧律中法无正条给予援引比附的原则,其中就包含"司法包含立法"的实质含义。从对援引比附的改革出发,杨度阐述西方各国宪政体制中,"罪行法定原则"。"既许人民之子自由,即不可不有一种正当的法律以防范之,其所以防范者,使其自由于法律之中,不得自由于法律之外,而正当的法律必须有正当条文。因此国内宪政进行之时,必须使一切法律都与宪政相符合。所以,旧律既不适用,不能不用新律。"①杨度的目的是希望中国

---

① 李贵连:《沈家本与中国法律现代化》,光明日报出版社1989年版,第167页。

法律的基本原理与世界各国的原理相一致,从而会在审判上彼此尊重各国的主权,各自服从所在国的审判。但是,如果一个国家的法律与世界各国法律原理相违背,外国人就有不遵从其法律的可能。中国领事裁判权的产生,原因就在于此。杨度一再重申,各国已经承诺中国改良法律制度以后便撤销在中国的领事裁判权,为此,中国应该趁此机会改革自己的法律和审判制度。法理派有一种幻想,希望通过法治现代化的运动,实现民族的独立和社会的进步,这无疑是在政治上幼稚的表现。但法理派在论述法律现代化的必要性的时候,说明了法治现代化的社会基础。杨度认为旧律赖以建立的社会基础是家族主义。所谓家族主义,就是以家族为本位的国家制度。在这种社会制度下,对家族的犯罪,就是对国家的犯罪;国家维护家族的存在和延续,才可以保证自身的存在。家族制度的特点是严格规定家族内部的尊卑等级次序,刑法的指导思想也由此产生。缘坐制度规定,一人犯罪,诛及父母,连坐族长。由此产生家族对国家的责任。国家维护家族制度,同时也要求家长对国家的责任。家长对国家承担的维护社会稳定的责任,在法律上就会赋予家长特别的立法和司法的权利。这就在中国社会形成一种家法和国法并存的格局。这种格局的原因是什么呢? 杨度说:"要持家族制度,以保护国家与治安,故并立(法)司法之权以付与(予)家长,故家长对于一家之中,可以行其专制之手段,有无上之权柄。"①家族制度在中国漫长的历史中实行的结果,造成中国家庭中除了家长以外,其他家庭成员都没有独立的人格。在这里,杨度实际上将封建家族制度中的君为臣纲、父为子纲、夫为妇纲等基本要义,用现代法律语言表达出来。法理派通过现代法律理论揭示旧的封建法律制度中,国家、家庭和个人之间的权利义务关系。这种制度中,只存在国家和家庭,家庭和个人之间的权利义务关系。国家与个人之间并不直接发生权利义务关系,而必须借助家庭的中介。

与家族主义不同,国家主义是以个人为本位的国家制度。人民对国家承担义务,国家赋予人民权利。国家保证人民的生养之计,人民对国家承担

---

① 李贵连:《沈家本与中国法律现代化》,光明日报出版社 1989 年版,第 168 页。

防御外寇、遵守社会秩序的要求。每个公民都享有对国家的一切权利和义务,在没有成年以前,由家长代为行使。一旦成年,家长就应该将这些权利和义务还给本人,以保证他的人格独立。

根据当时学界流行的进化论,杨度认为一切国家都经历过家族制度的阶段,都存在国家的政治法律受家族主义支配的历史阶段。但是,有的国家发展较早,从而很快由家族主义进化到国家主义,有的国家发展较迟,还处在家族主义统治时期。中国就是如此。历史发展到现在,列强的入侵已经严重威胁中华民族的存亡,家族主义完全不适应统治的需要,变家族主义为国家主义,实现法治现代化,是挽救中华民族存亡必须采取的改革。因为在家族主义法律制度中,中国社会大多数人对于国家没有直接的权利义务关系,对国家的兴亡并没有不可推卸的责任。少数家长虽然负有责任,但又力所不及;为官做吏的家长,一方面要尽臣子的义务,对国家效忠,另一方面作为慈父孝子,对整个家族的生活质量和后代财富的积累都有着不可推卸的责任,许多人从而作出各种贪污受贿的行为。这种制度下,造成慈父孝子贤兄恭弟太多,而忠臣义士太少,这才造成国家遭受外来入侵时,无力抵抗。

礼教派对于法理派破家法立国法的主张极力反对。礼教派代表人物劳乃宣著文批驳杨度的观点同时,提出了自己的变革法律的观点。劳乃宣对中外社会的法律制度与社会生产方式的关系进行考察,提出有三种不同形式的法律,它们源自社会三种不同的经济结构。这三种经济结构分别是农桑、猎牧、工商,与此相适应有三种类型的风俗礼教政体,从而产生出家法、军法和商法三种类型的法律体制。

农桑之国的人民,生活在固定的地区,有着固定的住所,男耕女织,在日常生活中听命于父兄的安排。这决定农桑之国的礼教政体都是从家法中产生出来,君臣关系等同于父子关系,"其分严而其情亲,一切法律皆以维持家法为重,家家之家治而一国之国治矣"①。在这种法律制度下,人们亲其亲者,尊其尊者,天下由此得以太平。猎牧之国的人民,没有固定的住所,人

---

① 李贵连:《沈家本与中国法律现代化》,光明日报出版社 1989 年版,第 171 页。

们结群野处,逐水草而徙居。这种生活方式决定了人们在生活中会面临外界恶劣的生存条件,为了生存而进行征战是生活中一项基本内容。这种生活方式决定礼教政体来自兵法,君臣关系等同于军队中上下级的关系。"分严而情不甚亲"。法律简单但对人约束很严。工商之国,人们群居于市,逐利而市。人们需要遵守商业活动的习惯,礼教政体也由此而产生。人们之间关系遵循平等和有偿的原则。总之,风俗者乃法律之母,立法无视一国固有的风俗,必然会使法律流于形式,有弊而无益。

劳乃宣针对杨度法治现代化必须破家法而立新法的观点,进行了历史分析。他认为中国人之所以爱家而淡于爱国,根源不在家族主义而是秦以后的专制政体。春秋战国时期民众爱国的例子不胜枚举,有郑国弦高送牛犒师;越国亡于吴国之后,越人举国一致复兴越国等等。只是到了秦代以后,行专制政体,国家一切政事都操纵在各级官吏之手,民众逐渐远离政事,久而久之,民众渐渐不知道爱国。即使在西方各国,也不是像杨度所言欧美民众不爱家庭。只不过家庭内涵不同而已,中国家庭以父子为范围,而西方家庭以夫妇为范围。因此,认为西方国家民众爱国而没有家庭观念是不能成立的。但西方民众在现行宪政体制下,深刻了解家国一体的原理,知道不能保全国家也就不能保全自己的家庭。西方宪政体制力促民众知悉国事,从而使人人感到个人命运与国家休戚相关。从这种分析出发,礼教派极力反对法理派所主张的必须破家族主义以立国家主义的近代宪政的变法措施。

中国封建社会两千多年的历史发展进程中,清末 10 年只不过是短暂的一瞬间。但就中华民族法律文明的发展来讲,却是具有里程碑意义的 10 年。这场涉及社会重大变革的修律运动所触及的一些重大理论问题,一直影响到今天中国的法治建设。礼法之争涉及的问题,直到今天所有发展中国家法治建设中都面临同样的困惑:学习西方进步的法律制度而又能很好地结合本民族的本土化资源。20 世纪初,面对山河破碎、民不聊生的局面,日夜期望民族兴旺、国家昌盛的新兴资产阶级思想的法理派,为了改变国家的命运,努力学习西方的政治法律文化,希望在中国通过法治的现代化来改变落后的国家制度和社会制度。以沈家本为核心的法理派经过艰苦的努力和不屈不挠的斗争,终于开启了中国法治现代化的大门,他们制定具有现代意义的刑、民法典,改革司法审判制度,开设法律学堂。尽管还没有等到实施清王朝就覆灭了,但他们确立的中国法治现代化的方向却为后来的执政者所延续。北洋军阀政府直接援用了法理派起草的法律,国民政府也将他们制定的法律作为立法的蓝本。他们为现代法律制度和法律思想在中国社会生活中扎根确立了坚实的基础。另一方面,一直被指责为封建落后思想代表的礼教派在当时历史条件下提出的许多主张,固然大多数都是为了维护封建皇权和伦理纲常,但也有涉及法治现代化过程中必须面对的民族传统、民族精神如何与现代法律制度相衔接的问题。这个问题在清末修律中,由礼法之争而提出,随着中国法治现代化进程的发展渐渐成为一个基础性问题。

二、法治现代化进程中不同法律文明的冲突

清末修律以后,中国传统法律影响逐渐式微,而代之以西方的法律体系,从而形成中国社会现实中一种文化错位的格局。一方面我们按照西方的法律模式制定了宪法、刑法、民法、行政法、诉讼法等法律,以此来调整社会生活的各个领域,并希望通过这些法律的实施来达到社会进步的目的。但这是在另外一种文化环境的历史中形成的传统,这种传统与中国固有的传统中的许多价值理念是相悖的。"于是当我们最后不得不接受这套法律制度的时候,立即就陷入到无可解脱的精神困境里面。一种本质上是西方文化产物的原则、制度,如何能够唤起我们对于终极目的和神圣事物的意识,又如何能够激发我们乐于献身的信仰与激情?"①

---

① 梁治平:《死亡与再生:新世纪的曙光》,伯尔曼:《法律与宗教》"译者前言",中国大百科出版社 1997 年版,第 15—16 页。

法治现代化是一个变革的概念,它标志法律发展的一个特殊的历史阶段,在这个阶段社会法律制度和它的运作体系实现了从传统向现代的跃进,它不可避免地带来新旧观念的冲突。这就在法律变革和法律理论中产生现代化理论的文明冲突的问题。

现代化是一个极为复杂的概念,因为现代化涉及人文主义中不同的理解,不同的人对它的解答相去甚远。现代化理论最先产生于第二次世界大战结束以后的西方,战后经济和社会各个方面的全面发展,迅速治愈了战争带来的创伤,西方社会的繁荣景象成了许多新独立的国家和落后国家羡慕的对象。20世纪六七十年代世界范围关于社会现代化的讨论,在西方形成一种观念:西方发达国家的今天,就是落后国家的明天。因此,现代化的含义就是传统社会向西方发达国家那种经济富裕、政治稳定的社会状态过渡。在这个过程中,工业化是现代化的始因,现代化是工业化最后的结果。这种西方本位的现代化理论中核心的概念是,工业化、城市化、欧化和西化,赋予现代西方的特定经历以普遍意义,目的是将其他国家的发展纳入西方体系的轨道。这种理论被有些学者称为依附理论。

与西方学者不同,一些发展中国家学者认为,现代化是进入一个人类主宰自然和社会的过渡阶段。在这个过渡阶段,人类通过自身的努力,将自己生活的环境建立在富足和合理的基础上。现代化作为一个进步过程,它的实现方式和结果都存在多元化。

各种现代化理论都有两种关于现代化发展的理论模式:"连续模式"和"隔断模式"。"连续模式"认为,世界的发展是单线的,落后国家的发展道路只有延续发达国家的做法;而"隔断模式"则认为发达国家的发展模式是以对发展中国家的剥削和掠夺为前提的,因而,发达国家的发展模式对发展中国家没有实质的借鉴意义,发展中国家应该探寻自己的发展目标和发展道路,世界现代化的格局应该是多元的。①

---

① 塞缪尔·亨廷顿:《现代化理论与历史经验的再讨论》,上海译文出版社1993年版,第127、137页。

　　现代化作为一个历史跃进过程,意味着社会从一种落后的状态达到最新的进步阶段的运动过程。这个过程有两个指标:一是进步的指标,这是实体意义上指标;二是现代的指标,这是时间意义上的指标,进步只有达到现代水准才具有现代化的意义。没有达到现代意义上的进步都不具有现代性。现代化的两个指标的引入,使得进步不再局限于西方早期确定的自然科学的科技因素,将进步与现代社会中人的理性和价值观相联系。现代化成为一种复杂的文化现象,不同文化环境中都会产生属于自己的现代化的内涵,并确定自己的发展道路。不同文化背景之间会产生对于现代化的要求的歧义,西方文化中认为具有现代性的东西,东方未必认同;即使是在西方阵营中,英美文化认同的现代化,欧洲大陆未必以为然。正因为如此,不同国家之间关于现代化的不同认识,导致现代化中不同文明的冲突。

　　法律传统是一种具有实践性和实用性的文化传统,正如德国一位历史学家所言:"对于古典的法学具有决定意义的事实是,法律始终是直接的公众经验的产物,而且,进一步来说,它并不是法学家专业经验的产物,而是那些通常在政治生活和经济生活中具有价值的、人们的日常实际经验的产物。"①法律传统实践性主要表现为,法律传统是人类丰富的社会实践经验的产物。正因为如此,所以社会生活中真正起作用的法律因素,不是国家的立法和法学家的理论创造,而是人们所生活的文化环境世代相传的法律传统观念。

　　人类社会在自身的历史发展过程中创造了属于自己的法律传统,并随着历史的发展而不断地丰富。作为一种历史传统,法律的发展和创新是不可能在与过去相隔绝的状态下实现的,这其中的原因在于,法律传统是与民族生存相联系的。世界上各个民族在长期的历史发展中,形成了自己文化传统上独有的风格和精神特质,这些表现在语言、文字、饮食、服饰、生活方式等方面,也表现为不同的风俗、习惯和政治法律结构之中。在这些民族风俗和法律传统中会由于历史原因和生活环境形成一些有关社会特殊的价值

――――――――――
① 奥斯瓦尔德·斯宾格勒:《西方的没落》,商务出版社1963年版,第158页。

标准,从而体现出各自的民族精神的特质。这就要求每个时代的法律必须与国家的历史传统相适应,"要设法牢记,法律是民族的历史、文化、社会价值观念和一般意识与认识的集中表现。没有两个国家的法律体系是确切相同的。法律是文化表现的一种形式,而且如果没有经过某种本土化的过程,一种文化是不可能轻易地移植到另一种文化里面的。"①法律与民族的历史如此密切相关,任何民族都不可能隔断自己的历史而凭空创造一项新的法律制度,也不可能抛弃历代相承的民族传统而毫无选择地全盘接受外族的法律制度。法律的这种属性决定任何民族的法律现代化都必须正视本民族的传统文化价值。

"法律必须被信仰,否则它将形同虚设。"②任何法律都不只是一套规则体系,而是在社会生活中作为活生生的人进行活动的依据。人们依据法律分配权利义务,据以解决相互之间的纠纷,从而在社会生活中形成一种稳定的有序状态。任何法律要在社会生活中起到实效,必须经过社会化过程。国家通过各种传媒手段和法学教育将现代化的法律灌输到社会生活各个领域。

法律现代化的道路一般而言有两种,即外发型和内发型。外发型主要是由于外来现代法律文化的冲击而被迫走上现代化的法律发展道路;内发型则主要是本国的社会发展和法律文化的进步,促使本国法律自觉地走上法治现代化。在外发型法律现代化过程中不可避免地会产生新旧、中外法律文化的冲突。如前所述,中国现代化的大门是被西方列强用枪炮打开的,在这个过程中,中国传统法律文化遭到空前的挑战。主要形成于封建社会并建构在自然经济、宗法等级制度和专制政体基础上的中国传统法律文化,在近代商品经济的激烈冲击下,存在着一个自身如何适应新的经济条件的问题。"西方法律文化在中国的广泛传播,导致了中西两种不同质的法律文明之间剧烈撞击和冲突,这是两种价值体系的冲突,因为中国法律文化和

---

① 格登等:《比较法律传统绪论》,《法学译丛》1987 年第 2 期。
② 伯尔曼:《法律与宗教》,三联书店 1991 年版,第 15—16 页。

西方法律文化是在不同文化条件下生长出来的两种法律精神的载体形态，它们之间无疑有着巨大的历史差异性。①

由于西方法律文化的侵入和中国为了求得民族独立的需要，中国近代以来法治现代化主要是向西方法律制度学习而建立起来的。在中国现实社会中法律文明的冲突，主要表现为制度性法律文化和传统法律观念的冲突。这种法律冲突不仅发生在中国，在亚洲许多国家都存在。这在法学界被称为"二元法律文化"并存的现象，就是在社会发展的某个历史阶段，存在着两种不相协调、相互冲突的法律制度体系和法律观念体系。自清末修律以来，中国在法律制度建设上积极学习西方的现代制度；在新中国成立以后，学习苏联社会主义法律制度，这都是在革命或变革以后，尽可能实现制度现代化的做法。革命以后可以在短时间内打碎旧的国家机器、政权结构和法律制度，但革命不可能在短时间内消灭旧的政治法律文化。正如有些学者所说："法律制度、法律规范及法律操作，能够在短时间内彻底更新，而凝聚着长期历史积淀的法律心态、法律认同、法律行为却不会轻易改变。"②法国著名比较法学者勒内·达维德也说过："立法者可以大笔一挥，取消某种制度，但不可能在短时间内改变人们千百年来形成的、同宗教信仰相连的习惯和看法。"③所以，伴随着中国法治现代化的进程，当代中国人在法治建设中面临着一个非常艰巨的任务，即协调制度性法律和传统法律观念的冲突。

法律文化二元结构的冲突现象，在中国当代社会现实中极为普遍。改革开放以后，经过二十多年的法治建设，我国已建立相对完整的法律规范体系，完善了司法诉讼制度。在法律实践中，由于中国传统法律观念中无讼和厌讼心理的影响，人们总不愿意通过法律诉讼途径解决彼此之间的纠纷。在中国也早在财产继承中确立了男女平等的原则，但几千年封建传统中男尊女卑的观念，使得大多数女子的合法继承权难以兑现，尤其是在农村更是如此。我国的法律规定了婚姻自由制度，但变相的包办婚姻、买卖婚姻在基

---

① 公丕祥：《冲突与融合：外域法律文化与中国法治现代化》，《法律科学》1991 年第 2 期。
② 蒋迅：《中国法律文化的现代化》，《法学》1987 年第 7 期。
③ 勒内·达维德：《当代主要法律体系》，上海译文出版社 1984 年版，第 467 页。

层社会中还是大量的存在。从上述大量存在的法律规范失范表现中可以得知,法律文件体现了一个社会的立法者希望达到的社会秩序状态和理想目标,这种理想的目标却常常会由于该社会的经济、政治、宗教和其他因素的影响而与社会成员的心理观念不相协调,从而使法律难以产生预期的效果。因此,中国法治现代化中制度和观念的冲突,实际上反映了理想要求与观念滞后的矛盾。这种冲突的存在,迫切需要中国在法治现代化过程中解决好现代法律制度在中国本土化的问题。如果一个国家缺乏一种能够赋予现代化制度以生命力的现代心理基础和精神依据,执行和运用这些现代制度的人,还没有从心理、精神和行为方式等方面经历一个现代化的转变,那么在这个国家,不管是多么先进的现代化制度的实施,都不可避免地会走向失败或产生畸形的结果,不管多么完美的制度,在思维仍是传统的人手中都会变成一纸空文。"那些先进的制度要获得成功,取得预期的效果,必须依赖运用它们的人的现代人格、现代品质。无论哪个国家,只要它的人民从心理、态度和行为上,都能与各种现代形式的经济发展同步,相互配合,这个国家的现代化才能真正得以实现。"①

法律制度现代化和传统法律观念之间的冲突,带来对传统法律观念客观存在的确认。法律冲突不是决然否认传统法律观念的现实意义,而是如何利用这一社会变革的机会实现传统法律文化的现代化。这是一种对法律冲突的性质和社会功能的积极效应的认识。我国法律现代化学者公丕祥认为:"文化冲突与文化压力常常是文化演化与发展的重要动力。正是在文化冲突的过程中,固有的文化体系产生新的分化,并且在新的基础上走向新的整合。在剧烈的文化冲突过程中,固有的传统法律文化体系产生了深刻的变化,它逐渐地吸收和融合了外域法律文化体系的某些因素,导致法律文化价值取向的巨大转变,进而适应新的社会条件,开始了新的法律文化体系的整合或重建过程,并且由此获得新的生命力。"②中外学者从 20 世纪下半

---

① 英格尔斯:《人的现代化》,四川人民出版社 1985 年版,第 5 页。
② 公丕祥:《冲突与融合:外域法律文化与中国法治现代化》,《法律科学》1991 年第 2 期。

叶发展中国家法治现代化的急速变革过程中,得出一种共识:现代化过程中法律二元论并非是完全有害的,它具有某种能动的作用,可能会成为这些发展中国家法治现代化的一个动力。

三、法治现代化中民族精神与西方法治文明的结合

中国近代百年追求法治现代化的过程,主要是学习和借鉴外国的法律传统,欧洲大陆法系、日本法、英美法系和苏联法律在近代中国法治现代化中都起过重要作用。中国法治现代化对西方法律学习和借鉴过程中,法律从最初为了民族独立和国家复兴的功能主义认识,到确认法律在现代社会中不可或缺的价值作用。法律制定作为一项具有特殊社会功能的制度,其能否为人们接受并能产生实际的效果,在于它与人们的实际物质生活能否建立密切的联系,因此,在实现中国法治现代化过程中,我们必须考虑西方法律的一些本质特征以及传统的民族精神如何实现现代化,以便与现代法治相适应。

现代法律体系是西方启蒙运动以后逐渐建立起来的。现代法律文明被认为是西方文明中最为重要的一个组成部分,它与现代科学理论、合乎理性结构要求的哥特式建筑、理性和谐的音乐以及理性的专业化职业等构成西方文明的基本特征。近代西方在进入资本主义社会时,在政治、经济和法律乃至宗教方面的特征,有一些在非西方世界中也曾有所发现,但上述因素只有在西方才获得特别重要的意义。韦伯将西方社会促使资本主义产生的原因归结为社会结构形式理性主义作用的结果。"在这些方面中具有毋庸置疑的重要性的是法律和行政机关的理性结构。因为,近代的理性资本主义不仅需要生产的技术手段,而且需要一个可靠的法律制度和按照形式的规章办事的行政机关。没有它,可以有冒险性的和投机性的资本主义以及各

种受政治制约的资本主义,但是,绝不可能有个人创办的、具有固定资本和确立核算的理性企业。这样一种法律制度和这样的行政机关只有在西方才处于一种相对来说合法的和形式上完善的状态,从而一直有利于经济活动。"①韦伯将具有形式理性的法律视为西方资本主义形成和发展的重要推动力量。

现代西方法律中特有的理性主义,是东西方发展道路存在重大差异的主要原因。韦伯就是将西方特有的理性主义和与之相联的西方法律制度综合起来考虑,来研究西方社会的生成和演化。在韦伯看来,社会生活中存在两种类型的合理性,一是形式合理性,二是实质合理性。资本主义的合理性是一种形式主义的合理性。而前资本主义的东方社会的社会秩序和法律文明的基本特征是价值合理性或实质合理性,其法律的最大特点是关注法律的实质正义的实现。具有形式合理性的法律是西方法律所特有的,这一类型的法律渊源于古罗马法。尽管古希腊是西方文明的摇篮,但在古希腊法律并没有从一般社会控制手段中分化出来,它是与宗教、道德混在一起的。然而,到了古罗马时代,法律日益专门化,法学家成为社会生活中一个独立的阶层,他们的努力使得法律日益专业化,社会生活的法律调整也高度专业化。特别是罗马私法,它采用抽象的方法,对平等的私人之间法律关系进行高度概括,赋予各种财产权利以观念和原则形态,从而使罗马法确立了各种私法关系体系、制度、原则,并使这些法律体系具有内在的逻辑一致性和系统性。罗马法在这方面所达到的理论和实务的高度,在古代法律发展史上是前所未有的。罗马法在形式化运动所取得成就对近代西方理性主义法律的成长产生了巨大的影响,尽管近代西方法律并非全部根源于罗马法,中世纪后期西方法律从外来文化和自身实践中学习与创造了大量的新的法律制度,但近代西方法律是在"复兴罗马法、发展罗马法"的浪潮中形成的,罗马法的形式理性主义特征对西方近代法律的影响是巨大的,对于近代西方世界来说,"仅仅就它建立了形式的法律思想这种意义来说,接受罗马法是具

---

① M. 韦伯:《新教伦理和资本主义精神》,上海三联出版社1986年版,第14页。

有决定性的"①。

19、20世纪面对西方的挑战,中、日两国提出了"中体西用"和"和魂洋才"的基本策略。从表面上看两者很相似,但结果一败一成。这里面需要深究各国本土化资源面对外来挑战如何才能实现现代化。

"西用"和"洋才"大体相同,主要是引进西方的科技、工艺等知识,在法学领域表现为引进西方近代理性主义法律,但中、日两国本土文化却存在重大差异。"中体"者,乃中国两千年封建专制政体下的社会伦理纲常和与之相联系的理性化的意识形态——传统儒学。"中体"中因为有一整套理性形态的纲常理论的观念和信仰,而与西方的近代资产阶级法律中的自由、民主和平等等观念和制度具有内在的冲突。在西方思想观念进入中国的过程中,"中体"一直采取一种排斥的态度,先是将现代科学技术视为"奇技淫巧"予以排斥,在清末修律过程中乃至五四前后,新儒学都曾将民主和人权视为异端邪说。中国在外来文化进入中国以后引起的这些反应,都是有理论形态的世界观和价值体系的支撑。"宋明理学'理一分殊'的原则将社会和个体的生活秩序、行为活动、思想观念、情感表达作了非常严格的规范安排。'士农工商'的社会秩序、'义利之辨'的儒学观念长期深入人心,特别是士大夫知识阶层之中,传统的'中体'系统使人们不仅在感性上,而且在理性上,不仅在社会层面上,而且在心理层面上,顽强地抗拒现代化。'正人心,端风俗'总被当做对抗西方的政治战略和治疗社会的根本处方而为理学家如倭仁、徐桐所提出,而得到当时大多数士大夫知识分子的支持、拥护。"②具有理性逻辑体系支撑的儒学不仅从情感上,而且从理性上对抗着外来的西方文化的侵入。中国本土化的这种文化传统极大地阻碍了"西用"在中国现代化中实现。

日本的"和魂"与中国的"中体"具有不同的属性。"和魂"是一种非理性主义的本土神道精神。日本从唐宋开始接受中国文化,但始终没有接受

---

① M.韦伯:《世界经济通史》,上海译文出版社1981年版,第290页。
② 李泽厚:《世纪新梦》,安徽文艺出版社1998年版,第97—98页。

儒学中"大经大法"的严格约束,而是从经验论和实验论出发,接受外来的思想和制度。日本儒学所倡导的社会秩序是在"忠君"的基础上,以神道为核心因势利导接受外来思想和文化。这方面尤其以近代日本启蒙思想家福泽谕吉的理论最为典型。福泽谕吉是近代日本走向现代化的思想主将。他积极宣传西方理性主义,论证"智(智慧)"和"德(道德)"的区别,认为"智"才能实现现代化,以此来反对各种陈规旧俗,并力促日本"脱亚入欧"。福泽谕吉对西方近代启蒙思想的介绍,主要是从经验使用角度来理解西方启蒙思想。"君主也好,民主也好,不应拘泥名义如何,而应求实际。有史以来,世界各国的政府体制虽然有君主制、君主立宪、贵族专制、民主制等不同的体制,但是不能单从体制来判断哪种好,哪种不好。"①这种文明价值相对论,强调的不是物的属性,而是物被运用产生的结果的好坏。正是这种文明价值相对论和日本传统的神道信仰相结合,产生了近代日本以天皇崇拜为核心的军国主义,并以此来实现日本的现代化。福泽谕吉认为日本的皇统和国体相依为命已经延续了相当长的时间,如果能运用得恰当,可以产生与西方现代政体同样的效果。所以,福泽谕吉一方面主张积极吸收西洋文明的先进成分,另一方面又坚持祖宗传统、上下名分、贵贱差别。所以,就像古代吸收儒学一样,近代日本学习西方自由、民主和法治思想,未深入其内心世界,构成日本民众的思想信念和行为准则,而只是作为适应日本现代化实际需要的手段,这就是日本的"和魂洋才"的实质含义。西方现代政治法律理论,经过实用主义经验论的改造,国家主义高于个人自由主义,个人绝对服从以天皇为代表的国家。日本的启蒙思想家选择以天皇崇拜为意识核心并借用西方政治法律理论形成军国主义来实现现代化的道路。

"和魂洋才"思想在第二次世界大战以后日本的经济复兴和现代社会制度建设中起着重要的推动作用。国家主义在战后假定日本社会是一个虚拟的血缘社会,昔日的家族变成战后的企业,雇员一旦加入某个公司,并不是像西方那样与雇主是一种平等的契约关系,而是一种彼此依存、共存共荣

---

① 福泽谕吉:《文明论概略》,商务出版社1985年版,第34页。

的类似血缘亲属的依附关系。企业给予雇员以各种非契约制度所能有的福利,雇员则放弃独立的身份和利益,成为类似家族体系的企业管理体制中的一个环节。作为企业中的一个成员,雇员应该像家庭成员一样全身心地投入到企业的事业活动中去,勤勉工作,为企业的发展献出自己。"这里关键在于:这种无条件的奋斗和献身本身被认为具有最高的价值,它就是'忠',是'恩义',是'诚',而为人们有意识或无意识地普遍履行。这不正是日本神道——和魂的宗教传统精神的继续伸延吗?"[1]由于并非是真正的血缘关系,维系公司内部的成员之间关系的就不是自然的温柔亲情,而是对外封闭、对内等级森严的制度和报恩之情。这种以"忠"为特征的企业内部等级关系,很容易接受近代社会管理中工具理性所要求的组织化。战后日本经济的复兴与他们依旧从实用主义出发,化解外来文化来形成自己的企业文化和商业伦理规范密切相关。

国家的独立和民族的复兴都是近代中、日所面临的急迫任务,但是在中国对外来文明的接受要艰难得多。中国的"中体西用"追求的是在传统理性思维的基础上,重新构建现代理性认识体系,以此来指导中国的民族独立的复兴运动。从最早的康有为的"孔子改制考"、"公羊三世说",到孙中山的"三民主义"以及其他通过理性设想出来的各种救国的理论,都希望通过系统的理论重构去对抗传统思想,并力求更新人们的观念。新的思想和观念形成对传统观念和体制的全面挑战,从而在各种大小问题上都会引起激烈的论战,以至鲁迅悲叹"在中国连搬一张桌子也要流血"。中国文化中一整套理性思维传统的存在,严重阻碍着中国对外来文化的接受,从而使中国现代化较之日本要艰难得多。在经历了一系列的失败以后,中国终于爆发了彻底的反传统的五四启蒙运动,以求在现代化道路上摆脱传统思想的束缚。

"中体西用"从提出到现在有一百多年的历史,它的含义和内容在不断地发生变化。在整个洋务运动和早期维新变法中,它所强调的是正统的儒

---

① 李泽厚:《世纪新梦》,安徽文艺出版社1998年版,第104页。

家伦理学说和政治法律基本制度作为本体不可动摇,但必须采用西方的科学技术和一些富国强兵的经济政策,也容许进行一些细微的政治体制改革,认为这样才能抵抗外来的入侵和促使中国富强起来。但甲午战争的惨败使得中国知识界意识到仅仅依靠"船坚炮利"和引进西方的先进工艺还不足以推动中国的现代化,因此,必须实行政治体制变革。世纪之交"中体西用"的含义变为积极学习西方的政治法律制度,实现对中国社会深层次的变革。五四新文化运动带来的思想的大解放,则彻底否定传统文化,希望在西方的德先生和赛先生的引导下,走上西方的现代化道路。"中体"在 20 世纪上半叶由于民族存亡压倒了思想启蒙而被彻底抛弃了。但在中国,实质价值理性和工具理性的思想纷争从没有停止过。这些都使得中国不能像日本那样在神道信仰的统率下,充分发挥工具理性的实用价值,迅速实现国家的现代化。

包括法律在内的中国现代化进程中"体""用"之争,根本上还是现代化过程中外来先进文化和本土传统文化的矛盾。人类社会进入 20 世纪后半叶,因为技术革命的加快而不断加快经济的发展,从而促使全球经济一体化进程的产生。20 世纪后期的全球化浪潮是经济发展的必然产物,它加速了许多国家现代化的步伐。随着全球化进程中不断出现的不同文明的冲突的加剧,人们认识到现代化不仅不能消灭本土化,还必须正视本土化资源对现代化的意义。毕竟不同文化背景下人们的思维特征、价值理念、生活方式和政治体制具有巨大的惯性力量。中国的现代化不可能在无视人们的传统意识的情况下进行。虽然传统意识赖以产生的社会条件已经不存在,过去的大家庭让位于小家庭,集体观念让位于个体观念,人们对权利、义务、幸福、家庭、社会的观念都在发生不断的变化,但这些变化中始终都会有传统意识存在。所以适应现代化的需要,建立中国未来社会的政治法律结构,建立处理权利和义务、公平和效益、个体与群体等诸多关系的原则,必须实现本土化资源的现代化转化。在法律领域,主要表现为如何实现形式主义的现代法治体系和中华民族精神的价值理念的有机结合。

近代以来,中、日两国被看成是现代化失败和成功的两个典型。日本在非理性主义的实践理念指导下实现了以国家主义为主导的现代化道路,并在经济和社会变革许多方面获得巨大成功。这其中有很多历史偶然的因素,但其实践理性中的实用主义使得它对外来文化并没有排斥,从而可以在较短的时间里抛弃传统法律制度而实现法律制度的现代化。它的工具理性在现代化过程中占据了重要的地位,但是缺乏本体论基础的工具理性固然可以在国家独立和经济腾飞上取得巨大成功,但是在文化和价值理念上不可避免地会存在巨大的冲突。对于西方制度文明的实用主义的接受,造成日本的制度文明的实践中许多领域与现代文明不一致的现象的产生。第二次世界大战结束以后,出于实用主义的考虑,日本对其在战争中的罪过采取了一种实用主义的策略,使得它很难在东西方取得认同。

风物长宜放眼量,应将法治现代化的成功放在一个更为长远的历史视野中去检验,成功的道路并不是没有隐患、危机;而不成功的道路中却暗含着经验和教训,为新的探索提供指导性方向。

中华民族精神中传统的理性结构在旧制度的崩溃的过程中因其固有的思想体系而对外来文明采取一种排斥的态度,但随着历史发展和文明进程中的自我反思,中华民族精神中的理性结构会对现代文明的符合人类历史发展方向的价值理念和先进制度采取积极的接纳的态度,并通过创造性的改造,使之适合中国文明传统。

四、后现代发展理论中的法治现代化中民族精神的地位

现代法治所要求的民族精神是传统的民族理念经过转化而来的现代理念。民族精神的这种现代化不是一件轻而易举的事情,林毓生教授将这种转化称为"转化性的创造"。这种转化不是简单地按照西方的既定形式、标准来确定中华民族精神的现代化的发展方向,而看成是一个模仿、追逐西方

法治价值理念的过程。中华民族的民族精神形成于长期的历史发展过程，虽然其原来的基础已不复存在，但其中包含的许多价值理念并不会因为社会的变化而失去存在的意义。它在中华民族独立和民族复兴过程中起过重要的凝聚作用，但是其现代化过程中也曾走过弯路，在战争年代民族精神的一些内容在和平时期被强调成国家和集体的利益高于个人的利益，要求个人利益无条件地服从国家和集体利益，从而在我国法治建设实践中导致大量无视人权的现象产生。国家政治法律制度中因为没有为个人利益明确正确的性质，国家权力没有得到应有的制衡，从而使封建传统在新的形势下改头换面。即使是在改革开放的过程中，强调新的国家权威主义的声音乃不绝于耳。这种因素的存在使得中国的政府体制改革举步维艰，也使市场经济条件下个人自治的原则难以实现。民族精神现代化过程中如何确立国家、社会群体、个人之间的法律地位和关系，使得个人、集体和国家的关系一方面适应现代化市场经济的法律需要，另一方面又适应中华民族精神中爱国和自强不息的心理诉求，成为中华民族精神现代化发展的核心问题。

20世纪80年代兴起的后现代发展理论，改变了此前关于社会发展和进步的现代化理论。传统的现代化是以经济发展为中心的理论，因而在发展道路上必然以西方成功的现代化为模式，而将其他国家的现代化（包括法治现代化）理解为对西方模式的学习和对本民族固有传统的抛弃的过程。后现代发展理论强调的是，以人为本的现代化发展模式。在这个发展理论中，着重强调各种不同文化背景下现代化道路的几个问题：发展是发展什么？是谁得到发展？谋求发展背后的内在需求是什么？如何才能实现这种发展？这些发展具有什么政治和社会意义？在这种发展理论指导下，现代化不再是原来的"传统"和"现代"的二元主义理论，这种二元主义实质上是一种延续而不是改变殖民层级关系的现代化理论，它把第三世界国家的现代化理解成不断追求"现代"的西方社会的模式，而将其他的探索看成是现代化的歧途，这无疑是西方中心的殖民话语在现代化理论中的表现。

后现代发展理论之所以对传统的现代化理论提出批评并加以修正，一个现实的原因是第三世界国家并不可能真正实现现代意义的那种西方模式。有人将第三世界追求西方现代文明的过程用一句形象的歌词来形容："千万里我追寻着你,可是你却并不在意,我已变得不再是我,而你依然还是你。"与传统文化决然分离的这些国家陷入巨大的精神意识的失落之中,传统的文明没有现代制度的支持,而现代的文明没有传统的心理依赖。这些国家说不清自己的文明归宿,陷入巨大的意识分裂之中。后现代发展理论正是从这些国家的实践中提出的以人为本的发展观念。它要求在现代化过程中充分尊重本土的知识体系和价值体系,尊重各民族的传统和历史。当然,这些本土化资源必须适应现代化的需要而加以革新。

在现代化过程中,法治现代化和民族精神现代化是一个国家现代化的两个支柱。在长期落后的民族国家现代化的进程中,由于不能正确对待这个问题,可能会造成极大的危害。一些长期落后的民族在经济上迅速崛起以后,由于没有相应的政治法律制度变革的保障,"政治上的不成熟"很有可能会使得民族振兴的愿望付之东流。

现代社会经济发展的一个必然趋势是社会利益多元化倾向,从而造成整个社会的离心力倾向。所以,现代政治法律制度的一个重要的历史使命是如何将已经多元化的利益群体凝聚成一个整体并能形成相对统一的意识形态和政治向心力。

经济上迅速崛起的落后民族因为制度和意识上的原因,在本质上还不是一个"政治成熟的民族",也就是说缺乏一套让全体国民参与其中的政治程序和法律机制。大多数国民是生活在本国政治体制之外的,政治和法律只是少数社会精英权力平衡的工具。因而不可能指望法律制度将高度分化的利益多元化的群体进行整合。一些落后民族在经济崛起的过程中一个不成熟的表现是,片面追求"外在强盛"而压制"内在强盛",具体表现为在经济迅速发展的时候,社会的政治主导力量和新兴的经济领导阶层片面强调法律制度的稳定和秩序的需要,而一再地错过进行政治法律制度改革的时机。结果旧制度不断加速死亡的步伐,而新制度迟迟难以产生,缺乏有效的社会整合机制的多元社会群体之间的冲突,不断加重社会的动荡和混乱。

一个政治上成熟的民族必然是一个在政治法律体制上发达的民族。成熟的政治法律制度能将全体民众都引入法律体制中,将社会各种不同利益的矛盾和冲突的解决纳入到法律机制内,通过不断的交流、融通,将不同的社会阶层、集团有机地统一起来。所以,在政治成熟的民族中,其民族精神从某种层面上来说是通过法律制度有机地统一起来的。

中华民族精神传统是经过长期的发展在秦汉之际逐渐成熟稳定下来的。由孔子倡导的"仁学"经过秦汉学者和政治家的努力而融合了诸子百家的思想精华,形成了中华民族精神的基本内核:血缘基础、心理原则、治平理想、实践理性和中庸观念等,经过汉儒的创新,通过阴阳五行图式,将先秦的法、道、儒各家学说基本观点形成一个有机的整体,并逐渐渗透到百姓的日常生活中去,为随后两千年中华民族精神的心理和性格打下不可磨灭的印记。中华民族精神之所以能将先秦的绚丽多彩五花八门的思想、学说、流派整合成绵延千年的统一思想意识,并能在后来的历史发展中不断吸收外来文化中的精华而不断丰富中华民族精神的内涵,一个重要的原因是中华民族精神中所包含的实践理想的思想方法的特质。

不像西方历史中由宗教意识主导的思想方法,中华民族精神中的实践理性方法不是用某种神秘的狂热的态度,而是冷静的现实合理的态度来解说和对待事物与传统;不是禁欲或扼杀或纵欲式放任情感欲望,而是用理智来引导、满足、节制情欲;不是对人对己的虚无主义或利己主义,而是在人格和人道的追求中获得某种均衡。因为没有外在的人格神的宗教约束,所以人们不会盲目地服从非理性的权威,但人们还是可以从人道主义和个人的人格自我完善角度去看待社会和人生的变迁。这种理性方法具有极端重视现实实用的特点,即它不在理论上探讨、争辩难以解决的抽象问题,并认为没有必要去进行这种纯思辨的抽象,重要的是在现实生活中如何妥善地处理它。这种实践理性不是追求来世拯救或灵魂不朽,而是将"不朽"、"拯救"都放在今生今世的世间功业上,因而不需要宗教的狂热和神秘的教义,只需要用实用理性作为实践的引导,来规范和塑造情感、欲望和意志。实践理性强调的不是言论,不是思辨,而是行动本身。在中华民族精神的这种实践理性中,没有像古希腊那种日神和月神的分裂对立而形成的思辨观念和神秘观念,而是将两者有机地统一在实践行动中。因为这种实践理性的作用,在秦汉之际,在董仲舒的"天人感应"论中,才可能将看似存在冲突的诸子百家学说统一在一起,形成中华民族精神的基本内核。

中华民族精神中实践理性在历史长河的发展中,由于过分重视与使用的结合,忽视甚至轻视科学的思辨,因而使得中国古代的科学长期停留并满足于经验水平。在法律领域表现为法律长期屈从于政治,服务于皇权政治的需要。缺乏独立的思辨的法律实践活动,无法形成系统的法学理论,不能形成西方那种专业的法律阶层,从而使得司法技术和法律制度进步缓慢,无法适应现代社会变迁的需要。不仅在形式理性方面,中国传统文化中这种实践理性无法促使法学专业化和法律职业专门化,而且在实质理性方面,由于对情感采取一种克制、引导、自我调节的方针,所谓"以理节情","发乎情止乎礼仪"。这就使得生活中和艺术中的情感经常处在自我压抑的状态中,不能充分痛快地倾泻表达出来,从而使个体权利意识得不到伸张。现代法治中自由、民主的因素难以在传统文化中寻找到理想和心理的依据。这些都是实践理性在传统发展过程中对现代法治进程的阻碍作用。但是,中华民族精神中,以"人情味"的亲情为核心,扩展为对外的人道主义和对内的理想人格追求所构成的具有实践性格而不外求人格神的心理模式,可以避免近现代西方宗教影响式微历史背景下,法律信仰力缺失所造成的社会发展的迷茫。传统中华民族精神的实践理性,在长期历史发展中渗透到广大人民的生活、相互关系、习惯、风俗、行为方式中,通过传播、熏陶和教育,在社会生活各个方面蔓延开来。这种实践理性所包含的对待人生的积极精神,服从现实理性的清醒态度,重人事轻鬼神,善于协调群体之间关系,在人们日常生活中保持情欲满足和平衡,避开反理性的炽热迷狂和愚昧服从,……都为后法治现代化中多元利益冲突的社会中利益协调和解决奠定了良好的精神基础。在一定意义上说,中华民族精神中所包含的一些核心因素,具有为多元文化背景下各种利益协调和解决的文化基础,中国法治现代化进程中一方面需要补上西方法治形式理性中的东西,但另一方面也要正确地看到在现代社会利益多元的格局下,传统中华民族精神所具有的适应现代社会发展需要的文明因素。

在西方学者看来,法治现代化是西方文明特有的现象,因为只有西方才有法治现代化的理性化的历史和现实文化传统,在东方社会中存在着与法治现代化相反的价值理念和行为传统,这就是强调适应现实而淡化对现实的理性改造,关注实质公道而忽视形式主义程序规则对实现正义的重要意义,重视宗法社会秩序而忽视个人自由。实际上这种观念是将自韦伯以来法治现代化变成西方化,忽视全球法治现代化是一个多样化的过程。法治现代化是一个复杂的变革过程,在不同的国家和民族,这个过程的起因、发展过程、结果都会表现出多样性,这其中各国本土的民族精神的差异性,是这种法律现代化多样性的内在原因。从这里我们应该知道法治现代化并不存在一个具有普适性的发展模式,需要从我国实际国情出发,努力发掘中华民族精神现代化以后与现代法律结合的最好方式,走出一条东方社会法治现代化的成功道路。

第八章

改革各层次教育，
完善民族精神教育
体系

　　所谓民族精神,是一个民族长期的共同生活和社会实践中形成的,并为
该民族大多数成员认同接受的、积极进步的思想品格、价值取向和道德规范
的总称,是一个民族的心理特征、文化观念和思想情感的综合反映。由此可
见,民族精神是一种巨大的精神力量,是一个民族实现共同理想、目标的精
神支柱。江泽民在党的十六大报告中指出:"民族精神是一个民族赖以生
存和发展的精神支撑。一个民族,没有振奋的精神和高尚的品格,不可能自
立于世界民族之林。"并且提出:"面对世界范围各种思想文化的相互激荡,
必须把弘扬和培育民族精神作为文化建设极为重要的任务,纳入国民教育
全过程,纳入精神文明建设全过程,使全体人民始终保持昂扬向上的精神状
态。"这样高度重视和精辟阐述民族精神,把弘扬和培育民族精神作为一项
战略任务提出,在党的文件中还是第一次。因此,在各级各类学校的教育改
革中建立、完善弘扬和培育民族精神的教育体系,是落实这一战略任务的重
要举措。

一、完善民族精神教育体系

教育战线是民族精神教育的主阵地,肩负着弘扬和培育民族精神的重要任务。多年来,各级各类学校努力实施民族精神教育,积累了一些好的做法和经验,取得了较大成效。但是,当前学校在弘扬和培育民族精神教育中也存在一些问题。

一是教育内容错位,缺乏层次性。从幼儿园、小学、中学到大学,民族精神教育没有形成一个层递性的序列,常常出现重复、混乱甚至颠倒的现象。如对小学生进行爱祖国、爱人民教育,对大学生进行基础行为规范教育。同一教育内容如爱国主义教育在不同层次教育中体现应有明显不同要求,但各层次的教育内容雷同,体现不出一个由浅及深的层级序列。

二是教育体系不完整,缺乏全面性。从整体性来看,民族精神教育体系应包括学科体系、活动体系和环境体系。每一个体系应包含各自的教育内容、方法、实施途径等。当前,对各体系如何整合、每一个阶段民族精神教育内容侧重点如何分布及各阶段如何衔接配套研究不够。所以,实际的民族精神教育缺乏系统性和全面性。

三是教育方法简单,缺乏感召力。蕴涵民族精神教育内容的课程主要采取课堂讲授形式,教师和学生主要将其作为一门课程来学习,是在"应试教育"的驱使和压力之下,只注重知识点的传授、识记,忽视了学生的情感体验和感情升华。各项实践教育活动的设计单调,既不能真正吸引学生广泛参与,也不能激发和形成难以忘怀的民族情感。

四是教育资源丰富,但缺乏有效利用。在五千年的历史长河中,中华民族历经磨难而信念愈坚,饱尝艰辛而斗志更强,开发建设了祖国的大好河山,创造了灿烂的中华文明,形成了以爱国主义为核心的团结统一、爱好和平、勤劳勇敢、自强不息的伟大民族精神,党领导人民在革命、建设和改革实践中,又极大地丰富和发展了这种精神,积存了大量体现中华民族精神的宝贵教育资源。博大精深的民族文化最能体现民族精神、最富于艺术特征,如古典绘画、古典音乐、古代建筑、古代书法等,不仅包含了我们民族特有的审美观念、审美意识,而且包含了理解自然,理解人生,明智地处理人与自然、人与社会关系的诸多有益启迪,这些启迪在现代化的今天,不仅没有失去意义,反而彰显它的不朽价值。这些重要的精神资源有的却被遗失与摒弃。民族精神教育场地保护不善,屡屡发生人为破坏"遗迹"的行为。[①] 我们身边的优秀民族精神教育资源未能充分利用。

五是流于造势,实际虚位。长期以来,民族精神教育习惯于发号召、造声势,而不善于做深入认真、艰苦细致的工作。有些地方民族精神教育停留在口头上和一般号召上,存在着教育内容不落实、教育时间无安排、活动被削减、方法上无布置、无检查、无考核等现象。民族精神教育进课堂、进教材、进头脑的要求难以落实。

存在上述问题的主要原因在于:一些地方和部门的领导对民族精神教育这项工作认识不足,重视不够,没有真正担负起领导责任;全社会关心和支持民族精神弘扬和培育的风气尚未全面形成;受"应试教育"的影响,学校教育中重智育轻德育、重课堂教学轻社会实践的现象依然存在;一些家长在教育子女尤其是独生子女的观念和方法上还存在误区;民族精神教育在体制机制、思想观念、内容形式、方法手段、队伍建设、经费投入、政策措施等方面还存在着许多与民族精神教育要求不相适应的地方。

学校这块阵地是教书育人的最佳场所,也是弘扬和培育民族精神教育的最佳场所,必须发挥好学校运用民族精神教育人、激励人、鼓舞人、塑造人的重要作用。用什么样的眼光审视弘扬和培育民族精神教育,决定了用什

---

① 王丽南:《沈阳见证抗战第一枪的北大营最后遗迹被拆毁》,新华网 2005 年 5 月 22 日。据新华网报道:沈阳的"东北军北大营"旧址是一处具有特殊重要意义的历史遗存,本应妥善加以保护,以作为中华民族爱国主义的教育基地和世界人民牢记历史、捍卫和平的重要教育基地,尽管它的意义如此重要,但还是被当地政府拆除另作他用。这样的事例在我国屡见不鲜,在我国各地还在不断发生。

么样的姿态和方式去变革,即决定了学校变革的价值选择和任务确定。我们要运用好各种教育资源,抓住教育载体,改进教育方法,把弘扬和培育民族精神教育落到实处,取得实效。

(一)总体构想——建构一个民族精神教育层级分明的教育体系

1. 发挥各级各类学校教育的主阵地作用

各级各类学校是民族精神教育的主阵地。民族精神教育是学校道德教育的主要内容之一。民族精神是一种维系民族凝聚力的源泉,从某种意义上讲,没有民族精神就没有民族。因此,世界各国都把民族精神教育作为青少年道德教育的灵魂,致力于培养本国青少年的民族精神。[①] 在民族精神培育中,世界各国都十分重视发挥学校教育主渠道作用。美国前总统里根在 1987 年的国情咨文中提出美国十大任务时就特别强调学校应培养美国人的"国民精神",主要指爱国、修养、诺言、恢复伦理道德、纪律等,以适应美国发展对人才的需要。[②] 根据研究者对美国高校民族精神教育开展情况分析来看,美国高校与民族精神教育相关的课程设置自主性大,课程数量多,内容覆盖面广,注重将民族精神教育与其他学科结合,进行渗透教育。理论界也总结了多种适合于美国高校进行民族精神教育的模式和方法。总之,美国的民族精神教育从美国实际出发,建立了自己的教育体系,真正做到了民族精神教育的美国化。[③] 韩国十分重视国民精神教育,所谓"国民精神"教育,就是要确立民族自信心和自立的民族意识,培养民族自尊和民族复兴的责任,确立民族主体性,以实现复兴韩国的民族思想。[④] 一些国家道德教育的成功经验已经证明:越强调道德教育培养民族精神、民族精神培养越突出的国家,道德教育越有成效,这种寻根意识已经成为当今世界青少年

---

① 林国建:《国外青少年道德教育的走向及启示》,《中国青年政治学院学报》2005 年第 1 期。
② 陈俊珂:《美国学校德育的特点及启示》,《自然辩证法研究》2005 年第 1 期。
③ 杨治华:《中美高校民族精神教育的比较研究》,《现代教育科学》2003 年第 6 期。
④ 潘立:《韩国中小学道德教育的现状与特点》,《教学与管理》2003 年第 31 期。

道德教育的核心目标之一。①

弘扬和培育民族精神是一项复杂的系统工程,不是一朝一夕能奏效的,要坚持教育的经常性和连续性。韩国在 1988 年曾拟定了"21 世纪的教改方案",该方案十分重视"国民精神教育",他们善于将传统文化内在精神与现代精神相结合,为本民族发展服务。按照韩国当局的设想,从"纵"和"横"两个维度规划和实施"国民精神教育"。从"纵"的方面来讲,从幼儿园、小学、中学到大学,根据年龄、心理、身体特点和知识准备程度,编写整套国民教育的新教材,使国民精神教育贯穿到学校教育的全过程;从"横"的方面来讲,在学校教育的每门课程教材中都要求反映出国民教育的内容。这样从纵与横两个维度保证国民精神教育的系统性和整体性。② 正是由于韩国十分重视对青少年进行民族精神教育,真正将民族精神教育纳入了国民教育的全过程,韩国绝大多数青少年都具有比较强的爱国意识和民族精神,他们都很关心自己国家的地位和富强、民族的和解与统一。③ 弘扬和培育民族精神必须发挥学校教育主渠道作用,形成全社会协力培养民族精神的教育体系。青少年的素质事关一个国家的未来,尤其是他们的国家意识、民族认同感事关一个国家的未来走向。民族精神教育需要抓好全民教育,特别要以青少年作为教育的重点,要把民族精神教育贯穿到各级各类学校中去,贯穿到幼儿教育直至大学教育的全过程中去。

2. 确定统一但分层次的民族精神教育目标

弘扬和培育民族精神是一项庞大的系统工程。弘扬和培育民族精神是我国文化建设中极为重要的任务,是加强社会主义精神文明建设的基础性工程。弘扬和培育民族精神的总体目标是不断增强广大青少年对民族优秀文化的认同和自信,振奋民族精神,凝聚民族力量,促进中华民族精神代代相传、发扬光大。该目标是一个体系,是一个包括总目标、具体目标、普遍目标、特殊目标、远期目标和近期目标在内的多层次体系。目标体系既体现民

---

① 林国建:《国外青少年道德教育的走向及启示》,《中国青年政治学院学报》2005 年第 1 期。
② 孙玉杰:《关于韩国民族精神培养体系的几点思考》,《科学社会主义》2003 年第 5 期。
③ 张云飞:《韩国民族精神教育情况简介》,《高校理论战线》2004 年第 3 期。

族精神教育的总体要求,又符合各阶段学生年龄特点和心理水平。不同层次的目标要体现阶段性,由低到高循序渐进,互相衔接,贯通一体。这个目标体系既要体现不同类型学生与道德认知能力相适应的不同要求,又要体现培养民族精神理念在教育内容上的相互衔接和不断升华,以符合青少年成长的目标和轨迹。

在实施民族精神教育目标的过程中,最重要的是把握目标的层次性,按幼儿园、中小学、大学不同教育对象确定不同的民族精神教育目标。在教育工作中坚持从对象的实际出发的原则,承认学生由于环境影响和个人努力程度不同,承认不同教育层次学生思想认识水平的不同,承认学生个体之间存在先进与落后的差别,存在个人才能和品德的差别,在分别制定幼儿和大中学生统一的教育目标的同时,还需要规定出体现个体差别的教育目标。这种层次性的目标过去没有提出来。而是习惯于用统一的标准要求所有的对象,形成"一锅煮"、"一刀切"。实践证明,这样的目标往往很难达到。实际工作出现在小学生中搞抽象的理念教育,在大学生中强调养成教育,这是教育中目标的错位,客观上导致教育的"无根现象"。民族精神教育要较好地体现目标的层次性,在幼儿园和小学中主要是进行民族精神的启蒙教育,在中学要强调对中华民族优秀文化传统的认同,初步树立民族自尊心、自信心和自豪感,强调民族优秀传统行为习惯的养成教育;在大学阶段,强调要把民族精神教育上升到世界观、人生观、价值观上来,形成科学的人生理念。要把民族精神教育与以改革创新、振兴中华为核心的时代精神结合起来,引导大学生把理想追求在建设中国特色社会主义事业的伟大实践中、在时代和社会的发展进步中展示出来,用实际行动体现自己的爱国情怀、改革精神和创新能力,始终保持艰苦奋斗的优良作风和昂扬向上的精神状态。

3. 民族精神教育的内容要在不同层次学校教育中不断深化

根据弘扬和培育民族精神的总体目标,针对不同层次的教育对象,确定相应的民族精神教育内容。民族精神教育的主要内容包括爱国主义教育、中华传统美德和革命传统教育及创新精神教育。其中,爱国主义是民族精神的核心,是民族精神永恒的主旋律,是一个人自信、自强、自爱的精神之源;中华传统美德和革命传统教育是各级各类学校开展弘扬和培育民族精神教育的重点;创新精神是民族精神的重要组成部分。教育内容不能有所偏废,但在实际工作中不同阶段各有侧重。幼儿园、中小学阶段侧重中华民族传统美德教育和革命传统教育。大学阶段重点在爱国主义教育与创新精神教育。同样,教育内容在中小学直至大学是逐步深化和拓展的。以爱国主义教育为例,在幼儿园和小学阶段,侧重国旗、国徽、国歌教育,通过升国旗、唱国歌、认国徽、参观革命历史场馆等活动,初步了解我们的国家,建立对国家、民族的感性认识。中学阶段通过《中华传统美德》、历史、地理等课程学习,进一步深化对我国传统美德、革命历史理解,引导中学生把对祖国的热爱,落实在身边的小事和细节上,做到爱父母、爱家庭、爱同学、爱老师、爱学校,养成良好的礼仪习惯、学习习惯等,不断提高自我管理和学习能力,不断进步成长。在大学阶段,爱国主义要进一步深化,通过对中国革命史、历史课程学习及社会实践活动,加深对我国社会主义道路选择的认识,激发学生民族自尊心、自豪感,激发学生学习的紧迫感,自觉维护祖国安定团结。引导大学生把实现个人理想与报效祖国相结合,倡导努力学好本领,练好身体,到祖国最需要的地方去,到人民最需要的地方去,在自己的工作岗位上,展现自己的才华和能力,实现自己的理想和抱负。

4. 开展民族精神教育方法的创新

在社会价值观念日益多元化的今天,明确提出大力弘扬和培育民族精神,是一件非常有意义的事。面对外来文化的冲击,怎样让今天的青少年去感悟它、继承它、弘扬它,是教育最核心的内容和最重要的任务。我们要根据民族精神教育目标的总体要求,根据不同年龄层次青少年知识、心理、能力发展的规律,精心设计民族精神教育的途径和方法。源于不同接受主体的身心发展和文化水平的差异,路径选择有所不同。比如,对中小学进行民族精神教育主要通过形象化的教育方式,而对大学生进行民族精神教育则更侧重于对现象背后的本质的、理性要素的挖掘。我们还要不断创新民族精神的教育方式方法,尤其是在面对今天自主意识逐渐增强的青少年,我们要反省我们曾经习惯的教育方式和方法,灵活地采用灌输教育、疏导教育、示范教育、实践教育和情感诱导等多种方法,用平等的、尊重的态度,使我们与青少年之间由更多的对立走向融合,使单向的教育变成双向的互动与促进,从而真正使民族精神教育目标落到实处,使民族精神内化为学生的精神理念,外化为学生的实际行动,引领学生健康成长。

(二)创新教育体系,弘扬民族精神

1. 民族精神教育要深入课堂

要发挥好课堂教学主渠道的作用,把民族精神的内容分解、贯穿到学校德育、历史、语言文字等相关学科的课堂教学中。在弘扬和培育民族精神方面,学校各科教材中都蕴涵着丰富的教育内容。如大学的"两课"教材、大中小学的历史、地理、语文等学科教材,还包括幼儿启蒙图书中包含着大量的涉及民族精神教育的内容。各学校要自觉主动利用课程资源,并且要善于充分利用课程资源,充分挖掘课程资源,向学生进行旨在弘扬和培育民族精神的教育。

积极探索行之有效的教学模式。我国长期以来,受"应试教育"的影响,课程教学模式有着浓厚的"应试教育"的痕迹,体现民族精神教育的学校德育、历史、语言文字等相关学科教学也未能幸免。在这些课程的教学中,教师片面强调学科理论,机械地按学科体系的内在逻辑编排课程教学的内容和素材,将学科理论体系简单地等同于教材体系,注重知识点的传授,不注重理论和实践的结合,不注重理论知识的实际运用。有些课程在大中小学阶段内容有相当的重复与交叉。教师在教学中注重理论知识的讲解,忽视学生的主体意识,忽视学生的认知能力,忽略学生情感与能力的培养,不注重调动学生的积极性,[1]落脚到民族精神教育收不到实效,传统教学模式已经走入困境。因此,当务之急要改变那些陈旧滞后的课堂教学模式,以现代先进的教育思想为指导构建新型的课堂教学模式。

---

① 余云疆:《传统政治理论课教学模式改革》,《中南民族大学学报》(人文社会科学版)2003 年第 2 期。

有些学校把弘扬和培育民族精神的主题和学生的生活实际结合起来,开设虚拟课堂,创设教育情境,学生运用协作探讨的方式,在情感的交流、思维的碰撞中进行体验、感悟,逐渐熏陶,取得了较好的教育效果,①这些成功的探索和实践值得推广。

2. 日常养成教育是民族精神教育的重要途径

著名教育家叶圣陶曾说过:"教育是什么?往简单方面说,就是养成习惯。"②《中共中央国务院关于进一步加强和改进未成年人思想道德建设的若干意见》明确指出:"既要重视课堂教育,更要注重实践教育、体验教育、养成教育,注重自觉实践、自主参与,引导未成年人在学习道德知识的同时,自觉遵循道德规范。"青少年思想的状况要求我们要加强日常养成教育。一段时期以来,无论学校教育还是社会教育中,多注重用说教、抓典型、树模范等形式大张旗鼓地搞宣传的方式进行民族精神教育,当然这是必要的,但是与此同时忽视了对青少年良好行为习惯的养成教育。由于"应试教育"升学的压力,使家庭教育中往往重视文化知识的学习,而忽视了对青少年进行养成教育。所以在现实中出现"大学生用硫酸泼熊"这样令人寒心、令教育尴尬的事件也不足为奇。

青少年阶段是进行养成教育的最佳阶段。中国传统文化中存在着养成教育的传统,如古代传统教育中,学会"洒扫、应对、进退"是小学阶段基本的学习内容,③"洒扫、应对、进退"是学习做人的开始,正如明儒顾炎武说:"圣人之道,未有不始于洒扫、应对、进退者也。"④韩国在学校德育实践中十分重视青少年养成教育,强调"坐而言不如起而行",进行包括基础知识与理论学习和基本行为习惯的培养与训练,通过设置"道德教室",对学生进行行为规范的训练,重视日常行为礼仪教育,通过日常化、生活化的教育,使

---

① 于红:《在中小学弘扬和培育民族精神原则、内容及途径》,《当代教育科学》2003 年第 6 期。
② 杨雄:《养成教育与青少年发展》,《当代青年研究》2004 年第 5 期。
③ 钱穆:《论语新解》,三联书店 2004 年版,第 488—490 页。
④ 见《日知录》卷七《有始有卒者其惟圣人乎》条(《日知录集释》,上海古籍出版社 1984 年影印本,第 555 页)。

青少年逐步形成良好的行为举止,成为懂礼节、有礼貌、品学兼优的学生。①
青少年阶段是养成教育的重要时期,习惯养成教育抓得越早越好,不要等他
们上了大学,回过头来再强调"爱护粮食、尊敬师长"之类的要求,那是违背
教育规律的。

学生良好行为习惯的养成得益于学校健全的规章制度和严肃的行为规
范训练,只有在严格要求、严格训练、严格管理的氛围中,学生良好的行为习
惯才能逐步形成。行为习惯的养成不是"运动战式"的应急教育,而是生活
化、长期性、真实性的"身边教育",是长期反复训练的结果。学生养成教育
还需教师言传身教,需要教师带头养成。如每逢奏国歌升国旗,不论是谁,
不论在何处,都必须肃立。教师要带头司习各种礼仪,大到参与隆重仪式,
小到穿衣、吃饭、走路、待客,教师要随时指导学生遵守相应的礼节。总之,
每一种美德或良好习惯不是一朝一夕养成的,而是长期培养训练和熏陶的
结果,养成教育应是弘扬和培育民族精神教育的一项基础性工程。

3. 在校园文化活动中渗透民族精神教育

校园文化活动是学校师生员工的课外文化活动,是学校长期形成并为
全员认同的校园精神以及培育这种精神所需要的文化环境的总和。校园文
化对青少年的成长和成才具有十分重要的作用。其中,文化活动是校园文
化的重点,校园精神是校园文化的核心,文化环境是校园文化发展的条件。
培育和弘扬民族精神是校园文化建设的一项根本任务。校园文化活动要围
绕弘扬和培育民族精神做文章。校园环境,无论是作为基础设施的"硬环
境",还是作为师生精神风貌的"软环境",都体现着一定的文化品位。良好
的校园文化环境可以使学生保持积极向上、高昂的精神状态,有利于民族精
神的弘扬和培育。因此,我们要营造浓厚的弘扬和培育民族精神的文化氛
围,让学生在这种氛围中思考、感悟、理解、潜移默化,净化灵魂,升华人格。
要创造出"让学校的墙壁也说话"的教育情境,例如在学校的空旷处、走廊

---

① 孙启林、梁荣华:《韩国中小学道德教育理论与实践评析——兼谈对我国中小学道德教育的
启示》,《外国教育研究》2005 年第 3 期。

墙壁上和大厅内、校园灯箱和标语牌上设置中华民族杰出人物塑像、书画或名人名言警句等。要重视校园人文环境与自然环境建设,积极完善校园文化活动设施。通过高雅的、健康的校园文化环境,影响学生的精神境界,陶冶他们的情操,激发他们的爱国热情。①

要在共青团、少先队活动中学习和宣传民族精神。要指导共青团和少先队开展丰富多彩、积极向上的校园文化活动,要充分利用各种生动实际的教材,善于利用各种有意义的传统节庆日、纪念日、重大事件等,开展特色鲜明、吸引力强的主题教育活动。尤其是要充分运用重大事件弘扬和培育民族精神。重大事件往往是激发全民族奋起抗争的有利时机,需要用民族精神凝聚人心、鼓舞士气、团结人民、迎难而上、夺取胜利;另一方面,重大事件本身能够团结集聚全民族的力量共同奋斗,进而更好地培育民族精神,将民族精神提高到一个新的境界。② 1998 年抗洪、2003 年抗击"非典"、2005 年"神六"飞天等重大事件中,都蕴涵有丰富的民族精神教育内容,利用这些事件能增强学生的民族自豪感和爱国情感,激励学生奋发向上、刻苦学习、为国争光。通过丰富多彩的校园主题教育活动,寓教于学、寓教于乐,在活动中学,在活动中受教育,引导学生自觉学习和实践民族精神。

4. 抢占网络阵地,开辟民族精神教育的新渠道

作为现代信息革命的杰出代表,信息网络以前所未有的速度扩展到社会生活的各个领域,以其自由、平等、兼容和共享的基本精神和基本准则推动着社会伦理道德的进步,但同时也存在着欺诈、文化专制、不负责任等种种丑恶现象,以新的形式冲击着传统伦理道德。③ 网络的超民族和跨国界以及多元快变的特性,不同文化信息在网上的传播、碰撞和交融,使网络信息具有多维性的特点,这使得学生了解信息渠道更宽、接触面更广,思想更呈现多元化的特点,也使得在网络时代面前德育工作者的权威地位弱化,学

---

① 谭松贤:《养成教育初探》,《教育探索》2001 年第 6 期。
② 苏献峰:《弘扬和培育民族精神的着力点》,《思想政治工作研究》2004 年第 9 期。
③ 习生富:《21 世纪网络人生指南——网络空间的社会问题与社会控制》,广东高等教育出版社 2003 年版,第 277—280 页。

生对他们的遵从感下降。由于学生的世界观、人生观、价值观等尚处在形成时期,如果不加以正确的引导,学生容易在庞杂的网络信息面前无所适从,甚至迷失方向。

网络文化被称为"第二文化"①,在网络上,意识形态冲突既变得隐蔽化,又变得复杂化。网络语言84%是英语,②以英语为媒介的西方意识形态占据网络的主导地位。由于网络信息霸权的存在,学生长期在网上冲浪,就会面临大量的西方文化信息,在客观上不可避免地受到"信息侵略"乃至"信息殖民化"的影响,这对我国民族优秀传统文化是一种严重的威胁。另外,网络上存在大量的污染信息,据专家估计,文献中信息垃圾所占的比例不少于50%,在个别学科领域甚至高达80%。③ 网络黄色、暴力、网络交友串联,对自制力较差的学生学习、生活和健康人格必然带来负面影响,网恋、网络暴力时时见诸报端。网络对某些学生传统行为习惯起颠覆作用,部分学生在现实生活中找不到成功感,找不到亲情、友情,转而求之于网络、沉迷于网络,一个个原本品学兼优的学生一旦沉溺于网络,他们的行为方式与以往会判若两人。"网络成瘾"成为令学生家长、老师、社会头痛的问题,数字化时代造就了一群异化了的、迷失了方向的"e代人"或"网络人"。

互联网络的出现强烈地改变着我们面前的世界,影响着我们的生活、思维方式和价值观念,这对学生德育工作包括民族精神教育工作是一个巨大的冲击和挑战。"互联网是开放的,信息庞杂多样,既有大量进步、健康有益的信息,也有不少反动、迷信、黄色的内容。互联网已经成为思想政治工作的一个新的阵地。国内外的敌对势力正竭力利用它同我们党和政府争夺群众、争夺青年。我们要研究其特点,采取有力措施应对这种挑战。"④互联

---

① 乐国安:《当前中国人际关系研究》,南开大学出版社2002年版,第293页。苏联科学院伊尔肖夫(A. P. Ershov)在1981年召开的第三次世界计算机教育会议上作了"程序设计,第二文化"的主题报告,最早提出了计算机文化的概念,传统文化则被称之为"第一文化"。

② 江小平:《信息化时代的法国》,《国外社会科学》1996年第6期。

③ 陈曙:《信息生态的失调与平衡》,《情报资料工作》1995年第4期。

④ 中央文献研究室编:《江泽民论有中国特色社会主义(专题摘编)》,中央文献出版社2002年版,第413页。

网拓展了思想政治教育的空间和渠道:"思想政治工作要适应信息网络化的特点,充分运用互联网,引导群众自己教育自己,趋利避害,为我所用。"①我们要从实际出发,从现实生活中的实际问题出发,善于研究和分析互联网给学生带来的负面影响而出现的新情况、新矛盾、新热点问题,有针对性地开展网络民族精神教育。我们应以新的姿态和新的思维,抢占网络阵地,开辟民族精神教育的新渠道,不断创新,努力开拓民族精神教育的新局面。

"未来生产和生产方式的核心是网络,谁控制了网络,谁就控制了网上资源,谁就是未来世界的主人。"首先,我们要熟悉网络,要自觉培育网络素养,学会利用网络。其次,各级各部门在完善网络管理的基础上,还要自觉参与网络文化建设。2005 年 8 月 23 日,网易等国内七大网游运营公司同国家新闻出版总署达成一致意见,在游戏软件中全部安装网游防沉迷系统。而从 2006 年起,所有进口游戏也要安装这一系统。② 网络文化是学生所追逐和亲密接触的文化,我们要更新观念,在方法、路径上要有所突破。要实现信息的现代化,以校园网建设为重点,建立健全校园信息网。要主动建立起高质量、大容量、有吸引力的网站,抢占网络制高点。要利用"民族网游"③、"绿色游戏"④、"网上论坛"、"网络交友"、"电子信箱"、"心理咨询"、"热线服务"等形式,建立科学、正常的信息交互方式。正面信息要成为网络主旋律,开发优质的民族精神教育资源,对学生进行民族精神教育,把校园网建设成为弘扬和培育民族精神的主阵地。建立弘扬和培育民族精神教育的德育网站,把民族文化遗产、艺术作品、文化艺术科研成果和历史文物

---

① 中央文献研究室编:《江泽民论有中国特色社会主义(专题摘编)》,中央文献出版社 2002 年版,第 414 页。
② 王雪冬:《民族网游:注重开发注重引导》,《人民日报》2005 年 9 月 5 日。
③ 吴元兵、陈立红:《网上杨靖宇纪念馆开通》,人民网 2005 年 9 月 5 日。据报道:"为纪念抗日战争胜利 60 周年和杨靖宇将军诞辰 100 周年,由共青团中央、中央党史研究室、国家档案馆办公室和中青网共同承办的网上'杨靖宇纪念馆'(http://yangjy. china5000. cn)于 9 月 3 日正式开通。"
④ 王雪冬:《民族网游:注重开发注重引导》,《人民日报》2004 年 11 月。中国青少年网络协会在北京市 3000 名中学生中进行调查,52% 的人认为应开发"绿色游戏",包括爱国游戏,反映民族文化的游戏,健康益智的游戏等。

等制成数字化产品,实现网络与民族文化的有机结合。要用现代高新技术的手段来提炼、丰富和完善各种文化的内容和形式,吸引学生广泛参与。通过积极、健康的网络文化,提高学生的文化品位,自觉抵制网络消极文化的影响。

二、积极推进各层次教育改革, 落实民族精神教育目标

改革开放二十多年,是我国经济高速发展、社会全面进步的年代,也是教育事业备受关注、教育改革充满活力的"黄金岁月",是国民教育事业迅猛发展的"黄金岁月"。教育在我国处于优先发展的战略地位,教育对于全面建设小康社会和实施三步走的发展战略目标、最终实现中华民族伟大复兴具有特殊重要的意义。根据党的十六大文件要求,培育民族精神教育要抓好全民教育,特别要以广大青少年作为教育的重点,把民族精神教育贯穿到幼儿园直至大学教育的全过程。教育改革是系统工程,各级各类学校吸取各层次教育改革经验,做好包括民族精神教育在内的各层次教育改革,在落实上下工夫,在针对性上下工夫,在实效上下工夫。

(一)幼儿园教育改革——民族精神启蒙的最佳时机

儿童是世界的未来,幼儿时期是奠定人生整体素质的关键时期。幼儿教育是基础教育的组成部分,是学校教育和终身教育的起始阶段。幼儿教育是提高全民族素质最基础的教育工程,也是社会公共福利事业,幼儿教育状况是国家教育水平的重要标志。新中国成立五十多年来,党和政府致力于让更多的儿童获得更好的早期教育,先后制定《幼儿园教育条例》、《幼儿园工作规程》和《幼儿园教育指导纲要(试行)》等文件。这些文件的制定对幼儿教育改革起到了极大的推动作用。经过这些年的发展,尤其是改革

开放以来的飞速发展,我国已建立一个相当规模的、适合中国国情的幼儿教育体系。我国幼儿教育事业的发展呈现出生机盎然的景象。①

幼儿民族精神教育是指向幼儿阶段进行民族精神教育的启蒙教育,其目的在于将中华民族传统文化和传统美德纳入幼儿教育体系,使他们建立对中华民族传统文化与传统美德有初步的了解与认识,建立对中华民族、中华民族文化及民族精神的初步认同。世界上不同民族独特的民族意识与民族情感便是在幼儿时期打下了坚实而又难以磨灭的基础,此刻所经历的文化体验将作为文化底色影响成年期文化观念的生长与建构。② 传承中华民族优秀传统文化和传统美德是教育的责任。实际工作中存在的问题是,幼儿教育如何作为——选取哪些内容作为实践领域? 课程活动如何设计、实施? 置身这些课程的教师和幼儿各自应该做些什么? 达到什么境界? 民族精神的启蒙首要考虑的出发点应是尊重幼儿身心发展的规律和学习特点,应充分关注幼儿的经验,引导幼儿在生活、活动中生动、活泼、主动地学习。

幼儿教育理论工作者和实际工作者围绕幼儿民族精神教育进行了有益的探索与改革,在实践中取得了一定的成效。下面从目标、内容、方法来分别阐述。从培养目标上讲,幼儿民族精神教育定位于:"培养幼儿对本民族传统文化的认同和热爱,感受由此创造的独特与美好,并能尊重和友好地对待其他种族的文化与人。"③从培养内容上讲,包含有中华传统节日文化、④民间文学教育、民间音乐教育、民间美术教育、⑤民间游戏的开发与利用。⑥针对不同的教育内容及幼儿不同成长阶段,实际工作者应制定合适的教育

---

① 王化敏、廖贻:《发展中的中国幼教事业》,载顾明远主编:《中国教育大系——20世纪中国教育》(三),湖北教育出版社2004年版,第2645—2653页。
② 徐利、陈时见:《论民族幼儿教育中传统与现代的断裂与对接——以广西融水苗族自治县民族幼儿教育为例》,《学前教育研究》2005年第4期。
③ 姚利:《"中国传统节日文化与幼儿园课程整合性研究"过程概述》,《学前教育研究》2004年第7—8期。
④ 姚利:《"中国传统节日文化与幼儿园课程整合性研究"过程概述》,《学前教育研究》2004年第7—8期。
⑤ 南京市梅花山庄幼儿园教科室:《幼儿民间艺术教育的目标及内容》,《学前教育研究》2004年第1期。
⑥ 苏卫晗:《谈民间游戏的特色及作用》,《中华女子学院山东分院学报》1999年第1期。

目标。从教育方法上讲,核心理念是"体验"和"生活"。体验既体现在教师对传统文化的深刻感受上,又体现在幼儿对传统文化的亲身经历上,体现在所有参与者经验的交往与互融上。所谓"生活"是指要营造"准生活"环境,传统的东西要"共生",要"使它与生命同步,成为朝夕与共、血肉相连的生活"①。民族精神教育要遵循情感陶冶原则,在以美感人、以情动人的过程中潜移默化地让幼儿受到教育。民族精神教育要遵循游戏性原则,幼儿期是游戏期,对幼儿来讲,游戏是一种更重要、更适宜的学习。② 从对教育内容的组织方式来讲,有网络式、框架式、要素式,其中,要素式最受推崇。所谓要素式是指提取民族文化中的一些核心或发展过程中不变的要素,由教师根据自己的解读,切合不同教育对象,建构合适的教育课程。③ 幼儿民族精神教育的实施还要整合社会、社区、家庭各方面的教育资源,建构社区、家庭、幼儿园三位一体的教育网络,充分挖掘传统文化宝库。更重要的是还要有一支具备宽广的教育视野和进步的教育观,有文化鉴别、选择与传承能力,能及时更新知识能力结构、积淀教育智慧的幼儿教师队伍。幼儿民族精神的教育有赖于他们从确定教育价值取向、选择教育内容到评价教育成果各个环节分步实施到目标落到实处。教师素质的提高是幼儿民族精神教育的保证。

新的世纪,着眼于祖国的未来,着眼于幼儿的未来。在"幼儿教育小学化"和"功利主义"浸染当今幼儿教育的今天,幼儿民族精神教育绝不是幼儿教育可有可无的部分,它应提高到一个应有的高度。在当下及未来幼儿民族精神的培育,应尊重幼儿身心发展规律及学习特点,挖掘民族精神教育资源,合理设置相关课程。教育中强调幼儿主体性的发展,充分关注幼儿的经验,尊重幼儿、平等地对待幼儿;强调幼儿学习的积极性和主动性,鼓励幼

---

① 姚利:《"中国传统节日文化与幼儿园课程整合性研究"过程概述》,《学前教育研究》2004 年第 7—8 期。

② 张卫民:《湘西土家族幼儿民族艺术教育体系探析》,《学前教育研究》1999 年第 3 期。

③ 姚利:《"中国传统节日文化与幼儿园课程整合性研究"过程概述》,《学前教育研究》2004 年第 7—8 期。

儿主动参与、自由地发展。强调以体验为中心的课程观;强调游戏是幼儿课程活动的基本方式,强调幼儿在活动与游戏中学习,生活化的真实体验是学习的重心;要树立大课程观,整合社区、家庭教育资源,鼓励并安排家长参与幼儿园教育活动。民族精神教育的有效实施更要强调幼儿教师队伍的专业化发展。①

(二)小学教育改革——养成良好行为习惯,培养基本的民族素质

小学教育是整个教育事业的基础,是九年义务教育的第一阶段,在实施义务教育中负有直接重大的责任。正如邓小平所说:"现在小学一年级的娃娃,经过十几年的学校教育,将成为开创二十一世纪大业的主力军。中央提出要以极大的努力抓教育,并且从中小学抓起,这是有战略眼光的一招。如果现在不向全党提出这样的任务,就会误大事,就要负历史的责任。"经过全党及各级政府的努力,至 1990 年,我国在 90% 以上人口地区普及了小学教育。② 小学教育是各级各类教育的基础。从个人来讲,完好的小学教育,为其身心健康发展奠定了良好的基础,同时为其接受更高一级教育提供了条件。从一个国家来讲,只有小学教育普及和提高了,中等教育和高等教育才能逐级普及和提高。总之,小学教育是国民教育的奠基工程,为提高国民素质奠定基础,为培养各级各类人才奠定基础,为儿童一生的发展奠定基础。

小学教育功能本质是一种养成教育。小学教育是儿童接受学校教育的开端,儿童思想品德形成、知识能力的发展和身体素质的增强,都将在小学阶段正式起步。在小学阶段养成良好习惯,可以牢固地保持一辈子;相反,小学阶段养成的不良习惯,到中学和大学时期纠正起来就很困难。因此,在小学阶段,不仅让学生学到知识,发展智力,还要在学习上对他们进行严格训练,养成良好的学习习惯;在思想品德上要有严格的要求,养成良好的行

---

① 陈时见、严仲连:《中美幼儿园课程改革之比较》,《教育世界》2001 年第 1 期。
② 参见中华人民共和国教育部:《共和国教育 50 年》,北京师范大学出版社 1999 年版,第 253—284 页。

为习惯。养成教育从思想、品行、知识、能力等方面体现基础教育的功能。《国务院关于基础教育改革与发展的决定》明确指出："小学从行为习惯养成入手，重点进行社会公德教育，进行爱祖国、爱人民、爱劳动、爱科学、爱社会主义教育，联系实际对学生进行热爱家乡、热爱集体以及社会、生活常识教育。"①在小学阶段进行民族精神教育要重视对小学生进行民族优秀传统习惯的养成教育。

弘扬和培育民族精神教育是小学德育工作的主要内容和重点。实施途径主要有思想品德课——《品德与社会》及其他各门文化课教学、班主任工作、校会、少先队活动、各种课外校外活动等。小学生的《品德与社会》是比较系统地进行直接和专门德育的一门课程，它的主要任务是使小学生初步具有社会主义道德品质和良好行为习惯，为未来打下初步的思想品德基础。小学各科教学也具有丰富的民族精神教育的内容。语文课的许多内容思想性都很强，通过分析课文中事物和人物的是非、善恶、美丑，从文本本身感受中文的魅力，在字里行间品味贤达的智慧，一堂成功的语文课意义远远超过课程本身。音乐、美术等课程可通过对民族艺术的挖掘，使学生受到民族音乐和艺术的熏陶。历史、地理课是教育学生热爱祖国和人民的好教材。小学数学的学习可以了解我国古代科学家的成就。成功的校会、少先队会、班会更是进行民族精神教育的良好途径。

小学品德课程改革和实践为小学民族精神教育奠定了良好的基础。根据《基础课程改革纲要》的意见："改革课程过于注重知识传授的倾向，强调形成主动学习的态度，使获得基础知识和基本技能的同时成为学会学习和形成正确的价值观过程。"2001 年 7 月国家教育部基础教育司组织专家、教研员等开始就小学德育课程改革着手制定《品德与生活》和《品德与社会》课程标准工作，在 2002 年 9 月 1 日起在全国部分地区进行新的课程标准试点工作。将品德课与生活课综合设置《品德与生活》课，在小学 1—2 年级开设，以儿童的生活为基础，以培养具有良好品德和行为习惯、乐于探究、热

① 顾明远：《中国教育大系——20 世纪中国教育》(三)，湖北教育出版社 2004 年版。

爱生活的儿童为目标;将品德课与社会课综合设置《品德与社会》课,在小学中、高年级开设,是以儿童社会生活为基础,促进学生良好品德形成和社会性发展的综合课程。① 这是一项重大的课程改革举措,最主要的意义就是"通过课程的综合,为小学生开辟一条通向他们生活的渠道,使他们在生活的内在联系中获得整体的发展,特别是有利于他们的品德与社会性发展"②。《品德与生活》将品德教育、生活教育、社会文化教育、科学教育有机结合;《品德与社会》将品德、行为规范、法治、爱国主义、集体主义、社会主义、国情、历史与文化、地理环境等教育有机融合。新课程改革对在小学阶段进行民族精神教育的启示就是民族精神的教育要体现与学生生活相联系,与学生发展相联系。民族精神的教育是一个综合化的过程,是关于民族优秀传统文化、传统美德知识、情感、态度综合发展的过程,是小学生民族精神的自主探究、自身体验、自主建构与教师对民族精神的准确把握、理解、价值引导相结合的过程。

(三)中学教育改革——将民族精神教育与塑造良好国民素质统一起来

中学阶段是人的一生中道德品质发展的关键时期,是进行民族精神教育的关键时期。中学教育的质量最终代表我国基础教育的质量,决定着未来我国劳动者的素质。国际竞争的实质是国民素质的竞争,民族素质的核心是民族精神。教育是一项面向未来的事业,中学教育的质量也决定了未来我国在国际竞争中的实力。中学教育的性质可以从不同侧面来认识。从其教育本体来说,中学教育属于普通教育性质。从国家法律角度来说,中学教育包括两种不同性质的教育,初中阶段教育属于义务教育,是义务教育的第二阶段,这是与中学教育的高中阶段在共性的基础上又有区别的地方。高中阶段属于非义务教育,是基础教育的最后阶段,同时也是基础教育与高

---

① 陈晓磊:《有关人士就小学新课标答记者问》,《中国教育报》2002 年 9 月 10 日。
② 鲁洁:《〈品德与生活〉、〈品德与社会〉课程标准研制的基本思想》,http://www.jiaoyan.cn//22/106/n/2004—07—21/266.htm。

等教育的衔接阶段。到 2000 年,我国如期实现了基本普及九年义务教育,"普九"人口覆盖率达到 85%。高中教育阶段发展迅速,一些经济发达地区已率先普及高中阶段教育。2000 年与 1990 年相比,我国每 10 万人中具有高中程度的由 8039 人上升为 11146 人。① 在中学阶段对学生进行民族精神教育,首先要对中学教育的应有地位有清醒认识和正确定位。

初中教育在基础教育中是承前启后的中心环节,小学教育本质上是一种启蒙教育,到初中阶段开始系统学习各类基础知识,高中阶段则是各门课程的加宽加深。初中教育要为高中阶段提供生源,初中教育质量好了,提高高中教育质量就有了基础。初中教育是义务教育中具有决定意义的阶段,义务教育质量如何完全决定初中教育的质量。2003 年全国小学毕业生升学率为 97.9%,普通高中升学率为 83.4%,而初中毕业生升学率仅为 59.6%,还有 40.4% 的初中生不能接受高中阶段教育。② 中专或中等职业教育近些年一直处于萎缩状态,相当一部分初中生毕业后直接走向社会,所以,初中阶段义务教育质量在较大程度上影响我国国民素质。初中教育阶段是人生中最需要良好教育的时期,因为初中生处于生理的高峰期、智力开发的关键期、道德品质形成的关键期,为高中阶段或今后人生各阶段的人生观、价值观的形成奠定基础。初中阶段是人由儿童向成人转变的过渡期,是心理"断乳期",所以初中教育阶段也是基础教育中难度最大的教育时期。初中教育在基础教育中处于"重中之重的地位"。但是在现实中初中教育存在"腰软"现象:初中生厌学、辍学现象严重,违法违纪现象增多。③ 在教育管理中,有的地方考察基础教育,重点往往是小学,高中教育是社会、家长、学校关注的焦点,初中教育常常被忽视,经费不足、办学条件落后、师资素质不高,教育质量徘徊不前,这种现象又被称之为"塌腰现象"。下大力

---

① 陈至立:《切实落实教育教育优先发展战略地位》,载《十六大报告辅导读本》,人民出版社 2002 年版,第 321 页。
② 教育部发展规划司统计处、上海市教科院智力开发研究所:《2003 年我国教育事业发展概况》,《教育发展研究》2005 年第 1 期。
③ 翟乃山:《"腰软现象"及矫正策略》,《山东教育科研》1994 年第 1 期。

气改变这种状况,把初中教育摆在应有之地位,初中教育才能发挥其应有之功效。

　　高中教育是基础教育的最高层次,或者说是一种最高层次的基础教育,是非义务阶段教育,其任务是对接受过义务教育的适龄人口进行再培养,以造就高层次的社会建设者。高中教育既不属于基础性的义务教育,也不属于高层次的专业教育阶段。但高中教育仍具有社会公益事业性质。由于高校入学人数有限,"今后中国每年将有 500 万以上的高中毕业生或是结束学业,或是通过其他途径完成高等教育。这一支庞大队伍的出现,将直接关系到 21 世纪参与世界经济竞争的我国劳动力大军的质量。"①高中教育承担双重任务,一是将庞大的人口资源转化为合格的人力资源,向劳务市场直接输送人才;二是向高等学校输送人才。高中教育阶段,是人的一生中身心发展最快的时期,学生个性、兴趣、爱好、情感、独立意识等发展极为迅速。学生在学习动机、文化基础、志向品行等方面的差异会越来越显现。现实生活中,由于升学竞争的压力,使越来越多的学生感到自己是一个失败者。如今在我国也出现了发达国家高中生曾频繁出现的"危机",如辍学、厌学、沉溺于网吧、暴力、吸毒、堕胎等令社会、家长、老师头痛的现象。如今不少地方高中办学受制于财政困难、家长期望、升学压力、价值多元、学生缺乏学习动力等因素。②围绕高中教育的改革,教育部从 1995 年起作出了许多重要的决定和改革,如加强薄弱学校建设、鼓励民办高中的发展、增加对高中经费投入,允许扩大高中办学规模等;改革单一的为升学服务的高中为普通高中、综合高中、特色高中、职业高中四种模式;从 1997 年开始构建"层次性、多样性、选择性"为特色的高中课程和教学改革方案并已取得初步成效。③

　　尽管改革取得了较大成绩,但高中教育的特殊定位及相应的任务定位

---

① 霍益萍:《从精英到大众——对中国高中教育历史性转折的思考》,《教育发展研究》2002 年第 9 期。

② 翟乃山:《"腰软现象"及矫正策略》,《山东教育科研》1994 年第 1 期。

③ 霍益萍:《从精英到大众——对中国高中教育历史性转折的思考》,《教育发展研究》2002 年第 9 期。

仍然未能为社会尤其是广大家长所接受,那种"为了选拔少数人而淘汰多数人"的办学理念仍然大有市场,"升学指挥棒"仍然指挥着高中教育。高中教育脱离"高等教育预备教育"的轨道,真正变成一个独立设置的学习阶段,变成一个对学生进行较高层次的基础教育阶段还有相当长的路要走。①

中学生知识、能力、情感、态度的发展,尤其是认知能力的发展,为民族精神教育提供物质基础。借助于德育课、历史、地理、语文等课程的教学,培养中学生对民族历史和文化的理性认识,增强学生的民族自豪感,初步建立民族自尊心和自信心,中学阶段应是民族精神教育的深化阶段。但在现实中德育、历史等课程在中学课程体系中的地位及实际教学的状态到底如何是需要认真"拷问"的。本书对初中教育及高中教育性质、定位及改革发展的描述,是为厘清包含初中教育和高中教育的中学教育现状,使我们对在中学阶段进行民族精神教育的困难有一个清醒的认识。借助对中学教育现实状况的"拷问",现阶段我们要做的主要工作就是如何真正贯彻落实《中共中央国务院关于进一步加强和改进未成年人思想道德建设的若干意见》及《中小学开展弘扬和培育民族精神实施纲要》的要求,真正改变"说起来重要,做起来往后靠"的现状,树立"育人为本、德育为先、注重实效"的观念,从根本上改变"应试教育"和学生课业负担过重的现状,搞好以民族精神教育为重点的德育课程教学改革,抓好课外活动主阵地,在针对性和实效性上下工夫,真正把民族精神教育做到学生的心里去。

(四)大学教育改革——培养弘扬民族精神的先进群体

青年兴则国家兴,青年强则国家强。大学生是祖国的未来,民族的希望,是全面建设小康社会的主力军,是实现中华民族伟大复兴的重要力量,他们的思想道德素质如何,直接关系到社会主义事业的兴衰成败。在大学生中加强民族精神教育就是要引导他们树立民族自尊、自信、自强、自立精

---

① 霍益萍:《从精英到大众——对中国高中教育历史性转折的思考》,《教育发展研究》2002 年第 9 期。

神,增强他们爱祖国、爱人民、爱社会主义的情感,培养他们艰苦奋斗、自强不息的品格,使他们能把自己的理想、志愿、工作选择与祖国的前途、民族的振兴联系起来,把个人的荣辱得失与祖国的兴衰强弱联系起来,为中华民族的伟大复兴贡献自己的青春。

改进现行高校"两课"教学。高校"两课"教学是高校德育的主渠道,也是民族精神教育的主渠道。但是,现实中的教育效果实在是不尽如人意。因工作上的需要,笔者曾经多次到某高校《毛泽东思想概论》课堂跟班听课。该课堂是一个150多名学生的大课堂,这也是和其他德育课堂共有的特点——大课堂。课程教学主要安排在晚上或上午第三、第四节或下午第七、第八节课。笔者多次在听课时对学生表现情况进行统计:不听课的占90%之多,学生要么在看英语、小说等其他书籍,要么在做其他课程作业,要么在听 mp3,要么在玩手机,要么相互窃窃私语,要么干脆伏在课桌上睡大觉。讲课的教师是一位年轻老师,这位老师好像对学生的课堂表现习以为常,视而不见,继续"有条不紊"地讲课,讲课中间始终没有强调过一次课堂纪律。本来内涵非常丰富的《毛泽东思想概论》课讲得干巴巴的。教师缺乏激情,学生也没有热情、没有回应。这个例子很有代表性,高校"两课"教学到了非改革不可的地步。长期以来知性德育一直占据学校"两课"教育的课堂,表现为"两课"的学科化和知识化倾向,教材的呈现往往以道德目标或道德规范为逻辑,强调严密的知识体系结构;表现在课程文本上就是观点加材料,课程文字间充满了道德规范与道德知识的说教;教学方法上强调知识的传授,缺乏双向的互动;内容上的古板和形式上的单调难以激发学生的学习兴趣和热情,忽视了学生的道德体验,使道德规范难以内化到学生自身的道德体系中去,学生在活生生的现实生活面前往往缺乏正确的道德判断能力,甚至出现知行不一现象,最终导致学校德育效果低下。[1]"两课"教师自身的问题也不容忽视,正如某校一位教学督导员所讲,"两课"教学现

---

[1] 王清平、徐向阳:《放眼生命的成长——品德与生活、品德与社会教学视野》,广东教育出版社2005年版,第2—3页。

在的主要问题不是如何改进教学方法、课程体系等问题,而是教师是不是真正信仰所讲内容的问题。据有关研究人员在天津南开大学、天津师范大学、天津科技大学、天津财经学院共 400 名大学生关于民族精神教育的调查显示:82% 学生选择"民族精神的主要来源是学校教育",86% 的学生选择"'两课'对弘扬和培育民族精神非常有作用或有作用",90% 的学生认为"在民族精神教育中'两课'教师责任更加重大",73% 的学生认为"在民族精神教育中,对'两课'教师的人格力量比其他教师要求更高"[①]。"两课"及"两课"教师在弘扬民族精神教育中作用重大,实际教学状况及教师素质离学生的要求有相当大的差距。大学生"两课"教学改革迫在眉睫,包括教学内容体系、教学方法、合格教师培训等,在"两课"教学实效性上下工夫。要通过教育观念的更新,通过教育方法的创新,赋予"两课"教学以感染力和吸引力,真正发挥"两课"教学的主渠道作用,在民族精神培育中发挥应有的作用。

用我国历史和国情教育激发大学生的精神动力。"以史为鉴,可以知兴衰",诗人雪莱曾把历史比做"最好的语言家",大学生民族精神的培育离不开对历史的学习和理解。国情教育是爱国主义教育的起点,知我中华才能爱我中华,才能有对国家的归属感和责任心。中华民族精神是从中国传统文化中提炼出来的,是传统文化的精髓之所在。尽管我们拥有世界上任何国家所无法比拟的辉煌历史,但是这些年来我国的历史教育却到了不可再削减的地步了。由于我国"应试教育"体系没有彻底打破,中学阶段历史等课目教学本身是处于边缘地位,[②]老师教的积极性不高,学生学的积极性也不高。学生历史、人文素养是"先天不足"。到大学阶段,重专业,轻基础;重功利,轻素质,学习的功利性极强,对民族文化、历史等知识并不重视,人文素养不厚,甚至很欠缺。一个大学生如果不进历史系,基本上终身不再接触历史教育,他们的历史知识就可想而知了,在大学生中出现民族虚无主

---

① 刘范:《关于民族精神教育实效性的思考》,《中国高教研究》2004 年第 11 期。
② 余伟民:《培养高素质人才必须重视历史教育——论历史教育"边缘化"的社会根源及提升历史教育地位的途径》,《探索与争鸣》2003 年第 11 期。

义,民族不自信也就不足为怪了。如果我们的大学生不了解、不熟悉本国的历史,没有正确的历史观,又如何希望他们爱自己的祖国? 如何让他们为祖国、为中华民族服务? 又如何让他们凭空产生中华民族精神呢? 针对这种情况,极有必要在大学阶段补上这一课,在大学阶段对学生进行历史、民族文化教育。国内外有眼光的政治家都非常重视对青年一代进行民族文化、民族历史、民族传统的教育。美国前总统布什通过反思 20 世纪六七十年代忽视历史教育的教训,将历史课定为核心课程,与英语、数学等处于同等地位。第二次世界大战以来,独立的亚非国家对本国历史教育尤为重视。如韩国将"国史"放在极为重要的地位,其他教材可以多样化,惟"国史"只有一套,由政府组织编写。① 高校应通过开设中外历史、中国传统文化、中国思想史等必修或选修课程供学生选学,将历史教育贯穿到大学教育全过程。通过课堂教学、讲座与交流,将中国传统文化的精髓灌输给学生,让广大学生学习和了解中国历史和母体文化,在潜移默化的历史教育中,将爱国的精神、爱国的根植入他们的心中。"责任之心来源于对国家和人民深切的了解和深深的热爱"②,大学生了解了祖国的悠久历史和灿烂文化,从民族文化中吸取力量,陶冶情操,才能不断增强弘扬和培育民族精神的自觉性和使命感。

用健康向上的校园文化丰富大学生的精神空间,引导大学生主动弘扬与实践民族精神。校园文化活动是高校德育的重要阵地,是高校精神文明建设的重要载体,对大学生世界观、人生观、价值观的形成有重要作用。社会实践活动能使大学生将理论转化为实践,从课堂转向现实生活,是大学生受教育长才干的重要环节,对大学生优良品质的形成、爱国爱集体精神的培养有着重要作用。要发挥大学生党团及其他社团组织作用,充分发挥它们"自我教育、自我管理、自我服务"功能,利用第二课堂,采取演讲比赛、辩论

---

① 徐柏才、李从浩:《在大学生中培育和弘扬民族精神要处理好几个关系》,《西北民族大学学报》(哲学社会科学版)2004 年第 6 期。
② http://news.sina.com.cn/c/2005—06—16/05186183715s.shtml:清华学生写调研报告反映真实农村获温家宝鼓励。

会、校园诗会、研讨会、文艺比赛、参观等形式,开展中国古代戏剧、诗歌、小说、书画艺术、中国古代文化经典、中国发展史研习及讲座、瞻仰革命圣地和遗址、祭扫烈士墓等活动,让他们在学习和实践中了解中国文化的精髓,为自己的民族而自豪,从而树立远大理想,发奋图强。通过社会调查、志愿者服务等社会实践活动,接触社会、了解社会,在实践中亲身感受祖国建设成就,感受劳动人民艰苦创业的动人情景,增强对祖国和人民的感情,并将之进一步升华为民族精神。大学生精力旺盛,是创造力最活跃的时期,是校园文化活动的创造主体,我们要着力营造良好校园文化活动。从正面教育和寓教于乐的活动中,培养他们的爱国情怀、集体意识,培养他们"以人为本、宽厚待人、尊贤纳众、自强自立"的精神。

三、构建完善和谐的民族精神教育体系必须处理好几个关系

"无论你愿意不愿意,世界变得越来越复杂,学校的变革亦然。明智的变革研究者开始面对各种因素交织纷纭复杂的学校教育现象,以不同于线性思考也不同于静态的系统思考方式,来把握学校变革的对象,以新的思路解决变革过程中的复杂矛盾和问题。"①我们需要以复杂的眼光审视各层次教育改革,检讨围绕民族精神在国民教育系列实施中存在的问题,正确处理好以下几个关系。

(一)正确处理民族精神教育体系的完整性与学校改革的系统性关系

在学校进行弘扬和培育民族精神教育,要构建一个完整的民族精神教

---

① 杨小微:《转型与变革——中小学改革与发展的方法论》,湖北教育出版社 2004 年版,第114 页。

育体系。体系的完整性首先表现在体系是一个涵盖幼儿园、小学、中学到大学阶段的体系;其次,体系应是一个循序渐进、上下衔接,符合各阶段学生生理、心理、认知发展规律的体系;再次,每个阶段应包括承载民族精神教育的学科体系、活动体系和环境体系等自成一个完整体系。

围绕民族精神教育体系完善所进行的各层次教育改革要注意系统性。要把弘扬和培育民族精神与当前在大中小学开展的素质教育(或人文素质教育)作为一个整体,要把民族精神教育和当前开展的课程改革紧密结合,要有整合的课程观。① 要把认知与性情陶冶相结合,人格培养与行为养成相结合,知性习得与实践锻炼相结合,还要注意网上与网下、校内教育与校外教育的衔接与配套。

传统的"应试教育"把学校的功能窄化为不完整的"智育",学校里的一切活动围绕着这一狭隘的功能目标而"结构"起来,②在这个系统中失却了民族精神教育应有的"位相"。学校应是多个子系统构成的综合体,是一个包含民族精神教育体系在内的一个综合体。学校这个综合体的改革能否取得积极的效果,关键在于系统整体结构是否优化。我们要在学校的系统改革下完善民族精神教育体系。

(二)正确处理统一要求与各级各类学校教育差别之间的关系

党的十六大报告指出,面对世界范围内各种思想文化的相互激荡,必须把弘扬和培育民族精神作为文化建设极为重要的任务,纳入国民教育的全过程,使全体人民始终保持昂扬向上的精神状态。"一个民族,没有振奋的民族精神和高尚的品格,不可能自立于世界民族之林。"在学生中开展弘扬和培育民族精神教育是全面建设小康社会、实现中华民族伟大复兴的现实需要,是学生健康成才成长的需要,是国家对教育战线提出的统一要求。各

---

① 张胤:《缺失与反思——现代化课程改革下文化传统与民族精神之承继及发展》,《当代教育科学》2003 年第 18 期。
② 杨小微:《转型与变革——中小学改革与发展的方法论》,湖北教育出版社 2004 年版,第168 页。

级领导、教育工作者应达到统一认识，只有认识上的提高，才能带来行动上的自觉。

当然，民族精神教育在现实中也存在着差别。基础教育阶段表现为城乡差别、东西部差别。城乡之间、东西部基础教育发展差距较大，由于现实中经济上的窘迫，①乡村、西部基础教育中办学条件、师资水平等较城市、东部稍逊一筹，对于民族精神教育的认识、实施较国家统一要求有较大差距，个别地方可能根本没有开展民族精神教育。公办高校与民办高校、公办高中与民办高中、重点与非重点高校或高中民族精神教育实施情况也有较大差异。差别是客观存在的，关键是各级学校要正视差距，要自觉对照国家有关民族精神教育的相关规定，结合自身实际情况创造性地开展教育工作，政府教育主管部门对本地区各类学校要加强检查、督导、指导、支持、帮助与评估，使民族精神教育真正落到实处。

在民族精神教育具体实施上也要处理好统一要求与差别实存的关系。教育内容上要处理好"高"与"低"的关系，夯实好基础。处理好"大"与"小"的关系，大是大非不含糊，从小处着眼，大道理要讲深讲透。② 针对不同教育对象要解决好"先进"与"后进"的关系，引导先进分子向精神追求高层次跃进，做社会主义事业的接班人；引导后进向先进学习，做一个合格的公民，做祖国合格的建设者。

（三）正确处理发挥教师的引领作用与学生自我塑造和成长的关系

教师被誉为"人类灵魂的工程师，是青少年学生成长的引路人"，说明教师对受教育者有很强的影响作用，教师的言行举止、人格、思想、情感、态度、意志、性格等对学生发挥着深刻的、直接的、潜移默化的作用。新一轮基

---

① 根据笔者对部分农村中小学教育教师的调查结果来看，在现实各种问题的压力下，农村中小学教育的指向更加功利、更加实用。农村中小学教育就是以升学为导向，家长、老师对孩子要求的目标就是考上高中、大学，走出农村。农村中小学德育、历史、地理、美术、艺术、体育等课程设置更趋边缘化，课外活动被压缩，根本就谈不上在学生中有效开展弘扬和培育民族精神教育。

② 吴冬梅：《经济全球化背景下弘扬中华民族精神途径探索》，《学术交流》2003年第9期。

础教育课程改革的一个核心理念就是教师要引领学生的发展,①民族精神教育更需要教师的引导,从承载民族精神的学科的研究、教学内容选择、教学方法采用、实践活动的组织、体验活动的设计与实施等需要教师的引导,教师在与教育材料、学生的双向互动中成长,通过自身的成长引领学生的成长。因此,加强并注重发挥教师在民族精神教育中的主导作用,具有十分重要的意义。目前,教师的民族文化素养和职业道德水平离民族精神教育的要求还有较大差距,教师的民族文化素养亟待进一步提高。

教师引领不等于包办代替,民族精神教育要以学生为主体。要尊重学生,充分调动学生的积极性、主动性和创造性,引导学生自主学习、自我教育、主动发展。坚持教育与生产劳动和社会实践相结合,通过丰富多彩的社会实践活动,使学生在社会实践活动中体验、感悟、认同民族精神;引导学生"知行合一",鼓励和引导学生在社会实践活动中身体力行,引导"日学一语、日行一善、日进一步"②,弘扬民族精神。

教师与学生一同成长,有助于师生间文化互递、角色互换、情感互慰和优势互补。与学生一起成长关键在于教师。教师应树立终身教育的观念,自觉持续不断地学习,确保与时俱进,在提高自身素质的同时,还可以促进自身教育能力的提高,给学生树立一个勤于学习、乐于学习的榜样。与学生一起成长,还要树立以身作则的观念。要改变学生,教师首先要改变自己。以学生为镜子,纠正自己的缺陷和行为过失,不断改善和提升自己,自觉地在学生面前过一种有道德、有品位、有追求的生活,身体力行地带领学生健康向上,茁壮成长。

---

① 中华人民共和国教育部:《品德与生活课程标准(实验稿)》,http://www.pep.com.cn/200406/ca410177.htm:"在本课程中,教师要由单纯的知识传授者转变为儿童活动的指导者、支持者和合作者;其主要的任务不是讲解教科书,而是努力创设适宜的活动环境与条件,灵活多样地选用教学活动与组织形式,结合实际培养儿童的品德和习惯,保护儿童的好奇心,引发儿童探索的欲望,让他们能够生动、活泼、主动地学习,身心健康地成长。"

② 曲昌荣:《玉不琢不成器——河南新乡卫滨区未成年人思想道德建设纪实》,《人民日报》2005年9月13日。

(四)正确处理学校教育和全党全社会力量共同参与的关系

学校教育是民族精神教育的主阵地,肩负着弘扬和培育民族精神的重要任务。在国民教育系列中进行民族精神教育是法律规定的一项重要义务。《中华人民共和国教育法》第六条明确规定:"国家在受教育者中进行爱国主义、集体主义、社会主义的教育,进行理想、道德、纪律、法治、国防和民族团结的教育。"各级各类学校应把弘扬和培育民族精神教育放在突出位置,把培育民族精神贯穿于教育的全过程。要积极探索适合学生特点的教育形式,加强教育活动的针对性、实效性和延续性。同时,要善于利用好校外资源,校内与校外结合,进一步做好民族精神教育工作。

弘扬和培育民族精神是一项庞大的、系统的社会工程,全党、全社会都要关心、支持、参与学校民族精神教育。党的十六大报告中明确要求:"必须把弘扬和培育民族精神作为文化建设极为重要的任务,纳入国民教育的全过程,纳入精神文明建设全过程。"因此,在学校开展弘扬和培育民族精神教育时,必须与家庭教育、社会教育紧密结合,形成学校、家庭、社会共同做好青少年民族精神教育的育人合力。对于青少年来讲,家庭教育的作用非常重要,要将弘扬和培育民族精神教育引进家庭领域,同时,家长要用正确的言行来引导子女,形成有利于学生身心健康发展的良好氛围;新闻宣传、广播影视、文化出版和文艺等部门要宣传富有民族精神的先进人物,宣传中华民族的奋斗历史、光荣传统和灿烂文化,要用健康向上的精品力作来引导学生、塑造学生;把培育民族精神作为社会主义精神文明建设的一个重点,渗透到群众性的精神文明创建活动中去,为弘扬和培育民族精神营造浓郁的氛围,使学生在社会日常工作的各个方面,都能随时随处受到民族精神的感染和熏陶。

全党全社会要为学校开展民族精神教育创造良好的法治环境。目前,针对民族精神教育中出现的一些问题,如自由的网络空间如何树立依法治网的法理权威(Legal Authority),目前迫切需要进一步研究、讨论并制定出严格、适当的法律法规,加强网络监管,打击网络违法行为,维护"第二文化"的健康发展。还有,如何有效地保护我国优秀民族文化遗产、遗址等问题。文化遗产,是祖先留给我们幸运的礼物,也是中华民族文化经过历史风雨的淘洗后留下来的薪火。保护遗产,就是保护我们的母亲文化,保护我们的根,保护我们民族的情感与价值。我们要不断加强法治建设,建立和完善文化遗产保护的法规体系,逐步完善文化遗产保护的工作机制,不能再出现在经济利益的驱使下,野蛮地毁损民族遗产、遗址的事件了!

民族精神教育要做好政策引导。为加强以爱国主义教育基地为重点的未成年人活动场地建设、使用和管理,如何从政策上引导各种资本投入教育场馆场地建设;如何加强对爱国主义教育基地、少年宫等场所管理、使用、维护;对网吧、歌厅等娱乐场所管理如何进一步明确责任,真正做到管理到位;如何以教育体制来保证民族优秀传统文化与传统道德的延续等问题,[1]迫切需要我们尽早研究制定出合适的政策并通过有力实施来引导和解决。

民族精神弘扬和培育是一项功在当代、利在千秋的大事,必须长期不懈地抓下去。要把教育放在首位,同时又要重视政策和法律法规的重大作用,使之健康发展。[2] 要从法治建设、政策引导等方面为弘扬和培育民族精神提供有力保障,为把弘扬和培育民族精神教育贯穿到国民教育全过程提供法律和政策制度支持。

---

① 肖尚忠:《传统道德资源与现代日常生活》,《甘肃社会科学》2004 年第 4 期。
② 参见邵华泽:《大力弘扬和培育民族精神》,载《十六大报告辅导读本》,人民出版社 2002 年版,第 307—320 页。

第九章

对中小学民族精神教育的系统思考

一、问题的提出

民族精神是一个民族的灵魂,民族精神不仅积淀着一个民族国家过去的全部文化创造和文明成果,而且还蕴涵着它走向未来的一切可持续发展的精神支柱,是它存在和发展的全部价值与合理性之所在。它是维系一个民族国家的精神纽带。一旦民族精神遭到侵蚀和消解,必然会给民族国家带来深刻的文化危机和民族危机。一旦一个民族失去了自己的精神特色,那么这个民族事实上也就不存在了。因此任何一个国家都非常重视民族精神教育,我国也非常重视民族精神教育。中共中央、国务院、中宣部、教育部等相关机构颁布的许多文件中都非常强调民族精神教育,《中共中央关于社会主义精神文明建设指导方针的决议》(1986 年 9 月 28 日)、《爱国主义教育实施纲要》(中共中央 1994 年 8 月 23 日)、《中共中央关于加强社会主义精神文明建设若干重要问题的决议》(1996 年 10 月 10 日)、《面向 21 世纪教育振兴行动计划》(教育部 1998 年 12 月 24 日)、《中共中央国务院关于深化教育改革,全面推进素质教育的决定》(1999 年 6 月 13 日)、《公民道德建设实施纲要》(2001 年 9 月 20 日)、《国务院关于基础教育改革与发展的决定》(2001 年 5 月 29 日)、《基础教育课程改革纲要(试行)》(《中国教育报》2001 年 7 月 27 日)反复强调民族精神教育。《中共中央国务院关于进一步加强和改进未成年人思想道德建设的若干意见》(2004 年 2 月 26日)指出,未成年人思想道德建设的主要任务之一是从增强爱国情感做起,弘扬和培育以爱国主义为核心的伟大民族精神。中共中央、国务院《关于进一步加强和改进大学生思想政治教育的意见》指出,加强和改进大学生思想政治教育的主要任务之一是以爱国主义教育为重点,深入进行弘扬和培育民族精神教育。

从以上一系列文件中我们可以看出,我国党政机构和领导人历来重视民族精神教育,这些文件精神落实到中小学教育教学工作中,在中小学课程中有全面的反映。下面以小学语文课和中学政治课为例说明这一点。

1952 年《小学语文课程暂行标准(修正草案)》贯穿了一条爱国主义教育的红线。在"目标"中指出:"通过语文内容思想的训练和自然、史、地常识的介绍,使儿童逐渐认识祖国文化、生活已往的真面目,未来的新发展;到毕业时,能热爱祖国和人民,具有为祖国效忠、为人民服务的新道德和新思想。"在"教材编选要点"中强调,"课文内容,必须有正确的思想性和政治性","课文应多取祖国所固有,是可发扬爱国主义思想、国际主义精神的材料"。在"教学方法要点"中,第一项就明确提出"语文教学要联系实际,贯彻新民主主义思想和爱国主义教育……并应注意到当地当时一般社会上所存在甚至影响儿童观点的思想问题,通过教学适当地予以解决。"1956 年《小学语文教学大纲(草案)》"说明"指出:小学语文科是以社会主义思想教育儿童的强有力的工具。"要在发展儿童语言的工作当中"完成思想教育任务,"让儿童在学习语言的同时,从文学作品受到品德的陶冶"。1987年《全日制小学语文教学大纲》在"教学目的和要求"中明确提出了思想品德教育方面的要求:"语文学科的重要特点是语言文字训练和思想教育的辩证统一。因此,语文教学要在进行语言文字训练的同时,使学生潜移默化地受到爱祖国、爱人民、爱劳动、爱科学、爱社会主义的教育,培养学生良好的意志、品格和爱美的情趣。"2001年9月教育部颁布的《全日制义务教育语文课程标准(实验稿)》规定语文课程的总目标中仍然强调民族精神教育,第一,在语文学习过程中,培养爱国主义感情、社会主义道德品质,逐步形成积极的人生态度和正确的价值观,提高文化品位和审美情趣。第二,认识中华文化的丰厚博大,吸收民族文化智慧。关心当代文化生活,尊重多样文化,吸取人类优秀文化的营养。第三,培植热爱祖国语言文字的情感,养成语文学习的自信心和良好习惯,掌握最基本的语文学习方法。

人民教育出版社2002出版的九年义务教育六年制语文教材中很多篇目包含有民族精神的教育。一年级上册共有20课,其中有13课的内容涉及民族精神,占课文总数的60%以上。一年级下册共39篇课文,其中有25课文涉及民族精神的教育,占全书的64%以上。二年级上册共40篇课文,其中涉及民族精神教育的占全书68%以上。二年级下册共40篇课文,其中21篇课文进行民族精神的教育,占全书的50%以上。三年级上册共40篇课文,其中有22篇课文进行民族精神的教育,占全书的70%以上。三年级下册共39篇课文,其中有24篇课文进行民族精神的教育,占全书的80%以上。四年级上册共32课,其中体现民族精神的课文有22篇,占69%。五年级上册共28课,体现民族精神的有20课,占71%。五年级下册共28课。体现民族精神的有14篇,占50%。六年级上册共28课,体现民族精神的有20篇,占71%。六年级下册共26课,体现民族精神的有17篇,占65%。

在中小学《品德与生活》、《品德与社会》课程标准中非常重视民族精神教育,品德与生活课程标准规定的"情感与态度"目标有爱亲敬长、爱集体、爱家乡、爱祖国等条目。品德与社会课程标准规定的"情感、态度、价值观"目标有养成自尊自主、乐观向上、热爱科学、热爱劳动、勤俭节约的态度,养成文明礼貌、诚实守信、友爱宽容、公平公正、热爱集体、团结合作、有责任心的品质,有热爱祖国、珍视祖国的历史、文化传统的习惯。初中思想品德课程标准规定具有的"情感、态度、价值观"目标有意志坚强、勤俭节约、孝敬父母、尊重他人、乐于助人、诚实守信、热爱劳动、勇于创新、热爱社会主义祖国、热爱和平等。普通高中思想政治课程标准（实验）规定要达到的目标有热爱祖国，热爱人民，关心祖国命运，增强民族自尊心、自信心和自豪感，弘扬中华民族精神，树立为实现中华民族伟大复兴而奋斗的远大志向等。

除了正规的课程之外，2003年10月8日中宣部、中央文明办、共青团中央、教育部、全国少工委发出关于深入学习贯彻党的十六大精神在少年儿童中开展"民族精神代代传"活动的通知。"民族精神代代传"活动要以弘扬和培育"以爱国主义为核心的团结统一、爱好和平、勤劳勇敢、自强不息的伟大民族精神"为主题，以丰富多彩的体验教育活动为载体，教育引导少年儿童了解民族精神的丰富内容，感受民族精神的伟大力量，体验民族精神的时代内涵，逐步树立民族自尊心和自豪感，从小立志为实现中华民族的伟大复兴做好全面准备。引导少年儿童以少先队中队、小队的组织形式开展以"中国了不起、中国人了不起、做个了不起的中国人"为主要内容的"三个了不起"系列活动，并在此基础上组织少年儿童以创作歌词（曲）等形式，展示他们的收获。

中宣部、教育部决定从2004年开始，每年9月为"中小学弘扬和培育民族精神月"，各地要结合新学年开学，新生入学教育，庆祝教师节，9.20"公民道德日"和迎接国庆等活动，以爱国主义教育为核心，以中华传统美德和革命传统教育为重点，集中开展宣传教育活动。此外，在活动月期间，各地中小学校要至少开展一次"从小好好学习、长大报效祖国"的主题班会、队会，参观一次爱国主义展览，观看一部爱国主义影片，聆听革命老人讲一次革命传统故事，并通过主题演讲、知识竞赛、歌咏比赛或文艺演出等形式，组织丰富多彩的宣传教育活动。

根据中宣部、教育部要求，各地先后作出部署，均在省会城市或革命圣地举行了启动仪式，同时，精心组织"中小学弘扬和培育民族精神月"活动，湖北省以"寻访优秀文化，弘扬民族精神"为主题，开展搜集整理地方名人志士发奋进取、艰苦创业的美德和革命先烈的英雄故事；搜集整理具有教育价值的民间文化，如民间故事、民间歌谣；挖掘具有积极意义的风俗文化，介绍一种岁时节庆时期赋有浓郁地方特色的风俗习惯等活动。

但是,中华民族精神教育仍然存在许多问题:

第一,课程目标不明确,更没有层次化。至今为止党政部门还没有一个文献明确规定民族精神教育要达到什么样的目标,更没有具体规定不同年龄段的具体目标。

第二,课程内容不系统,彼此之间出现重复或遗漏。中小学各门课程都有民族精神教育的任务,但各门课程各自的重点教育内容是什么,彼此之间如何确定自己的范围,都缺乏专门的研究,以致各门课程之间重复现象严重;民族精神教育内容也没有系列化,以致有的民族精神内容在各年级反复出现,而有的民族精神内容在整个中小学阶段都没有引起重视,突出的例证是,前些年整个中小学的民族精神教育中都没有诚信教育的内容。

第三,民族精神教育课外活动成为政治运动的附属品,追求表面的效果。在我国民族精神教育中除了通过各门课程进行之外,另外一个重要途径是课外活动。民族精神教育的课外活动常常按照党政机关的要求来运行,民族精神教育常常被当做政治运动来看待。把民族精神教育活动当做政治运动来看待有其必要性和积极意义,例如便于大规模动员社会和学校重视民族精神教育,但也有其消极的方面,政治运动常常追求宣传效应,意图引起社会的关注,而没有深入考虑如何影响学生的素质发展;中国几十年来那套形式主义的东西不可避免地影响着民族精神教育活动,事实上我们的民族精神教育运动经常流于形式化之中,在许多中小学,追求的是响亮的口号,夸大的数字,整齐的学生队伍,等等;而且政治运动那种短期热情也影响着民族精神教育,政治运动过后,民族精神教育也就停止了。

第四,民族精神教育方法单调,难以影响学生的心灵。我们运用的民族精神教育方法主要是讲解和参观、访谈等活动。讲解方法主要运用在中小学政治课和其他课程中,这种方法有其教育效果,但是民族精神的形成不仅是一个认识问题,而且是一个情感感动的过程,因此民族精神教育还需要运用多种方法;我们的参观、访谈等活动也没有很好地加以组织,学校组织学生参观之前没有认真学习相关背景知识,参观之后也没有进行认真的总结和交流。

因此有必要重新思考我们现有的民族精神教育,对民族精神教育的目标、内容、途径、方法等方面进行系统研究。为此笔者组织几位大学教师、部分中小学教师和硕士研究生对中小学民族精神教育的目标、内容体系、教育方法进行了系统深入研讨,尤其是对民族精神教育的内容体系进行了反复讨论,意图在于给我国中小学民族精神教育提供一个相对标准的教育体系。当然,由于讨论的范围有限,也没有经过中小学系统的试验,可能存在很多遗漏之处,甚至不符合学生的实际,这些问题只有等待进一步深入的研究和试验才能解决。但毕竟我们已经开始系统思考整个中小学的民族精神教育。

二、中小学民族精神教育的目标

民族精神,作为一个文化体系来说,是一个综合体,涉及历史、文化、伦理、政治、经济等学科,民族精神教育融合了多方面的教育内容,如历史教育、地理教育、政治教育、经济教育、法治教育、环境教育、文化教育等。因此民族精神教育目标的设计必须考虑这种多学科的特点。

民族精神,作为一种素质或心理结构,是一个完整的结构,具有整体性、综合性,学校教育不能局限于民族精神结构的某一点,而必须以培养学生健全的民族精神为目的。这种健全的结构,是民族意识、民族情感、民族信念和行为习惯诸多方面的内在统一。我们的目的既不是培养那种夸夸其谈的演说家,也不是那种只知服从、不会思考的盲目行动者,而是能够做到知行统一的人。在民族精神教育中,我们应特别注重民族情感、爱国情感的培养和信念的形成。

无论是作为文化体系,还是作为心理素质结构,都是综合的,因此,民族精神教育目标的设计应体现综合性。我们根据这一原则设计了民族精神教育的总目标和分目标。

另外,学生在不同年龄段对民族精神的理解能力是不一样的,在不同年龄段应该有不同的教育目标,为此我们设计了年段目标。也就是说,同样的教育要求在后续的年段可以重复出现,但要有提高,使之呈现螺旋上升的态势。例如在讲述"节俭"这一美德时,小学阶段主要让学生知道"谁知盘中餐,粒粒皆辛苦"的道理,了解家庭经济来源,学会支配零用钱,生活上不要攀比,节约用水用电。到初中阶段则从自然资源和国情两方面引导学生认识节俭的必要性。到高中阶段主要进行正确的消费观教育,引导学生正确认识生活条件改善和节俭的关系,认识勤俭建国、富国的重要性。

(一)总的目标

(1)逐步形成艰苦奋斗、勤劳勇敢、勤俭节约等修身之道。

(2)逐步形成尊师敬长、诚实守信、宽厚待人、以和为贵等为人之德。

(3)自觉履行热爱祖国、维护民族团结和国家统一等为民之则,不断增强民族自尊心、自信心和自豪感。

(4)逐步形成对革命英雄和社会主义建设时期先进人物的崇敬感。

(5)学会用正确的民族意识分析当今国际关系,对其他民族文化有一个正确的态度,具有和平意识。

(6)学会正确认识和处理人和自然的关系,具有天人和谐的态度。

(7)形成自力更生、奋发图强、知难而进、尊重劳动、尊重知识、尊重人才、尊重创造、努力学习、虚心学习、求知上进、不断进取等创新品质。

(二)分目标

1. 情感、态度、价值观

(1)对艰苦奋斗、勤劳勇敢、勤俭节约、尊师敬长、诚实守信、以和为贵、宽厚待人等优秀民族传统具有认同感和尊崇感。

(2)具有热爱祖国河山、认同祖国文化等爱国主义情感,具有民族自尊心、自信心和自豪感,自觉维护民族团结和国家统一;对古代爱国英雄,近代反对列强侵略、保家卫国的爱国英雄,中国共产党人的爱国主义杰出代表以及社会主义建设时期的爱国英雄具有崇敬感。

（3）具有热爱和平、尊重世界各民族的优秀文化、关注全人类的共同利益等天下为公的意识，具有世界眼光。

（4）具有亲近自然、爱护环境、珍惜资源的情感。

（5）具有敢于创新、乐于创新、追求创新、歌颂创新的勇气和品质。

2. 能 力

（1）能用艰苦奋斗、勤劳勇敢、勤俭节约、尊师敬长、诚实守信、以和为贵、宽厚待人等优秀民族传统分析、指导自己的生活。

（2）能够以爱国精神指导自己的行为。

（3）能够正确认识爱国主义和社会主义的关系，正确认识国家主权和人权的关系、爱国主义和全人类共同利益、经济开放和经济安全的关系、民族文化尊严与尊重其他民族文化的关系。

（4）具有鉴赏自然、爱护自然、保护环境的能力。

（5）具有初步的创新能力，学会正确认识传统和创新的关系。

3. 知 识

（1）了解和正确认识中华民族五千年历史中孕育的优秀传统美德。

（2）了解中国历史上重大的爱国事件和伟大的爱国英雄，知道中华民族创造的灿烂文化对人类发展的贡献。

（3）认识维护民族团结、国家统一和国家安全的重要性。

（4）了解近代民族英雄救亡图存、不断奋斗的历史，特别是中国共产党领导中国人民英勇斗争的历史。

（5）认识中国共产党领导中国人民在建立新中国的奋斗中表现出来的革命精神，如井冈山精神、长征精神、延安精神、红岩精神、西柏坡精神等。

（6）了解新中国成立以来特别是改革开放以来社会主义现代化建设取得的伟大成就和全面建设小康社会的宏伟目标，理解社会主义建设和改革开放实践中形成的大庆精神、两弹一星精神、雷锋精神、64字创业精神、抗洪精神、抗"非典"精神、载人航天精神等。

（7）正确认识人和自然的关系，认识环境保护的重要性，认识环境保护和人类利益、经济发展、维护主权的关系。

(8)了解中华民族的发明创造及其对人类的贡献,了解中华民族在长期历史发展中不断创造,善于学习的历史。

(三)分段目标

1. 小学阶段目标

(1)了解艰苦奋斗、勤劳勇敢、勤俭节约、尊师敬长、诚实守信、以和为贵、宽厚待人、义利兼顾等是中华民族的传统美德,知道一些传统美德的经典故事,学会用传统美德指导自己的生活。

(2)了解祖国的风景名胜,了解历史上著名的爱国人物和事件,特别是中国共产党人的爱国故事,具有初步的爱国情感;了解历史上伟大思想家及其童年故事,了解传统节日及其由来,尊重自己民族的文化;知道中国是一个多民族的国家,了解少数民族英雄人物的故事,尊重少数民族的风俗习惯;知道中国自古以来就是一个统一的国家,台湾是中国领土不可分割的一部分,知道香港、澳门回归的时间。

(3)了解一些人类的文明遗产,了解一些国家、地区、民族不同的生活习惯,了解其他民族的经典故事和著名历史人物。

(4)爱护、美化身边的环境,保护身边的动植物,知道环境污染的危害。

(5)知道中国历史上重大的发明创造成果,认识到创新不是神秘的事情,敢于发现问题,提出问题。

2. 初中阶段目标

(1)认识中国的现实国情需要艰苦奋斗精神,认识认真学习与成才的关系;懂得劳动光荣的道理,知道全国劳动模范勤劳的先进事迹;从自然资源和国情两方面认识节俭的必要性;树立正确理想,用理想作为学习的动力;懂得坚强意志是学习和事业取得成功的重要条件,敢于应对挑战,不逃避困难;初步认识自己,正确评价自己,正确对待别人对自己的评价。

(2)知道生命来自父母,珍惜生命,学会处理与父母之间的矛盾,促进家庭的和睦团结;学会与老师民主交往。

（3）认识到诚实守信是做人的基本原则，做到诚实待人，认识诚实与善意谎言、保守秘密、保护隐私权的关系；学会欣赏他人，关心、尊重、宽容他人，与人为善；懂得"义以生利，利以丰民"的道理，认识"义利兼顾"的重要性。

（4）了解近代中国在国际上的地位及列强对中国侵略的简况，知道今天中国是一个发展中国家；了解名山大川、风景名胜的历史传说、历史遭遇及其人文内涵；了解各民族对中华民族繁荣发展的贡献，历史上各民族融合的重大事件；了解一国两制政策并认识其重要意义，知道大陆在祖国统一问题上的基本立场；知道国家主权是一个国家的标志；了解历史上特别是近、现代史上人民群众反对侵略、浴血奋斗的历史事件；了解社会主义建设时期人民群众为国家繁荣富强而奋斗的重大事件；树立"天下兴亡，匹夫有责"的民族责任感。

（5）认识文化多样性的积极意义；了解其他民族文化，尊重其他民族文化传统；懂得和平的重要，知道战争的危害。

（6）知道天人合一是中国劳动人民的追求；认识环境、资源对人类生存和发展的价值；认识人和自然和谐发展的重要性。

（7）知道中国的发明创造对世界文明所作的贡献，树立民族自豪感与自信心；知道中华民族是一个善于创新的民族，具有尊重知识、尊重人才的品质。

3. 高中阶段目标

（1）引导学生认识中国历史上的灿烂文明和辉煌成就、中国革命的胜利与社会主义现代化建设的成就都是中华儿女智慧结晶和艰苦奋斗的结果，任何工作都需要付出艰辛劳动，只有艰苦奋斗才能使民族立于不败之地；认识劳动是财富之源，劳动创造生活，劳动推动社会进步等道理；了解历史上舍生取义、杀身成仁的英勇人物故事并产生崇敬感；知道铺张浪费对自然环境的危害，树立正确的消费观，正确认识生活条件改善和节俭的关系，认识勤俭建国、富国的重要性；认识理想和空想、共同理想和共产主义理想的关系，树立崇高的理想；了解历史上重要人物"富贵不能淫，贫贱不能移，威武不能屈"、"不为穷变节,不为贱易志"等优秀品质,初步做到在诱惑面前、困难面前不动摇,不放弃,不退缩;能够自觉进行自我反省,初步做到"闻过则喜,知过不讳,改过不惮";形成"路漫漫其修远兮,吾将上下而求索"的人生态度。

(2)认识"老吾老以及人之老"的道理,认识国和家、敬和养的关系,区别传统的孝与现代的孝;认识爱师与爱真理的关系,正确看待教师的权威;学会民主解决与教师之间的冲突;正确认识"师不必贤于弟子,弟子不必不如师"的现象。

(3)具有政治忠诚和经济信用的品质,认识到国际交往中守信的重要性;学会平等待人,全面看待人,严于律己,知道宽容要讲原则和策略;认识义与利的关系;了解历史上为国家民族利益而牺牲个人利益的英雄事迹,正确认识公和私、个人和集体的关系,正确认识个人正当利益与大公无私的关系。

(4)正确认识与看待国情,分析中国在某些方面落后的原因,增强使命感与社会责任感;了解历史上著名的思想流派及其代表人物,对传统文化要有正确的态度;认识中华民族的团结统一是历史发展的结果,从国际和国内形势角度认识坚持民族团结的重要性;认清台湾问题的国际背景,坚定反对台独的立场;认清维护国家主权的复杂国际背景,认识主权和人权、经济开放和经济主权、文化多样性和文化认同感的关系;认识国家安全面临的复杂背景;认识只有坚持共产党的领导才能救中国、才能发展中国的道理;认识爱国主义和社会主义的关系。

(5)了解当今世界发展趋势,知道我国在世界格局中的地位、作用和面临的机遇与挑战,增强忧患意识;认识全球问题的相关性,认识全球利益和国家利益的关系,树立全球意识。

(6)认识环境保护和发展的关系、环境保护和人类共同利益的关系,树立可持续发展观。

(7)尊重创造,知道创新是民族进步的动力;从国际视野上认识创新的重要性;认识学习与创新、创新与继承吸收的关系。

三、中小学民族精神教育的内容体系

中华民族精神的内容非常丰富,至于哪些内容可以作为中小学的教育内容,我们进行了认真研讨。

首先,我们根据任何个体都要认识和处理的几种关系,即人与自身的关系、个人与父母的关系、个人与教师的关系、个人与他人的关系、个人与民族国家的关系、人与自然的关系,把民族精神教育内容归纳为五个方面:修身之道、尊师敬长之情、为人之德、为民之则、民胞物与之胸怀。这一内容体系可以广泛地包含中华民族精神,避免遗漏。修身之道:艰苦奋斗、勤劳勇敢、节俭、志存高远、意志坚定、三省吾身、自强不息、创新精神。尊师敬长之情:孝敬父母、尊敬师长。为人之德:诚实守信、宽厚待人、义利兼顾、以礼待人。为民之则:热爱祖国河山,维护民族团结、国家统一和民族安全,大公无私,天下兴亡匹夫有责。民胞物与①之胸怀:天下为公、热爱大自然。

这一内容体系既可以包含许多经典文献所罗列的内容,又避免经典文献中许多重复、交叉的部分。我们根据以上五个方面对《中小学开展弘扬和培育民族精神教育实施纲要》(教基〔2004〕7 号,以下简称《实施纲要》)规定的民族精神教育内容进行了重新整理。

《实施纲要》指出民族精神教育包括四个部分:爱国主义教育、中华传统美德、革命传统教育、创新精神教育。

爱国主义教育包括哪些内容呢? 根据中共中央发布的《爱国主义教育实施纲要》(1994 年 8 月 23 日)的规定,爱国主义教育主要包括中华民族悠久历史的教育、中华民族优秀传统文化的教育、党的基本路线和社会主义现

---

① 北宋理学家张载在其著作《正蒙·乾称》(后被程颐改称为《西铭》)提出"民吾同胞,物吾与也"的思想。其意是指人类都是亲兄弟,万物都是人类的同伴。

代化建设成就的教育、中国国情的教育、社会主义民主和法治教育、国防教育和国家安全教育、民族团结教育、和平统一、一国两制方针的教育。我们设计的内容体系基本上包括了这些内容。

《实施纲要》对优秀传统美德也作了相应的阐述,主要包括修身之道、奉献精神、爱国情操、崇高志向、昂扬锐气、浩然正气、广阔胸襟、英雄气概、社会理想和社会风尚等方面。《实施纲要》主要是进行描述,并没有对优秀传统美德作出严格的规定和区分,以上所列举的几方面相互之间有重叠,与爱国主义教育内容也有交叉。这也需要我们加以整理。

《实施纲要》对革命传统教育也做了规定,并指出中国共产党是民族精神的继承者和创造者,革命精神"既包括革命战争年代形成的井冈山精神、长征精神、延安精神、红岩精神、西柏坡精神等,又包括社会主义建设和改革开放实践中形成的大庆精神、两弹一星精神、雷锋精神、64 字创业精神、抗洪精神、抗'非典'精神、载人航天精神等"。革命精神中每一种精神都蕴涵了传统美德中的许多德目,继承和发展了传统美德。

为了避免教育内容的重复,我们将革命精神教育与传统美德教育都包含在修身之道、尊师敬长之情、为人之德、为民之则、民胞物与之胸怀五个方面之中,虽然这五个方面没有把革命精神单列,但其中包含有革命精神教育的内容。

《实施纲要》对创新精神的规定是从两个角度加以阐述的:一是方法论的角度,即创新是对待民族精神的态度,民族精神是随着时代的发展而发展的,民族精神是与时俱进的,民族精神教育也应与时俱进,不断创新,不断反映新时代的要求,赋予民族精神新的内涵。二是内容的角度,创新精神是民族精神的重要组成部分,创新精神包括自力更生、奋发图强、知难而进等精神,包括尊重劳动、尊重知识、尊重人才、尊重创造的思想,还包括努力学习、虚心学习、求知上进、不断进取的品质。我们所设计的内容体系包含创新精神教育的内容。

总之,我们对《实施纲要》中列举的爱国主义教育、优秀传统美德、革命传统、创新精神进行了整理,对之加以重新组合,其目的是为了避免重复,找出包容量比较大、相互之间在外延上不重叠的几个德目,以这些德目贯穿在整个中小学教育中。

其次,我们在设计民族精神教育内容时,体现了民族性和全球化的统一。坚持民族性,是中小学民族精神教育的出发点。我们在进行民族精神教育时,始终不能忘记的一个口号是:"这是我们的,我们民族的",并且力求做到引经据典,充分说明。对于每一种民族精神,我们先讲我们民族的故事,然后再讲民族精神的含义,最后落实到学生的生活中。例如,在讲"艰苦奋斗"时,我们可以先讲"大禹治水"、"凿壁偷光"等故事,再讲"中国共产党人的艰苦奋斗",接着讲"我家的艰苦奋斗",最后落实到学生的行动中去;在进行"以和为贵"的教育时,可以强调"源远流长的家和传统"、强调"人际和谐是中国人民的美好向往"、强调"天人和谐是中华民族追求的理想社会";在进行"民族团结"教育时,应强调"各民族人民共同缔造了中国的古代文明";在进行"国家统一"教育时,应强调"国家统一是历史发展的主流";在进行"国家安全"教育时,应强调"维护国家安全是中华民族的优良传统"。

民族精神是民族历史的凝聚和对当前生存状态的反映,民族精神应与时俱进,不断更新,吸纳时代新内容,反映民族当前生存状态,并且有利于民族的持续发展。在全球化时代,中华民族的生存背景发生了很大变化,中华民族精神必须反映这些背景,凝炼新的内容。

第一,全球意识和国家主权意识。目前人类已经进入了一个全球化时代。在这个时代,任何民族国家的生存和发展都离不开其他民族、国家,任何民族国家都必须在全球范围内进行经济、政治、文化等领域的交往。全球化使人类日益结成为一个共同体,全球政治、经济、文化的联系日益密切,各个地区、各个民族、各个国家的利益形成了一个相互联系、相互依赖的整体。人类不仅是利益的共同体,也是承受灾难的共同体。人类共同利益的形成向当代人类提出了一种特殊的价值规范要求,这就是要求全球社会共同维护人类的共同利益,树立全球意识。全球意识主要包括人类一体意识、人类共同生存意识、国际和平意识、人类共同发展意识。

同时,我们应清醒地认识到,在相当长的时期里,民族国家仍然是人类社会生活的支点,国家主权是一个国家独立自主地处理自己的内外事务、管理自己国家的权利。国家主权是国家独立、自尊的象征和标志。没有主权,就没有所谓的"国家"的存在。因此我们应大力宣传爱国主义。

全人类共同利益和国家利益之间既相互统一,也相互矛盾。全人类共同利益和国家利益并不是截然分开的,它们往往交织在一起。缩小南北差距,维护世界和平,反对霸权主义,严惩恐怖主义,维持生态平衡,国际社会不断呼吁并付诸实施的这些主张,既能给全人类带来利益,又对每个国家的发展起到积极的促进作用。人类共同利益和民族国家利益也可能发生矛盾,在这种情况下,我们应认清全球化的大趋势,弄清什么是主权中不可变更的要素与功能,什么又是可以变通或赋予新意义的要素与功能。主权的要旨还是自主性,即不受威胁、不被强制地处置国内外事务。至于哪些事务是纯粹的国内事务,他国无权问津,哪些事务可能国际化,需要以共享主权、对话合作的方式处理,则是我们应该认真研究的。

第二,经济开放意识和经济安全意识。经济全球化是科技发展、生产力发展和市场经济发展的必然趋势。实行对外开放是每个国家生存和发展的重要途径,闭关自守已经不可能。加入 WTO 是中国主动作出的选择,是对全球化浪潮的主动回应。中国的发展离不开世界,我们必须顺应历史潮流,主动迎接经济全球化的挑战,利用经济全球化所带来的新的国际经济环境,参与全球经济合作,发展和壮大自己的经济实力。因此,我们必须树立经济开放意识。

在经济开放过程中必须确保经济安全。经济安全是指一个国家在经济发展过程中能够有效消除和化解潜在风险,抗拒外来冲击,以确保国民经济持续、快速、健康发展,确保国家经济主权不受分割的一种经济状态。经济安全是一个国家独立自主的基石,是其主权安全和政治安全的保证。如果一个国家长期出现巨额的贸易逆差、巨额债务、直接投资大量撤资、证券资本大量撤出、资本大量外流等情况,都会给这个国家的经济发展带来危害。在这种情况下,保护自己的经济安全更显得必要和迫切。所以,民族意识应包括经济安全意识。

第三，文化多样意识和民族文化认同意识。"21世纪在文化上可能是多样的，而且也是可行的。实际上，只有在文化上是多样的，才可能是可行的；一致性在人类领域里可能像在自然领域里一样是极其有害的。"文化多样性对于激发各民族文化的活力、增添世界文化的丰富性都是有利的，承认文化多样性对于各民族之间的和睦相处和维护世界和平具有积极意义，承认文化多样性，"使得各种文化间的相互理解和相互尊重成为可能：这是在一个具有文化多样的世界上保持和平和生存下去的基本的先决条件。"今天，随着全球化进程的发展，人类各民族、国家之间相互依存，这种相互依存必须由相互依存的文化来作为指导和心理依据，"在某种程度上，每一个共同体、每一个国家在经济、生态乃至领土安全方面都要依赖其他共同体和国家。因此，共同体和国家之间的关系必须由内在的、具有相互构成关系的文化——相互依存的文化——来贯穿，这一点已经变得非常重要。"①

但是当今世界各国对待文化多样性的态度是不一样的。西方发达国家的文化一直处于"主导"地位，是世界文化的"主流"，世界上只要有人居住的地方，无不打上了西方文化的"烙印"。西方国家在文化心理上常常把自己的文化视做共性的代表，并极力在全世界推广，实施文化扩张、甚至侵略政策；西方文化的卫护者充分利用网络带给他们的一切便利，到处宣传自己的意识形态和文化风格，他们毫不顾及其他异质文化的特点，试图"说服"别人放弃自己的文化信仰而接受他们的文化理念。当遇到阻碍的时候，西方文化会采取各种方式去"融解"它、同化它直到摧毁它。发展中国家的文化传承在全球化的语境下正越来越失去固定的空间，民族国家的文化边界正在被消解，国家文化主权受到严重的威胁和挑战。如何在全球化背景下，坚持自己的文化个性，保持自己的民族文化特色，增强民族文化认同感，是发展中国家和民族维护自己利益的一项庄严使命。

① 以上参见E.拉兹洛著，李吟波等译：《决定命运的选择》，三联书店1997年版，第121、126、129页。

民族精神既是民族的,又是开放的、全球的,民族精神教育必须坚持这一原则,使我们的民族精神能够返本开新,使我们的后代能够在坚持民族精神的同时又具有世界眼光。

我们在进行民族精神教育时,应注重对传统资源的挖掘,其用意在于向学生说明我国自古就有丰富的民族精神,这些精神对人们的日常生活具有重要指导意义;同时,我们应注意民族精神的返本开新,注重与当前民族发展面临的国际形势发展和变化结合起来,赋予民族精神新的内涵。

再次,此内容体系是国家德育课程中有关民族精神教育的补充、丰富和系统化,是中小学各方面民族精神教育的系统化和丰富。

我国小学《品德与生活》和《品德与社会》、初中《思想品德》、高中《思想政治》等国家课程都包含有民族精神教育的内容,中小学《语文》、《数学》等课程也在进行特定的民族精神教育,中小学课外活动、校外活动都有民族精神教育的内容。这些内容之间常常出现重复、交叉。我们设计的民族精神教育内容体系既全面包括了这些内容,又能避免重复。

四、中小学民族精神教育的方法论思考

(一)从学生生活出发

民族精神的形成必须在学生的生活过程之中,而非在生活之外进行。民族精神教育应该重视、尊重学生的生活,应"从学生的学习生活实际出发,从学生最关心的问题入手,善于挖掘和利用当地体现民族精神的各种资源,用事实说话,用典型说话,用学生熟悉的语言和喜闻乐见的方式开展教育活动,以情动人、以事感人、以理服人"。民族精神教育不能从抽象的德目出发,用德目来取舍生活,把教育当成民族精神德目知识的讲解和汇编;而应梳理中华民族几千年历史中形成的那些具有普遍意义的民族精神,引导学生把民族精神与生活结合起来,引导学生用民族精神来观察生活事件,

从自己的生活事件中总结、提炼民族精神,用自己的心灵来体会民族精神,用自己的头脑来思考民族精神,从而体现既源于生活又高于(引导)生活的特点。

尽管我们讲的是民族的东西,是中华民族的集体意识,似乎与学生生活很远,但实际上这些精神在学生的家里、社区里、班级中都有所表现,因此,我们的民族精神教育应与学生生活结合起来,指导学生的生活。只有回到学生的生活,学生才会对教育要求感兴趣,才会产生学习的欲望,才能使学生把自己的所思所想与民族精神结合起来,从而发挥教育的引导作用。

学生的生活是发展的,学生对生活的理解也是发展的,民族精神教育应根据这种发展呈现螺旋上升的特点,既体现相对稳定的知识逻辑体系,又体现与学生的生活相结合。同一个知识点、行为要求、情感体验在不同年级反复出现,但不是原样重复,而是依次上升,使学生掌握的知识难度、辩证性越来越深刻,对学生的行为要求越来越高,也使学生的行为越来越自觉,情感体验越来越丰富和深刻。

(二)尊重学生的主体性

学生民族精神的形成和发展,必须通过学生自己。因为,是学生在生活,而不是他人或成人在生活,学生是自己生活的主体,这个主体是不能被代替、被置换的。品德心理学的研究成果也证明,儿童是在活动和交往中,通过主客体的交互作用而自主建构自己的道德品质的。在这个过程中,成人和社会的价值引导是必要的,但必须以学生的自觉认同和内化为基础。因此,民族精神教育"要尊重学生,充分调动学生的积极性、主动性和创造性,引导学生自主学习、自我教育、主动发展"。

(三)在活动中开展教育

学生的民族精神这一复杂的素质或称为心理结构(包括认识、情感、信念、行为习惯)是在交往活动和各种改造自然的社会实践活动中形成的,仅仅在课堂上"听",在课本上"看",是难以形成的,尽管"看"和"听"在民族精神形成中起到一定的作用;民族精神教育如果仅仅停留于知识的层面,在表层语言上作文章,是很难让学生内心产生感受,形成发自肺腑的倾向、喜爱和实践的自觉。我们认为,民族精神要真正被内化,成为人的德行,形成一定的素质,还必须通过实践体验才能达成,需要学生从不同领域、不同层次和不同深度去体验和感悟。体验不是凭空产生的,而是在活动中形成的。因此,民族精神教育应设计丰富多彩的活动方式,要"坚持教育与生产劳动和社会实践相结合,通过丰富多彩的社会实践活动,使学生在社会实践活动中体验、感悟、认同民族精神;注重知行统一,鼓励和引导学生在社会生活实际中身体力行,弘扬民族精神"。

(四)以多种学习方式替代单一的学习方式

推动学生学习方式的转变,既是基础教育课程改革纲要所要实现的突破之一,也是民族精神教育的追求。这次课程改革改变传统的单一接受性学习为主的一统天下的局面,提倡自主学习、研究性学习、合作学习等多种学习方式。民族精神教育应提倡多种多样的学习方式,如角色扮演、观察、讲述、游戏、设计、参观、访问、调查、采访、查资料、美文欣赏、音乐欣赏、名画欣赏、制作、讨论、辩论等。这些方式体现了探究的精神、合作的精神、自主的精神,其目的是培养学生探究的能力、交往的能力等。

(五)在师生平等关系中开展对话

师生关系问题是任何教育理论必须回答的问题,也是民族精神教育理论必须回答的问题。传统教育是为教师的"教"服务的,忽略了儿童的存在。民族精神教育应是在新的师生关系理论指导下进行的,这种理论认为教育是为学生服务的,是与学生进行对话的过程。教固然重要,但素质是学生自己形成的,教必须面向学生,直接与学生对话。教育重心应该实现从教到学,从成人到儿童,从教师到学生的转移。教师和学生之间的关系,应由教育与被教育关系转向相互教育关系,由单向影响转向双向影响。这样一种师生关系让学生产生信任感、亲密感,使教师和学生从相互隔绝走向相互交流,形成一种师生共生共长的、富有创造性的生活方式。

　　平等的师生关系是建立在对话的基础之上的。在对话过程中,不仅是教师对学生讲解民族精神,而且是彼此敞开心扉,相互交流对民族精神的理解的过程,不仅教师向学生提供艰苦奋斗、热爱祖国的"榜样",而且学生向师生讲述自己对民族精神的理解。这种理解过程是与学生自己的生活发生互动的过程,是情感激发的过程。这种理解不是简单地再现、再认民族精神,而是借助民族精神理解生活,理解自己、他人和社会,是将自己的生活状态与民族精神进行对比的过程,是掂量自己的道德准则达到的水平、修正自己内心的道德准则的过程。理解的过程是将民族精神活化的过程,是借鉴民族精神而提升自己生活的过程,是将自己的愿望和需要清晰化的过程。

五、独立开设中小学民族精神教育地方课程

　　新课程中小学《品德与生活》、《品德与社会》、初中《思想品德》、高中《思想政治》等国家德育课程中含有民族精神教育的内容,初中和高中的《语文》,初中《历史与社会》,高中《历史》、《地理》等人文课程中也有民族精神教育的内容,原国家教委颁发的《中小学加强中国近代、现代史及国情教育的总体纲要》和《中学思想政治、中小学语文、历史、地理学科教育纲要》也制定了各学科(包括自然学科在内)爱国主义教育的分科计划,把爱国主义教育的内容分解、贯穿到各相关学科的课堂教学中去。此外,我国中小学开展了丰富多彩的民族精神教育活动,《爱国主义教育实施纲要》、《公民道德建设实施纲要》等文件也要求中小学通过多种途径进行民族精神教育。《中小学开展弘扬和培育民族精神教育实施纲要》规定了民族精神教育的四条途径:第一,各学科有机渗透民族精神教育,把弘扬和培育民族精神教育纳入中小学教育全过程,贯穿在学校教育教学的各个环节、各个方面;第二,重视开展主题教育活动;第三,积极开展社会实践活动;第四,加强

校园文化环境建设。

国家德育课程中包含有很多民族精神教育的内容,但国家德育课程毕竟不是专门进行民族精神教育的,没有包括民族精神的主要内容,不可能进行系统的民族精神教育;即使国家课程涉及的民族精神教育内容,也往往没有加以深入论述,有些内容在不同的地方还有重复,学生不能深入、系统地学习民族精神,多学科渗透和多种途径也常常出现不落实的现象。因此,开设独立的民族精神课程有必要性。教育部部长周济在全国中小学德育工作会议上的讲话《大力弘扬和培育民族精神努力开创中小学德育工作新局面》(2004年1月)指出:"弘扬和培育民族精神教育在中小学也应'三进',特别是进教材,因为进教材是进课堂、进学生头脑的前提和基础。"

首先,独立开设民族精神课程,可以丰富和加深国家德育课程内容。第一,为民族精神教育提供历史依据,例如,在中小学德育课程和其他教育活动中都要进行诚信教育,但民族精神教育可以介绍历史上的典故,为诚信教育提供历史依据;中小学德育课程中也有维护民族团结和国家统一的内容,但专门的民族精神课程可以强调维护民族团结和国家统一是我们民族的传统。第二,拓展相关内容,丰富民族精神教育。民族精神专门课程可以安排"以和为贵"、"自强不息"、"天下为公"、"创新是中华民族的灵魂"等内容,这些内容是中小学德育课程中没有或不加以强调的内容;革命传统教育和创新精神教育内容仅仅是作为事例渗透在国家德育课程、语文、历史等课程中,而民族精神课程则可以直接包含这些内容;即使是相同的内容,也可以避免与国家课程的重复,例如,现行国家课程和专门的民族精神课程都含有环境教育的内容,但民族精神课程的重点可以放在人和自然和谐发展观、可持续发展观教育方面,放在环境和发展的关系上,而不是仅仅阐述环境污染的危害、环境保护的重要性上。第三,深化相关教育内容,例如在国家课程和民族精神教育中都有国家安全的相关内容,民族精神课程是对国家课程内容的深化,民族精神课程的重点在于说明维护国家安全是中华民族的历史传统、国家安全是国家的根本利益所在,而不仅仅停留在介绍什么是国家安全,什么是政治安全、经济安全、生态安全等方面;爱国主义教育是中小学教育的重要内容,各科都有进行爱国主义教育的任务,各方面力量都投入其中,但我们想通过开设专门的民族精神课程加深爱国主义教育,例如,在高中阶段,我们应把爱国主义和人权、爱国主义和全人类共同利益结合起来分析。

其次,独立开设民族精神课程,可以使中小学民族精神教育系统化。新课程中小学德育课程中含有民族精神教育的内容,各学科(语文、历史、地理、物力、化学等)都有爱国主义教育的任务和内容,我国中小学开展了丰富多彩的民族精神教育活动,校内、校外有多种民族精神教育的途径。以上诸途径进行的民族精神教育,相互之间有重复、交叉。因此,有必要开设一门专门的民族精神课程,使民族精神教育系统化。这门课程既要与国家课程中的民族精神教育相呼应,避免重复,又要系统化,丰富和扩展民族精神教育的内容;既要总结多学科渗透和多途径教育的经验,又要使教育方法结构化,避免简单化、运动化、走过场。第一,我们可以将所有的民族精神教育内容归纳为五个方面:修身之道、尊师敬长之情、为人之德、为民之则、民胞物与之胸怀,力图使民族精神教育系统化。第二,对以上五个方面加以系统化。第三,对于同一民族精神,也应该加以系统化,例如国家课程和民族精神课程中都包含有诚信教育内容,但中华民族精神课程更加系统化,在小学主要教育学生说真话,不说谎话、假话,敢于承认自己的错误,知错就改,守时,说话算数;在初中教育学生诚实待人,不抄袭、不作弊,认识诚实与善意谎言、保守秘密、保护隐私权的关系;在高中主要进行政治忠诚和经济信用的教育。

再次,独立开设民族精神课程,是适应地方发展的需要。《国务院关于基础教育改革与发展的决定》(国发〔2001〕21号)指出:"实行国家、地方、学校三级课程管理。在保证实施国家课程的基础上,鼓励地方开发适应本地区的地方课程。"《基础教育课程改革纲要(试行)》(2001年7月)指出:"省级教育行政部门可单独制订本省(自治区、直辖市)范围内使用的课程计划和课程标准。"以上两个文件赋予了地方(省级教育行政部门)开发地方课程和教材的权力和义务,也为民族精神教育进入课程体系提供了政策依据。

地方课程是不同地方根据特定地域或社区社会发展及其对学生发展的特殊要求以及特定的教育资源设计的课程。中华民族的优良传统是我国各民族优良传统的有机融合。离开了各地区、各民族的优良传统,中华民族的优良传统也就不复存在。同时,每个地方有可能存在一些落后习俗,这些正是教育和文化建设要解决的问题。地方课程在弘扬地方优良传统和改造落后习俗方面具有独特的优势。因此,民族精神教育必须积极吸收本地优良传统,体现地方特色,使学生了解地方的社会习俗、生活方式、历史传统,增强适应环境和自我生存与发展的能力,成为承袭和弘扬本地区优良传统的积极力量,热爱家乡、建设家乡的 代新人。

第十章

论大学生民族精神的
培育和弘扬

"面对世界范围各种思想文化的相互激荡,必须把培育和弘扬民族精神作为文化建设极为重要的任务,纳入国民教育全过程,纳入精神文明建设的全过程,使全体人民始终保持昂扬向上的精神状态,"这是党的十六大报告提出的一项战略任务。高校作为国家和社会人才培养的摇篮,作为国家科技进步和社会发展的推进器,在如何培养大学生民族精神方面理应作出积极的努力。

一、民族精神教育与中国高等教育的使命

古往今来,"关于什么是教育"有过大量的争论。在当代,我们对"教育要培养什么样的人"的反思,也成为我国教育几次发生重大转型的依据。贯穿在这些教育思想背后的一个主线就是:我们到底要培养什么样的人,什么样的教育才是我们的理想教育。根据教育的使命,我们可以将教育分为三个方面:知识的传递、行为技能的训练、精神的培养和熏陶,其中,培养人的精神生活能力和提升人的精神境界是教育所承载的最高使命。正是通过

教育,人类社会千百年来的文明成果才能代代相传,提升人类的精神生活。

(一)何谓精神教育

对"精神"一词,《辞海》作了五项释义:一是指人的意识、思维活动和一般心理状态;二是指神态、心神的集中与指向程度,如说"神情专注"或曰"精神恍惚"等;三是指精力、活力,如说"龙马精神海鹤姿",指精力充沛,充满活力,又如说"意志消沉,萎靡不振",则指缺乏坚定意志,且无生机和活力;四是指神采、韵味,如说"有梅无雪不精神",指缺少最根本的意境与魅力,又如"敢怒敢言见精神",指做人的基本立足点,是一种人的品格和品位的基本认同;五是指内容的实质,如"传达会议精神"、"贯彻文件精神"等。

根据这五项释义,可以看出,这里所解释的"精神"实际上包括两类:一类是指人的主观存在状态,另一类是指事物所体现出来的意境、神韵或主题。我们认为,概括地讲"精神"一词,主要指对人的主观存在状态的描述与定位,是人所具有的一种基本属性以及发展过程的理想归属。从根本意义上讲,教育是以培养人的精神生活能力和提升人的精神境界为其基本目的的。因此,不关注人的精神世界,只关注知识的获得、技能的训练,教育就无疑是在制器。杨叔子院士曾大声疾呼"(教育)是育人,而非制器",器是物,物是死的,再高级的器材,即使是高档的智能机器人,也不过只能具有人所赋予的最复杂、最精巧的功能或高级程序,其一切都不可能超越人所赋予的可能界限。这样看来,教育不关注人的精神世界,也就失去了它的归宿,从而降格为培训。然而,在当代,随着技术的进步和工艺的精致,我们的教育更多地陷入了技术与操作的层面而忘记了对人的精神世界的塑造,这不能不说是当代教育存在的深层弊端。

(二)精神教育的特殊性

首先,精神教育具有内隐性的特征。所谓内隐性,是相对外显性教育特征而言,知识的获得、概念的掌握和技能的获得都具有外显的特征,因为它们均可以将学习的结果直接表现出来。可是心理学实验研究表明,相对于问题解决、概念的理解等外显学习,还存在内隐的学习,即个体在与环境接触的过程中不知不觉地获得了一些经验并因此而改变其行为的一种学习。这是一种无意识的学习,个体不需作出努力,但学习已经发生,并且学习的结果往往不能直接外现,不能以传统的测验直接考察之,但会反映在一个人的日后行为中。心理学的研究还表明,这种内隐性的学习具有持久的保持性,个体一旦获得则不易遗忘,因为相对于通过外显学习而获得的陈述性知识,这是一种更加抽象的、程序性的知识,是知识、技能都遗忘之后所遗留下来的精神、气质,或是某种情结。

内隐学习的存在使无意识教育成为可能,无意识教育指的是不为受教育者自身所意识到的一种教育方式。这种教育方式是指教育者按预定的教育内容和方案,自觉地在受教育者的周围设置一定的生活环境和文化环境,引导受教育者去感受和体味,使他们潜移默化地受到熏陶和教育,从而实现精神教育的目的。精神教育的内隐性使得教育者可以把意向与目的隐藏在与之相关的载体之中,论道而不说教,述理而不生硬,使富有教育意义的哲理,通过为受教育者所喜闻乐见的形式,悄悄润入受教育者的心田,在其心灵深处积淀下来。由于受教育者在陶醉、愉悦、兴奋、暗示等情感中无意识地获得熏陶,不知不觉地走进教育的意向境地,因而极少引起人的反对与抵触。

以美国的道德教育为例,他们是不公开宣讲道德教育,他们认为道德只能靠养成,而不能靠宣传。这似乎给人以美国没有"德育工作"的印象。实际上,美国的思想教育,是无孔不入、无处不有、无时不在的。只是在手段、形式上有其特点,带有较强的隐蔽性。在美国,随处可见之物是星条旗,国民要经常向国旗宣誓忠诚。各类庆典,必须用美国国旗绕数周,与会者高唱美国国歌,以强化公民的国家意识。在安葬成千上万无名士兵和肯尼迪总统的阿灵顿公墓,守灵仪式日复一日,每15分钟换一次岗。每个班次的守灵官兵都要致礼高喊"为国家牺牲的战士们,祖国永远纪念你们! 人们永远怀念你们!"还用珍贵的花岗岩在墓地周围砌成可容纳数百人的观礼台,从而使阿灵顿成为美国首都最吸引人的地方,实际上这也是思想教育最重要的基地。于是,尽管没有直说爱国主义教育,但人们从耳闻目睹的亲身感受中,爱国之情必油然而生。国家观念,势必深入人心。美国人还以各种方式宣扬美国精神,甚至在迪斯尼游乐园也有林肯总统的演讲播放,并通过翻译向游人宣传,这极易产生潜移默化的作用。

其次,精神教育具有建构性的特征。精神教育是与经验相结合的,是在经验基础上的重新建构、诠释、生成新经验的教育,不是对知识原型的直接反映,因此教育结果往往难以衡量。例如,读辛弃疾的诗"留取丹心照汗青",用心的人体会到的是辛弃疾激愤的情绪和一腔爱国豪情及视死如归的凛然正气,而不止字面上所传达的"红色的心"和"汗青的历史史册"。因此精神教育的特殊性就在丁它是基于理解、解释意义上的,会形成新的意义……达成新的理解、解释,因此具有极强的主观性。教育的内容也是意义开放的,拥有大量可供解释的空间,每个人都可以在自己的经验范围内作出理解和解释。

中华民族的优秀精神是内存于人们的心理习惯、思维方式、价值取向、道德观念、行为方式乃至全社会生活的多种文化因素中的,对人们的人生观、价值观和社会生活起着潜移默化的影响,以具体事例、关键事件、热点社会问题为素材,扩展民族精神教育,将学生内心深处隐藏的爱国情结和社会责任感激发出来,并在已有经验的基础上进一步升华、发展,形成具有每个学生特性的民族情感及表现形式,是民族精神教育的建构性的表现。

例如,庆祝中华人民共和国成立 50 华诞时,50 万各族军民举行盛大的阅兵仪式和群众游行,这不仅仅是欢庆伟大祖国的盛大节日,更重要的是体现一种精神:一种自强不息、奋发图强、自立于世界民族之林的民族精神,世纪大阅兵引出一段段高亢的旋律,雄浑的乐曲像骤然而至的海潮,汇成震天撼地的交响曲,整个北京,整个中国,都在这一刻产生共鸣,民众中激发出的民族自豪感和民族热情是难以言表的,不同生活经历的人,会产生截然不同的经验体会,老人们会感慨中华民族在这一刻的伟大,联想到自己年轻时与国家命运息息相关的经历,青年人体会到繁荣丰富的社会生活,憧憬着自己美好的未来等等,这就是建构的结果。

　　第三，精神教育具有个体性的特征。自从人类开始关注人的精神世界，就注意到精神世界的个体差异性，每个人的内心世界不同，对经验体会的差异、情绪表达方式及激起程度的不同，都会反映在各自的言行、态度、情感当中。

　　的确，每一个行为主体基于成长经历、遗传素质、个人偏好的不同，都拥有自己的"视界"，所谓"视界"也就是在原先经验的基础上对事物形成的判断和个人化的"偏见"。这些判断和偏见是理解的条件，而不是障碍。因此人的认识的发展是以个人化的理解、解释及对意义的建构为基础的，离不开个人的特殊背景，因此具有极强的不确定性。

　　除了主体以外的任何人包括教师都无法直接干预、介入新经验的理解和生成，不能强制学生的精神世界，这使精神教育更难于实施，追求整齐划一的教育效果是徒劳的，因此要关注学生的内心世界和他们的真实感受，注重交流沟通与个体差异。

　　第四，精神教育具有持久性的特征。由于学生生活背景、成才道路的不同，他们不可能一下子就形成整齐划一的高尚民族精神信念，也就是说，民族精神教育不是一蹴而就的，是一个长期缓慢的过程，期间学生可能会出现反复，比如由于个人生活出现挫折而产生对国家政策的不满、对社会的逆反及对民族未来的忧患，应该看到这是民族精神教育的难点所在，长期的教育效果往往难以承受住一件小事的打击，原因是我们所理解的小事，对当事者来讲，往往是彻骨铭心的打击，这种来源于自身经验的自发教育撞击着他的心灵，促使人深思，所以效果深刻，但是深思的结果不一定都是正确的、全面的，往往是有感而发，拘泥于一人一时一物。在这种情况下，就要求我们的教育首先具有宽容精神，允许学生的思想出现反复，想不通，甚至倒退；其次，加强正面引导，让学生看到"小我"与国家、民族和社会的关系，从坐井观天的自恋情结中走出来，树立"大我"意识，用大我拥抱社会，心怀天下，从而更进一步领悟到我们民族精神的博大精深。但是每个人可以有自己的特有理解，也许不成熟，也许不正确，但反映出成长过程中的真实一面，如果能引导学生超越，就达到了精神教育的效果。

(三)民族精神教育与中国高等教育的使命

古今中外的历史告诉我们,教育特别是高等教育对人类文明的发展承担着特殊的历史使命。就世界范围而言,提起古希腊文明就不能不谈"雅典大学"。雅典大学自公元前 200 年左右建立,一直延续到公元 529 年,经历了近千年的历史,而在这近千年的历史中,希腊文明无疑处于领先地位。当时,在自然科学方面,有著名的欧几里得《几何原本》、阿基米德的静力学以及杠杆原理;在人文社会科学方面,产生了诸如德谟克利特、苏格拉底、柏拉图、亚里士多德等著名的哲学家、思想家。近代高等教育导源于欧洲十二三世纪的中世纪大学。欧洲文明能取代世界其他文明而一枝独秀,意大利、法国、德国、英国能一度各领风骚,波隆亚大学、巴黎大学、柏林大学、牛津和剑桥大学为本国称雄起到了特殊的作用。就我们中国而言,高等教育同中华文明的兴衰息息相关。正是春秋私学、汉代太学、唐代的四学六馆、宋时书院,创造了中华民族历史上的灿烂文化,谱写了中华文明的辉煌篇章。

随着人类社会的发展,大学从象牙塔的边缘地位逐渐过渡到社会的中心,大学就是人类精神的"动力站"和"辐射源",尤其是"国家"与"民族"在人们头脑中形成根深蒂固的概念后,高等教育更体现出引领社会的功能。如,美国是一个崇"实"的民族,实用主义教育价值观占据主导,大学校园笼罩着个人主义的"独立精神"与自我实现的"创新意识";英国民族较为保守,墨守传统,大学教育形成了"博雅教育"的传统,以培养"绅士"为目标,追求人格的完美和自我价值,崇尚纯学术的价值,这反映在英国大学的专业设置与课程体系之中,英国古典人文课程的比例与其他西方国家相比至今仍是较高的。英国大学在世界上能够长期保持较高的世界公认的学术水平,与其传统文化与民族精神直接有关。

德国教育家约翰·哥特利布·费希特在其代表作《告德意志国民书》中呼吁道:德国民族精神的堕落是由旧的教育制度造成的,提出为了挽救面临死亡的德意志民族,有必要根据裴斯泰洛齐的教育理论重新组织德国学校的制度。他认为一切教育都是以培养人坚强的品性为宗旨的,真正的新教育就是道德教育,只有提高国民的文化素质,才能建成理想的国家。国民教育的目的不在于培养学者,而在于造就国民,训练有为的劳动者,培养全面发展和品德高尚的国民。俄国19世纪伟大的教育家康斯坦丁·德米特里耶维奇·乌申斯基曾经说过一段非常精彩的话:"正如不存在没有自尊心的人一样,也不存在不爱自己祖国的人,而这种对祖国的爱给予教育以开启人的心灵的一把灵巧的钥匙,也使教育有了巨大的可靠力量去与人的那些先天就有的、个人的、家庭的和民族的不良趋向作斗争。而凭借着民族性,教育总能在人的真实而又强烈的感情中找到答案并获得促进力量;这种力量的作用,比仅仅由于智慧而获得的信念或者由于对惩罚的恐惧而形成的习惯,都要强烈得多。"①

我国的高等教育史,从经学到理学,到经世致用之学、到学习西洋的现代科学技术,走过了漫长曲折的道路。如涂又光教授所言:"清朝末年开始,中国搬来了西方大学",但"只搬来西方高等教育整体的一半,即科学这一半,丢下另一半,即人文那一半"。② 后果现已日见端倪,最令人痛心的就是殖民文化的滋生,民族精神的失落,人文素质的降低,爱国主义的淡漠等等。如果说过去中华文明曾因不能正确把握文明双翼而落伍,那么今天我们正面临着新的选择! 在新的世纪,面对世界经济、政治、科技、文化的激烈竞争与严峻挑战,面对国内经济体制转轨和政治体制改革,中国高等教育肩负着异常艰巨的历史使命。如果从宏观的历史层面看,弘扬民族精神应是中国高等教育所承担的最基本也是最重要的历史使命。

大学人(类)的精神往往与民族精神相通相联,是民族精神的具体化,因为大学集中地反映了它的国家、它的社会、它的民族的凝聚力、忍耐力、思想的容量、文化的追求、智慧的水准和精神的高度。大学的属性,就是它的国家、它的社会、它的民族灵性的最好、最集中的表达。也许这正是这个世界上能有如此众多的、刚柔相济的、充满生机和活力的大学的根本原因

---

① 郑文樾编选:《乌申斯基教育文选》,人民教育出版社1991年版,第81页。
② 涂又光:《论人文精神》,载《春雨化育:华中科技大学文化素质教育十年》,华中科技大学出版社2005年版。

之一。

冷余生教授认为,中国大学的精神可以用北大精神来代表,北大精神的核心是以爱国主义为主导的学术自由精神。季羡林先生强调,中国知识分子的爱国主义是根深蒂固的,在几千年的历史中,这个传统一直没变。中国古代先贤关于人生价值、人生理想、人生准则、人生态度、人生修养、完美人格等方面的泱泱精神大观,始终在支配着代代学人"修身、齐家、治国、平天下"的壮志情怀。它们既构成中华民族传统精神的基石,又无时不在大学校园里徜徉,因此是弘扬民族精神教育的极好阵地。正如江泽民指出:中华文化是维系全体中国人的精神纽带,也是实现和平统一的一个重要基础。民族精神是中华文化的精髓,我们中华民族千百年来形成的坚忍不拔的爱国主义思想是民族精神的核心,"国家大统一观自古至今都是中华民族的民族之魂。由先贤圣哲铸造和凝聚的'华夏一统'之理念深入人心,成了国家富强的坚强的精神支柱。"

二、大学生民族精神培育和弘扬
所面临的挑战与机遇

虽然我国大学生民族精神的培育与弘扬既有深刻的历史内涵,又有积极的现实意义,但要真正落到实处,还面临着诸多的挑战,当然也恰逢很多新的机遇。

(一)面临的挑战

社会学大量研究表明,就整个社会而言,大学生是受教育程度最高、社会地位最高的阶层。大学生作为高校培养的高级专门人才,无疑在社会各个领域扮演着重要角色。也就是说,大学通过培养人和进行科学研究,传承和弘扬民族精神,不仅影响到大学生自己,而且影响到整个国民的人生价值取向,从而服务于社会的精神生活。如历代德意志大学人所作出的知识贡献,促成了德国缜密思维等民族精神的形成;美国大学人所作出的知识贡献,巩固了美国实用主义等民族精神的基础;韩国大学人所作出的知识贡献,彰显了韩国勤劳团结等民族精神的特色;中国大学人所作出的知识贡献,丰富了中国自强不息等民族精神的内涵等。正如克拉克·克尔所说:"教育,特别是高等教育,不仅要为民族国家的行政的和经济的利益服务,而且要成为发展民族身份的重要方面;不仅要成为国家的一个工具,而且要成为社会的灵魂和人民大众的有机组成部分。"①由此可见,大学生民族精神的培育与弘扬,既是社会的需要,也是大学自身生存与发展的需要。

从目前我国高等教育现状来看,功利主义盛行,重理工轻人文,培养方案与教育目的脱节,致使大学生中普遍存在着两种现象,一是民族虚无主义,二是狭隘民族主义。我们首先来看民族虚无主义。民族虚无主义的主要表现就是妄自菲薄本民族的一切,认为本民族的一切不如别人。造成这一现象的原因:一方面是由于客观存在的中国文化断裂,年轻一代缺乏对民族文化深入、系统和本质的了解,由不了解催生出不自信,由不自信演变成全盘否定,从而消泯着民族精神产生的文化土壤;另一方面就是西方发达国家暂时领先的科技水平和生活水准,我们暂时还落后的社会经济文化状况,计划经济向市场经济转型期面临的种种困境,由此带来的中西文化冲突所造成的。当前,西方国家的价值观利用其经济、科技等优势对非西方国家的渗透日益深入,以"和平演变"方式解构其他民族的价值观。而解构了一个民族的价值观也就从根本上解构了民族精神。此外,全球性消费文化的兴起,也在一定程度上削弱了民族文化和民族精神的传播。例如,在我国当前的娱乐文化中,大量地存在着"戏说"、"传奇"等,对历史人物和民间经典肆意改编和曲解。我们在对湖北、浙江部分高校大学生的调查中,有67%的学生对中国的著名历史人物事迹、近现代历史和本地的风土人情缺乏了解

---

① 克拉克·克尔:《高等教育不能回避历史:21世纪的问题》,浙江教育出版社2001年版,第10页。

或了解有误。可以说,民族虚无主义对民族精神的沉沦确实起着推波助澜的作用,首先从文化上、精神上消灭一个民族,是民族虚无主义的终极目标。正如杨叔子院士曾感叹的:没有先进科学技术的国家,一打就垮;而没有民族精神、民族文化的国家,不打自垮。

但同时,我们也应警惕狭隘民族主义的苗头。其主要表现就是妄自尊大本民族的一切,认为本民族才是世界上最优秀的民族,一切以本民族利益为中心。闭目塞听、故步自封是狭隘民族主义产生的主要原因。从本质上讲,狭隘民族主义并不深谙民族文化与精神的精髓,因为世界上任何一种优秀文化与精神的形成,无一不是吐故纳新、海纳百川的产物,德国文化与精神如此,美国文化与精神如此,中华文化与精神亦是如此。张伯苓当年就认为,狭隘的民族主义是要不得的,并对当时美国流行的一个口号("无论事之善恶,理之曲直,凡属己国即爱之。")进行过严厉的批评,主张爱国也是要分辨是非曲直的,"吾对于吾国固应爱重,然有不良者,必随时改之。"①罗家伦也表达过类似的观点:"一切反科学、反现代的思想不肃清,国家的进步简直没有希望,换句话说,生产方式的科学化、国家社会组织的科学化和思想的科学化,是建立现代国家的整个一套,中间脱了一环就不成功。""我们并不是盲从西洋,我们也不能迷信中国。我们要用新的科学方法,来判断一切,来估价中国文化适合人生的一部分,固然要保存。而无用不适的一部分则要改革,我们用科学态度,现代的眼光,来分别何者为精华,而有保存之价值;何者为糟粕,应当予以淘汰。"②综上所述,当代大学生只有秉持批判精神与理性态度,才能传承与发展既有利于国家民族又能促进人类社会进步的爱国主义民族精神。

从高等教育课程与教学实践活动来说,我们也同样面临着困境:

首先,作为民族精神载体的文化经典教育的缺失。就培育和弘扬民族精神的内容方面看,民族文化经典教育的严重缺失,导致了民族文化理解上

---

① 南开大学校史编写组:《南开大学校史》,南开大学出版社 1989 年版,第 43 页。
② 陈春生:《新文化的旗手:罗家伦传》(台),近代中国出版社 1985 年版,第 315—316 页。

的表层化和民族精神根基的动摇。中华民族的民族精神之所以生生不息、薪火相传屹立于世界民族之林，就在于她在民族文化传承和民族精神弘扬方面有其独特之处，那就是确立文化经典（以经学为代表），并在每一时代都不断温故创新。民族文化经典承载着民族文化和精神的精髓，是我们安身立命的重要基石，然而，在我们大学课堂中有多少大学语文课、文化课、历史课和哲学课是从原典讲起的？大量"概论"性质的教材和讲义充斥于课堂，经典的原貌和精义常常被曲解和断章取义，很多已经被弄得面目全非了！然而，现在能正本清源、直接疏通传统文化经典的真正博学宏儒已经寥寥无几了，这也暴露出当今高等教育能力的窘况。

其次，师资力量有限。培育和弘扬民族精神是需要许多资源的，首先面临的是师资力量的薄弱，真正能融会贯通传统文化经典的专家学者稀少，学者不存，文化不传，精神何依？其次是面对西方文化和现实社会的冲击，如何从传统文化中寻找到应对的策略？这是当前文化发展的重要困境。文化应对、阐释、转化能力的不足也是当前培育和弘扬民族精神急需解决的问题。回顾中国现代化的历程，尽管"新儒家"代表们如梁漱溟、熊十力、唐君毅、牟宗三、东方美等等对传统文化作了很好的现代阐释和转换工作，但我们在外来文化的挑战面前依然缺乏底气和自信，唯西方学术马首是瞻。可见，一个世纪过去了，建设新文化的道路依然任重而道远。就在当前传统不济、阐释不力、转化落空的困境下，教育能力的有限性凸显出来。因此，当前学者、学生乃至整个社会心浮气躁、急功近利的普遍风气，恰好说明了这是一个缺乏文化根基、没有大师和学术思想平庸的时代。大师就是一座山，是民族文化的奠基石。大师在，传统文化就活在当代，大师在，民族精神的培育和弘扬就具有强大的感召力，学校师生和社会的精神和心理就稳定和踏实。一个没有文化大师和文化根基的高等教育，其在传递民族文化和精神方面，究竟能发挥多大作用呢？

第三，教育制度保障的缺失。文化传承是要靠制度来长期保持和养护的，然而，中国教育从小学到大学的民族文化教育，并没有形成一套系统和长期有效的培养计划，更没有一套制度来保障。大中小学重视公民素养和人文精神的培育,是近十年来的事,而在很长一段时间里,这方面的教育都被忽视了。然而即便这样,教育制度上还缺乏长期有效的制度保证。向大中小学生传授什么样的民族文化?怎样教育?学生学习、实践应占多少时间才是合理的?怎样从制度上去保证?有趣的是,从中学到大学,家长和社会都重理轻文,将文科教育视为政治思想的宣传和企业、政府管理的实用型人才培养,忽视了人文科学在精神层面和文化价值层面为社会和个人精神境界提升和思想智慧开启所起的巨大作用。因此,长期以来,人文科学的建设和发展被束缚了。就目前我们的高等教育制度看,一味地模仿英美等发达国家管理方式,缺乏民族文化和知识生产的自主制度创新,结果是:整个教育制度建立在仿效西方的知识生产模式之上,生产与西方一样或类似的东西。中国民族文化自身的生产方式和传承规律被遮蔽了,民族精神的培育和弘扬路子也失去了民族特色。因此,如何在民族文化建设和民族精神的培育和弘扬的制度上创新,是摆在中国高等教育面前的重大课题。

（二）大学生民族精神培育与弘扬面临的机遇

当前,随着我国经济的蒸蒸日上,民族文化的开拓和民族精神的培育和弘扬恰逢其时,可以说是一种历史性的机遇。这具体体现在以下几方面:

首先,国家重视,加大投资力度。改革开放以来,中央和各级地方政府不断加大对哲学社会科学领域中民族文化与民族精神研究的投入,各高校教师广泛参与,取得了很大的成绩:发表了一系列相关论文和研究报告,出版了一些相关专著和译著,有力地推动了民族文化和民族精神的研究;项目资助的来源有国家社会科学基金、教育部研究项目、省市社会科学基金、学校科研资助、民间科研资助等。

其次,随着经济全球化的浪潮,中西文化发生全面接触。全球化所带来的不仅仅是财富和资本积累的新策略和新方式,更意味着新的社会分化模式以及新的国家与全球的关系,是各地区、各民族的思想意识、价值观念和行为方式在全球范围内的激烈碰撞。这有利于我们用科学的眼光来看待世界和中国。所谓科学的眼光,是一种历史的、开放的、全球性的文化视野,是一种着眼于历史、现实和未来的三维时空观察、认识、判断事物和处理事物的文化思维。全球化有利于我们用科学的眼光来审视中国民族精神的发展趋势,作出正确的分析和判断。具体说来,首先,从方法论上以宽广的眼界来认识世界和中国,使我们在看似错综复杂、五彩缤纷的社会文化现象中,理出正确的思路。其次,科学地认识民族精神的世界性和民族性、民族文化和世界文化的关系。要面向世界,建设有中国民族特色的文化。再次,科学地吸收人类创造的一切优秀文化成果,结合中国民族文化与民族精神的发展态势,博采各国文化之长。同时,要面向世界,展示中国文化建设的成就。

第三,高等教育大众化有利于提高中华民族的整体文化素质和对民族精神的培育和弘扬。尽管社会上人们对中国高校扩招有种种非议,但我们认为高校扩招对提高整个中华民族文化素质有很大益处。毕竟,高校学生正处在人生观、价值观形成过程之中,他们来自五湖四海,影响的范围遍布祖国各地。如果我们这时给予广大高校学生以良好的民族文化和民族精神教育,真是恰逢其时。就当代大学生来说,民族精神教育可用传统文化为主线,结合时代特征,发掘大学生内心深处的热情和责任,帮助学生正确认识本民族的文化,了解生于斯长于斯的这块土地,自觉自愿地弘扬中华民族的精神。

三、大学生民族精神培育和
弘扬的主要维度与内容

回顾 20 世纪以来,大学民族精神教育的内涵丰富、特点明显,其中文化基因、通识教育、民族文化教育和学术独立等方面是贯穿中国大学民族精神培育与弘扬的逻辑主线条或灵魂。

(一)文化基因与大学生民族精神的培育与弘扬

李泽厚认为:"任何民族性、国民性或文化心理结构的产生和发展,任何思想传统的形成和延续,都有其现实的物质生活的根源。"①现代意义上的中国大学,是学习西方与继承传统的产物。但中国大学又有迥异于西方大学的不同之处,那就是:西方大学起源于中世纪的学者行会,这种学者行会一开始就在地方政府和教会之间取得了一定的自治权,同时也获得了学术自由的权利,所以,为学术而学术是西方大学起源的本质。但起源于民族危机与民族觉醒之际的现代中国大学,尽管在各个方面都悉心向西方大学学习,但围绕启蒙新智、救亡图存的时代主题,一经产生就被赋予"救国"这一庄严而神圣的使命。可以说,爱国主义民族精神是中国大学不同于西方大学的一个显著特点,是中国大学的一个特色文化基因。于是,培育与弘扬民族精神成为中国大学与生俱来的责任。

如京师大学堂第一任管学大臣孙家鼐,力主京师大学堂的办学宗旨为"中学为体,西学为用",在教育目的制定、教师聘用、课程设置、教材选定、教学管理等方面都坚定地体现了办学宗旨,在办学图强与保存国粹之间保持了一种合理的张力。北京大学第一任校长严复先生,前期痛斥旧学,提倡新学,主张通过西学"开民智"、"鼓民力"和"新民德";后期深刻反思维护"国魂"和"民族精神"的重要性,又高扬"国种特性"的旗帜。认为丧失"国种特性"无疑是"如鱼之离水而处空……如短于精神者之恃鸦片为发越,此谓之失其本性,失其本性未能有久存者也。"②把民族精神当做中华民族兴旺发达的根基来看待。严复先生这种敢于否定自己、超越自己的实事求是的精神需要有何等的勇气!蔡元培先生的"兼容并包,思想自由"的方针,是从大学本质和学术救国的高度所提出的教育思想主张。此外,蒋梦麟校长的全面振兴北大学术的蓝图,胡适校长整理国故的历史眼光、学习西方的世界眼光以及推进中国文明的现代眼光都从不同角度折射出北京大学爱国主义民族精神的文化基因和历史传统。

德国思想家与社会学家马克斯·韦伯认为:"直接决定人们行为的是

---

① 李泽厚:《中国思想史编》(上),安徽文艺出版社 1999 年版,第 303 页。
② 汤一介:《北大校长与中国文化》,北京大学出版社 1998 年版,第 56—57 页。

（物质或观念）利益，而非观念。但是，观念所创造的'世界观'往往像扳道工规定着利益驱动行为前进的轨道。"①中国大学自诞生之日起及至整个发展过程，都伴随着爱国主义民族精神，中国大学也成为那个时代名副其实的民族精神殿堂。反过来，伟大的爱国主义民族精神又鼓舞和激励着中国大学与大学人，促进了中国大学的大发展。事实证明，诞生于起源阶段的爱国主义文化基因是中国大学培育民族精神的根源。钱穆先生《师友杂忆》中有言："能追忆者，此始是吾生命之真。"陈平原先生如是说："一个人如此，一所大学也不例外：能被无数学子追忆不已的，方才是此大学'生命之真'。"②伟大的爱国主义民族精神就是其"生命之真"中最核心的内容。

　　大学生爱国主义民族精神的培育与弘扬，并不是外界强加给中国大学的东西，而是中国大学教育的题中应有之义，理应渗透在中国大学教育的方方面面，并不仅仅是固化在一门或几门课程或标语口号式的东西。中国大学的生存与发展离不开伟大的爱国主义民族精神，同时伟大的爱国主义民族精神也在相当程度上推动着中国大学的生存与发展。在中国高等教育大发展的今天，在关注规模效益的今天，我们有必要静下心来，扪心自问一下：我们所鼓励与引导大学人的东西，有多少内容是真正从国家、民族的高度为出发点的，又有多少结果真正有利于促进国家和民族的长远发展，良心与社会责任感应该成为每一个大学生生存与发展的法则，伟大的爱国主义民族精神就是大学及大学生建立与运用这种法则的策源地。

　　历史的经验不能忘记，目睹今天的中国大学正在淡忘包括爱国主义民族精神在内的精神教育的现实，我们每个大学生都不能不有所警觉和忧虑。历史告诉我们，唯有把包括民族精神在内的精神的东西贯穿于大学教育过程的始终，才能营造出一种热爱真理、献身学术的校园文化氛围，才能从思想深处激发大学生对真、善、美的不懈追求，惟其如此，中国大学生才能在强国富国的伟大历史使命中作出自己应有的贡献。

---

① 转引自陈洪捷：《德国古典大学观及其对中国大学的影响》，北京大学出版社 2002 年版，第 8 页。
② 陈平原，夏晓虹编：《北大旧事》，三联书店 1998 年版，第 3 页。

（二）通识教育与中国大学生民族精神的培育与弘扬

通识教育起源于欧洲古典大学的自由教育。19 世纪自由教育的伟大倡导者纽曼认为，大学是一个传授普遍知识而不是狭隘专业知识的场所。学生从大学里获得的主要才智，并不是来自于他对具体分支学科的学习，而更多的是来自于洋溢着普遍知识的环境氛围之中。通识教育汲取了自由教育的合理内核，认为大学只有注重那些具有普遍意义的知识，才能达到塑造学生灵魂、培养学生智慧的目标。各国在阐释通识教育理念时虽有不同，但本质都是与对国家民族的高度责任感相联的。如德国人的通识教育理念起于修养止于科学，认为有修养的国民是国家和民族兴旺发达的前提，而通过科学达成修养就成为洪堡及其柏林大学人的理想追求。

以蔡元培先生为代表的老一代中国大学人，在开眼看世界的过程中，深刻领略到了通识教育的魅力，感受到了通识教育对塑造一代救国强国之才的基础作用。他们对学生的培养是从更为本质、更加深远、更具责任的意义上诠释着通识教育的理念，实践着通识教育的理想。如深受美国影响的清华大学，通识教育从来不乏理论阐述者和实践探索者。早在 1910 年的清华中等与高等二科的公开招生考试中，就开了通识教育的先河。如 1911 年 6 月 23 日至 27 日，清华学堂为已经入学的 130 位高等科学生考试，考试科目有中文论说、中国历史、中国地理、英文论说、英文法、修辞学、文学史、代数、几何、三角、物理学、世界历史英史美史、植物学动物学地文学、德文法文拉丁文 14 门。

1928 年 9 月，罗家伦先生在宣布国立清华大学成立的演说中说："我们的发展，应先以文理为中心，再把文理的成就，滋养其他的部门。文理两学院，本应当是大学的中心。文哲是人类心灵能发挥得最机动最弥漫的部分。社会科学都受它们的影响。纯粹科学是一切应用科学的基础，也是源泉。断没有一个大学里，理学院办不好而工学院能单独办得好的道理。况且清华优美的环境，对于文哲的修养，纯粹科学的研究，也最为相宜。"[①]这是何

---

① 苏云峰：《从清华学堂到清华大学：1911—1929》，三联书店 2001 年版，第 18、200—201 页。

等精辟的通识教育理念！1941年，梅贻琦在其主持清华大学校政的十年之际，发表《大学一解》，成为系统深刻表达大学通识教育的集大成者。文中指出："窃以为大学期间，通专虽应兼顾，而重心所寄，应在通而不在专；换言之，即须一反目前重视专科之倾向，方足以语于新民之效。"①罗家伦、梅贻琦等先生的通识教育观代表了那一代大学人的普遍价值取向，一代大学人正是在这一价值取向的引导下，实现了科学与人文、做人与做事的完美结合，他们对国家民族的高度责任感也由此得到升华，他们对民族精神诸问题也有了更为本质的理解。

徐光启言："欲求超胜，必先会通。"正如前所述，无会通，不足以治学，学不治，也难以成人、成国，所以，通识教育不仅是大学教育的基础，而且也是中国培育民族精神的基础。当代中国大学的文化素质教育源于通识教育，是作为思想道德素质、专业素质、身体心理素质的基础而提出来的，切中中国高等教育的时弊，对中国高等教育的和谐发展和可持续发展均具有重要意义。毫无疑问，中国大学文化素质教育的提出既是对中国高等教育几十年历史总结的结果，又是对中国高等教育十年显示状况观照的结果，更是对世界高等教育发展趋势归纳的结果。不过，当我们回顾中国大学的文化素质教育十多年（以1995年国家教育委员会在全国五十余所大学建立试点为开端）所走过的路程时，我们在为其所取得的成绩感到欣慰的同时，也感到存在一些问题。例如，文化素质教育工作缺乏全局性。文化素质教育是关系到学校方方面面发展的问题，学校的人才培养、科学研究、社会服务、后勤管理等无不需要渗透文化素质教育理念，所以，没有学校各级领导的高度重视，不把文化素质教育的理念贯穿到学校工作的各个方面，文化素质教育就会流于形式，很难收到实效。可大多现状是：学校领导对政绩工程即立即能产生标志性成果的东西感兴趣，无暇顾及文化素质教育。学校领导重视与否是文化素质教育能否全面系统深入开展的关键。

我们尤其应该清醒地认识到，缺乏文化素质这个基础素质，思想道德素

① 吴剑平主编：《清华名师谈治学育人》，清华大学出版社2003年版，第10页。

质、专业素质、身体心理素质的培养就会受到影响,进而影响到中国高等教育培养人才的质量。不从文化素质教育的本质、大学的历史责任、国家民族发展的根本大计出发来认识和推进文化素质教育,那么,我们今天的大学就会犯历史性错误。今天,当我们面对大学生普遍存在的人格问题,即理想我和现实我差距大,享乐主义盛行、缺乏吃苦耐劳精神,耐挫能力较差、心理承受能力较弱,自我中心意识强烈、社会责任感差,作风浮躁、急功近利等现象,而同时又在呼唤那种悦纳、独立、理性和有高尚品格的人所付出了不少心血却收效甚微时,我们有必要回过头来从大学的社会责任与对国家民族高度负责的精神上来重新审视民族精神教育和与之密切相关的文化素质教育。

（三）民族文化教育与大学生民族精神的培育与弘扬

传承与保持传统对一个国家和民族而言,其意义不仅在于知识的传承与保存上,重要的还在于意义世界的延续上。一个国家精神世界的确立与绵延均得益于自己对民族文化的重视、继承与发展。对此,许多伟大的思想家都有过精辟的论述。康斯坦丁·德米特里耶维奇·乌申斯基说:"一个没有民族性的民族,就等于一个没有灵魂的肉体,它只能屈从于衰败的规律,只能在另一些保存着自己的独特性的肉体之中消亡。"①雅斯贝尔斯说:"西方每一个伟大时代的出现都是重新接触和研究古代文化的结果。当古代文化被遗忘之时,整个社会所表现出来的就是野蛮。就如一件东西脱离了根本,它就会毫无方向地飘荡,这也就是我们失去古代文化之后的景象。"②伽德默尔认为:"传统按其本质就是保存",而"保存是一种理性活动"。③ 以上这些有代表性的传统观,对民族文化的思考与传承具有重要的启示意义。

中华民族文化博大精深,绵延了五千年中华文明,代代中华人从这个文

---

① 郑文樾遍选:《乌申斯基教育文选》,人民教育出版社1991年版,第8页。
② 雅斯贝尔斯:《什么是教育》,三联书店1991年版,第109页。
③ 伽德默尔:《真理与方法》,上海译文出版社1992年版,第361页。

化精神大宝库中汲取营养,传承、演绎和丰富了伟大的民族精神。或者说,代代中华人正是在学习与传承民族文化的过程中,民族自信得以逐步确立,从而达成了塑造民族精神的目的。纪宝成先生在《重估国学的价值》一文中这样写道:"当我们的青少年对好莱坞大片趋之若鹜但却不知道屈原、司马迁为何许人,当我们的大学生能考出令人咋舌的托福高分但却看不懂简单的文言文,甚至连中文写作都做不到文从字顺,那么,我们可以断言,我们的文化教育一定是在哪个重要环节上出了问题,出现了深层次的民族文化危机,是民族振兴、国家崛起过程中必须加以正视并克服的障碍与挑战。"①的确,很难想象一个对自己国家、民族文化都不甚了解的人会产生民族自信心,而没有民族自信的人怎会生发出伟大的民族精神! 所以,民族文化是民族精神的源头活水。

早在严复先生任北大校长期间,曾想将经学科取消,与文学科合并,但并不否定传统文化,他说道:"经文两科合并为一,以为完全讲治旧学之区,用以保持吾国四五千载圣圣相传之纲纪彝伦道德文章之不坠。"②正是想通过民族文化保存"国种特性"或民族精神,蔡元培先生继任后实现了严复先生的愿望,把儒家经典的研究放到了各个学系中。这是大变革时代的正常现象。

五四新文化运动期间,可以说陈独秀先生的反孔最为激烈,但他也坚持认为"儒术孔道,非无优点","孔学优点,仆未尝不服膺"。③ 同为北京大学教员、《新青年》的另一重要撰稿人——李大钊先生则有着更为清醒的认识:一方面他肯定孔子"确足以代表其社会其时代之道德",另外,也区分了孔子和孔教,他说:"而孔子云者,隧非复个人之名称而为保护君主政治之偶像矣。……故余之掊击孔子,非掊击孔子之本身,乃掊击孔子为历代君主所雕塑之偶像的权威也;非掊击孔子,乃掊击专制政治之灵魂。"④这就充分

① 纪宝成:《重估国学的价值》,《新华文摘》2005 年第 17 期。
② 《严复集》(第三册),福建人民出版社 1998 年版,第 605 页。
③ 《陈独秀文章选编》(上),三联书店 1984 年版。
④ 《李大钊文集》(上),人民出版社 1984 年版。

说明五四时期知识分子并不是对传统文化加以全盘否定,也并不是对孔子加以全盘否定,更不是对传统文化的全盘否定,他们深深知道传统文化是培养国民精神的基础,是用一种求真的态度对待传统文化的。

张伯苓先生早在主持严氏家馆时,就主张半日读四书五经,半日读西学。他在南开大学主持修身课,也是常常援引孔孟,极为重视民族文化在培养学生民族精神中的重要作用。他深信民族文化是民族精神养成的关键,遂经常聘请著名国学大师到学校作讲座或兼课。梁启超先生20世纪20年代初就受南开大学之聘,为学生讲授中国史课程,主题是"中国历史研究法"。之后在1922年到1923年间,梁启超先生为成立南开大学东方文化研究所奔走呼号,他说:"启超确信我国儒家之人生哲学,为陶冶人格至善之鹄,全世界无论何国,无论何派之学说,未见其此。在今日有发挥光大之必要。……启超确信欲创造新中国,非赋予国民以新元气不可。而新元气绝非枝枝节节吸收外国物质物质文明所能养成,必须有内发的心力以为之主。"①这内发的心力就是梁先生所说的中国传统文化。

总之,没有民族文化,民族文化教育无从谈起;没有民族文化教育,民族精神就是无源之水,无本之木,所以说,民族文化教育是中国大学生民族精神培育与弘扬的关键。

然而,当我们面对民族文化在全球化中的种种异化现象,如民族文化的地位成为国家地位的象征,民族文化的命运受到严重威胁,民族文化的生命力并不是绝对开放的结果等异化现象时,我们不得不为民族文化教育敲响警钟:民族文化在全球化进程中并不是以平等的姿态出现的,发达国家科技领先、信息技术领先,所以也就成为文化全球化的主角,发展中国家受经济、科技等方面条件的制约,无法全面深刻地向世界各国展示自己的文化,基本处于被"化"地位;"越全球化就越是多元化"也成为文本意义上的推论;"越是保持开放的态势,民族文化的生命力就越强"的观点也受到越来越多的

---

① 王文俊、梁吉生、杨洵等选编:《南开大学校史资料选(1919—1949)》,南开大学出版社1989年版,第174页。

学者的质疑。解决民族文化异化问题的条件需要很多,但从全球化的民族文化视角看,民族文化自觉、民族文化意向语境与民族文化现代化是其关键环节:民族文化自觉解决深层意识问题,意向语境是进行沟通与对话的前提,民族文化现代化必将为民族文化的传承与发展注入新的活力,从而也给今天的大学教育提出了一个重大课题,那就是:大学生民族精神的培育与弘扬要特别重视民族文化教育。

(四)学术独立与大学生民族精神的培育与弘扬

致力于中国的学术独立,从而实现国家和人民的富强,是中国现代大学自产生之日起大学人的不懈追求和崇高理想。因为,老一代大学人亲身经历了列强肆意侵略祖国的行径,目睹了遭受欺凌下的同胞的悲苦生活。他们无论在国内学习还是到国外深造,大都是不能挺直脊梁而活着的人,因为没有文明昌盛的祖国做他们坚强的后盾。同时,中国传统文化修身齐家治国平天下的深刻影响,又赋予了他们"天下兴亡,匹夫有责"的神圣使命感,他们在开眼看世界的过程中,更加确信致力于中国的学术独立是知识分子最基本也最重要的职责,于是,学术独立与爱国主义民族精神便天然地联系在一起了。

中国大学致力于学术独立的过程既艰辛又漫长;既感性也理性;既是脚踏实地的又是超越的。总之,大学人的学术独立思想与实践彰显了大学人伟大的爱国主义民族精神,民族精神又反过来推动了中国大学人的学术独立理想与实践。

蔡元培先生任北京大学校长以后,在教育理念和许多具体管理层面为学术独立做了许多奠基性工作,如不畏艰险,根除北京大学教授会议多用英文的现状,提出了对西洋文化的三点意见:一是消化而非同化;二是择善而从;三是接受西洋的科学方法等。五四运动后,蔡元培先生针对学生运动流弊发表了"爱国不忘求学,求学不忘爱国"的名言,全国的青年学生与知识分子奉为至理。陈独秀先生认为:"学术为吾人类公有之利器,无古今中外之别,此学术之要旨也。"并进一步提出学术三戒:一勿尊圣,二勿尊古,三勿尊国,提倡学术的求实精神。①

在致力于中国学术独立的艰难旅途中,中国大学人从点滴做起,辛勤耕耘在各自的学术园地里。他们首先从逐步使用中文讲授讲座、编写中文教材开始,在大学中营造一种学术独立的文化氛围,奠定了学术独立的语言与思维基础。中国各大学在起步阶段大都属于模仿阶段,洋教习、洋文、洋教材、洋校园文化等一时充斥校园,这对中国大学的尊严和学术独立是一个严重的挑战。蔡元培先生执掌北大期间,规定在北大授课、开会一律用汉语而不准用英语。1928 年,南开大学发展方案中提出要在实行知中国和服务中国的"土货化"教育方针,即以中国历史、中国社会学术背景,以解决中国问题为教育目标,吹响了南开大学致力中国学术独立的号角。北京大学、清华大学和南开大学都在建立后不久就形成了教学与学术研究并重的机制,社会科学和人文学科的教学与研究多秉持中西会通的思想,既有世界眼光,又不乏中国特色,注重中国社会问题,形成了一批高水平和独创性的成果,培养了一批掌握先进科学方法的后继人才,具备了与世界进行学术交流、思想对话的能力,在中国学术独立的道路上迈出了坚实的一步。

反观今天,我们仍然由衷感到老一代大学人致力于学术独立的爱国主义伟大情怀。学术独立是中国大学生民族精神培育和弘扬的精髓。所以,我们今天领略到的不应仅仅是中国大学人致力于祖国学术独立的知识贡献,更应该深刻领会蕴藏在其中的那种忧患意识与高度的社会责任感。如果说今天的大学缺少什么的话,多数人都会赞同最为缺少的不是经费,而是缺少特立独行的大师,缺少弥漫在大学校园中的一种精神。由于学术独立精神的缺失,在今天的大学校园中,学风浮躁、学术道德腐败等不良倾向充斥。当大学里的学术研究越来越变成为自己追逐功名利禄的资本时,这样的所谓学术研究是不是已经变味? 当大学生们对这样的现象熟视无睹时,我们的大学还可以称得上是真正意义的大学吗? 如是观之,大学已经没有合法存在的必要了。因为,大学作为人们心目中的民族精神殿堂已经轰然

---

① 《新青年》第 4 卷第 4 期。

坍塌。

四、中国大学生培育和弘扬
民族精神的途径与方法

今天,高等教育正面临信息化、大众化所带来的时代挑战。对大学生进行民族精神的培育与弘扬,可以说是一项艰巨的系统工程,涉及社会、政府和学校等方方面面。要坚持继承与创新相统一的原则,把以爱国主义为核心的民族精神,结合时代和社会发展的要求注入新的内容,使之不断丰富与发展。如,老一代大学人伟大的爱国主义民族精神,我们党领导人民在革命和建设进程中形成的延安精神、红岩精神、"两弹一星"精神、九八抗洪精神、载人航天精神等,都极大丰富了民族精神的内涵。我们要充分利用这些宝贵资源,对青年学生进行教育;要坚持民族性与世界性相结合的原则,教育学生一方面要充分发扬中华民族的优秀文化传统,又要教育学生面向世界,正确认识世界,了解世界,善于借鉴和汲取其他民族的优秀成分和一切先进文化成果。另一方面由于意识形态领域的斗争将会更加激烈,东西方文明的排斥和融合对人们的世界观、人生观、价值观也会形成强大冲击,面对意识形态领域的种种挑战,我们必须坚定不移地用崇高的民族精神武装自己,在激烈的国际竞争中不断发展壮大自己。

对于高校来讲,要做到将既有的民族优秀文化基因传承下去,就必须将通识教育、民族文化教育和学术独立教育等融入到日常实践之中。

(一)高校要把培育与弘扬民族精神纳入学校的建设与教育体系之中

具体说来,就是形成以培养大学生弘扬民族精神意识与能力为重点的教学体系,使培育与弘扬民族精神教育能进教材、进课堂、进学生头脑,并贯穿于大学教育的全过程。

具体来讲,高校需要结合当代大学生的特点做好如下工作:

首先,充分发挥课程与教学在大学弘扬与培育民族精神中的主阵地作用。当代课程理论认为课程是一种"复杂的会话"活动,学校课程的宗旨不在于促使我们成为学术科目的专家,而在于促使我们成为关切自己与他人,关心国家和人类命运的公民。课程的这种动态过程观意味着,课程不再是一个封闭性事物,它的开放性使我们有可能在课程实施过程中思想和观念发生根本转变。高等学校要充分发挥课堂教学的主阵地作用,将民族精神教育贯穿到所有课程教学的环节之中。

其次,高校思想政治理论课和哲学社会科学课程是大学弘扬与培育民族精神的主渠道,是帮助大学生树立正确世界观、人生观、价值观的重要途径。通过开设《马克思主义基本原理》、《毛泽东思想、邓小平理论和"三个代表"重要思想概论》、《思想道德与法律基础》、《中国近现代史纲》等课程,对学生进行以爱国主义为核心的民族精神教育,可以帮助大学生深入了解民族精神的内涵,认识弘扬与培育民族精神的必要性,提高弘扬和培育民族精神的自觉性。通过形象直观的历史教育、革命传统教育、中华美德教育,帮助学生了解中华民族的历史和优良传统,中华民族创造的灿烂文化对人类发展的贡献,影响中国历史发展的重大历史事件和著名历史人物,了解近代以来中华民族饱经沧桑、艰苦曲折、英勇抗争的奋斗历程,特别是中国共产党领导人民进行英勇斗争,取得胜利的历史,了解民族精神在不同时期的时代特点,树立民族自信心和自豪感,增强为中华民族伟大复兴而奋斗的责任感和使命感。我们在对"两课"教学进行调研时发现,教师教授和正面引导的魅力对培育与弘扬民族精神非常有价值。如在讲授《邓小平理论》中的"以经济建设为中心,大力发展社会生产力"时,任课教师联系到和平的来之不易,联系到南海争端的历史与现实,联系到抗美援朝和对越自卫反击战,联系到东盟十国及东南亚局势,让学子们深刻感受到生产力的发展是硬道理,对待国内国际局势时,要善于从历史中寻找经验和教训,从可歌可泣的民族英雄身上汲取奋斗的勇气和智慧。诸如此类的教学,对培育和弘扬民族精神大有裨益。

第三,民族精神的培育与弘扬与还应该渗透到除两课教学之外的其他所有课程的教学和专业学习之中。各门课教师都应该结合课程教学充分挖掘民族精神的教育因素,变单纯的知识传授为文道统一的教育,既教书又育人。涂又光先生在《论人文精神》中大声疾呼:近百年来,中国老一辈科学大师,在专修科学之前,已有很高的人文修养。我想这里的人文修养中就蕴藏着丰富的民族精神。这种民族精神造就灵魂。一旦造就灵魂,则任何外力对他灵魂的折腾,他都无动于衷,所谓"造次必于是,颠沛必于是",完全奈何他不得。灵魂主导他的人生,包括他的科学研究。姚宗干教授认为:"无论在课堂教学中还是在课堂外,教师是否具有民族自豪感和社会责任感,是会对学生产生影响的……比如,在介绍所教课程内容时又对我国自己的某些不足大加调侃,甚至惹得哄堂大笑,言辞中丝毫没有流露出对中国在某些方面落后的忧虑,只会给学生造成一种'中国人就是不行'的错误观念,久而久之,就会使学生失去青年人应有的社会责任感和自信心。"①所以说,我们应该在课程教授中结合教学内容,注入我国科学家的科学成就和民族精神的内容;艺术类课可包含经典民乐、民歌、民族戏剧欣赏和中国画、书法艺术欣赏的内容;体育课可适量增加中国武术内容等等,使学生在接受专业知识的过程中也能接受到民族精神的陶冶。

(二)通过实施人文素质培养计划引导学生系统了解中华民族的优秀传统文化

民族精神是在漫长的历史长河中不断积累和发展而成的,它植根于民族历史与文化的土壤之中,大量的民族文化经典是它的载体,代代相传的传统美德是它的精华。其中,中华传统美德对于增强民族的内聚力、振奋民族精神、整合群体价值、协调社会秩序有着极其重要的作用。大量的文化经典

---

① 刘献君:《在专业教学中促进科学与人文相融》,载《春风化育:华中科技大学文化素质教育十年》,2004年,第82页。

中,仅中国古典文学对个人文化的积累、性情的熏陶、人格的培养乃至对整个民族精神的形成和塑造,都有着不可低估的作用。在大学生中培育与弘扬民族精神当然离不开这些优秀传统文化与优良道德传统的营养。但调查发现,由于西方文化的冲击、现代传媒技术的影响,在校大学生用来阅读文史哲等书籍的时间很少,对中国传统文化经典阅读的需求越来越弱,特别是非文科类大学生对我国古典文学名作的阅读和文史哲知识的掌握严重不足,对民族的历史和优秀文化传统了解很少。一些学生认为只要学好英语就"万事通"了,至于中国传统文化、古典文学,学了也没用。他们对外来文化、西方文化的了解远远超过了本民族文化,甚至有的学生只知 ABC,连汉语的基本书写与表达都有困难。调查中有学生说:"每天清晨,在大学校园一片朗朗的读书声中,听到的基本上是外语声,如果有人读唐诗宋词,别人会说:'你神经病'!"这些都说明,在大学生中加强中华民族历史与优秀传统文化教育已刻不容缓。

高等学校应该将优秀传统文化与传统美德教育和作为人文素质培养计划中的主要内容,并规定学生的应修学分。通过面向全校特别是非文科专业学生开设中国历史、中华伦理、古典文学、哲学以及其他社会科学方面的课程,举办各种专家论坛、讲座,帮助学生系统学习民族文化与传统美德,鼓励学生广泛阅读文学经典,养成良好的阅读习惯,深化学生对祖国悠久历史和优秀文化传统的认识,形成对民族文化的认同感和自豪感,自觉用中华灿烂文明和传统美德来熔铸自己的精神和品格,奠定自己的文化根基,并在继续发扬的基础上,丰富、创造和提升我们的民族文化和民族精神。

(三)充分利用各种传统节日和重大纪念日开展主题教育活动

重要节日、重大历史事件往往蕴涵着丰富的民族精神教育资源,抓住时机开展生动、具体、形象的爱国主义教育,更易收到事半功倍的效果。充分利用春节、清明节、端午节、中秋节等民族传统节日,"五一"、"五四"、"七一"、"八一"、"十一"等重要节日,"七七事变"、"九一八事变"、"一二·九运动"等重要事件和重要人物纪念日,由党团组织、学生会、学生社团,组织全体学生举办各种纪念仪式和纪念活动,如:举行升国旗唱国歌仪式、给革命烈士扫墓、请革命先辈和各行业的英雄模范作报告、组织学生观看反映伟大民族精神的影视片、组织诗词诵读、歌咏比赛和文艺演出等。通过这些活动纪念先烈、总结历史、宣传成就、讴歌中华民族不同历史时期的伟大人物和当代的先进典型,也让学生了解历史文化、革命传统、民风民俗等,激发大学生的爱国热情。

(四)大力宣传各种英雄模范人物的事迹,树立新时代民族精神的楷模

一位思想家说过:一个没有英雄的民族是可悲的民族,而有了英雄不知珍惜的民族是没有希望的民族。数千年来,中华民族英雄辈出,有古代舍生取义、威武不屈的英雄;有近代为救民水火、振兴中华不怕牺牲的勇士;有现代史上出现的毛泽东等一大批扭转乾坤的历史巨人;也有在新中国不同历史时期涌现出的雷锋、欧阳海、张华等一批又一批英雄人物。他们的英雄气概和人格魅力,激励着一代又一代的炎黄子孙为中华民族的崛起而奋斗。中华民族伟大精神的铸造,中国社会的进步就是在这一批批英雄的集合中产生的。正如著名作家徐光耀谈《小兵张嘎》的创作过程时说的:他们奋战一生,洒尽热血,图到了什么,又落下了什么呢? 简直什么也没有。有些人甚至连葬在何处都不知道! 正所谓活不见人,死不见尸。但是,他们留下的是为民族自由、人类解放的伟大实践,和那令鬼神感泣的崇高精神。这精神,是中华民族生存的支柱,前进的脊梁,是辉耀千古的民族骄傲。榜样的力量是无穷的,它可以激发原本存在于人们内心的善与美、博大与崇高。在今天的大学校园培育与弘扬民族精神,同样需要英雄和楷模,成为大学生学习的榜样和前进的动力。我们不仅应该大力宣传历代民族英雄的精神和事迹,还应该培养并大力宣传在大学生中涌现出的像许志伟、徐本禹这样的英雄和典型,让大学生能从他们既生动感人又平易近人的事迹中,去感受、体会、理解英模的成长历程,把握英雄精神的时代意义,使他们成为大学生身边看得见、摸得着、学得到的民族精神楷模。

（五）建设一支高素质的有独立批判意识的教师队伍，是大学培育与弘扬民族精神的保证

民族精神的文化性、传承性、社会性、导向性与建构性特征，决定了大学教师在大学生民族精神培育与弘扬中的重要作用。学高为师，德高为范，因此，培育与弘扬民族精神，需要一支以身作则、能够起到示范作用的有独立批判意识的师资队伍。正人先正己，教师要教育学生，就必须先于学生了解、熟悉中华民族的历史和文化，感受民族的优良传统道德、崇高气节，学习体现时代精神的先进典型，不断丰富自身的文化底蕴并将民族精神内化为自身的思想素质和精神品格，使自己具备高尚的道德品质和独特的人格魅力；就必须身体力行，带头实践传统美德和革命传统；就必须以身立教，以自己的学术、人格魅力带动学生形成以传统美德、革命传统为美的审美情趣，以"示范群体"的良好形象推动高校弘扬与培育民族精神工作的深入开展。为此，各级教育部门和高等学校，要把弘扬、培育民张精神作为师德建设和教师业务培训的重要内容，提高教师全面理解把握民族精神内涵的水平，增强教师培育与弘扬民族精神的实施能力。要采取有效措施培养一大批先进的骨干教师，使他们在弘扬、培育民族精神的工作中起到示范带头作用，以推动高校弘扬与培育民族精神目标的实现。

（六）加强校园网的建设，使网络成为弘扬与培育民族精神的重要手段

随着现代信息技术的迅猛发展，以网络信息技术为核心的互动媒体得到迅猛发展，为教育提供了新的可资利用的资源。网络作为知识与信息的载体，在教育领域不但继承了传统教育评价载体的特点，而且功能更强，效率也更高。它既有印刷传媒的可保存性和可查阅性，又有电子传媒的新鲜性和及时性，还具有自身的图文阅读性和音像视听性，实现多种感觉形式并用，增加了信息的获取量。大学生利用网络学习、娱乐、交流的现象越来越普遍，本研究的调查显示，中国中部部分高校66%的大学生每天上网达到3

至 6 小时。针对这种情况,学校应该充分利用校园网,既为大学生的学习生活提供各种服务,也对大学生进行思想教育和引导。利用校园网建设红色主题网站,开辟各种民族精神教育专栏,如民族文化、传统美德介绍;重要历史事件、历史人物档案;人文教育论坛等,运用文字、图片、动画、漫画、影像等学生喜闻乐见的表现手段,集思想性、知识性、趣味性于一体,把倡导民族精神与满足学生丰富多彩的精神文化需求有机结合起来,必然能够起到事半功倍的作用。

第十一章

中国企业对民族精神的培育和弘扬

企业是国家社会经济的重要组成部分。企业的存在、发展与国民的工作和生活息息相关,在那里,民族精神发挥着极其重要的作用,因此,民族精神的培育和弘扬离不开企业的参与。但企业作为一种经济组织,主要任务是追求利润。因而,对于企业而言,重要的是:如何通过培育和弘扬民族精神,进而建设好的企业文化,促进企业发展? 而另一方面,企业通过什么方式或途径弘扬和培育民族精神? 本章就此展开论述。

一、中国企业弘扬培育民族精神的
重要性和特殊性

随着我国进入 WTO 国际大舞台,企业间的竞争不再仅仅局限于设备、产品、服务的竞争,更是一种文化附加值和精神力的高层次竞争。企业要想在激烈的市场竞争中求生存、谋发展,就必须重视企业文化,注重吸取民族精神的精华,加强企业精神的塑造,使企业在市场竞争中不断增强凝聚力,更具竞争力。

（一）企业文化是企业发展的动力之源

当今时代，文化在经济社会发展中的作用日益突出，文化与经济的一体化，正在成为令人激动的一道风景线。文化作为综合国力的重要因素，逐步成为一种生产力。[①] 文化影响着明天的经济。

企业是现代社会经济的基本细胞。现代企业间的竞争，不仅是管理的竞争、市场的竞争，而且是文化的竞争。企业文化是一种亚文化，是社会文化的一个重要组成部分。企业文化是指在一定的社会历史条件下，企业在长期生产经营中倡导、积累，经过筛选提炼形成的为企业员工所普遍认同和共同遵守的企业群体意识、职业道德、价值观念和行为准则。[②] 企业文化包括企业管理哲学、企业价值观念、企业规章制度、企业精神、企业道德、企业风尚、企业形象等，是企业潜在的生产力。

美国哈佛商学院著名教授、世界知名的管理行为和领导科学权威约翰·科特曾大胆预言：企业文化在未来10年内很可能成为决定企业兴衰的关键因素。美国著名经济学家威廉·大内说：企业管理既是一种科学，更是一种文化。企业文化就是在生产经营过程中通过管理手段形成的观念形态、价值体系、企业精神以及制度机制的总和。优秀的企业必然能够创造优秀的企业文化，优秀的企业文化必然能够促进企业的健康发展。许多著名大公司为提高企业的竞争力和战斗力，都创造了独特的企业文化。如西门子的新员工培训、微软的周末狂欢、丰田的生日祝福和IBM的烫金胸卡以及我国联想集团的用人之道和海尔的质量承诺及服务等等。[③]

企业发展有赖于核心竞争力，核心竞争力来自于技术，技术来自于管理，而管理靠的是企业文化。企业文化是企业的灵魂，是企业竞争的优势之源，是企业不断发展壮大的精神支柱。大力加强企业文化建设，不仅是提高

---

① 参见李建民：《企业核心能力》，法律出版社1998年版，第10页。
② 参见俞祖华、赵慧峰著：《中华民族精神新论》，山东大学出版社2005年版，第110页。
③ 威廉·大内：《Z理论：美国企业界怎样迎接日本的挑战》，中国社会科学出版社1984年版，第44—46页。

我国企业管理水平,提升企业市场竞争力的重大战略,而且是促进企业可持续发展的重要环节。

尽管每个企业的文化都有自己的特点,但它们的共同之处是把这种文化作为一种在一定社会条件下形成的企业目标,从道德层面、制度层面和精神层面作用于企业,调整、规范、影响着企业员工的行为,使企业向着有利于实现自身价值和目标的方向发展。

就总体水平而言,我国已经越过了解决温饱的发展阶段,逐步进入到以提高生活质量为目标的新的发展时期,与所处的国际环境和经济全球化及国际产业转移相符合,从而形成了对我国经济发展和社会和谐进步相对有利的外界条件。这就要求中国企业在进入新一轮增长期、在更深刻地参与国际分工的客观形势下,把加强企业文化建设作为企业深化改革的内在要求,提升企业核心竞争力,促进企业和人的全面发展。

总之,企业文化与企业发展紧密联系,共生共长,相互促进。企业文化是企业核心竞争力的核心,是企业内强素质、外树形象的根本,是企业内部凝聚力、外部竞争力和发展推动力的关键,是企业发展的动力之源。企业文化要为企业发展减小阻力、增加助力、形成合力、增添推力,要相互促进,协调一致,凝聚力量,形成强大的"总的合力",共同推动企业持续、快速、协调、健康发展。

(二)民族精神是企业文化的坚固基石

在世界经济日益走向全球化的趋势下,中国企业要想屹立于世界强国企业之林,必须构建和发展有中国特色的企业文化。中国传统文化与民族精神是中国企业文化建设的基础。

民族精神是一个民族在长期的共同生活和共同实践基础上形成和发展起来的,为大多数民族成员所认同和接受的思想品格、价值取向、理想信念和道德规范的总和,是一个民族的心理特征、思维方式和思想情感的集中反映。民族精神是民族文化的核心和精髓,是一个民族在生存发展过程中具有主导作用的、相对稳定的文化精神,属于观念形态的文化范畴和社会意识形态的范畴。

企业文化是以企业持续发展为目的,以人为中心,以企业经营理念、企业价值观和企业精神的共识为核心,以群体行为为基础的现代企业管理学说。

在民族精神与民族文化的关系上,一般认为,民族精神根植于本民族传统文化之中,是民族传统文化积淀而成,民族文化是民族精神的基础和依托;而民族精神是民族文化的核心和精髓,是民族文化中的主导性的价值取向和思想品格。先进的企业文化是我国先进文化的重要组成部分,是我国先进文化的核心和生长点。企业文化是民族精神的表现形态,而民族精神是企业文化的核心和精髓。作为社会主义企业在建设企业文化时必须以弘扬中华民族精神为核心,同样弘扬民族精神,也应该将其融入到企业文化建设之中,用民族精神推动企业文化建设。

企业文化作为中国先进文化的一部分,必须根据社会主义市场经济的发展要求,保持民族特性,弘扬民族精神,才能充满生机和活力。每一个优秀企业,都有充满自己个性和魅力的企业文化,这些企业文化无论怎样各具特色,都是以弘扬民族精神为基础,带有本民族所特有的文化模式的烙印,都是它所在的社会文化或民族文化那绚丽多彩的百花园中的一部分。不同的民族由于发展道路、经历以及生存环境等方面的差异,会产生不同的民族心理、精神气质和不同的思维模式,从而形成不同的民族性。这种民族性,实质就是文化个性,是民族文化所赋予的独特的思想、感情及行为方式。所以有中国特色的企业文化建设必须以传统文化和民族精神为基础,立足于中国国情和企业实际,吸收世界上一切先进文明的成果。

我国是一个有着 13 亿人口具有五千多年文明史的古国,在历史上博大精深、浩如烟海的古代传统文化展示了中华民族文明的魅力,形成了中华民族精忠报国、人为业本、勤劳勇敢、质朴节俭、敬业敏学、至诚守信、崇德重义、乐群贵和、自强不息的文化传统,[①]这是我们必须珍惜和弘扬的。

---

① 姚瑞萍:《中国传统伦理道德观在企业文化塑造中的影响》,《成人教育》2005 年第 6 期。

有中国特色的企业文化，建立在中华民族文化基础上，以弘扬民族精神为己任，具有很强的中华民族特色。民族精神是一种巨大的精神力量，是一个民族的心理特征、文化传统、思想感情等的综合反映，是民族文化的精华。建设有中国特色的企业文化，必须汲取民族文化精华，弘扬民族精神。具有民族特征，才能在改革开放、在全球经济一体化的竞争中立于不败之地。

(三)企业弘扬和培育民族精神的特殊性

纵观中国企业的成长，我们对那些大名鼎鼎的企业总是抱有某种担心，昨天还风光无限，今天就可能成为明日黄花，这种现象出现得太多之后，我们不禁要问:哪家企业能够让我们放心一点? 让我们看到一丝丝百年老店的"持续基因"? 何以企业的发展壮大了，随之而来的危机感、紧迫感却愈演愈烈呢? 如何将企业的营利这一客观规律与其生存内核即核心竞争力合二为一? 如何让民族精神的弘扬和培育;在企业发展中彰显积极重大的影响意义? 一系列的疑问为我们的研究埋下了伏笔,也预留了空间。

我们知道,企业是从事商品生产、流通、服务等活动,以营利为目的、自主经营、自负盈亏,并体现一定生产关系的经济实体,其发展的根本动力是对利益的追求。[①] 而作为社会的经济细胞,它的经营活动从来就是在特定的国家民族精神背景下,在一定的精神价值准则的支配下进行的。鉴于此,企业弘扬和培育民族精神应该具有不同于其他社会群体的特殊性。集中表现在以下四个方面:

第一,企业培育弘扬民族精神应科学地把握精神弘扬和经济利益追求二者之间的关系,通过培育和弘扬民族精神,推进企业健康发展。随着中国加入世贸组织,全球经济一体化的形成,企业之间的竞争将更趋激烈,强者存、弱者亡将成为市场经济中不可逆转的潮流。在这种情况下,我国企业面对全新的竞争对手,面对着国际市场的更大挑战,能否生存与发展,已成为

---

① 参见刘培金著:《中国企业经营哲学》,解放军出版社2002年版,第3页。

摆在每一个中国企业面前的最大难题。而要解决这一难题,就必须克服各种影响企业生存与发展的因素。我们认为,全球化背景下,影响企业生存与发展的因素日趋多维化,其关键在于企业自身精神文化的凝炼和培育,这是企业可持续发展强有力的助推器。

第二,诚信是决定国家经济实力和竞争力的重要因素,是企业培育弘扬民族精神最深刻的精神资源。① 然而,在市场国际化的今天,不少企业仍然难以抗拒迅速攫取高额利润的强烈诱惑,不惜牺牲品牌信誉去换取眼前利益,这种缺失不利于我国经济与世界经济的接轨,更不利于提高我国经济竞争力。我国企业和产品要想在全球化浪潮中赢得挑战,必须按照国际通行的规则,遵守诚信的理念和规则。

第三,企业培育弘扬民族精神本质上是一种建设,一种创新,②在企业不断发展的实践中为民族精神注入新的内涵。从中国企业目前的现状来看,手机、汽车等行业面临同样的症结——缺乏核心竞争力。并非没有引进过核心技术,关键是一味在市场上埋头苦战的中国企业,缺乏推陈出新的动力和意识。企业要提高国际竞争力,首先要有核心技术。我们发现全球大部分原创性专利、知识产权,都是来源于大企业。实践证明,通过引进国外先进技术,提高自我吸收和消化能力,是企业提高竞争能力的一个重要方面。③ 同时,企业还必须突出主业,有针对性地在关键领域进行"攻坚",真正掌握核心技术。这就要求企业,既要在技术开发上舍得投入,更要在建立技术开发与创新机制上下工夫。中国一定要培养自己的民族企业,培养自己的跨国公司,作为自主创新的骨干和核心。

第四,培育中国自己的高素质企业经理人、企业领导人来推动培育弘扬民族精神的进程,可以得到突破,尤其是他们的观念、意识和执行力。对于一个企业来说,企业经理人、企业领导人太重要了,如果企业不能吸收最优秀的人,企业很难成功。长远来讲,企业竞争力的提升有赖于职业经理人阶

---

① 张大中等主编:《中国企业文化大辞典》,当代中国出版社 1999 年版,第 120—122 页。
② 伊丽莎白·切尔著:《企业家精神:全球化、创新与发展》序言,中信出版社 2004 年版。
③ 刘树生、王彬:《论企业精神的激励机制》,《中国科技信息》2005 年第 11 期。

层能力素质的提高。很多企业之所以成功,它的管理团队和领导者是很强的,中国是否应该营造一种这样的氛围,营造一种这样的机制,培养我们自己的高素质职业经理人。中国职业经理人要意识到自身的差距,自己要学习成长,整个社会的氛围要帮助这些人成长,在这一点上还是有提升空间的。

此外,面对世界范围内各种思想文化的相互激荡,必须把弘扬和培育民族精神作为文化建设极为重要的任务,使全体人民始终保持昂扬向上的精神状态,在新的历史时期,企业弘扬和培育民族精神对于增强中华民族的凝聚力、战斗力和国际竞争力具有重大的理论和实践意义。

二、中国企业培育和弘扬民族
精神的现状与问题

(一)理论研究概况

当前我国企业弘扬和培育民族精神的现状不容乐观、令人担忧。总体来看,人们对企业弘扬民族精神的重要性、必要性的相关认识还非常模糊。多数企业连企业文化都没有构建起来;对行业精神的归纳、总结、推广、贯彻还处于空白状态;整个企业界"民族精神"弘扬尚且谈不上,更不用提培育了。

从理论研究看,明确提及"企业弘扬和培育民族精神"的文章或论著几近空白,提到民族精神和企业文化建设相关性的也仅有寥寥几篇。其中关于民族精神的弘扬和培育以及中国企业文化建设和企业精神培育层面的探讨是值得重视的。冯德军的《全球化下的民族精神弘扬与培育》一文强调民族精神是民族联系的纽带,是民族进步与发展的巨大动力,弘扬与培育民族精神是社会主义文化建设的重要组成部分,在世界政治多极化和经济全球化的条件下,各种文明相互激荡,更需要我们应对挑战,弘扬和培育民族

精神;①夏伟东的《关于弘扬和培育民族精神的几个理论问题》一文认为要更好地弘扬和培育民族精神,就必须正确的解答宽与窄、古与今、旧与新、内与外以及名与实五个方面的问题;②徐浩特也认为弘扬和培育民族精神要立足于中国特色社会主义实践,批判的继承中国传统文化,立足于经济全球化为特征的当今时代,充分借鉴其他国家和民族的有益文化成果,同时也谈到既强化主流意识形态、主流价值观念的主导地位,又充分尊重文化建设的多样性,解决好"一"与"多"的关系等,为我们在企业平台下民族精神的弘扬和培育研究提供了理论基础;③刘中红、黄建强等从企业文化微观生成角度分析其构成要素和要素之间的相互关系,并以此为基础提出在我国培育企业文化的重要措施;④张继宏的《用传统文化培育企业精神应注意的几个问题》一文,指出我国大多数企业用儒学来培育企业的精神文化尚处于探索阶段;⑤韩佳泉、刘欣凯等综合论述了国内企业文化的研究现状,为进一步研究和探索企业文化提供了有益的参考;⑥彭国简要分析了当前企业文化建设存在的问题,明确提出企业文化建设的具体实施措施和具体要求以及加强改进对策和要求;⑦陈薇薇从哲学观与精神观层面探讨了现代企业文化内核问题,她认为现代企业的哲学观可凝炼为"顺应市场规律,解决顾客需要,和谐统一的运作",同时指出现代企业的精神支柱是团队,学习、创新、务实、诚信是团队精神的诠释;⑧其他近千篇文章基本都从不同的侧面谈到了企业文化建设对企业发展的重要意义、企业文化建设的误区及对策、企业精神的培育和创新等等,这里就不一一赘述。吉任忠的《把民族精神融入到企业文化建设中》一文,则从民族精神与企业文化的关系入手,阐述

---

① 冯德军:《全球化下的民族精神弘扬与培育》,《科技与管理》2005年第3期。
② 夏伟东:《关于弘扬和培育民族精神的几个理论问题》,《伦理学研究》2004年第6期。
③ 徐浩特:《弘扬和培育民族精神需要解决的三个问题》,《学术研究》2004年第5期。
④ 刘中红、黄建强、章喜为:《刍议企业文化的构成与培育》,《西南农业大学学报》(社会科学版)第3卷第1期,2005年3月。
⑤ 张继宏:《用传统文化培育企业精神应注意的几个问题》,《大众科技》2005年第7期。
⑥ 韩佳泉、刘欣凯:《国内企业文化建设综述》,《中外企业文化》2005年第2期。
⑦ 彭国:《澄清企业文化建设的几个误区》,《现代企业》2004年第10期。
⑧ 陈薇薇:《现代企业文化内核哲学观与精神观之探讨》,《管理科学文摘》2005年第3期。

企业文化建设的内容及其加强的途径等问题;①这是比较少见将视角立足于民族精神与企业文化两者融合的文章。

这些研究成果分别对如何加强企业精神文明建设、民族精神弘扬与培育的综合分析和全局把握有着重要的价值,但仅停留在企业文化建设和企业精神培育层面,仍然未能说明企业文化建设、企业精神培育与弘扬和培育民族精神有何相关性,以及如何开展这些建设才更有利于全球化背景下的企业民族精神的弘扬和培育,也忽视了对"弘扬"和"培育"的辩证关系的把握。

(二)透析中国国有企业与民营企业的现状

企业培育弘扬民族精神在各类企业文化建设的实践中已见端倪,改革开放以来,许多企业纷纷创建并初步形成了具有自己特色的企业文化。国有企业和民营企业在竞争激烈的市场竞争中,渴望品牌建设、文化建设和竞争能力的提高,日益注重企业和文化建设同步进行。企业民族精神的培育弘扬已开始从企业文化建设的展开而逐步深化。

1. 国有企业实践民族精神的培育和弘扬现状和困难

国有企业是国民经济的坚强支柱。搞好国有企业,增强国有企业的活力和竞争力,对发挥我国社会主义制度的优越性,增强我国的经济实力、国防实力和民族凝聚力,具有关键性作用。从改革开始以来,国有企业就一直是人们议论的对象。对国有企业,进而对国有制,不同方面的人发表了不同的见解,有不少人对国有企业的得失成败作出了实事求是的分析,对如何进一步搞好国有企业也提出了很有价值的见解。

不容置疑,中国国有企业存在的问题是体制型的、累积型的,国有企业的生命力在于改革。我国对国有企业的改革,本意是要把它搞活,是想提高国有经济的效益。为此,二十多年来相继采取了很多措施,但令人遗憾的是,与国有企业改革不断推进同时发生的事实是,国有企业的困难越来越严

---

① 吉任忠:《把弘扬民族精神融入企业文化建设中》,《湖南社会科学》2004 年第 12 期。

重。国有企业培育弘扬民族精神的现实土壤令人堪忧。

第一,国有企业的原有文化需要更新,新文化建设没有定型或者说正处在成长期。在这个时期,国企还面临着最大、最根本、最深刻的环境变革,政府开始对企业宏观调控,转型改制,加上中国加入 WTO 和建立市场经济体制,民企和外企向国企的渗入,使国企处在重大的改革和发展时期。国有企业原有的同志关系,将随着股份制改造、产权的变更,而变为契约关系。这些变化直接影响着民族精神的培育和弘扬以及新的企业文化建设。

第二,从国企发展的内部环境上讲,体制和机制建设还缺乏长远的清晰的界定。企业的董事会忽略了对企业的管理层考核未来的、长远的评价,往往只留意当年赚了多少钱,而企业董事会应该考虑这种长远的价值的建立如何在当期的绩效考核中体现。另外在企业机制方面,比如说企业对未来的投资,现在政府在税收政策、金融政策、财务政策方面的帮助也只是初步涉及。①

第三,面对经济全球化的冲击,国有企业面临着困难抉择:把目光盯住世界顶尖同行企业的同时,要么惧怕西化渗透,关起门来从零做起;要么技术连续引进,将自己的未来建立在买的基础上。

国企在现有制度的框架下,如何找到最佳的结合点,探讨企业发展的最佳定位,进而寻求新时期新的发展观指导下的新型国企企业文化建构乃至有助于其可持续发展的民族精神培育和弘扬途径和策略,是我们应该研究的课题。创新文化成为诸多国企共同追求的目标,在这个目标指引下,如何创造具有中国特色的切实可行的国企企业文化,使之真正能够为国企中长期发展服务,实现国企改革软着陆,并保持持续稳定的发展是摆在国企面前的一个全新课题。

2. 民营企业实践民族精神的培育和弘扬的现状和困难

中国民营企业身上有一种倔强、奋进的可贵精神,其成长正是在市场经济发展中艰难进行的。然而,总的来讲,许多民营企业的发展似乎并不理

---

① 参见王少华:《与国企精英对话》,湖北人民出版社 2000 年版,见序言。

想,其中一个最显著特点是"寿命短"、"长不大"。一些民企真正发展的黄金时期也就在 2 年到 4 年,之后要么倒闭、要么长期停滞徘徊。比如,沈阳飞龙集团、山东三株集团、珠海巨人集团、郑州亚细亚集团、北京南德集团、广东中山爱多集团、山东秦池酒厂、广东太阳神集团……一个又一个辉煌地崛起,然后又一个个悲壮地倒下。民企发展究竟有什么现实困境呢?① 究其原因,在于企业文化建设严重滞后,民族精神难以培育和弘扬。主要表现在如下几点:

第一,价值观。部分民营企业老总们总想超凡脱俗,总想开创一番伟业,但是,其内心深处仍然是计划经济和小农经济那一套,一旦企业发展到一定规模,其所有行为和观念仍然是传统老套,没有什么根本变化。在企业现代化办公大楼背后,往往隐藏着陈旧的思想观念,某些经营者行为方式与封建帝王颇为相似;民企老总大都精明,但缺少健全的人格。这些企业运作中最缺乏的就是契约和信誉精神。在这些企业的骨髓里,有着一种根深蒂固的"劣根性":企业家是以追求个人利益为第一要旨,思想行为大都违反科学理性原则及人文精神,信誉不高,缺少个人首创精神,热衷于追风赶潮。

第二,用人。很多民营企业对人才的政策是"闲置"政策,民企老总最不愿意给人才的就是权力。很多企业普遍存在人才频繁流失现象,老板对人才有一种求全责备的心态,同时又不能虚怀若谷,于是导致企业人才频繁流失。

第三,企业文化。一些民营企业中没有明确的游戏规则,一切随老板好恶而定。这些企业最缺乏的是一种人文思想、文化素养和理性思维。劣根性的成因在于市场经济初期的不适应、企业家素质偏低。

第四,家族管理人治陋习。家族化管理最显著的特点就是任人唯亲,这在企业的创业阶段是可以理解的,甚至可以说是正确的,因为我国的信用体系不够完善。但发展到一定阶段就显示出其弊端了。

在经济飞速发展的现代社会,民营企业外部环境有待改善,自身素质有

---

① 周锦飞、刘晓鸾:《民营企业如何铸造"企业精神"》,《中国民营科技与经济》2004 年 12 期。

待提高,加之市场竞争的日趋激烈,民营企业正处在一个相当关键的历史时刻。如何解决目前民企自身存在的各种问题从而提高民企竞争力,这是许多民营企业家和专家学者关心的问题。民营企业的文化建设,对民营企业的运作与成功有着重要影响,它也是解决民营企业所面临问题的重要出路。

3. 简要评论

从实践层面来看,当前我国不少企业正在进行企业文化建设,但是相当一部分企业的企业文化建设效果不明显,有些企业流于形式,精力、成本花去不少,却没有达到应有的目的,毋庸讳言,企业文化建设也还存在着相当大的误区,上升到民族精神层面的企业更是鲜见。例如,我国大多数企业发展盲目依附国际产权,自主创新的核心竞争力培育缺失,弘扬和培育民族精神的平台不稳;无论是国有企业还是民营企业,大都还缺乏与民族精神相适应、符合全球化背景下企业发展规律的企业文化、制度、管理范式。

须知,中华民族精神是历史性和时代性的统一,不同的时代,不同的社会群体,民族精神的表现也不同。在企业,民族精神是企业共同价值观的核心,也是企业的精神支柱、灵魂所在,因此,企业应明确地向管理者、员工指明企业全体成员共同信仰、共同遵守的价值观念体系,并以观念的形式潜移默化,注入到每一个成员的精神意识之中,成为指导企业员工从事工作的哲学观念。建立共同的价值观,可以提高员工的凝聚力、向心力,人们朝着共同的目标而奋斗时,往往忽视导致冲突的因素。

三、我国企业培育和弘扬民族精神的
路径构想与可行性

(一)我国企业培育弘扬民族精神的路径构想

中国社会正处于一个经济体制转轨和社会结构转型的过程中,由于旧体制的瓦解和新体制的生成存在一定的异步性,导致各种社会问题丛生,例如:产业结构调整和企业减员增效的改革引起大量下岗失业;新的社会保障机制未及时配套建立使城市贫困得不到救助;人们面对社会急剧的变动,由于缺乏精神准备而造成种种不适应等,这些都极易引发心理焦虑和恐惧以及在价值观念上的冲突和无所适从。

可以想象,这些恐惧、冲突和无所适从定会将中国企业界引入信仰迷失的历程,物质不断丰富而精神左顾右盼,理想、抱负、进取心以及人际关系陷入相互间无序的内耗。竞争、协作只是自己生存的需要,很难指向更高的目标和精神的价值。为工作而工作,为技术而技术,为科学而科学……中国人整体缺乏信仰和精神凝聚,知识不能变成发现和创造的力量。实践反复证明,社会越发达,文明程度越高,竞争越是激烈,知识化、信息化、数字化程度越高,越需要人们保持一种不畏艰难、锐意进取的精神。

我们以为,中国企业培育和弘扬民族精神是一个构建更新改造和超越的过程,从企业自身出发,维系好与企业生存发展息息相关的行业以及为企业提供政策支撑的国家之间的紧密的逻辑关系是要明确的首要问题。其中,企业是最基本层面,企业的联合形成了行业,行业的整合又构成了国家的重要经济命脉。所以企业民族精神的培育和弘扬需要企业、行业和国家紧密结合,三者之间相辅相成,缺一不可。要保证中国企业培育和弘扬民族精神的实现,最终使企业发展稳固和谐,挖掘这三者中精神层面的内涵并深入推进,是一条可行的路径构想。

首先,企业作为经济细胞,其自身发展壮大离不开企业家与企业员工,他们的理想抱负乃至由之构成的企业团队的精神凝聚无不发挥着巨大的影响力,与此同时,企业制度建设与企业文化建设也都可从民族精神与传统文化中得到凝炼。

其次,行业作为企业发展的外部环境,扮演着为企业服务的角色,它引导企业顺应市场发展潮流,关于加强行业自律与服务意识、行业管理与行业道德规范标准、行风引导等就成了企业培育弘扬民族精神过程中可以继续探讨的进路之一。

最后,国家在政策制定上对企业进行战略性引导,21 世纪的竞争不仅表现在经济实力、国防实力等方面,也突出体现在民族凝聚力方面,而这种民族凝聚力来源于国家的正确领导,来源于我们的民族精神。

企业民族精神的培育弘扬是一项建构性的事业,关乎国家的兴衰,关乎民族的存亡。同时,它又是一项艰巨而繁杂的系统工程,需要举全民族、全社会之力,需要几代人、一代接一代地为之不懈努力。

我们认为,大处着眼,小处入手,是中国企业培育弘扬民族精神的可操作路径。我们必须清醒地意识到这一工作的现实难度,远景规划,步步为营,最终实现中华民族精神在中华大地上各企业的全面贯彻和有效渗透。

(二)实现上述构想需要解决的基本问题

企业民族精神的培育和弘扬,关键在人,关键在育。上述构想的实现需要深入认识企业、行业与国家这三个层面中涉及的诸如精神、意识、道德规范等方面的问题。

首先,对企业自身来讲,企业家、企业员工、企业管理制度、企业文化建设等是其发展壮大过程中需要考虑的方面。企业要成为凝聚人才的主体,必须有吸引人才的良好环境。企业家如何识才爱才用才是企业发展的关键,因为他们既是企业发展战略的主要设计者,又是企业运作的组织者,更是创新环境的营造者。从经济学角度来说,中国优秀的企业家精神应该渗透到企业文化、发展战略、核心竞争力、市场营销、战略联盟、价值链管理、供应链管理等每个因素中,带动企业各层次员工为促进企业持续快速发展壮大而努力奋斗。

一个成功的企业,需要有一套科学的管理体制、完善的运行机制、先进的管理理念。不断巩固蕴涵着中华民族思想意志在内的中国企业的管理理念,深刻挖掘企业发展壮大的内部动力。管理思想是企业组织运营的灵魂,通过学习和实践过程不断积累经验和知识,最终结合企业实际提升并内化为自己的思想。这将从根本上决定企业的行为和方法,决定着企业发展的未来。在企业管理中导入企业文化,对于企业培育弘扬民族精神的实现提供了可操作空间,我们可以朝着这个方向作不懈的努力与探索。

其次,从行业层面来看,作为企业发展的外部环境,其中有诸多行业协会发挥着政府与企业之间的桥梁纽带作用。由于行业领域的多样化,在行业内部和行业之间的交流合作中会出现各种利益交织以及价值冲突,如何在不断调整的市场机制中做到名副其实的独立公正和规范运作,引导并推动企业健康发展是行业协会这一中介组织面临的现实问题。具体来讲,主要体现如何增强行业自律,通过行规行约实现企业自律管理;如何大力培育行业专业市场,提高行业国际地位;如何强化服务手段,力求更好地凝聚企业,实现行业内各企业间的相互学习与相互促进;如何建立合理的竞争秩序,共同打击假冒伪劣,维护行业利益等。

进入新世纪,随着国家行政机构改革的深入,行业协会的发展面临新的外部环境。如何顺应市场潮流,审时度势,及时调整发展战略,倾听企业呼声,把握行业发展趋势,帮助政府落实政策等是行业协会提升服务水平的要旨所在。

最后,从国家层面来讲,政府要按照政企职责分开的原则,依法对企业进行协调、监督和管理,为企业提供服务。四项具体任务是:加强宏观调控,建立既有利于增强企业活力,又有利于经济有序运行的宏观调控体系;培育和完善市场体系,发挥市场调节作用;建立和完善社会保障制度;减轻企业负担,为企业提供社会服务。其中,在培育和完善市场体系方面,重点是如何打破地区、部门分割和封锁,形成全国统一市场;如何抓紧建立各类专业市场,加强市场管理,为企业进入市场、公平竞争创造条件等问题是国家发挥对企业政策及战略引导作用中需要注意明晰的方面。

国家对企业发展的战略引导应处处体现民族凝聚力,我们知道,民族凝聚力来源于各民族的共同理想,来源于我们的民族精神,来源于国家的正确领导。要摒弃急功近利的浮躁心态,树立锲而不舍的拼搏精神;摒弃技不如人的自卑心态,树立敢于超越的民族自信心;摒弃拿来主义的依附心态,树立勇于创新的自主精神,把我国的一大批企业建设成敢于与跨国公司争高低、论伯仲的世界创新型企业。

（三）关于路径的可行性分析

如何把民族精神的弘扬和培育与提高经济效益紧密结合，如何在确保经济效益的基础上实现民族精神的培育和弘扬，这是一个寻求二者契合点与结合部的问题，也是一个掌握平衡的问题。存在决定意识，意识反作用于存在；经济基础决定上层建筑，上层建筑反作用于经济基础。我们相信，应该高度重视企业的经济效益与社会效益两手抓、两手硬，以实现双赢、双丰收，通过企业、行业和国家三个层面深入展开探讨时遇到的相关问题可以得到改善和促进，具体描述为：

第一，从企业层面来看，企业文化并不是作为精神、意识的虚无形态而独立存在，而是可以渗透在企业的运行过程、经营过程、管理过程以至产生物质成果过程当中。如果说，企业的体制、制度是企业经营管理的主体手段，处在非常重要的位置，那么，提炼先进的管理理念，培育良好的管理行为，就成为企业文化建设的重要任务，这就决定企业文化与企业管理必须"结缘"，才能使企业在管理进入一个崭新的境界中实现持续发展。

许多中央企业注重把企业文化建设与企业管理创新、制度创新相结合，实现制度与文化理念的对接。应当明确的是，把企业精神、经营理念与核心价值观内化为广大员工的动力和自觉行动，渗透到管理过程的细节之中，逐步建立系统规范的管理体系，可有效规范管理行为，促进企业管理升级。

在企业的经营管理、员工的职业道德培育和企业制度机制建设等方面，不少企业结合自身发展的实际特点建立全方位的竞争机制、激励机制，如表彰先进、适度惩罚等，同时，在企业文化建设方面，企业也制定了包括企业口号、企业宣传片等各项形象宣传策略。总之，我们可以看到，为了努力使我国企业在激烈的国际竞争中站稳脚跟，有效加强企业凝聚力，很多活跃在企业界的各种有效办法值得借鉴，比如，定期或不定期地开展各类员工培训，在各类大小会议中灌输企业的管理理念，举办各类内部或是联合的文体娱乐活动，每周一风雨无阻的升旗仪式等。当前，随着竞争形势的日益激烈，许多企业不断完善制度和规范，在引入考核评估、制度约束同时将重心转移到落实上。而可以继续深入探讨的是,如何把握企业发展的现实性与可持续性。

第二,行业发展是企业发展的外部环境保证,其中行业协会发挥着关键作用。为了集行业之利、办行业之事、为行业服务、促行业发展,各类行业协会在自己的领域贯彻落实党和国家的方针政策;协助政府及有关主管部门制定行业计划及有关政策等文件;加强调研,熟悉行业发展概况,指导行业科学发展;加强行业科技、教育、质量、标准化工作;培育专业市场,举办展览会,加强与国际同行的交流合作等等。

面对行业发展现实中的基本问题,许多行业协会结合行业实际,组织编发了内部交流资料,指导了行业的发展,凝聚了会员企业,加强了协会各会员之间的联系,更好地提供了信息服务,深受企业欢迎。与此同时,为不断增强行业自律,通过行规行约实现企业自律管理,在不同的阶段,行业协会从提升行业自主创新能力、提高行业标准化工作水平出发做了大量的实际工作。

针对行业知识产权侵权纠纷日趋激烈的情况,为增强行业知识产权保护意识和协调、应对行业知识产权纠纷,有些行业协会成立了知识产权工作小组,加强了企业知识产权工作的宣传和指导,在国际知识产权纠纷方面积极开展协调与沟通工作,努力维护会员合法权益,有利提升了行业知识产权水平。同时,通过行规行约制定的方式,开展行业自律管理。

在对行业的广泛调研和信息收集、分析的基础上,提出行业发展存在的问题及应采取的对策措施等,对市场趋势进行预测;建立合理的竞争秩序,共同打击假冒伪劣,维护行业利益。

第三,从国家层面来看,现代企业要实现"竞争性生存、可持续发展",就必须坚持创新。自主发展和自强不息的民族精神,是企业发展壮大的筋骨和灵魂。中国企业要加强自主创新,首先要牢固树立自主自强的民族精神。韩国成为创新型国家的奥秘,在于其自主创新的战略,归根结底是其自主自强的民族精神,他们这种自主精神和创新魄力值得我们学习和借鉴。我们很多产业起步比他们早得多,依赖技术引进二十多年,至今仍没掌握核心技术的自主知识产权。在核心竞争力和技术水平方面,落在了韩国后面,发人深省。

中华民族有着自主自强的光荣传统,我们靠这种精神取得了两弹一星、载人航天的辉煌成就,取得了众多工业技术的突破,以航天科技集团、哈电、东电、中石化、三峡总公司等为代表的一批中央企业为我们作出了表率。更有不少优秀企业以诚信为本,本着为社会服务的责任意识,在自身发展壮大的同时不忘回报社会,产生了积极的社会效益与社会影响。它们建立社会基金,进行慈善宣传和慈善捐赠,自愿为社会服务,这些行为无疑扩大了企业自身在社会的影响力,为进一步发展壮大奠定了坚实的社会基础。

四、我国企业培育和弘扬民族精神的实施策略

依据以上关于企业培育和弘扬民族精神路径和可行性分析,我们主要从企业、行业和政府三个方面,可进一步深入探讨有关实施策略。

(一)从企业自身出发,注重企业制度与企业文化建设协调统一,激发民族精神,挖掘企业发展的内动力

考虑一个企业是否具有生命力,既要看其发展的现实性又要看其发展的可持续性。培育弘扬民族精神,可在企业内部,以企业文化为载体,充分发挥企业党组织的政治核心作用,进行思想道德教育,树立榜样,宣传典型,进行社会环境、企业环境、家庭环境的渗透,实现各种健康有益文化的熏陶,进行形象体现、激励、塑造活动等。

1. 坚持以人为本,重视人力资源开发,焕发员工民族精神

企业培育弘扬民族精神,挖掘发展的内动力,精神力量虽无形,但一旦武装了生产要素中最具创造性的元素——人,就会转化为强大的物质力量,成为推动企业发展内在动力的源泉。开发人力资源最本质的要求是以人为

本,尊重人。如何尊重人? 办法很多,比如保证员工的主人翁地位,让他们参与民主管理。单位制订发展规划、讨论重大决策,充分听取员工的意见,采纳他们的合理化建议等等;又如在员工岗位竞聘中坚持公开公正,在不损害全局利益情况下,尽可能尊重员工的选岗意愿;还有人事用工中容忍差异、重视差异,利用差异,让具有各种不同性格、不同才能的人各尽其能、发展特长等,都是对人的尊重,都能从不同角度调动人的积极性。

开发人力资源还要充分相信人、依靠人。企业要寻求长足发展,靠的是一大批人才的共同努力。任何领导者都不可能凡事亲历亲为,必须善于调动各方面人才的积极性。只有相信人,依靠人,群策群力,企业才能红红火火、兴旺发达。因此作为领导干部要努力创造机会,提供舞台,放手让下属施展才华。

开展继续培训,奖励取得突出业绩的员工,关心员工的疾苦,提高人才待遇,甚至包容某些人才的过失,都是企业文化管理、开发人力资源的有效方法。

2. 弘扬中国优秀企业家精神,调动和强化员工增强建设企业的积极性和凝聚力

作为企业领导人的企业家的素质,是决定企业经营管理成败最主要的因素,对企业的发展起着至关重要的作用。无论是早期的民族企业家还是当今的企业家,每一位成功的身上都具有共性的素质和能力。比如开拓创新的魄力、敢冒风险的能力、不怕失败、锲而不舍的毅力、在特定领域能将浑厚的专业知识与科学的管理知识结合起来,具有创新能力、远见卓识,具有战略性眼光和良好的人际沟通能力等等。

企业的一般员工,由于经验、地位、价值观、敬业精神各有差异,很难在自然状态下形成共同的价值观和行为规范,而企业领导人特别是主要管理者因其所处地位、权力、影响力和他们的使命,使他们有条件归纳或提出某些先进理念并使其成为群体意识。企业领导的精神状态常常是企业精神的缩影,他们的一言一行无时不烙在员工心中,他们的经营理念、管理哲学极大地影响着企业的精神。因此企业领导特别是主要领导人在企业弘扬培育民族精神中起着至关重要的作用,为此必须不断学习、不断提高,当好员工的楷模。

3. 将民族精神转换到企业制度和文化建设之中,尤其是注重落到实处

虽然经营企业往往不能决定结果,但是可以通过制度和规范来保证产生好的结果。而检验企业经营状况优劣的主要标准是企业内部管理制度、规范、机制是否落实到位。好的制度、机制为管理工作提供了一种语言,它使员工们能够理解是什么东西推动着他们的工作,同时也提供了衡量业绩的评价指标。而设定目标、制定制度和规范是在发现和解决企业实际问题基础上的,并贯穿于整个程序和规定之中,企业的一切工作都是在这个共同的标准下运行开展,第一步做什么,第二步做什么,尽可能将工作要求分解为一个个相应的标准。有过程的规定、有时限的要求、有考绩评估、有制度约束等。

只要持之以恒地坚持实施,落实相应的制度、规范以及机制,就会发现管理的力量会超越人的惰性,从这个意义上讲,制度和规范的实施过程实际上是与惰性较量的过程,管理上要求做到而没有做到就再要求,想办法使它不重回老路,这既是与管理对象的较量,也是同自己的较量,只有持之以恒方可见成效。

(二)行业协会注重将民族精神培育和弘扬转化到行业管理中,为企业发展提供稳定有序的外部环境

进入新世纪,随着国家行政机构改革的深入,行业协会的发展面临新的外部环境。协会应及时调整发展战略,不断强化服务意识,将民族精神内化到行业管理中,注重行业服务水平的全方位提高。

1. 积极发挥行业协会的桥梁纽带作用,不断提高协会服务水平

首先,坚持开展行业调研,贴近行业,贴近企业。协会可把调研活动作为一项工作制度,通过经常性的调研活动,充分接近企业,了解行业实际,倾听企业呼声。通过与企业的互访,加深与企业之间的感情,使协会充分体现

为"企业之家"的形象,真正起到行业桥梁和纽带的作用。

其次,积极促进各行业和企业的改革与发展。根据国家宏观政策,结合行业实际,确立每天的行业工作重点,推动企业发展。建议定期或不定期的组织企业之间的参观学习,向全行业宣扬传统优秀民族精神、推介优秀的管理经验,加快行业企业管理水平的提升步伐。

再次,认真做好信息统计和舆论宣传工作。信息宣传是行业协会的基础工作,是对企业指导和服务的重要手段,也是营造行业良好发展氛围、构筑新型竞争关系的重要平台。可随着市场发展需求不断调整、改革、提高信息工作的方式方法和力度。例如通过报纸刊物发行或者建立网站等全方位多角度拓宽行业信息渠道。实际上,已经有不少行业协会编辑发行了自己行业内部的交流资料,加强了协会成员之间的联系,更好地为会员企业提供信息服务做了大量工作。

2. 更新观念,传承优秀传统文明,努力实践市场机制下的行业自律

首先,为了延伸和拓展行业协会的工作,不断增强企业参与自律性行业管理的意识,在不同阶段,协会根据工作和企业需求,适时建立、调整、健全行业理事会分支机构。同时,协会还应积极运用行规行约,推动行业管理工作的顺利展开。

其次,为提升行业自主创新能力,适应行业发展需求,协会可成立专门的工作委员会,组织专家进行行业共性科研项目的技术攻关,进行项目指导实施和验收评选,同时也广泛的为行业提供了技术咨询和服务,提升了行业科技创新意识,推动了行业技术进步。

再次,由于市场竞争的日趋激烈,行业内如知识产权侵权等各类纠纷较以往更为普遍,针对这种情况,协会可成立专门的工作小组,加强企业各类产权工作的宣传和指导,增强行业产权保护意识和协调意识。特别是在国际产权纠纷方面更要积极开展协调与沟通工作,努力维护协会会员的合法权益,有力提升行业产权保护工作水平。

最后,大力培育行业专业市场。通过举办行业展览会发展与国内外各

行各业相关组织的交流与合作,广泛宣传行业与企业,提高行业的国际地位,与此同时,行业内各企业也能借助良机走向国际市场,为行业与下游产业交流、企业之间的相互交流和相互促进搭建了舞台。

3. 加强行业协会自身建设,完善内部制度,规范运作程序

行业协会的工作方针是服务促进和推动整个行业与企业的发展。围绕这一点,协会可具体从以下四个方面加强自身建设。

一是组织建设。组织建设分为两个层次,首先是强化理事会的工作机构建设,其次是完善理事会秘书处的构架。按照健康高效的原则在实践中逐步完善协会的组织建设。不断加强秘书处的机构改革,全面提高秘书处的工作水平。逐步建立并完善部门分工责任制,增强办事效率和工作积极性,加强工作的延续性和专业化。

二是制度建设。建立一套完整的制度体系,保证运作程序规范。协会应逐步制定并完善各项规章制度,对机构设置、领导职责、人事管理、财务管理以及会议、公文档案、接待、考勤、车辆等内容进行规定。通过建立操作性强的规章制度,使协会运行持之有据、究之有规、有章可循、有约可依,保证协会工作的科学规范和正确有效。

三是人才建设。加强人才队伍建设,全面提高服务水平。确立"团结、奋进、高效、务实"的工作作风。采取培训、招聘等方式调整工作人员的年龄及知识结构。在用人机制上坚持实践第一的原则,防止人员使用机关化,反对任人唯亲,提倡人才流动,不断提高用人机制公正、公平、公开的程度。

四是文化建设。加强党的领导,健全党的组织。协会可成立党支部,定期组织学习,学习市场经济的基本理论和管理理论,学习中华民族优秀的文明文化,以提高全体人员为实现现代化服务、为行业服务、为企业服务的自觉性。这里,可以创办内刊,为协会内部的交流搭建平台,促进上下级之间、部门之间、员工之间在工作、思想、情感上的沟通和了解,达成在工作理念及世界观、价值观、人生观上的共识和认同,为形成与时俱进、健康向上、团结和谐、乐观宽松的协会文化,造就有凝聚力、执行力,有求知欲、进取心,有责任感和使命感的协会团队作出贡献。

（三）充分发挥国家对企业的战略引导，树立民族品牌，倡导创新文化，形成健康的企业合作竞争秩序

自主创新能力是国家竞争力的核心，也是企业生存发展的关键；是实现建设创新型国家、创新型企业的根本途径，也是企业在激烈竞争中把握先机、赢得主动的战略选择。要把提高自主创新能力把在全部科技工作的首位，在若干影响企业发展等重要方面掌握一批核心技术，拥有一批自主知识产权和民族自有品牌，造就一批具有国际竞争力的民族企业，这里需要国家加强战略引导，具体可从以下三个方面努力：

1. 增强自主创新能力，提高民族企业核心竞争力

创新型国家的奥秘，在于其自主创新的战略。增强企业自主创新能力，关键是强化企业在自主创新中的主体作用，使企业成为技术创新的主体。为此，当前，我国政府可加强以下工作：一是要建设以企业为主体，以市场为导向、产学研相结合的技术传新体系，使企业真正成为研究开发投入的主体、技术创新活动的主体和创新成果应用的主体；二是研究企业技术创新战略，根据情况，选择原始创新、集成创新、消化吸收再创新的不同创新的路径，制定科技发展规划；三是培养造就富有创新精神的人才队伍。要不拘一格选人才，加大高层次科技创新人才和管理人才公开招聘力度，例如面向海外公开招聘等；四是加大科技投入。国家制定相关政策，使企业可通过贷款、争取政府财政补助、申请国家创新基金等多种渠道，为技术创新提供资金支持和创建"硬件"基础。五是组建并不断完善专门从事技术创新的机构——企业机书中心，努力把企业技术中心建成企业技术创新的主体、开发自主知识产权技术的基地、企业发展的引擎。

2. 发挥国家对企业的战略引导作用，培育一批具有国际竞争力的优势民族企业

国家要落实科学发展观，加快科技创新，增强综合实力，参与国际竞争与合作，说到底是要靠一批有实力、有人才、有技术的大企业和企业集团，靠他们发挥引领、示范和骨干作用。因此，培育骨干企业和知名品牌，应该被

列为国家战略规划中重要的基础工程。设立专门的部门或机构,注重企业成长规律以及优势企业应具备条件的研究,依据国情与行情,采取措施,为培育国家优势企业提供力所能及的服务。

现在中国大多数产业都已经对外开放,大量的跨国公司纷纷进入中国。它们在全球范围内,拥有资本、品牌以及供应链的优势,中国企业变成了"加工车间",因此,我们面临的最大挑战就是必须去建立一个属于自己的持久的价值链,并不断向上提升。针对我国已经出现的一些产业集群,比如广东的家电、温州的小商品、苏州的电子产品,政府应该可以通过很多方式去帮助产业集群做得更大:首先是提供培训,建立专门的针对性强的培训体系,注重在大学与中学教育中进行相关的产业集群的知识传授;其次,政府可以建立一些研究机构,比如广东,就应该针对家电产业,帮助那些公司建立研究机构,或者在大学里展开相应的研究,并对基础科学进行投资,这样可以帮助产业向前发展;再次,政府应该建立标准,比如质量、安全体系等,帮助这些产业走向成熟;最后,政府也可以成为一个有需求的大客户。打个比方,政府如果对 IT 需求很大,自然会直接影响 IT 产业的发展。

3. 逐步建立并不断完善诚信机制,维护企业合作竞争秩序的健康有序

伴随着社会主义市场经济的逐步完善,诚信建设已成为企业建设必须面对的课题。逐步建立并不断完善诚信机制,是确保企业合作竞争环境健康有序的必备条件。

当今企业之争,占先机者胜。微软公司因为率先抢摊电脑操作系统平台而建立了强大的软件帝国。而要抢占先机,首先必须有识别先机的慧眼。入世后的中国市场,国外公司蜂拥而至,国内公司虎视眈眈,竞争先机何在?我们以为在全球化经济一体化的条件下,在市场竞争中出奇制胜的先机就是诚信。健全的市场经济必然是诚信经济,因为价值规律要求等价交换,竞争规律强调的优胜劣汰等,无不以"诚信"为根基。随着我国市场经济的不断完善,诚信企业将越来越多地受到法律的保护和市场的青睐。

建立富有竞争力的诚信企业,是事关企业组织运作和发展战略的全局性工作,应全面规划,整体推进。一是建立诚信教育和培训机制,开展员工职业道德教育,牢固树立"诚信为本,操守为重"的从业理念;二是引导诚信行为,精心策划和深入开展"刹歪风、树正气、讲诚信"活动;三是建立信用征信、评估机制和奖惩机制,对诚信等级高的员工在待遇、荣誉、职位上给予适当倾斜,使"诚信"成为员工在企业立足和发展的"通行证"。

在一定意义上说,民族精神的创新是改革开放实践的重要成果。在改革开放所带来的转变和促成下,"几千年来形成的落后的、愚昧的、腐朽的观念,受到了改革浪潮的猛烈冲击;那些安于现状、思想懒惰、惧怕变革、墨守成规的习惯势力开始退缩;市场观念,价值观念,效率观念,尊重知识、尊重人才的观念……日益深入人脑,全社会正在振奋起积极的、向上的、进取的精神。"

中国在全球政治经济生活中扮演越来越重要的角色,很多优秀企业在世界舞台的表现让每一个中国本土企业都感到自豪,当国际巨头如摩托罗拉、诺基亚、丰田、通用汽车向中国投入成千上万亿美元的时候,中国优秀的企业同样开始以全球视角来审视并组织自己的企业。它们希望获得真正的竞争力——它们追求的目的不是国际化本身,而是持续发展的目标:让中国的变成世界的,融入全球经济,与全球经济的脉搏一起跳动。改革开放以来的中国特色社会主义建设理论和实践无疑为中华民族精神的弘扬和培育创设了前所未有的优越条件和社会环境,为中华民族精神的发展和进步提供了强大的动力。

实践证明,企业民族精神的弘扬和培育是个系统工程,不可能单靠政府行为来实现,也不可能在短时间内来完成,需要多方努力,需要持之以恒。外之既不后于世界之思潮,内之仍弗失固有之血脉。民族精神是当今综合国力的重要尺度,企业弘扬和培育民族精神的根本目的是激发民族自豪感,提高民族自信心,增强民族凝聚力,把全国各民族人民的力量、智慧和热情引导聚集到建设中国特色社会主义的伟大事业上来,为祖国的统一、富强、民主和文明而奋斗。新的世纪,时代和社会发展提出了新的要求,我们更需不懈努力,不断丰富民族精神适用于企业的新的内涵,推进企业高速健康发展的步伐,实现中国经济的腾飞!

第十二章

城市社区弘扬和培育民族精神的实施策略与路径研究

　　许多学者认为,现代社会发展的路径走向有着传统现代性的某种断裂,又有着新现代性的逐步生成,它是终结与承续、解构与建构的辩证统一。[①]现代性面临重大转折之日,必定也是社会重构、个人重塑、个人与社会的关系重建发生之时。[②] 城市社区也在解构与重构中,原有的社区成员已分化为具有不同社会地位和经济利益特点的阶层群体,这种分化猛烈冲击传统社区精神,使传统关系密切、出入相友、守望相助、疾困相抚的和谐关系和乡亲邻里情感及心理上的认同感趋于弱化。因此,继承传统中有现实意义的价值观念,发展适应现代社会生活需要的共同理想信念,推进城市社区建设成为迫切需要研究的现实问题。

[①] 周大亚:《全球化与中国社会发展——中国社会学会 2002 年学术年会综述》,《学术动态》(中国社会科学院内部刊物)2002 年第 7 期。

[②] 郑杭生:《和谐社会与社会学》,《新华文摘》2005 年第 4 期。

一、城市社区与民族精神的社会学解读

作为社会学基本概念的"社区",是由德国社会学家滕尼斯于 1887 年在《共同体与社会》一书中提出的。受结构功能的影响,较多的研究者将社区看做是一个地域性、功能性的概念。而从社会整合的角度看,作为一个地域性社会,其整合并非仅仅是地域性、功能性的,它也可以是一种符号意义的构成或者行动者生活世界的秩序等。当代城市符号互动理论尤其强调这一点。① 可见,城市社区包括两层涵义:一是指地域性、功能性的人类集合体,社区表现为一种存在的状态;二是指一种符号互动的过程,表明社区是一个动态的变化过程,是个体行动者和法人行动者的交往过程。在我国,城市社区是指市辖区和不设区的市的范围,包括街道社区和居委会社区。基于此,本文所说的城市社区是指一定地域范围内城市居民的生活共同体。

随着城市社区的发展,许多社会学家对城市社区的各种社会现象逐步进行系统的研究,发表了大量的论著,其中,影响最大的研究者有:德国社会学家滕尼斯对城市社会与农村社会的比较和研究,法国社会学家涂尔干的《社会劳动分工论》,德国社会学家齐美尔的《城市与精神生活》,韦伯的《论城市》文章,美国芝加哥大学的社会学家 R. E. 帕克《对都市环境中人类行为进行考察的建议》一文,E. W. 伯吉斯和帕克写的《都市》和《都市社区》,纽约学派林德夫妇《中镇:当代美国文化研究》,沃思发表了《作为一种生活方式的城市性》论文,刘易斯发表《未崩溃的城市化》一文,甘斯《城市村民》,达尔《谁统治:美国城市中的民主和权力》等。在我国,人类学家、社会学家吴文藻先生和吴景超先生最早倡导中国本土化社区研究。如吴文藻的论文《现代社区研究的意义与功能》、《中国社区研究的西洋影响与国内近

---

① 参见蔡禾等:《城市社会学:理论与视野》,中山大学出版社 2003 年版,第 101 页。

状》;费孝通的《清河:一个乡镇村落社区》《江村经济》。20世纪80年代具有代表性的是:由费孝通教授指导的"江苏小城镇研究"课题及系列化成果,中国社会科学院社会学所对我国东、中、西部各类型城市的研究及其成果。90年代曹锦清等人的《当代湖北乡村的社会文化变迁》,上海市社联徐中振、卢汉龙等主编的《社区发展与现代文明》《上海城市社区发展研究报告》,王春光的《社会流动和社会重构——京城"浙江村"研究》,吴德隆、谷迎春的《中国城市社区建设》,雷洁琼的《转型中的城市基层社区组织——北京市基层社区组织与社区发展研究》,张晋例的《构建和谐社会的社区文化》等有关文献从不同的角度阐释了城市社区文化精神和人的精神层面的建设。

可见,国内外社会学对城市社区发展中民族精神作用的研究是非常丰富的,这为探讨当前城市社区弘扬和培育民族精神的路径提供了基本理论。在这个意义上,透过滕尼斯的共同体精神、涂尔干的集体意识、韦伯的资本主义精神等理论的分析,有助于我们从社会学角度理解在城市社区发展中弘扬和培育民族精神为什么那么重要。

(一)滕尼斯:共同体精神与城市社区发展

德国社会学家滕尼斯(1855—1936年)的成名作《共同体与社会——纯粹社会学的基本概念》(又译《社区和社会》或《礼俗社会和法理社会》),抽象地概括出共同体和社会两种生活类型的特征。他认为社区是由同质人口组成的关系亲密、守望相助、疾病相抚、富有人情味的社会团体。农村社区就是人们生活的共同体,是一种持久的和真正的共同生活的载体;共同体又可区分为血缘共同体、地缘共同体和精神共同体等三种类型或层次。在他看来,共同体和社会是两个完全不同的概念,体现了两种截然相反的社会人际关系。农村社区共同体中的人际关系,是一种古老的以自然意志为基础的关系,是一种亲密无间、相互信任、默认一致、服从权威并且基于共同信仰和共同风俗之上的人际关系。而城市的情况和农村相反,城市居民没有维系彼此关系的共同纽带,他们没有共同意识,家庭和邻里关系淡漠,人与人之间互不关心。由此可见，人们之间的关系，"在共同体里，尽管有种种的分离，仍然保持着结合；在社会里，尽管有种种结合，仍然保持着分离"①。换句话说，"人们在共同体里与同伙一起，从出生之日起，就休戚与共，同甘共苦。人们走进社会就如同走进他乡异国"。所以，滕尼斯将共同体视为富有生机的整体，认为社会只不过是机械的集合体。随着大城市的兴起，"共同体的生活方式作为唯一的、现实的生活方式，还继续持久地存在于社会的生活方式内部，尽管日益枯萎，甚至日益消亡"②。虽然城市社区发展带来很多社会问题，但共同体的精神以新的表现形式推动城市社区的发展。

（二）涂尔干：集体意识与城市社区发展

从社会学的角度看，民族精神是一种社会整合的力量，能使单独的个人团结为一个共同体。作为三大古典社会学家之一的法国学者涂尔干（1858—1917 年）敏锐地意识到了这一点，在他的《社会劳动分工论》等著作中，都反对人的自利心，倡导人与人之间的互助意识，主张以人类利他的道德力量来整合社会，以获得社会的共识，并对集体意识与城市社会的发展作了详细分析。首先，他认为，集体意识是"一般社会成员共同的信仰和情感的总和"。个人是集体的表现。当人们进入一个每个人都可能并愿意成为最不能替代的生物的社会时，个人仍旧是集体的表现。集体结构要求个人都负有自己的责任。集体意识是社会团结的精神基础。③ 其次，涂尔干目睹了城市社会的发展变化，提出了与滕尼斯相对立的观点。他认为，农村社会的基础是一种机械团结。因为传统的农业经济是一种自给自足的经济，农村居民从事着大体相同的劳动，每个家庭、每个村庄基本上都自给自足，彼此间互不依存，在这个基础上的团结是真正的"机械团结"。而城市的情况则恰恰相反，城市内分工复杂，居民分别从事不同的职业，彼此相互联系、相互依存，形成一种不可分割的整体。在这个基础上的团结是真正的"有

---

① 斐迪南·滕尼斯：《共同体与社会》，商务印书馆 1999 年版，第 94、95 页。
② 斐迪南·滕尼斯：《共同体与社会》，商务印书馆 1999 年版，第 341 页。
③ 雷蒙·阿隆著：《社会学主要思潮》，华夏出版社 2000 年版，第 216、221 页。

机团结"。城市内尽管有各种矛盾,但与"机械团结"相比较,城市则是巨大的进步。

涂尔干进一步解释,机械的团结是前工业社会的特征。在前工业社会,集体意识和集体信仰主宰一切,个人意识缺乏,个人差异被限制到极小,社会成员为共同利益而奋斗,产生了机械的团结。"产生于一致性的团结,在群体意识完全围绕着并重合于整体意识时,达到其最高峰。"在机械团结的社会,个人的行为总是自发的、不假思索的、集体的,机械的团结也就是一个把个人直接而和谐地同社会联系在一起的社会结合形式。有机的团结的基础是分工与社会分化。与机械的团结相比,有机的团结产生于个人的差异性而不是一致性,它是劳动分工的产物。随着社会中不同功能的日益分化,每个社会成员都可能与这种越来越细的社会分工相联系,社会成员之间生活方式、活动方式不同,个人的独立性、个性得到发展。正是因为个人的自主性的强化,使社会这个有机体愈发呈现出类似于高级动物的生理连带关系,即他们躯体上的各个器官的个体化程度越高,功能分化越强,机体的统一性越大。所以,有机团结的社会中,人们的相互依存性却远大于机械的团结的社会。"在这种使每个人都具有个性的社会里,还会有比我们所想象的大得多的一部分集体意识出现于个人意识之中。"①可见,集体意识是社会整合的重要力量。是人们出于天性创造出的一种基于自愿的道德义务力量的社会调节方式。

(三)韦伯:资本主义精神与资本主义的发展

在社会学史上,马克斯·韦伯(1864—1920 年)无疑是最为重要的人物之一。《新教伦理与资本主义精神》一书是他最负盛名的著作。韦伯阐述了关于新教伦理、资本主义精神及资本主义经济本身的关系,他认为:正是在特定的文化观念作用下,资本主义才得以兴起和发展。这一经典研究无疑可以视为一种以文化因素来解释资本主义发展的社会学宏观理论。

---

① 雷蒙·阿隆著:《社会学主要思潮》,华夏出版社 2000 年版,第 214、221 页。

韦伯认为资本主义社会是一个理性化的社会,而理性化的资本主义却仅在西欧产生和兴起,其原因自然不是物质方面的,而在于精神与观念。韦伯认为时间观念、节俭积累观念、诚实谨慎观念、计划收支及职业责任观念等伦理观是资本主义社会最为需要的,而事实中的理性化资本主义精神也正表现于这些方面。在资本主义生产方式中,这些观念代表着资本主义精神,并对现实起了重要作用。正是它们孕育和推动着资本主义的形成和发展。由此,韦伯得出了资本主义社会产生的规范性条件是资本主义精神的结论,并且在对资本主义的分析过程中,始终把这种规范社会的条件——资本主义精神放在了首位。资本主义的兴起并不仅在于"投入该行业的资金流,而是新的精神,即资本主义精神","凡是资本主义精神出现并且能够发挥作用的地方,它就产生自己的资本和货币供给,作为达到其目的的手段,反过来则不正确",这清楚地表明了韦伯的观点:资本主义精神导致了理性资本主义的出现,精神因素推动了现代资本主义的产生。[1] 同时,韦伯还从宗教的方面进行分析,认为新教的天职观和命定论是资本主义精神得以实现的最大宗教动力。

资本主义精神作为西方社会一种独特的价值体系,规范约束着人们的行动。韦伯表明的是"我们每个人的利益的走向受我们的世界观的支配"。韦伯的论点有助于人们积极、科学地理解道德准则和信仰对于人类行为的影响及其对历史发展所起的作用。[2]

(四)民族精神是建构人类社会规范体系的内在核心部分

民族精神是建构人类社会规范体系的内在核心部分,它与其他重要规范处于相互补充、相互支持的关系之中。法国启蒙思想家孟德斯鸠认为"理性就是法的精神,就是民族精神"[3]。一个社会的民族精神反映着这个社会的人们如何看待世界和他人,代表着某种特定的生活方式,而这种"社

---

① 朱国宏主编:《经济社会学》,复旦大学出版社2003年版,第419—420页。
② 雷蒙·阿隆著:《社会学主要思潮》,华夏出版社2000年版,第362—363页。
③ 罗国杰、宋希仁:《西方伦理思想史》(下册),中国人民大学出版社1988年版,第286页。

会生活的结构"同样体现在该社会的其他规范(包括法律)之中。在社会学家韦伯的社会理论中,相互关联的个人行动之所以能够构成某种和谐的社会秩序,其主要原因大致有两个:一方面,某一社会中的个人在共同生活的过程中形成或接受了某种共同的思想或信念,这种共同的知识体系可以被称为一个生活共同体所特有的精神气质(ethos),它是这个社会中的人们采取某些一致行动的心理基础;另一方面,社会中存在一些先于个人、也外在于个人的规范,这些规范可能是代代相传的风俗习惯、也可能是社会中的权威机构人为制定、并有专门人员负责执行的法律。韦伯认为这两方面的因素是相互支持、互为补充的。个人可能会在某种外在暴力的强制下作出某种行为,但这种情况不可能形成一种社会常规。要使某种社会规范获得持久的效力,必须使它获得人们的自愿支持,也就是获得"正当性"。民族精神是一种兼具精神气质和社会规范两种属性的社会存在,它与风俗、道德存在某种结构和功能上的互补。

我国目前和谐社会的建构,在很大程度上取决于全体社会成员的道德素质。道德属于意识形态、属于精神文明,它通过一定的善恶价值标准和行为准则来规范人们的相互关系、约束个人行为,从而调节社会关系。社会是通过教育和社会舆论来提高社会成员的思想认识和道德觉悟,赋予人们以道德自律的行为准则和精神力量。个人则是通过学习、实践去认知和确立自己的社会行为的原则和规范,并使之成为一种发自内心的自觉要求。因而,弘扬和培育民族精神是维护社会秩序、规范人们思想和行为的重要手段,弘扬民族精神因此成为一种重要的治国方略,是实现社会和谐的重要途径。

(五)弘扬和培育民族精神对城市社区建设的意义

城市社区建设主要是要提高社区的经济发展水平和经济收入水平;建立良好的社区内部人际关系和合理的社会结构;发展社区居民的民间团体和组织,培养居民的民主意识和自治、互助能力;提倡有利社区进步的伦理、道德;发展科学、教育、文化事业等。城市社区建设已经成为当前社会发展的一项核心内容,城市和谐社区建设是我国和谐社会的重要组成部分,而这一切都离不开中华民族精神的土壤。社区建设状况直接反映城市发展的现代化程度和国家管理社会的程度。

　　城市社区既有自身区域性独特的特点,也具有所在城市的个性。城市的地域文化和民族特色是引导城市各社区发展的重要因素。从这一角度出发,城市社区建设有赖于城市的快速发展,民族精神在城市社区具体体现在城市文化层面。进入新世纪,城市间的竞争更趋激烈。提炼和张扬城市文化特色,增强城市的文化竞争力,不论人们自觉认识与否,已成为加快城市经济社会发展的必经步骤。城市的竞争力是各种要素的集合,其中必然有一个核心竞争力的问题。核心竞争力是什么呢?经济学意义上的竞争是指企业在经营过程中形成的不易被竞争对手效仿的能带来超额利润的独特的能力。由此延伸,城市核心竞争力可以理解为:城市在发展过程中形成的具有明显优势的能促进城市快速发展的独特的能力。这里讲的"独特"就是我有而别人不具有的优势。①　这就是不同的文化。文化,是一个民族的精神之根,是一座城市的活力和灵魂;特色,是城市的生命和魅力,是城市走向世界的通道。每个城市都有自己独特的历史文化,都有自己的特点和优势,构成城市独特的人文精神和文化传统,铺设城市文化的基本底色。由几千年历史文化积淀而形成的深厚文化底蕴以及由此而提炼的带有地域文化特色的城市精神是城市具有的独特优势。如对武汉市重塑武汉人形象,有学者提出借鉴历史,以楚文化为源,以其传承至近现代为流,提炼归纳为"领新、豁达、洒脱、机敏、诚信"精神;杭州精神归纳为精致和谐与大气开放。之所以要把城市精神强调到城市核心竞争力的地位,是因为最终决定一个城市的凝聚力、影响力和辐射力的,是人也是它的精神。以精神论输赢,以道德比高下,以文化求成败,这将是城市社区发展和竞争的最终选择。

　　我国社会正在发生着深刻变革,必须有一种与之相适应的精神文化,一种心理状态以支撑和支持。社会经济成分多元化、组织形式多种化、就业方

————————

① 史及伟:《杭州的城市人文精神》,《城市问题》2003 年第 2 期。

式多样化、利益关系和分配方式的多变性的趋势还将进一步发展,社会成员职业和收入的差异性、多样性、偶然性明显增强,社会成员思想活动的独立性、选择性、多变性也明显增强,更加关注实现个人奋斗目标,在一定程度上导致了社会成员对共同价值准则认同度低。不同利益群体差距的扩大已经对坚持共同的理想信念提出挑战。传统社区单一群体的文化正在被知识分子文化、大款文化、下岗失业工人文化等多种文化取代。不同阶层群体的人,在他们各自的文化模式的指导下,都会对城市生活具有不同的理解,如,"有车一族"与"步行族"对城市及社区的道路建设的认同感就会有差异;"原住民"与"移民一族"会对当地的历史和文化遗产有不同的认同感;"贵族"与"平民族"对社区提供休闲设施的水平持有不同的态度。社区是人们聚居和生活的共同体,或者说是人类的社会化存在与文化存在的形式。弘扬和培育民族精神是城市社区文化建设的基础,为社区成员提供了精神支撑,并有助于社区凝聚力的形成。"人的全面自由发展需要弘扬民族精神,而民族精神的弘扬也有赖于每个人的全面自由发展。""没有民族精神作为支撑,就没有人的全面发展,就没有小康社会。民族精神作为一种对人内在的、本质的推动力量,其对人的自由全面发展的积极作用是普遍的和永恒的。"[1]

二、城市社区文化建设中民族精神的体现

城市社区作为社会的一个缩影,自然包括政治、经济和文化等方方面面的工作。党和国家的各项工作要真正落到实处,很多时候都要在社区得到体现。社区发展总是涉及人与物两个方面,总是处在一定的文化环境之中和一定文化基础之上。通过人的作用,一定的文化必然成为经济和社会发

---

[1] 唐永进:《弘扬民族精神与人的全面发展》,《齐鲁学刊》2005 年第 1 期。

展的重要因素。一个社区良好的文化环境,是大多数居民生活中不可缺少的部分。城市社区从其文化特征看:不仅具有城市文化的一般特质,还具有城市社区文化自身的特征,再则表现为城市社区居民从"住所认同"到"社区认同";从其内容构成看,既有现代城市文明及整个世界现代化文化形态的影响,又保留了许多传统的精华与糟粕,体现了现代性与传统性的交融和冲突。

(一)城市社区文化建设的深厚历史积淀和现实基础

广义的社区文化是指社区居民在特定的区域内,经过长期实践而创造出来的物质文化、制度文化和观念文化的总和,它对人们的思想观念、道德情操、行为方式以及人格理想的形成和发展具有重大影响,甚至制约着当地的经济、政治。城市是各国经济、政治、科学技术、文化教育的中心,是历史的积淀。城市历史文化遗产是通过漫长的历史演变逐步形成和遗留下来的丰厚的文化资源。这些历史悠久丰厚的文化资源是现今城市社区文化建设的基础。不同城市的文化资源折射出城市的不同特色,从不同层面反映出城市居民丰富多彩的精神生活。如北京代表中国元明清的历史文化,西安代表中国周秦汉唐的历史文化,上海则代表中国近现代的历史文化形成了自己独特的中西交融的海派文化。又如湖南长沙自古就是各种思想文化交汇碰撞之地,形成了"心忧天下、敢为人先"的长沙城市精神。这些是中华民族精神的体现。

对于城市社区建设来讲,文化遗产就是自己的品牌和个性,就是财富,就是创造与建设现代特色城市的基础。如长沙市市长谭仲池在《文化是照耀城市发展的光芒》一文中认为,长沙作为楚文化在湖南的中心地区,文化中既有中原文化的慷慨大气、忧国爱民,又兼具南方文化的开放兼容、务实创新,特有的地域文化催生和孕育了传承久远、影响深远的一代代长沙人,谱写了尧舜古风,屈贾情怀,朱张文气,毛蔡风流,更形成了长沙地域文化中"开拓创新"、"和而不同"、"重商重农"等文化特点。正是这种特有的文化气质和文化精神,为推进长沙的经济社会发展提供了不竭动力。又如武汉市,优美的风景名胜和丰富的文化遗产,奠定了颇具潜能的文脉基础。有距今五千多年前新石器时期的放鹰台,有距今 3500 年前殷商时期的盘龙城,三国时期的却月城、卓刀泉、铁门关等遗存 20 多处,有近、现代留下的九女墩、八七会址、辛亥首义军政府红楼等胜迹 20 多处。与武汉有关系的名人如大禹、屈原、李白、岳飞、张之洞等名人不可胜数。传说典故文化中的花木兰替父从军、林则徐武汉禁烟等脍炙人口。拥有享誉海内外的汉剧、京剧、杂技、楚剧、话剧等剧目。武汉市的这些传统的荆楚文化底蕴,革命文化亮点,滨水文化特色,是推动武汉在城市建设现代化进程的重要基础。① 再如哈尔滨市的金源文化、欧陆风情文化、现代工业文化、音乐艺术文化和冰雪旅游文化,折射出的是哈尔滨市深厚的历史底蕴,挖掘和提升这些文化是建设哈尔滨市高品位现代城市文化的关键所在。

随着城市化的进程,城市社区在不断的发展,城市社区文化特色的保护也面临着诸多问题。一是新建筑覆盖了老城区,到处高楼林立,旧貌换新颜,独特的人文环境的物化形式出现趋同性。二是有些历史文化名城,商业氛围越来越浓,而文化氛围却日益淡化。如丽江古城是世界历史文化遗产,它的古朴曾是抚慰人们精神的港湾,但现今市场经济的激烈竞争也演绎在古城内的各个角落。三是城市社区文化持续发展战略制定的科学化有待加强。国外一些大城市在发展中提出了文化发展战略,以文化求发展。例如伦敦作为一个世界级的大都市,进入新世纪后,在文化方面采取了一系列重大举措。伦敦市长 2003 年 2 月公布了《伦敦:文化资本市长文化战略草案》,提出文化战略要维护和增强伦敦作为"世界卓越的创意和文化中心"的声誉,成为世界级文化城市。在伦敦市政府的目标中,"世界城市不仅在经济上是世界的中心之一,有很强的影响力和辐射力,同样在文化方面也应该是世界的中心之一"。西班牙的巴塞罗那也提出了"城市即文化,文化即城市"的观点,提出将文化作为其建设"知识城市"的发动机。

---

① 《关于提高武汉城市文化竞争力的思考》,武汉市《调查研究报告》,总第 108 期。

（二）城市社区文化建设中的资源共享与整合

民族精神的发扬,城市社区的发展离不开城市里的各个部门的积极参与和共同建设。城市社区文化建设要为弘扬和培育民族精神整合有效资源。从根本上说,城市社区文化建设中的各个战线、各个部门,如社区里的企业、学校、文化馆、文化中心等各企事业单位和各种各样的文化设施,历史上遗留下来的许多文物史迹、现实生活中的许多节日庆典、先进事迹等都包含着丰富的有利于弘扬和培育民族精神的宝贵资源,都能够在弘扬和培育民族精神的工作中发挥积极作用。但多元分头治理下社区资源整合步履维艰。目前,我国大多数城市社区内部职能部门之间,各自为政现象较为严重,社区资源难以实现整合与共享,无法满足居民多样化、专业化的公共服务需求,存在的问题主要表现在以下几方面。

1. 城市社区建设中资源共享的组织管理机制有待建立

中国城市管理体制的特点是两级政府、三级管理、四级网络,即包括市、区、街、居四级管理层次,其中市、区两级是政府,街道办事处是区政府的派出机构,居委会是居民自治组织。社区居民委员会要在政府有关部门及政府派出机关的指导下开展工作,组织社区居民进行自我教育、自我服务、自我管理、自我约束。根据 1989 年通过的《城市居民委员会组织法》,新时期的居民委员会主要任务之一就是要宣传宪法、法律、法规和国家政策,维护居民的合法权益,教育居民履行依法应尽的义务,爱护公共财产,开展多种形式的社会主义精神文明建设活动。弘扬和培育民族精神,组织管理工作是非常重要的,居民委员会担负着重要的组织工作。从整合社会资源出发,居委会要发挥组织功能,重建有助于资源共享的跨界组织管理机制,实现社区资源的全面整合与共享,尤其是信息资源整合,建立社区内各相关职能部门之间的双向告知和信息互通制度等。跨界组织管理机制的建立,要尊重社区的自然构成,促进社区民主自治,促进社区组织系统与团体间的协调。

2. 城市社区大型文化设施的作用发挥有待挖掘

在城市有各式各样具有现代国际水准的文化设施,有历史悠久的文化古迹。如北京、西安、上海、哈尔滨、武汉、广州等大城市都有许多具有现代国际一流水准的音乐厅、博物馆、体育馆等文化设施。这些文化设施向世界展示着文化古都和现代化大都市的风采,让城市人骄傲自豪。但我们同时也可以看到,许多社区居民平时无缘享受国际大都市的文化设施,一是昂贵的门票价,让一般的工薪阶层望而却步;二是一些城郊结合部的社区,文化设施相对缺乏,如武汉市城市发展新区和城郊结合边缘社区几乎没有电影院,文化室、棋牌室、歌舞厅等社区娱乐场所及其设施也非常欠缺。即使在市中心的老城区,如武汉市的洪山区、桥口区的部分社区亦如此。如何让这些文化设施在构建民族精神的工作中充分发挥作用,搞好社区文化建设,实现为城市居民服务的功能,是我们要认真研究的问题。

3. 城市社区文化基础设施有待合理利用

城市在建设大型文化设施的同时,各街道社区大部分建立了文化活动中心,内设有图书室、文化站。不少居委会社区也设立了图书室、文化活动室。但由于场地紧张,一些场馆文化设施要么有名无实,要么名不副实。如武汉市洪山区关山街鼓风社区设有图书资料室、文体活动室、人口学校、市民文明学校、党建活动中心、居民自治活动室等一应俱全,而实际上是几个部门合用一个场馆,形成有时谁也不用、有时大家都要用但谁也用不着的低效率利用率的问题。

城市社区文化场馆基础设施的建设和合理运用,有助于培养社区居民对社区的满足感、满意感,从而增强居民对社区的认同感。如果说一个社区连最基本的文化基础设施都不能提供,就无法实现居民开展文化活动的需求,精神文明建设也无从谈起,而社区居民在得不到这些基本需求的满足时,就会对社区产生不满或厌烦的情绪,这样,社区就丧失了它的吸引力,没有了吸引力又从何让居民由"住所认同"到"社区认同"?因而,城市社区文化基础设施的建设和合理利用同样重要。

4. 城市社区文化资源有待充分运用

城市社区文化资源表现在多方面。首先是社区单位有比较丰富的资源,可以弥补社区组织资源的不足,驻社区单位是弘扬和培育民族精神的重要力量,它们的存在,对弘扬和培育民族精神有重要影响。社区居委会应充分发挥协调功能,整合社区资源,充分调动社区内机关、团体、部队、企业事业组织等一切力量广泛参与社区活动,增强驻社区单位的社区意识。实现共驻共建,资源共享,把驻社区单位的闲置资源充分利用起来为居民服务,并在政策上鼓励。其次,是丰富的传统文化和历史古迹资源的运用。社区组织应有意识地利用重大节假日,组织本社区居民开展丰富多彩的社区活动,在活动中弘扬和培育民族精神。例如,利用重大节假日举办社区文艺晚会、社区运动会等。第三,文化艺术资源的运用。第四,文化市场的清理、整治及运用。总之,如何有效地把社区成员组织起来,如何有效地把社区资源整合起来,如何有效地利用这些资源,对社区居民进行物质文明和精神文明建设教育,提升社区居民的社区人文精神理念,有待我们进一步探讨。

(三)城市社区文化建设中的城市居民民族精神现状分析

通常说来,民族精神就是一个民族的文化精神,它体现于人们生活的方方面面。下面从华中科技大学承担的教育部重大招标课题"弘扬和培育中华民族精神"2004 年 7 月调查的有效问卷 6241 份中,抽取北京(353 人)、上海(352 人)、广东(333 人)、黑龙江(350 人)、陕西(327 人)和湖北(334 人)六省市的城市居民共 2049 人的样本资料,从六个方面阐述城市居民民族精神的现状。

1. 城市居民的国家观和民族观

以国家或民族整体利益为基础使中华民族形成了一套完整且持久的文化价值选择与整合机制。对国家或民族利益的维护构成了中华民族发育、生长、壮大的动力机制。在中华民族漫长的发展进程中,涌现了许许多多的杰出英雄人物。调查发现,我国城市居民非常赞成和比较赞成林则徐和岳飞为民族英雄的比例都很高,分别为 93.0% 和 88.7%。这说明,绝大多数城市居民都认同林则徐和岳飞他们在中华民族发展中所起的巨大作用。我国城市居民在对民族英雄的认知上有着很大的一致性。

在对待国家利益上,我国城市居民认为国家利益重要的比例为93.1%,占了绝大多数。国家统一是我国人民的愿望,也是中华民族伟大复兴的必然要求,94.0%的城市居民认为"台湾、新疆、西藏是我国不可分割的部分",78.6%的城市居民认为"一旦台湾分裂应该以武力保卫祖国统一",94.2%的城市居民认为"国家兴亡,每个人都有责任"。86.1%的城市居民认为"各国之间的矛盾都应该用和平方式解决"。

由于种种原因,我国各民族之间的发展很不平衡,在有些方面差距还很大。在历史上,也曾出现过"大汉族主义"和"地方民族主义"这两种不利于民族团结的倾向。调查结果表明,目前我国绝大多数城市居民(93.1%)都非常赞成和比较赞成"我国56个民族无论大小都是平等的一家人"这个观点,并有73.7%的城市居民非常赞成和比较赞成"国家应当继续推行优先照顾少数民族发展的政策"。这表明,经过长期社会主义教育,我国大多数城市居民都能正确地对待各民族之间的关系,理解和支持中央的优先发展少数民族的政策。

2. 城市居民的人际关系观

社区文化建设不能脱离中华民族源远流长的历史文化,必须立足于我们中华民族传统文化的基础之上。中国几千年的传统文化中,关于人与人之间应如何交往的规范和价值取向占有重要的地位。人是社会的人,是生活在一定群体中的,因此也就离不开人际交往。调查发现(见表1),有91.5%的城市居民非常赞成和比较赞成"人与人间的友谊是很珍贵的",有92.2%的城市居民赞成"良好人际关系在生活中非常重要"。这表明,我国绝大多数城市居民都能正确认知人际交往在生活中的地位和作用。

每个人都有遇到困难的时候,也都有需要别人帮助的时候。调查结果表明(见表1),87.2%的城市居民非常赞成和比较赞成"别人在困难时自己应尽力帮助",69.0%的城市居民反对"帮助别人要看对自己是否有利",89.9%的城市居民肯定了"人与人之间应该互相团结、合作"。

表1 城市居民对人际关系的认知　　　　　　　　　　（％）

	非常赞成	比较赞成	一般	不太赞成	不赞成
人与人间的友谊是很珍贵的	65.7	25.8	7.5	0.6	0.4
良好人际关系在生活中非常重要	65.3	26.9	6.4	0.6	0.8
别人在困难时自己应尽力帮助	54.1	33.1	10.7	1.1	1.0
帮助别人要看对自己是否有利	5.9	9.4	15.8	34.5	34.5
人与人之间应该互相团结、合作	61.0	28.9	8.6	0.8	0.7
人与人之间应该互相信任	57.6	31.0	9.0	1.4	1.1
害人之心不可有,防人之心不可无	54.6	32.4	9.7	1.9	1.4
人与人之间应该互相宽容	61.1	31.9	6.0	0.6	0.4
人人都应该尊重别人	67.1	25.2	6.1	1.0	0.5
人与人交往应该礼尚往来	40.9	31.1	19.6	5.4	2.9

那人与人之间如何相处呢？调查结果（见表1）显示,88.6%的城市居民赞成"人与人之间应该互相信任",87.0%的赞成"害人之心不可有,防人之心不可无"这种传统思想,绝大多数（超过92.0%）的城市居民赞成"人与人之间应该互相宽容"、"人人都应该尊重人",72.0%的城市居民赞成"人与人交往应该礼尚往来"。

3. 城市居民的诚信观

市场经济应该是法治经济和诚信经济。但在我国体制转型时期,市场经济在繁荣城市经济的同时,也给国民传统伦理道德带来极大的负面影响,敲诈、假冒、伪劣等现象层出不穷、人与人之间的关系在许多时候变成一种赤裸裸的金钱关系,社区居民之间、邻里之间的互信、互助、友爱、友情日渐淡薄。大多数社区居民认为除了自己或家人以外,没有任何一个人可值得信任。调查也说明这一问题（见表2）,在最信任的人中,城市居民信任"自己"的人数最多,占了80.1%,其次分别是"父母"（74.5%）、"配偶"（50.7%）、"子女"（39.6%）；而信任度最低的是"老乡",仅占1.6%,其次分别是"邻居"（3.3%）、"同事"（5.9%）、"领导"（7.5%）。

表2　城市居民最信任的人　　　　　　　（%）

	是		否		合计(n)
	频数	百分比	频数	百分比	
自己	1621	80.1	403	19.9	2024
配偶	1027	50.7	997	49.3	2024
父母	1508	74.5	515	25.4	2024
子女	802	39.6	1222	60.4	2024
亲戚	248	12.3	1776	87.7	2024
老乡	33	1.6	1991	98.4	2024
领导	151	7.5	1873	92.5	2024
同事	120	5.9	1904	94.1	2024
老师	328	16.2	1696	83.8	2024
同学	168	8.3	1856	91.7	2024
朋友	531	26.2	1493	73.8	2024
邻居	67	3.3	1956	96.7	2023

在对"您认为目前人们是否讲诚信"的回答中,有8.4%的城市居民认为"大家都讲",有38.8%的认为"多数人讲",20.1%的认为"大约一半人讲",24.4%的认为"只少数人讲"。可见,城市居民对目前我国社会中诚信状况的认知不是很让人乐观。

4. 城市居民的责任与义务观

在社会生活中,每个人对他人都承担着一定的责任和义务。经分析发现(见表3),城市居民最为认同自己对家人的责任和义务,认为对他们具有很大和较大责任和义务的比例高达93.2%,其次是认同对"自己的工作"、"自己做的事情"、"自己"的责任和义务;相反的是,城市居民最不认同的则是对"社会中所有的人",其次是对"自己的同事或同学"和"自己的领导"。

表3　城市居民对不同对象个人有多少责任和义务的认知　　　（%）

	很大	较大	一般	很小	没有	不知道
对自己	57.2	19.4	19.3	2.6	0.7	0.9
对自己的家人	71.3	21.9	6.0	0.4	0.0	0.4
对自己的亲戚	22.7	33.6	38.8	3.3	0.9	0.7
对自己的朋友	23.1	34.7	36.1	4.0	1.4	0.7
对自己的同事或同学	15.6	29.3	45.1	6.4	2.8	0.9
对自己的领导	17.7	24.3	37.8	9.5	7.6	3.0
对信任自己的人	37.1	36.8	21.4	3.6	1.1	1.3
对有困难的人	32.7	31.9	28.9		1.3	1.5
对社会中所有的人	15.5	15.5	43.8	13.6	7.2	4.3
对自己的国家	51.1	24.7	17.2	3.4	1.6	2.0
对自己的家乡	33.7	30.3	27.7	4.9	1.7	1.8
对自己居住的社区	24.9	29.3	35.5	6.3	2.4	1.7
对自己的劳动集体或学校	26.0	31.4	34.5	4.3	2.0	1.8
对自己的工作	56.7	28.5	11.5	1.4	1.2	0.6
对自己做的事情	56.6	27.7	12.8	1.5	0.7	1.2

　　城市居民作为国家公民,对我国法律等制度和所生活的社会环境也负有相应的责任和义务。调查发现,绝大多数的城市居民(90.4%)非常赞成和比较赞成"遵守国家法律是公民的基本责任和义务",有88.1%的城市居民非常赞成和比较赞成"依法纳税是公民应尽的义务"。如果发现小偷在邻居家偷窃,有88.4%的城市居民会报警。如果发现马路上一个下水道的井盖不见了,有45.5%的城市居民会打电话给有关部门,有25.8%的城市居民会设法提醒周围的人。当自己有钱时,有86.8%的城市居民愿意拿出一部分钱赞助慈善事业、希望工程或贫困的人。

　　5. 城市居民的利益观

　　利益是生活在社会中的每一个人包括城市居民都必须面对的问题。调查表明,有83.1%的城市居民认为集体利益非常重要和比较重要。从表5也可看出,非常赞成和比较赞成"个人利益要服从集体利益"的城市居民占了大多数(70.2%)。可见,大多数城市居民都能正确对待集体利益。

在现实生活中,存在着各种不同的利益。如何面对和处理这些利益之间的关系也是城市居民们不可回避的问题之一。调查结果表明(见表4),非常赞成和比较赞成"利人利己"的城市居民最多,占的比例为77.6%,其次是非常赞成和比较赞成"只要不损害他人的利益就可以追求自己的利益"的城市居民(72.4%);而对"损人利己"和"损人不利己"持肯定态度的城市居民则最少。这表明,大多数城市居民都能正确、理性地对待自己和他人的关系。同时,也应看到一些腐朽落后的思想如"人不为己,天诛地灭"在我国城市居民中还存在一定的市场。

表4 城市居民处理个人利益与集体利益关系时的认知   (%)

	非常赞成	比较赞成	一般	不太赞成	不赞成
毫不利己,专门利人	30.1	20.4	23.7	14.2	11.6
利人利己	47.4	30.2	11.9	5.1	5.4
损人利己	2.6	3.1	7.8	19.5	67.0
损人不利己	3.1	4.7	10.2	14.3	67.7
主观为自己,客观为别人	10.2	18.4	34.2	20.1	17.1
个人利益要服从集体利益	35.8	34.4	22.1	4.6	3.1
只要不损害他人的利益可以追求自己的利益	36.8	35.6	17.7	5.6	4.3
不讲条件只讲奉献太难做到	17.9	28.4	30.6	13.3	9.8
做人做事要考虑自己的利益	11.8	24.3	31.1	19.0	13.8
见义勇为牺牲自己的生命不值得	10.7	14.2	28.4	23.6	23.1
人不为己,天诛地灭	10.8	11.8	22.5	18.4	36.5

6. 城市居民的劳动与奋斗观

劳动是人类存在的生活方式,也是城市居民勤劳勇敢、自强不息的民族精神的体现。调查结果显示(见表5),我国大多数城市居民对待劳动的态度都是积极的。非常赞成和比较赞成"不劳动不得食"、"不劳而获是可耻的"、"人生在世就该劳动"的城市居民的比例都比较高,分别为70.6%、69.3%和78.1%。

表5　城市居民对劳动价值的认知　　　　　　　　（%）

	非常赞成	比较赞成	一般	不太赞成	不赞成
劳动、工作很累,是痛苦的	9.0	10.8	19.9	28.2	32.0
学习紧张、辛苦,是难受的	8.5	12.8	19.2	28.7	30.8
劳动是为了赚钱	19.2	26.4	24.2	16.5	13.7
如果已经很有钱就不需要劳动、工作了	4.6	4.5	10.7	30.0	50.2
不劳动不得食	43.9	26.7	12.4	7.8	9.2
不劳而获是可耻的	47.3	22.0	15.3	7.1	8.4
人生在世就该劳动	46.9	31.2	15.4	4.1	2.4
劳动只有分工不同无贵贱之分	53.5	23.6	13.4	5.0	4.5

在对不同劳动分工的认知上,77.1%的城市居民赞成"劳动只有分工不同无贵贱之分",但同时也应看到仍有一些城市居民对劳动存在着较片面的认识。

拥有财富是每个人都向往的,但对获得财富的手段每个人却有不同的见解。调查分析发现,赞成获得财富"靠自己的劳动"、"靠自己的知识、能力、特长"的城市居民最多,占的比例分别为87.6%和82.6%;而认为要"靠菩萨、上帝、老天"和"靠投机取巧"的城市居民最少,占的比例只有2.4%和3.3%。

自强不息是中华民族的传统美德之一。在对"自强不息的人是值得敬佩的人"的回答中,有68.6%的城市居民选择非常赞成,23.2%的选择比较赞成,只有2.5%的选择不太赞成和不赞成。

随着时代的发展,现代社会充满了竞争。调查发现(见表6),在对竞争必要性的认知中,有91.9%的城市居民赞成"要有竞争才能推动社会发展"。在竞争方式上,超过87%的城市居民赞成"竞争要公平"、"竞争要按规则"、"竞争中要讲良心、讲道理"。同时,有91.7%的城市居民赞成"要有竞争,也要互相帮助"。但也应看到,有11.9%的城市居民赞成"既然竞争就可以不择手段"。

表6 城市居民对竞争的认知 （%）

	赞成		不赞成		合计(n)
	频数	百分比	频数	百分比	
不要竞争,要互相帮助	629	33.5	1247	66.5	1876
要有竞争,也要互相帮助	1754	91.7	158	8.3	1912
竞争要公平	1852	94.6	105	5.4	1957
竞争要按规则	1650	87.1	245	12.9	1895
竞争中要讲良心、讲道理	1715	89.4	204	10.6	1919
既然竞争就可以不择手段	222	11.9	1642	88.1	1864
要有竞争才能推进社会发展	1798	91.9	159	8.1	1957

综上所述,不难看出,我国城市居民目前对民族精神的认知总体上来说是积极、健康的。同时,也发现我国城市居民对一些问题认知的差异性、不足和偏差。如城市居民之间诚信的缺失,导致个人认同到社区认同还有很大的距离,不利于我国社会的发展,不利于我国小康社会、和谐社会的建立。正因如此,我们必须进一步大力弘扬和培育民族精神。

三、城市社区弘扬和培育民族精神的路径选择

城市社区文化建设和城市社区居民民族精神教育是一个长期、复杂、循序渐进的过程,需要整合各个方面的资源,引导广大城市居民积极参与,才能将弘扬和培育民族精神落实到实处。城市社区弘扬和培育民族精神主要做好以下几个方面的工作。

(一)以先进文化提升城市文化精神,构建城市居民的精神支撑

先进文化是人类精神文明的结晶,又是推动社会经济政治发展的巨大动力,它顺应历史潮流、反映时代精神、代表社会发展方向、体现人民群众的

根本利益。在当代中国发展先进文化，就是发展面向现代化、面向世界、面向未来的，民族的、科学的、大众的社会主义文化，以不断丰富人们的精神世界，不断增强人们的精神力量，不断满足人们的精神文化需求。[①]

城市文化遗产是物化的民族精神，对人性的形成、人的素质和品格的培养以及不同民族性格与精神的造就，具有重大作用。挖掘历史文化、充分发挥城市文化遗产所具有的作用是构建城市居民精神支撑的一项重要工作。目前，我国在城市社区文化建设过程中，正在贯彻"保护第一、抢救第一"的方针和"有效保护、合理利用、加强管理"的原则，对城市丰厚的文化遗产和文化资源实行保护性开发战略，使现代化建设与保护历史文化名城完美统一，在城市发展中兼容与弘扬相融合。在吸纳外来文化的基础上弘扬本土文化，保护和发掘城市丰厚的历史文化资源，有利于塑造人们特定的生活、生产方式，思维、行动方式，感情方式乃至个体的心性和习惯；有利于激发广大市民建设热情、增强城市亲和力。城市根源于地方自然条件和历史文化传统遗产所具有的特色，是弘扬民族精神的现实基础，挖掘历史文化遗产，是建设社会主义先进文化不可或缺的组成部分，也是建设社会主义精神文明的重要内容。

弘扬革命文化，充分发挥爱国主义教育基地作用。在我国有着数量众多的博物馆、纪念馆、革命遗址、烈士陵园等爱国主义教育基地，真实记录了中华民族悠久的历史文化，生动展现了中国人民英勇奋斗的壮丽篇章，集中反映了中国共产党人的光辉业绩和社会主义现代化建设的丰硕成果，是中国人民世代相传的宝贵精神财富，是弘扬和培育伟大民族精神的生动教材。[②] 而这些众多的爱国主义教育基地有相当一部分都在城市里面，是对我国城市居民进行民族精神教育的重要载体。近年来受市场经济的影响很多爱国教育基地都存在着收费或收费较高的现象，极大地限制了利用这些爱国教育基地进行民族精神教育的作用。针对这一现象，我们应该采取各

---

① 严昭柱：《先进文化是构建和谐社会的精神支撑》，《求是》2005 年第 8 期。
② 刘云山：《充分发挥爱国主义教育基地作用　大力弘扬和培育伟大民族精神》，《光明日报》2004 年 7 月 20 日。

种措施让各爱国主义教育基地降低"门槛",让更多的城市居民能走进去接受教育。

城市文化孕育了独特的大众文化,它反映出人民对生活及文化氛围的向往和追求。随着市场经济的建立与完善,伴随而来的是大众文化的繁荣,表现为人民文化需求意识和文化消费观念的多姿多彩。通俗文化逐步成为大众文化的主流之一。这种通俗,实际上是一种"以人为本的文化倾向",是一种大众文化的理性回归。城市的大众文化表现在多方面,如"茶楼文化"、"歌厅文化"、"吧文化"为代表的通俗文化,自发形成的广场文化、社区文化有着庞大和稳定的参与群体。民间工艺、民族音乐、民族歌舞、民族戏剧等绚丽多彩的民间艺术,以人们喜闻乐见的方式所展示的精神文明风貌,渲染一种社会文化氛围,可塑造和优化城市居民团结互助的群体意识。所以弘扬和培育民族精神,大众文化的整理、优化是不可缺的。

城市不仅是经济聚集体,而且是人类文明的集中地,是文化的荟萃之地,这正是城市不断发展的动力。随着世界经济的一体化和区域经济集团化的不断深化,世界进入中国,中国也走向世界,国外商品和文化产品的大量涌入,国内大批人员出去留学、考察、经商,进行政治、经济、文化的全面交流,外企、外商、外资、外教的引入等等,带来多元化的文化思潮。据商务部报道,截止到 2004 年 8 月,全国累计批准设立外商投资企业 494025 个;2004 年在华工作的外国人达到 9 万多人,他们主要从事高级技术和管理工作。很多城市在发展中与国外城市结为友好城市,与有关国家和地区结成了贸易伙伴,很多城市相继成功地举办过大型国际活动或会议,如上海 2001 年举办的 APEC 亚太经合组织会议,上海正在成为亚太地区会展中心城市,外来文化力为城市的发展提供了强劲的支持。中国要在各方面主动参与和积极进行国际交流,特别是文化交流,不仅要在文化交流中借鉴国外先进文化,而且要在文化交流中发展和维护自己的文化。

(二)加强社区文化建设,引导城市居民建构民族精神

社区文化建设总是涉及人与物两个方面,总是处在一定的文化环境之

中和一定文化基础之上。通过人的作用,一定的文化必然成为经济和社会发展的重要因素。良好的社区文化环境能潜移默化地影响城市居民的素养,培育城市居民的民族精神和高尚人格。

大力开展音乐艺术等文化活动。社区文化是一个庞大的系统工程,其实践特点就在于要发挥社区的综合优势。以社区基层文化为龙头,以社区各街道、居委会、住宅小区以及企事业单位的文化活动场所为阵地,以发挥社区党员的模范带头作用为引导,以社区居民搞好各种服务为基础,利用各种载体引导群众广泛参与,如抓住重大事件、重要节日开展丰富多彩的文艺活动,开展有偿性的文化艺术节、各类教育培训等生动活泼的社区文化活动,使得不同文化修养及情趣爱好的群众能各展其长,各得其乐。使更多的人通过丰富多彩的文化活动在艺术感染中受到教育,身心得到陶冶。①

营造积极向上优美舒适的人文环境和规范环境,为城市居民创造文明、健康、高品位的文化氛围与精神氛围。社区举办社区发展史展览,在社区主要干道及主要活动场所设置高雅的人文景观、高水平的宣传画廊如公益广告,在主要公共设施的活动场所、走廊里悬挂伟人、文化名人、典型人物、社区优秀人物的画像、名言等,能使城市居民陶冶情操、激发爱国情感、鼓舞城市居民奋发向上。文化底蕴深厚的社区,必将赋予居民的精神世界以更多的色彩。文化底蕴深厚的社区,必将赋予居民的精神世界以更多的色彩。

充分注重互联网在社区文化建设中地位。网络技术的迅猛发展,一方面给城市居民提供了一条快速获取信息和进行多向交流的新渠道,有利于社区文化建设;另一方面,网络上获取信息的随意性,又使一些居民容易受到不良影响。针对这种情况,一是要建立高质量、大容量,有着强吸引力的"红色网站",开辟"红色论坛"及有关民族精神的网站建设和网页的制作,利用网络这个信息工具更好地向人们介绍、宣传中华民族精神,抵制哪些不利于弘扬和培育我国民族精神的言论;二是可根据居民不同层次、不同年龄的需要,逐步建立健全群众文化活动网、少年儿童文化活动网、青年文化活

---

① 张晋俐:《构建和谐社会的社区文化》,《光明日报》2005 年 5 月 18 日。

动网、老年人文化活动网、家庭文化活动网、社区科普活动网等文化网络,向各类居民提供更贴近他们的民族精神教育内容。还可以在这些网络上设立各类型的主题,引导居民主动参与各类讨论,在与网友的交流中加深对民族精神内涵的理解,从而增强自身的民族精神修养。

强化社区文化制度管理,整合有效资源。城市社区文化建设是建设和谐社会的一项基础性工作,在城市社区文化建设全过程中弘扬和培育民族精神,必须以更加开阔的思路,从社区文化建设的整体出发来思考、规划、落实弘扬和培育民族精神的工作,把弘扬和培育民族精神纳入社区文化建设的全过程。社区文化建设各方面工作的开展,都要围绕这一目标和任务,努力为其创造文化条件、整合有效资源、提供有力保障。

(三)以城市社区居民为主体,激发城市居民主动参与建构民族精神

涂尔干认为,人的欲望本身是无止境的、多方面的,人不仅有物质性的、生理性的需求,而且有精神上的相互交往的需要。基于人在本能上是不知足的,人的需求的满足必然受外界即社会的控制。社会强制地约束人的需求,促使人不再过分追求自己的愿望,才会形成一个社会成员共同的目标,增强社会的凝聚力。弘扬和培育民族精神不仅需要城市社区管理者发挥主导作用,更需要社区居民的主动参与和配合,以做到主导教育和自身塑造的有机结合。

首先,大力宣传民族精神的重要性,激发城市居民的主动参与性。一件事情,只有当人们包括城市居民知道它的重要性时,他们才对此重视,才会自己主动积极地去参与建构民族精神。要在城市居民中更好地弘扬和培育民族精神,就应该让他们知道为什么要弘扬和培育民族精神,对国家、社会、他们自己有什么影响。如上所述,一个民族的精神所包含的内容是很丰富的,涉及人们认知的众多方面。正因如此,我们在弘扬和培育民族精神时就必须针对不同的群体有不同的侧重点。本章在对我国城市居民民族精神认知进行调查分析的基础上,认为应该着重注意以下几个方面的内容:进行时

事、基本常识教育,特别是有关国家代表、台湾问题以及中国与世界和平关系方面的知识;加强历史方面的教育,让城市居民们更加深刻理解、认同江泽民高度概括的"在五千多年的发展中,中华民族形成了以爱国主义为核心的团结统一、爱好和平、勤劳勇敢、自强不息的伟大民族精神";针对目前部分城市居民中对人际关系和诚信的错误认知现象,进行正确的诚信观和人际观教育;受市场经济中不良现象的影响,部分城市居民对劳动和获得财富手段存在不正确的认知,在这方面也应该加强教育;大力宣传我国的民族精神,让更多的城市居民知道、认同;加强科学教育,消除迷信;在市场经济的今天,在城市居民中应强调如何正确对待和处理自身利益和他人利益、集体利益、国家利益之间的关系。

其次,加快建立和谐城市社区,提高城市居民的社区服务意识。城市社区是一定地域范围内城市居民的生活共同体。每个城市居民直接生活世界与社会环境都是自己居住地所在的具有独特的社区文化和社区意识的一定城市社区,而这些社区文化和社会意识又通过各种行为规范、社会心理、价值标准、风俗习惯、伦理道德等等对所在社区的居民发生深刻影响。小康社会、和谐社会的建立离不开和谐城市社区的建设,民族精神的弘扬和培育也同样离不开和谐城市社区的建设。而在建设和谐城市社区时,城市居民参加社区服务活动的态度,是城市居民的社区意识的具体体现。社区服务是指在党和政府的统一规划和领导下,在民政部门的倡导和组织下,以社区组织为依托,以社区居民的自助互助为基础,突出重点对象,面向社区全体居民,以提高社区居民生活质量为最终目的的社会性服务。社区服务主要包括开展面向老年人、儿童、残疾人、优抚对象、社会贫困户的社会救助和福利服务;面向社区全体居民的便民利民服务;面向社区单位的社会化服务;面向下岗职工的再就业服务和社会保障社会化服务。社区居民既是服务的主体也是服务的客体,他们在享受社区提供服务的同时也为他人服务,使他们切身感受到社区在他们生活中的地位。通过社区服务活动把社区内的居民们团结起来,社区才会有凝聚力,才会形成社区意识,从而对社区的居民们产生影响。调查发现,当被问到"你是否愿意参加社区组织的活动"时,只有55.8%的城市居民表示愿意。可见,还有相当一部分城市居民不愿意或不积极参加社区活动,社区对这部分城市居民也就很难产生影响,甚至还会进一步给愿意参加社区活动的居民产生消极影响。因此,社区服务活动的开展要和社区文化活动及其社区教育等方面结合起来,以满足社区发展和社区成员自身发展的需要,也是提高社区成员思想认识的一个重要环节。

第三,开展多种形式的志愿服务,促进城市社区居民志愿精神的发扬。一般来说,志愿精神的基本内容是"奉献、友爱、互助、进步"。这样的精神和中华民族的传统美德及我们大力倡导的时代新风是一脉相承的。中华民族素有助人为乐和扶贫济困的传统美德,从"老吾老以及人之老,幼吾幼以及人之幼"到"先天下之忧而忧,后天下之乐而乐",这些传统美德几千年绵延不绝,深刻体现到志愿服务的精神中。据民政部报道,截至2003年年底,统计在册的全国的社区志愿者组织达到了7.5万个,社区志愿者达到1600万人,有80%的街道组建有社区志愿者协会,75%的居委会组建有社区志愿者分会,从事各种志愿服务的达6000多万人次,服务范围包括扶残助弱、帮老爱幼、美化环境、保洁送医、协助治安、法律援助、为下岗职工再就业提供技能培训和再就业信息,为双职工家庭提供家政服务等。志愿服务活动的开展,有利于提高社区居民的参与程度,有利于培育社区志愿服务意识。"社区是我家,关爱靠大家",吸引更多的居民参与到社区志愿活动中来。通过社区志愿者活动,也可以使参与活动的居民获得更为广阔的生存空间,其中包括心理空间,使其获得满足感、归属感,从而有利于促进居民社区认同的形成。

第四,完善社区居民自治管理制度,增强社区居民参政议政的积极性。社区建设主体是社区居民。社区居民的自我管理、自我教育、自我服务是社区建设的生命力所在。社区居委会,社区居民代表会议制度、社区居民座谈会制度的建立,为社区居民参政、议政提供了可能。这样既有利于加强社区组织与社区居民以及居民与居民之间的沟通,又有利于将基层民主还原归位给社区居民,培育社区居民民主意识以及认同感、归属感和责任感。

第五,继承优秀传统伦理规范,加强沟通与交流,重建社区内个人、企业、政府之间相互信任的诚信与伦理道德机制。引导城市社区成员确立新时期的伦理价值观以及在这种价值观基础之上形成的行为规范,都是要通过人与人之间的交流、沟通来达到的。继承和弘扬传统伦理规范的诚、信、孝、仁、义来协调家庭关系、邻里关系、同志关系、单位关系。现代运输工具的发达使世界日益成为一个村落,不同文化、不同经历、不同职业背景下的人有更多的机会直接或间接的进行交流、沟通,城市居民要主动提高跨文化沟通能力。在不断的与他人交流、沟通中,培育民族精神,塑造社区文化形象。

总之,弘扬和培育民族精神不是一时一事的权宜之计,而是文化建设长远而持久的任务。同时,民族精神不能自发地产生和传承,必须通过一代又一代中华儿女坚持不懈地倡导和实践。因此,弘扬和培育民族精神必须经常化、长期化,通过全体社会成员的自觉实践不断深化,并为全体社会成员提供强大的精神支撑。

第十三章

乡村文化重建与民族
精神的弘扬和培育

在一个经济全球化的历史时期里,各国人民之间的交流机会越来越多,与此相伴随的是,其文化的交流与融合速度亦有越来越快的趋势。但是,与此同时,也只有弘扬与培育自己的民族精神,才能真正独立地参与国家竞争与交流,不至于在全球化的浪潮中失去自己的根基,迷失自我。故而,在日益全球化的格局中,弘扬与培育自己的民族精神也是各国重视的一项基本国策。而对于后发现代化的中国来说,农村的现代化显得尤为重要,因为它比先发现代化国家面临更多内部压力和外部挑战。也正是从这个角度来说,如何在农村社区当中弘扬与培育民族精神,是一个关系到现代化过程中中华民族精神能否得到很好的弘扬的关键问题。

一、现有研究的状况及其进路

在理论总结之外,民族精神的弘扬与培育又必须是在具体的社会实践中进行的。那么,从具体的对策的角度来说,在中国农村社区中,如何弘扬和培育民族精神呢? 关于这一问题,已有一些相关的研究成果值得重视。

　　在近代中国历史上,对这一个问题进行了深入探讨的当首推梁漱溟。他在《东西文化及其哲学》中就提出:"批评的把中国原来的态度重新拿出来。"①故而他提出了乡村建设理论,并将文化建设提到了十分重要的位置。② 但是,由于经济与政治前提尚未得到解决,他的乡村建设运动所取得的成效有限。真正解决了内忧外患、重振民族精神的是中国共产党领导下(从农村革命开始)的革命事业所取得的硕果。

　　改革开放后,社会科学复又开始关注在农村社区如何弘扬与培育民族精神这一现实问题。具体而言,这些研究主要是从如下三个角度切入这一研究主题的。

　　第一,从精神文明建设的角度出发。大量的研究成果涉及了如何在农村社区进行精神文明、社会主义文化建设。马昭、王佳领等人就新形势下农村精神文明建设进行了调查,发现存在农民理想日趋淡化、群众文化内部结构失衡和社会调控系统弱化等问题。③ 刘云山则从宏观层面对改革开放后的农村精神文明建设进行了初步总结。④ 蒋达、张成斌等人探讨了通过创评星级文明家庭或文化中心户的形式推进农村精神文明建设的办法。⑤ 谢建芬主张引入科技、扶贫、教育、普法、环保、计生等科学内涵,构筑"大文化"框架,以实用型吸引农民,以娱乐型教育农民。⑥ 这些研究成果对如何引导农民建设健康、积极向上的精神生活,有着重要的价值。但一方面,这些成果因自己侧重点不同,而未能说明农村精神文明建设与弘扬和培育民族精神的关系以及如何开展这些建设才更有利于民族精神的弘扬与培育;另一方面,因这些研究成果视角主要是"从上而下"的,着重探讨的是政府从上而下如何加强农村精神文明建设,对农民如何才可能被动员组织起来积极参与这项建设的机制探讨不多,以致常有因农民主体缺失而使这些活

① 梁漱溟:《梁漱溟全集》(一),山东人民出版社1989年版,第528页。
② 参见梁漱溟:《梁漱溟全集》(二),山东人民出版社1989年版,第314—317页。
③ 马昭、王佳领:《新形势下农村精神文明建设调查》,《理论界》1998年第6期。
④ 刘云山:《把农村精神文明建设推向一个新阶段》,《求是》1999年第1期。
⑤ 蒋达:《关于评创星级文明家庭推进农村精神文明建设的几点思考》,《学海》1998年4期。
⑥ 谢建芬:《农村精神文明建设现状及对策研究》,《湖南大学学报》1999年第4期。

动没有载体而失去了长期发展的生命力。

第二,从农村文化建设的角度出发,近年来,两个进路的研究取得了比较大的进展。一个进路是发掘传统文化价值,为当代的社会文化建设——包括农村文化建设所用。比较有影响的有蒋庆和康晓光的观点。蒋庆认为,儒家文化中蕴涵了大一统中的多元社会观、正义谋利下的经济观、忠信仁爱下的契约观、庶富教下的物质观和檀乐制度中的人性尊严观,①主张推进包括"少儿读经"在内的传统文化复兴活动。康晓光主张通过社会运动,建立一种渗透到日常社会生活之中的、与现代社会相适应的民族文化。②与此略有差异的是,甘阳认为,中国目前的社会生活中有三种传统势力特别强大:儒家传统,其精髓为"仁爱";毛泽东时代形成的平等与参与的传统;改革开放以来形成的对于市场经济的信念和对于自由的追求。中国需要三种传统在相互冲突之间的磨合与交融,③在乡土中国的创造性自我转化中完成中国文化的创造性自我转化。④ 这些研究成果都看到弘扬传统文化在加强民族凝聚力方面的积极作用,但对如何在农村社会文化建设当中展开尚未有详细的分析,也没有探讨其可行性载体。

另一个进路是,以培养有理想、有道德、有文化、有纪律的新型农民思想为指导,建设农村文化设施,丰富农民的文化生活。李义钦、傅加正等人主张,积极培养农村文化工作骨干队伍,营造良好的农村文化建设的政策环境。⑤ 于德运在其调研报告中认为,必须强化改革的舆论宣传,矫正农民不健康的文化思想障碍。⑥ 显然,这些研究成果因侧重在农村文化建设本身的探讨,除略有涉及之外,尚未梳理清楚它与弘扬和培育民族精神的关系,

---

① 蒋庆:《儒家文化:建构中国式市民社会的深厚资源》,《中国社会科学季刊》1993 年第 3 期。
② 康晓光:《文化民族主义论纲》,《战略与管理》2003 年第 2 期。
③ 甘阳:《中华文明的复兴需要三种传统的融会》,http://www.snzg.cn/shownews.asp?newsid = 5722。
④ 甘阳:《乡土中国重建与中国文化前景》,《二十一世纪》1993 年第 4 期。
⑤ 李义钦:《繁荣农村文化是建设社会主义新农村的必由之路》,《创造》2000 年第 6 期;傅加正等:《论市场经济条件下的农村文化建设》,《东岳论丛》2000 年第 2 期。
⑥ 于德运:《我国农民文化心态的变化与现阶段农村文化建设的价值取向》,《社会科学战线》2003 年第 3 期。

在具体的对策探讨上,也大多局限在要求领导重视,增加物质载体建设的层面上,少数涉及了农村群众文化生活的核心问题——参与性,尚未对如何培育这种参与机制进行具体探讨。结果往往是文化"下乡"的时候农民被动地看,"下乡"的一走,农民的生活回到原位。

第三,从发展群众体育,提高人口素质的角度出发,一些研究成果对农村群众体育开展中存在的问题进行探讨。王建欣分析了群众体育对强健体魄、娱乐身心、陶冶情操、振奋精神的作用。[①] 吴声光认为,国家竞技体育(如参加奥运会)的发展并不代表群众体育运动的发展,目前农村体育发展严重落后。[②] 唐永干、王正伦认为,应引导农村群众体育运动从他组织向自组织转变。[③] 人们常说,除了战争,惟有体育能唤起人民的爱国主义热情。而从以上成果梳理不难看出,它们中的一少部分的探讨已经涉及了农村群众体育运动与农民精神生活的关系问题,但尚未上升到弘扬和培育民族精神的高度。此外,这些成果所提供的发展农村群众体育运动的对策,大多集中在物质载体方面的探讨,少数成果指出了"组织"这一关键问题,但尚未就如何改善农村群众体育运动的组织机制进行具体探讨,而如果没有适当的组织机制,即使有了场地,农村群众体育运动也无法开展起来,通过这种方式培养爱国主义热情和团结上进的民族精神就会沦为空谈。

从以上研究成果来看,目前农村文化中存在着一些与社会主义农村现代化建设不和谐因素。如果问一句,乡村文化变迁中流失了什么? 那么简单地概括就是,群众参与性文化组织的缺失及其动员机制的消解。幸而,在新形势下重新建设社会主义的新农村(其中很重要的一部分就是农村文化),已经成为人们的共识,并被中国共产党列为新时期的战略工作重点(如,中共十六届五中全会明确提出要建设和谐社会和社会主义新农村)。显然,在农村社区弘扬与培育民族精神,无疑也是新农村建设的重要内容。

---

① 王建欣:《开展农村体育重要性的几点认识》,《体育文化导刊》2003 年第 8 期。

② 吴声光:《试论社会主义初级阶段农村体育的特征》,《体育科技》1999 年第 3—4 期。

③ 唐永干、王正伦:《从他组织到自组织:农村体育的历史抉择》,《体育文化导刊》2004 年第 11 期。

以下笔者从乡村文化重建的角度,就如何通过乡村建设弘扬与培育民族精神的具体路径略作分析。

二、社会现状及我们应有的思路

(一)乡村文化重建怎样与民族精神的弘扬和培育相联结

农民在农村社区的生活为何具有弘扬和培育民族精神的意义呢? 这要从中华民族作为一个有着悠久的民族记忆而又在近代以来现代化过程当中处于后发状态这一个基本的历史背景说起。

中国传统农村生活的乡土性特点,在费孝通的研究中得到最为经典的概括。他曾用"熟人社会"概括了这种社会的基本特性,并指出,"乡土社会的生活是富于地方性的。地方性是指他们活动范围有地域上的限制,在区域间接触较少,生活隔离,各自保持着孤立的社会圈子。乡土社会在地方性的限制下成了生于斯、死于斯的社会。常态的生活是终老是乡……这是一个'熟悉'的社会,没有陌生人的社会。"在这种熟人社会当中,社会结构的基本格局是"差序格局",即"从自己推出去的和自己发生社会关系的那一群人里所发生的一轮轮波纹的差序","好像把一块石头丢在水面上所发生的一圈圈推出去的波纹。每个人都是他社会影响所推出去的圈子的中心。""在差序格局中,社会关系是逐渐从一个一个推出去的,是私人联系的增加,社会范围是一根根私人联系所构成的网络",这使得其社会秩序成为一种礼治秩序。① 礼治社会不依靠外在的权力来推行礼,而是从教化中养成个人的敬畏之感,礼是人们生活甚至于生命本身的一部分。

在这样的村庄生活当中,文化网络的力量处处得到了体现。例如,在解决村庄水利、道路等公共品建设和维护问题上,往往以宗族牵头合作,农忙

---

① 以上参见费孝通:《乡土中国 生育制度》,北京大学出版社 1998 年版,第 9、26、30、48 页。

时节的帮工、农闲时节的串门频率都比较高,邻里亲缘、老人在联结社会关系纽带方面的作用非常明显,村庄舆论对村庄成员的约束能力比较强。在村庄的文化生活及闲暇方式上,也是折射出尊老爱幼、讲究公德的"仁义礼智信"精神内核。而所有这些蕴涵了以集体为本位的民族精神内核因素,都糅合在集生产、生活与娱乐为一体的村庄共同体当中。

但是,这种情况在乡村社会迈向现代化转型的道路中发生了急剧的改变。在目前的不少农村地区,农民的合作能力在急剧下降,农村社区自治意识弱化,村落社会关系纽带疏散及社区舆论对个人行为约束力明显降低,村落文化生活及社会闲暇金钱化、感官化、低俗化以及群众娱乐活动缺失对解构村落文化迹象比较明显,农民的精神自尊满足感降低,迷信及信仰虚无或极端,部分老人、妇女在遭遇矛盾纠纷时采取极端方式寻求自我解脱的比率在上升,等等。从现代化发展的角度来看,这些现象是中国作为一个后发现代化国家在资源不足的情况下,有民族凝聚力的文化建设欠缺的表现。

而从未来向度来看,倘若按照某些理论家所想象的那样,中国能像美国等先发现代化国家一样,建立起一种以个人为本位、高物质消耗的社会的话,即便我们民族精神所依赖的村庄基础发生裂变,并且消解,也无关紧要。然而,最致命的问题恰恰是,种种迹象表明,中国以及其他后发展的大国将不可能通过走这条老路达到"理想国"。这些迹象主要的有两点,一是资源的限制,二是市场的限制。关于第一点可以能源为例,仅仅占世界人口不足5%的美国,其消耗的能源近世界消耗能源的30%,中国人口是美国人口4倍,现有石油消耗水平约为美国的1/20左右,[①]如果中国人均能源消耗水平达到美国的一半的话,世界能源危机会恶性发展到何种程度可想而知。关于第二点,可以工业产品销售为例,由于后发展国家在国际分工中往往处于工业生产技术链条的末端,其参与国际市场的产品往往是科技附加值低而靠数量取胜的产品。如,中国现有生产能力已让制造业产品几乎遍布全球,试想如果沿着这条路将制造业能力再提高一倍(因为农村衰败而国内

---

① 贺雪峰:《乡村研究的国情意识》,湖北人民出版社2004年版,第13页。

市场需求严重不足的话),世界市场如何能容下这种生产能力?

在这两个基本制约无法解决的情况下,中国的城市化速度将是有限的,如果不顾其他配套措施强力推行高速的城市化的话,得到的结果可能就是印度或拉美地区大规模的城市贫民窟。在贫民窟中,基本的治安、卫生条件维持都将是成问题的,居民的生存尊严实现程度也必然降低,遑论在这样的条件上弘扬和培育积极向上的民族精神。

所以,如果要维持中国社会的可持续发展的话,则必须维持城乡协调发展。换句话说,在未来30年或更长时间内,中国将仍然有7—8亿左右的人口生活在农村,他们在物质生活基本达到温饱水平后,对村庄的社会和文化生存状态是否满意,是村落社会能否长期稳定的关键,也是在农民群体中民族精神能否得到弘扬和继续培育的关键。但在如何改善农民生存条件的问题上,现有研究的主要思路是让农民增收。而且,近两年来中央政府的惠农政策,的确使农民的收入有了一定程度的提高。可是,从长远来看,与高速发展的城市经济相比,农村经济发展的速度和规模仍将十分有限。所以,还必须在承认农村将长期相对落后的前提下,注重重建和培育农村社会的内源性活力,而不是任由其慢性衰败,以致出现新的城乡结构型社会断裂。毕竟,农民基本生存尊严的满足还需要诸多的非物质生存条件,例如,环境优良、人际和谐、邻里互助、能够在村庄中寻求到生活的意义、有文化参与、有社区共同体认同等,并非单一的经济发展所能提供。故而,在经济发展的同时,尤其是在农民基本的温饱问题已经解决的前提下,必须重视社会和谐与文化建设,引导农民构建一种经济成本相对较低,而社会和精神福利效益却相对较高的生活方式,使村庄重新成为能够实现农民基本生存价值和尊严,并可供其安身立命的地域、社会和文化共同体,提高农民对村庄生活的认同度,这是乡村文化重建的战略意义所在。

在此战略视角下,以文化重建为主要内容的乡村建设,就是与弘扬和培育民族精神紧密相联结的。重建适应现代化变迁需要的农村社区文化,培育农村社区自助机制,以使留在农村生活者不因为城市生活的诱惑而自感生活在村落中的缺失体面、尊严和精神自足,也不因为亲人、子女的外出而陷于社会与精神层面的无助、无靠和无盼，是弘扬和培育以集体为本位的民族精神的基本原则，也是其社会基础。农民必须生存在有社会互助支撑下的网络中，而不能是孤立无助的"原子"，其所面临社会网络疏散化、社区文化缺失化等问题有可能瓦解民族精神在农村社区再培育的内在机制。而从文化生活的角度来看，农民有大量的闲暇，它要么被投入非农生产换取收入（如前所述，这个空间有限），要么被投入文化娱乐生活，否则它将变成一种负担。

正是因为这个原因，我们必须看到，除了物质基础与民主权利需求之外，农民人生价值与生存尊严的实现，还依赖于和谐村庄共同体的认同、互助和可参与性的文化生活。这是无法转移到城市生活的农民，不因文化的边缘化而自感尊严缺失和精神绝望的社会"底线"。重建村庄文化，让集生产、生活与娱乐一体的村庄仍能成为农民安定生活的地方，已是和谐农村建设的必然要求。反过来，它又可通过塑造有凝聚力的村庄社会基础，为经济发展和民主推进创设良好的社会环境。

在这方面，温铁军等人作了一定的探讨。温铁军认为，乡村建设应是环保和文化的结合，要让农民知道，现在的主流媒体给农民的东西，不过是墙上画的一张饼，永远吃不着。因为，主流媒体、主流舆论告诉农民，"你们必须致富，只有致富才英雄，谁不致富谁狗熊"。在具体乡村建设策略上，他主张以工代赈和小额资金支持农户，改造民间金融，发展社区合作金融，并利用社区血缘地缘关系加强借贷资金的风险防范。[1] 此种观点显然在战略上更加强调中国作为后发现代化大国的特殊性，对国际、国内资源与政治条件有更为现实的考虑。但具体的金融合作亦需要一定社会基础（从当前大量的农民合作困境可见一斑），例如，依靠血缘、地缘关系防范风险都需要有一定强度的村庄文化权力网络作支撑，而对这一基础的研究尚嫌欠缺。

贺雪峰也指出，中国9亿农民顺利进入城市并且获得高的有保障收入

---

[1] 温铁军：《农户信用与民间借贷研究》，http://www1. cei. gov. cn/forum50/doc/50cyfx/200107311731. htm。

的前途,几乎没有现实性。从这个意义上来看,"如何确定中国自己的现代化指标与标准,如何以人本身,而不是从以时尚和广告所刺激起来的无节制的消费欲望,来确定中国自己的发展目标"①,就具有极其重大的意义。以美国为代表的西方文明是以消耗物质资源来获得个体价值,以对物质的占有作为目的的文明,这种文明具有疯狂外部性的特征。缺少内省,也不允许内省。个体主义价值观事实上让每一个个人都没有了真实的选择权,而被盲目的物质力量所强制,不是我们中华民族的基本精神所在,更不应该在物质条件无法达到的农村社区彰显这种精神。

中国农民作为一个整体,"没有可能享受到那种富裕的以大量物质消耗为基础的文明,但他们仍然可以过上衣食无忧的、有尊严的、体面的生活,这种衣食无忧、有尊严、体面的生活,不是以占有物质多少来确定人的价值,而是以人是否可以与自己的内心世界、与他人之间以及与自然之间的和谐相处来确定自己的价值"②。这是一种新的生活方式,因为与目前西方的生活方式大异其趣,又是一种旧的生活方式,因为它与中国传统的生活方式十分相近。这是在整个社会衣食无忧的基础上,以尊老爱幼、礼而有信,集体伦理为内核的民族精神在农村社会弘扬与培育的基础。

(二)当前农村文化建设的状况何以对民族精神弘扬与培育有影响

构建社会主义和谐社会,是我们党从全面建设小康社会、开创中国特色社会主义事业新局面的全局出发提出的重大任务,是我们党加强执政能力的重要内容。在中国社会中,农村人口占全国人口的大部分,因此农村和谐社会的构建就成为构建中国社会主义和谐社会的重要组成部分。所谓和谐社会,就是民主法治、公平正义、诚信友爱、充满活力、安定有序、人与自然和谐相处的社会,是指社会系统中的各部分、各种要素处于一种相互协调的状态。可以说,这是在农村社区弘扬和培育民族精神的一种现实化表达,而就

---

① 贺雪峰:《新乡土中国》,广西师范大学出版社2003年版,第249页。
② 贺雪峰:《如何进行乡村建设》,《甘肃理论学刊》2004年第1期。

农村文化建设的情况来看,其水平远滞后于农村经济发展的水平,以致形成了某些不和谐因素,对民族精神的弘扬与培育形成了一定的客观阻碍,具体地说,主要表现在如下几个方面。

首先,农村文化的供给与需求矛盾突出。2002 年,中国第一产业总值由 1978 年的 1018.4 亿元增加到 16117.3 亿元,农村人均纯收入由 1989 年的 602 元增加到 2476 元,农村居民人均消费水平(绝对值)由 1978 年的 128元增加到 2259 元。农民物质生活水平的显著提高,必然增加对文化消费的需求,以提高精神生活质量。但是,农村文化的供给水平并没有与文化需求的增加相匹配,文化设施、经费、人才严重不足,农村文化空间缩小,文化供给满足不了日益增长的农村文化需求。在文化需求得不到满足的同时,农村有限的文化消费过程中,消费结构又极不合理。一方面受文化供给瓶颈的制约,农村居民文化消费支出在总支出中的比重低。2002 年中国农村恩格尔系数为 46.2,比同期的城市恩格尔系数高出 8.5,说明农村居民消费支出主要用于基本物质生活消费,当年农村居民家庭文教娱乐支出的比重只占 11.47%。① 而且这 11.47% 中有很大一部分是用于支付子女教育费用的。

其次,更为深层次的原因是,农民生活所依赖的文化在物质标准与媒体效应的刺激下,在社会文化当中越来越边缘化。这种变化对农民生存所带来的压力,丝毫都不比经济上的压力小。正如有学者指出:"'三农问题'并不仅仅是来自今日中国的经济和政治变化,它也同样是来自最近 20 年的文化变化。这些变化互相激励,紧紧地缠绕成一团,共同加剧了农村、农业和农民的艰难。"②农村社区中出现了乡土艺术的凋零、文化形式的被摧毁、远离农村生活的本真状态的娱乐形式已占据主流等问题,更重要的在于,在边缘化的过程中,"农村普遍出现了一种无意识的精神上的不安、文化上的焦虑"。城市高速发展,不断地变幻的物质生活和文化享受形式形成了一种

---

① 以上参见汪前元、朱光喜:《构建农村和谐社会的文化困境与对策》,《湖北社会科学》2005 年第 7 期。
② 王晓明:《L 县见闻:"三农"问题上的文化诱因》,《天涯》2004 年第 6 期。

强大的、近乎不可抗拒的诱惑。它与贫穷落后的乡村的强烈对比,使本已日益衰弱、消失的乡土文化雪上加霜。文化生活的严重失衡,造成了无力避免文化的变化,导致精神生活失去支撑的农民的心理恐慌。在中西部地区的不少农村地区,出自农民创造并表达农民劳动之余对爱和美的生活的追求与表达的文化形式,在边缘化的过程中失去了基础。我们知道,农村的文化生态是一个自有其存在价值的独立系统。它是农村共同体内的一个"精神家园"。人们从这个"镜像"里可以看到自己本来的身影,从本质上讲,它超越于感官的物质享受之上而不受农村的贫穷或富裕支配。当农民的生存已经使不再是一个封闭系统内的生活,并且还"失去了从容不迫的氛围",那么想要从乡土文化中再次发掘出一种安身立命的资源便是极为困难的。①

再次,农村文化建设能力不足所带来的种种弊端已有了比较明显的表现,严重地妨碍了民族精神的弘扬与培育。例如,一是,人们常说的伦理、道德观念的蜕变问题。在部分农村地区农民道德失范,社会正义感淡化,责任感、义务感消失,荣辱观、是非观混乱,拜金主义、享乐主义、个人主义滋长,不赡养老人、不孝敬公婆以及打骂虐待老人的现象时有发生。二是,不少地方农民的集体观念正在急剧地淡化,在物质利益的刺激下,他们只关心自己发家致富,对公益的事漠不关心,集体组织已经缺乏感召力、向心力和凝聚力,而反映在某些农村干部身上,则是腐败现象蔓延,党风政风受到很大损害,在部分地区干群关系比较紧张,农民对干部敬而远之。三是,在这种背景下,一些农民由此对社会主义前途发生困惑和怀疑,在正常的群众参与性文化消费不足的情况下,不少地方封建迷信活动沉渣泛起,宗族、宗派活动有惊人发展。这既从一个侧面反映了一家一户农民走向市场经济后,在激烈竞争中产生的困惑和迷茫,对失落的精神家园的向往和追求,又反映出相当多的农村文化的苍白与乏力。四是,一些农村地区农民精神生活单一化,

---

① 石勇:《被"文化殖民"的农村》,《天涯》2005 年第 1 期。

快感化，"尤其是赌博，如同瘟疫在农村蔓延"①。此外，一些乡村修庙宇、建阴宅风气盛行，看相的、占卦的，还有巫婆神汉招摇过市，一些非法宗教组织也趁机活动，扩大自己的势力。这些不良社会文化风气严重影响了农民的身心健康，降低了农民的生活质量，也妨碍了民族精神的弘扬与培育。我们无法设想在这样的乡村文化基础上进行有益于发扬民族精神的活动，如果要在农村社区弘扬和培育民族精神，就必须通过一定的具体手段，"瞄准"以上现象以及背后的社会基础进行有针对性"治疗"。

总之，当我们考虑在农村社区弘扬和培育民族精神这一战略问题时，就必须考虑乡村的社会文化基础。而对这一个基础，我们不能仅仅满足于所谓的"现代设施"，电视也罢，图书室也罢，没有相应的组织动员机制，群众参与性的村庄文化生活就难以形成。而倘若消解掉群众参与性的因素，在个体的文化消费选择上，因为集体文化生活的缺乏，必然影响到村庄的社会关系纽带，进一步让农民感觉面对一个不属于自己的文化生活世界。再加上，农业生产的特殊性，农村生活所依赖的卫生等条件较差，农民常感暴露在单家独户力量无法解决的种种不确定性因素的威胁之下，于是容易转向对宗教的依赖。以电视为例，它无疑是农民应具备的文化消费的物质条件之一，如今在中西部地区大部分的农村地区电视也已经基本上普及了，而且频道也越来越多。这对农民来说自然是一种文化享受。可是，为什么很大一部分农民沉醉在搓麻将、打纸牌甚至于赌博、迷信当中呢？这足以说明，物质的基础并不能代替文化生活本身，文化的享受不仅在于它的内容，还在于它的形式，具有参与性才是真正的享受。农民将电视作为摆设，归根结底是因为，在电视面前，农民单向的接受，只是一个看客，快乐着别人的快乐，悲伤着别人的悲伤。况且，现有电视节目中播出的主要内容与农民的生活无关，这样的节目只是越来越把农民当做应当教育和改造的"傻瓜"，按照电视中渲染的豪宅、名车、美女的"小资"消费主义生活，只能证明农民"无用"，"人生毫无意义"，其生活是"落后"、没有尊严可言的"非人"生活。在

---

① 马照南：《建设农村文化的现实基础》，《中共福建省委党校学报》2000 年第 9 期。

这样的电视节目面前,十个或几十个频道又有何用?

很显然,当原本集生产、生活与娱乐为一体的村庄失去了健康的文化作为支撑时(并且,如前所述,其生产在经济上的意义相对于整个国家经济的发展而言,也会越来越成为一种弱势和边缘性生产),村庄的生活就会无意义化,而这有瓦解农民的自尊、生存尊严所依赖的社会文化基础的危险。如果失去了这个基础,在农村弘扬和培育民族精神之战略将无从谈起。而如何培育这个基础呢? 如上所述,在现有农民温饱有余的物质基础上,其关键是培育群众参与性村庄文化生活的组织与动员机制,这是本研究的基本思路之逻辑起点所在,也是通过乡村文化重建弘扬和培育民族精神的核心着力点所在。

三、通过乡村文化重建弘扬和培育民族精神

在弄清楚通过乡村文化重建弘扬和培育民族精神的核心着力点之后,我们则可以围绕这个核心的着力点,选择适当的"工具"。依笔者愚见,如下两样重要"工具"是在现有条件下比较容易打造出来且能发挥良好作用的。

(一)建设老年人协会

之所以从建设老年人协会开始着手重建乡村文化是因为,老年人是作为弱势的农村中的弱势群体的。同时,老年人在村庄文化生活当中的状况,是尊老爱幼、长幼有序的乡村文化基础。再次,农村老年人虽然也力所能及地参加一些劳动,但老年人的闲暇时间是最多的,如果不能有适当的文化生活来充实的话,这些闲暇时间就是一种较之于中年人、青年人更为沉重的负担。重建农村老年人参与性的活动载体与机制,对于增强村庄共同体意识、社会关系纽带,培育村庄舆论,确立尊老爱幼的良好社会秩序,形成人际和

谐的村落社会,有着重要的作用。

　　有调查表明,农村年轻人外出务工后,留守老人的文化生活与精神状况明显下降,老人的孤独感增强,家庭地位下降。[①] 重庆市开县农调队的调研也表明,农村老年人的生活居于村庄的边缘地位,要改善其生存状态,就必须做到"老有所养,老有所学,老有所为"[②]。当老年人在村庄文化生活当中越来越处于边缘的位置,尊老爱幼、长幼有序的文化基础自然就难以建立起来,老年人的闲暇时间变成了枯燥无味消磨残年的负担。同样,在这样的村庄中,针对不利于老年人的社会现象,如不尊敬老年人甚至经常打骂老年人的行为,也得不到有效的谴责。

　　而通过老年人协会及其较为频繁的活动,这种现象就可以得到比较明显的改善。

　　不过,必须指出的是,这里所说的老年人协会,必须是有实质性活动的老年人协会,而非仅仅在统计上具有数字意义的老年人协会。因为,据有关资料显示,截至2001年年底,全国已有老年人协会42.5万多个,其中,56%的农村行政村都建起了老年人协会,协会数量达到37.3万多个。[③] 但就笔者及相关研究者在中部农村地区的调查来看,真正有老年人协会活动的村庄非常之少,故而,以上数据有类似于我们在农村调研中常见的村会计按照上级要求填报农民人均年收入等数据一样的嫌疑,以致在统计数据上有显示,而在现实生活中没有对应的实体。

　　实体性的老年人协会对乡村文化建设以及由此而引起的村庄共同体建设和在此基础上的民族精神的弘扬与培育,又有何作用呢? 关于这一点,我们可看看一些现有实体性老年人协会的活动情况以及由此带来的社会效应。

　　根据贺雪峰、王习明和董海宁等人的调查,江浙两省村一级大都设有老

---

① 杜鹏等:《农村子女外出务工对留守老人的影响》,《人口研究》2004年第6期。
② 张胜:《老有所养,老有所学,老有所为》,《调研世界》1999年第7期。
③ 李宝库主编:《跨世纪的中国民政事业·中国老龄事业卷(1982—2002)》,中国社会出版社2002年版。

年人协会,且老年人协会活动很多,作用颇大。苏南地区老年人协会组织大多是健全的,作用没有温州大。苏中和苏北地区老年人协会也是有的,只是大多流于形式。在江浙地区,不仅沿江发达地区老年人协会活动频繁,影响极大,而且贫困山区老年人协会也作用很大。沿江发达乡镇党委书记和贫困山区乡镇党委书记常感叹,老年人协会在某些时候的作用比村支部还大,有些事情,特别是涉及民间纠纷的调解,离开了老年人协会就是解决不了。

老年人协会除了日常的打牌娱乐、喝茶聊天以外,每年农历九月九日都会举行盛大的聚餐宴会,这几乎是所有老人都心向往之的节日。有空闲时间,老年人协会还可能请来戏班唱戏。老年人协会的会长和其他一些活动积极分子不仅维护老年人权益,调解村内民间纠纷,而且配合村干部的工作,特别是在宣传计划生育、创建文明村庄、提倡殡葬改革等方面的作用很大。老年人协会往往还参与对村财务的监督。

老年人协会的作用还在形成村庄预期方面具有极其关键的作用。村庄预期可以分为两个方面,一是村民对自己未来的预期,二是村民对村庄生活的预期。稳定预期有利于提高村民的责任感,减少机会主义行为。因为有了稳定预期,村民会在年轻时就为未来投资,从而形成长远利益,也因为有了稳定预期,村民会考虑全村人的整体利益。短期的个人的经济利益是重要的,但不是唯一的。与短期的个人经济利益同等重要的还有长远和整体利益,这种长远和整体利益的考虑,就为村民之间的相互信任与合作提供了基础,就为村庄公共工程和公益事业建设提供了基础,就为民主的村级治理提供了基础,也就为增进村庄整体福利提供了基础。在这种可以增进福利的村庄,村民愿意在村里生活,他们年轻时可能不得不外出打工赚取收入,但他们都准备着年老时回村居住。村庄是生他养他的地方,也是他将来的归宿所在,他离不开这个值得他预期的根的所在。就是那些已经搬出村庄外出工作的人们,他们也无法与自己的村庄割断联系。老年人协会的有效活动,又大大增加了传统本身的资源量,也就是增加了村庄的社会资本。这样一来,老年人协会就越来越向良性的方向发展,村庄治理也就越来越有希望。①

那么,如果在那些缺乏传统民间资源地区,比如说我国中西部地区的农村,建立老年人协会,并由老年人协会组织村庄群众参与性的文化娱乐活动的话,情况会如何呢? 要回答这个问题,就要靠一定的实践来看其效果。笔者所在的华中科技大学中国乡村治理研究中心开始了通过建设村庄老年人协会来重建乡村文化的乡村建设实验。自 2002 年以来,实验通过自村庄外面注入一部分资源(以经济资源为主),让农村老年人自己组织协会并开展活动。结果发现,外界注入的资源数量不一定多,却可以保证老年人协会的活动向良性方向发展;而这种活动,又在形成村庄预期、调解村庄矛盾方面发挥作用,村庄的社会资本增加了,良性村级治理也增添了些许更为现实的可能性。

具体地说,在湖北荆门与洪湖市的 6 个村庄实验表明,老年协会的作用主要在于开展丰富多彩的能够吸引老年人参加并能增进老人福利的活动,并通过活动在逐步改变村庄文化生活风气,对于弘扬和培育尊老爱幼、积极向上的精神起到了基础性的动员作用。

第一,丰富了老人及整个村庄的文化生活。每个协会的活动中心都购有放映影碟电视的设备和桌椅板凳,平日每天老人都可在那里免费观看戏剧片录像或电视剧,打纸牌或麻将、聊天下棋,而且有茶水供应。有的还购买了锣、鼓、铙等乐器和演出服装、道具,进行自编自演;有的经常开展诗歌、书法活动,将优秀的诗歌和书法作品贴在中心的墙上,定期更换。逢庆典、节日,老年人协会还举办一些大型的娱乐活动。洪湖渔场老年协会在重阳节和成立周年庆典时开茶话会,请全村人观看本村老人表演的自编的渔鼓调,在春节时玩龙灯。在荆门新贺等村的老年人协会活动中心,在农闲时差不多每天都有 20 来位老人到协会活动,参加老年协会的文娱表演活动。老年人协会还在日常活动中逐渐形成了一个不成文的规矩,每个月都有两天作为他们的集体活动日,到了那两天,所有的老人当然也有村里的中青年

---

① 贺雪峰:《老人协会》,http://www.snzg.cn/shownews.asp?newsid=544。

人,来到活动中心,参加集体学习,观看表演。这使得活动中心进一步发挥了作为一个村庄公共空间的作用,是弘扬与培育民族精神的具体的村庄社会组织网络。

第二,为老人提供物质资助和精神慰藉。老年协会尽管经费不足,但每个村的老年协会都尽量给予老年人生活关怀,包括带上简单的慰问品看望生病的老人;遇上村中哪个老人过生日,老年人协会都会在主人允许的前提下,买上寿鞭,协同腰鼓队去为老人祝寿,他们的这种行为不仅得到了老人的认同也得到了他们子女的肯定;如果村里有老人过世,老年人协会也会进献花圈,有的村还会开追悼会;老年人协会另一项重要的生活关怀活动是到敬老院去看望五保老人。在老年人协会,我们可以看到老年人协会办的板报或者是贴在墙上的一些简单的字句。这些或是协会老人自己写的打油诗或是请老人们认为有知识的老人为他们写的,内容大多都来自于老人自己的内心感受,大多是勉励老人要开阔心胸,要重视自身的价值,规劝子女要孝顺老人。实际上,通过这样活动,赋予了老年人生活以意义,而对年轻人来说,这也为他们创设了一种可以接受的村庄生活预期,也是弘扬与培育民族精神的文化基础。

第三,老年人协会对不孝行为进行批评,维护老人合法权益,同时也在逐步矫正村庄的舆论基础。在现有的村级治理当中,干部"难断家务案",无法也不愿管儿女不孝顺老人的事。由于没有组织撑腰,老年人也只能忍气吞声。成立老年人协会后,协会会员腰杆都直了,碰到有子女冲撞老人的事,都能仗义执言,加以劝阻。老年人协会开展玩龙灯的活动前,请党支部在本村宣传并向邻近的村场发倡议,要村场及农户向老人表孝心、支持老年协会的活动,发起评选"十佳敬老家庭"的活动。如贺集村老年协会在重阳节全体村民会议上用自己编导的文艺节目表彰了3户老有所为、子女孝顺、关系和睦的家庭和一位经常到老年活动中心出谋划策的老年活动积极分子,批评了成天打麻将、买地下六合彩的不良现象,使全村村民都受到了很大教育。很显然,在重建村庄的文化生活过程中,实际上对村庄的秩序悄悄产生了影响,使得民族精神的弘扬与培育有了实实在在的组织网络和社会文化基础。

　　第四，调解家庭矛盾。调节村民之间的矛盾往往是一件让中西部地区村干部头痛的事情，但老年人协会成立后，通过活动形成了自己内部的凝聚力和对外的权威性，在村庄纠纷调解中发挥了重要的作用。例如，在取消了农业税后，农民的种地积极性很高，同时以前遗留的土地流转所造成的问题日益突出，在调解这些纠纷中老年人也发挥了不容忽视的作用。在不少村庄老年人协会活动室的墙上，就贴着很多针对土地问题所达成的调解协议书，很多的调解人都是老年人协会的成员。

　　第五，老年人协会的活动让年轻人更能自在地往返于城乡。对于子女在外地工作定居的"留守老人"来讲，他们虽然可以到城市里和子女一起生活，但是在自己的社区里生活了这么多年，"所拥有的社会关系以及社会地位等一切的社会资源，以及农村的安静的生活环境都是老年人所无法割舍的，也是城市所无法比拟的。"老年人协会的活动可以让这些老人重新回到他们生活过的熟人社会中来，过上一种并非孤独无助的生活。对在城市工作的子女来说，也为他们减轻了负担和忧虑。

　　可以说，老年人协会给老人带来物质福利很少，但精神福利却是巨大的。它可让老人找到精神寄托，重建生活的意义。老年人协会也在开始改变村中青壮年的生活习惯和对未来的看法，中青年看到老人生活得幸福，也不再对未来失去信心，生活得比较踏实了。他们不再在农闲时整天坐在麻将桌边了，而开始参加打腰鼓、跳健身舞等有意义的活动。自从老年人协会成立后，几个村中的家庭纠纷明显减少，也再未发生过自杀的事情。

　　老年人协会作为一个老年人自己的社会生活空间，它能让老年人获得重要的社区参与权，在社区中找回自我。"社区支持网络的介入，与家庭支持网络共同作用，更有利于二者作用的发挥，增加了老年人社会支持网络的数量和质量"，让他们感觉自己还是一个有用的人，增加了他们的自尊感。它的扩散效应也证明，农民（而不仅仅是老农）可以通过培育组织网络体系及其动员机制，重建乡村文化生活，满足生存尊严。从更为深层的角度来看，在现有物质和乡村社会组织基础上，它可以作为重建乡村群众参与性文化生活的"酵母",用以弘扬和培育民族精神。[1]

可是,通过建设村庄老年人协会并扶持其活动,究竟需要支付多少成本呢? 我们可以就此做一个粗略的估算。因为老年人协会及其活动的自组织性很强,活动也贵在参与,并非以消耗物质资源为快乐和有尊严之标准,其花费一般不大。若在村委会等正式组织能为其解决基本的活动场地的基础上,根据调查及实验的经验,每年每个村庄的正常运转只需要 3000—5000元(取最大值 5000 元,平均每个老人每天也仅 0.10 元左右)即可比较好地维持下来,全国按 70 万个村算,每年只需 35 亿元。[2] 而税费改革后国家转移支付仅粮食、种子"直补"给农民的费用远远高于 35 亿。问题还在于,每亩地 10 余元的补贴,对于农户生存条件的改善并不明显,而若能集中起来发展老年人协会却能明显改善农民的非物质生存条件。故此,国家仅仅免除农民的税费即可,而补贴则可通过资助农村社会事业发展的形式,如成立老年人协会,直接通过财政拨入老年人协会在银行的账号(在客观上这还可以省去乡村干部将国家转移支付分发到分散的农户这一环节的繁杂手续,降低乡村正式组织的运作成本)。每年只需要支付 35 亿元左右,国家就可以通过在农村社区建设老年人协会,并依赖其活动进行乡村文化重建,弘扬和培育民族精神,实在是一项低投入高"产出"事业。

(二)激活群众文体生活

1. 大力发展农村群众体育

从一定程度上来说,群众体育活动是民族文化的一个主要组成部分,同时它也是弘扬和培育团结奋进的民族精神的重要途径之一。具体地说,开展农村群众体育运动对于弘扬和培育民族精神有如下好处:

第一,有利于提高农民的体质。要使农民体质得到提高,首先要转变观念,把开展农村体育作为农村社会主义建设的重要方面来抓。组织农民参

---

[1] 王林丽:《高阳老年人协会调查》,http://www.snzg.cn/shownews.asp?newsid=5108。
[2] 贺雪峰:《老年人协会纪事之一:洪湖老年人协会》,http://www.snzg.cn/shownews.asp?newsid=1746。

加体育活动,使文化、体育等健康文明的生活方式进入到农民的生活中去,以提高农民的身体素质和生理机能。

第二,有利于农村和谐社会建设。开展群众性的农村体育运动,可以从一定程度上废除陋规恶习,对于激发人们的上进意识和竞争意识具有独特的作用。通过开展健康的农村体育文化活动,可以使农民在精神上有新的追求,迷信落后的生活习俗不再延续。通过参加体育比赛以及观看体育比赛以激发农民爱国家、爱集体、爱家乡的热情,强健农民的体魄、娱乐农民的身心、陶冶农民的情操,培养他们团结合作、拼搏进取的精神。

第三,有利于农村社会稳定。群众性的体育运动不仅能减少疾病,而且会产生良好的社会效果。通过群众体育运动把广大农民吸引到健康有益的体育文化活动中来,充实农民的闲暇生活,农民参与违法乱纪的事情就少了。据调查,许多体育先进乡村一般是"无赌村"、"无刑事案件村"、"文明村"、"文明乡",[1]其主要原因就是群众参与性的体育活动,改变了农民闲暇生活的空虚状态,并转而赋予了积极健康的内容。

第四,有利于传统体育项目的发展。中华民族传统体育项目也是中华民族精神物化的一部分,而这种传统体育项目恰恰在农村比城市更有条件得到发展,故而,发展农村群众体育,也能使民间传统体育项目获得发展的新机遇。

但是,目前有一种错误的倾向认为,农民的体力劳动比较多,因而体育只是城里人的一种"休闲"。确实,所谓的"休闲体育"需要有较高经济发展水平为基础。[2] 我们这里所指的农村群众性体育运动,虽然也是用健康、高雅的方式丰富农民的闲暇生活,弘扬和培育民族精神,但却并非"高雅休闲体育",其核心在群众的参与性。它让农民在群体互动活动中,找到生活乐趣,展现生命价值,不用金钱去衡量生存尊严的实现程度,而只是在农闲时依靠村庄共同体赋予人生以意义。

---

① 王建欣:《开展农村体育重要性的几点认识》,《体育文化导刊》2003 年第 8 期。
② 陈志强、苗向荣:《生存·享受·发展是农村体育生命力的源泉》,《山西师大体育学院学报》2000 年第 3 期。

因此,农村群众体育运动并非没钱就不能开展。有相当一部分人认为,开展农村体育活动就得花钱,而一些农村并不富裕,很难抽出较多的钱来兴办村里的体育事业。故而,在实践中即是,有不少乡镇及农村干部在工作中,是上级布置什么工作,基层安排什么工作。而与"收粮派款、刮宫引产"等硬性任务相比,农村群众体育运动是软性的工作。同样的误区还在于,一提到体育人们就想到了正规的竞技体育,而农村缺乏专门人才。而实际上,农村体育运动重在群众参与性,让农民在自我参与中找到乐趣。因此它可以不需要高规格的训练,未必需要十分正规的场地与设备,也不是没有专业教练就无法开展。

关于这一点,新中国成立以来,农村群众体育运动发展的情况也给了我们以启示,不是在经济困难时期,而是在农民物质生活水平有了很大提高之后的20世纪八九十年代,农村群众体育运动急剧衰落。那么,在物质资源比较贫乏的时期,农村群众体育运动究竟是依靠什么资源而蓬勃发展起来的呢?对此,我们可以对改革开放前农村群众体育运动的组织机制进行一个简单的梳理。

相比较而言,共青团在农村中对群众体育运动起了一定的组织作用。从新中国诞生以后,农村群众体育工作就是由青年团组织负主要责任的,由团组织负责领导是农村体育中常见的现象。其次,农村民兵连起到了农村群众体育组织的基石作用,由于民兵组织体系的完备,群众基础的广泛,训练活动的频繁,遂成为农村体育活动组织和参与的基本单位。再次,学校不仅为农村群众体育运动提供技术帮助,还为农村体育输送积极分子。最后,在公社一级常组织群众性的体育比赛,促进了群众体育运动的发展。从政府体育行政工作的视角看,共青团和人民公社都是农村体育的重要"推手",民兵连才是农村体育的"抓手",农村体育组织的"基石"。有了这块"基石",共青团、民兵、学校等就有了在农村体育中共同发挥作用的"平台"。

有了农民群众体育活动的组织及动员机制,结果是,在物质条件并不良好的情况下,农村群众体育活动总还是持之以恒地开展着。当然,我们现在农民体育"协会"也不少。有统计表明，至1999年，全国31个省、自治区、直辖市及70%的地市、50%的县、40%的乡镇成立了农民体育协会，虽然已经有相当数量，但农民的体育活动仍得不到正常开展。①

当然，作此比较分析并不等于说农村体育就不需要投入，只是通过分析资金投入不多同样可以开展农村群众体育活动来说明，它的核心问题在于能否建立农民群众体育运动的组织及相应的动员机制。而在当前，依笔者愚见，重建此动员机制，发展农村群众体育运动，在农村社区弘扬和培育民族精神，应考虑以下几点。

第一，重建村庄文体活动组织，如"文体队"（具体名称并不重要）。鉴于常住家中的年轻人不多，故单独依靠年轻人可能性不大，也未必局限于年轻人爱玩的篮球、武术等体育形式，将体育活动与后文将要分析的文艺活动结合起来，让中青年男女都可参与进来。在活动场地上，体育活动场地可与老年人协会活动场地、文艺活动场地结合起来。如，一个篮球场同时也可作为老年人表演地方戏曲、中青年排练腰鼓、男女老少扭秧歌的场地。在动员机制上，可借鉴老年人协会活动的动员机制。再加上每年农闲季节可由乡镇依托中学场地，组织各村进行一次比赛，奖品不需多，重在使农民在参与中培养村庄共同体意识。

第二，在形式上注意与农业生产劳动特点相结合。农业生产四季忙闲不均，所以农忙农闲时节的群众体育活动安排必须讲求合理和科学，不是政府为活动而活动，而是农民在农闲时需要活动而活动。同时，还必须考虑当地经济发展水平和物质生活相适应，即使在一个县内不强求各乡镇千篇一律开展某项活动，以避免成为推广政绩工程的过程。

第三，在内容上注意竞技性与娱乐性结合，以娱乐性、参与性为主导。农村群众体育的战略意义在于，培养村庄共同体意识，丰富农民的闲暇生活，重建乡村文化，从而达到弘扬与培育民族精神的目的。故而，群众参与

---

① 唐永干、王正伦：《从他组织到自组织：农村体育的历史抉择》，《体育文化导刊》2004年第11期。

和自娱自乐才是其核心所在。事实也证明,农村群众体育也是民俗文化的一种表现形式,很多体育传统项目正是为农民群众所喜闻乐见,娱乐性强而得以流传久远。①

第四,正确处理群众体育运动中的一些特殊问题。群众体育运动既然涉及群众参与问题,就难免会在运动中因村庄中的宗族、派性等力量的相互作用而产生一些问题。对于这些特殊问题,虽然数量不会很多,但必须妥善处理。首先,必须明确一点,如果群众性体育运动中有宗族、派性力量的互动,恰恰证明,群众性体育运动激发了农民的共同体意识,只要对这种共同体意识注意适当控制,限制其消极作用,发掘其对农民的凝聚力,就可为弘扬和培育民族精神作贡献。但有些农村干部为了减轻工作负担,往往因担心出现此类问题,而禁止群众性体育运动。从农村文化建设这一战略来看,这样做实际上是弊大于利,因小失大——当然,县乡干部出于减轻施政风险的理性考虑,可避免自己承担出事故的责任(故而,应对县乡干部的问责体系进行一定的调整,不可不问性质"一刀切"地搞"一票否决")。其次,因为年轻人外出务工增多,留守在农村的主要是中年人,群众体育运动中出现意外事故的几率在下降,如果管理得当,可以将这个概率降低在可接受的范围之内②——相反如果没有群众体育运动,农民主要依靠赌博打发闲暇,而因赌博引发的事故数量将远高于前者。

2. 积极发展农村群众文艺

在农村,群众体育又往往是与群众文艺分不开的。与群众体育一样,群众性文艺生活也是在农村社区弘扬和培育民族精神的一条重要途径,而且,其内核也在于两点:一则是其内容贴近农村实际生活,二则是其群众参与性,能让农民体会到这是自己的文艺生活。

具体而言,我们可以对农村群众文艺活动的社会效应,做一个简要的梳理。

---

① 陈梦周、吕明元:《农村体育与农村经济发展关系研究》,《天津体育学院学报》1995 年第 4 期。
② 许毓成:《农村宗族与农村体育关系初探》,《体育学刊》2003 年第 4 期。

第一,农村群众文艺的生成和表演,一般是配合一定的民俗活动而进行的,常借助于一定的民俗氛围。① 生丧嫁娶,四时八节,人们在人生的重大境遇中的情感、节庆典仪中的心理,都需要一定的形式来抒发,而农村群众文艺正好迎合了这一需要。

第二,农村群众文艺所表达的某些内容以及表达这一内容的形式,本身就是生动活泼的民俗活动的反映。民间文学、民间音乐、民间舞蹈、民间戏曲以及民间剪纸、灯彩等,一旦失去民俗的依托,就会立即丧失其艺术的魅力。如民俗学家采·柯克雅拉说:"民间文学和民族传统的统一性,这种统一性也由下面的事实所证明,即假如去掉由特殊的服装、习俗和那种赋予它们以一致性,赋予它们以灵魂——而常常也是意义——的信仰所创造的那种背景,那么,人民口头创作的作品就常常完全丧失了生命。"②

第三,农村群众文艺是农民审美观照与生活承袭的结合,它给农民以生活美的享受,而其产生和发展的土壤在于农村生活本身。农村群众文艺是民族传统最重要的传承方式之一,"是即时民俗社会的传神写照"③。因此,重建乡村文化正是农村群众文艺的大显身手之地。

第四,农村群众文艺有利于农民在集体参与中振奋精神,实现生存尊严。如在年节盛行的"社火"、跑旱船、舞大龙、扭秧歌等,每次活动都相当于让农民在集体仪式中操纵了一遍自己的"姿势"。它们不仅仅是表演性的活动,而是能让农民感到有自我存在的民众集体生存方式,因感觉、情感、想象与参与而引起的文化体验,会塑造农民与自然界、他人与自我和谐相处的生存习惯。

为更为清楚地展现农村群众文艺与农民的生存与民族精神的弘扬和培育之间的有机联系,下面我们以地方戏曲为例再做一简要分析。

地方戏曲是我们民族文化的一个重要组成部分,地方戏曲多剧种共同

① 李凤亮:《论民间文艺的民俗文化学意义》,《思想战线》2003 年第 4 期。
② 陈建勤:《文艺民俗学导论》,上海文艺出版社 1991 年版,第 177 页。
③ 张士闪:《艺术民俗学视野里的民间文艺》,《山东社会科学》2002 年第 4 期。

繁荣是民族情感培养的一部分，①但是地方戏曲在城市当中的生存困境已可谓日益明显，虽有专家疾呼"地方戏曲的根不能丢"②，但其观众断层现象仍十分突出。③ 可是我们在农村调研看到的却是另一番景象，在农村社区，自20世纪90年代中后期开始，虽然电视越来越多了，其对农民的吸引力却未见增强，倒是地方戏曲的复兴势头很强。究竟是何种原因促成了此现象呢？答案在于农村社区中的地方戏曲演出条件以及演出的组织方式。

第一，它面对的是仍带一定乡土色彩的村庄文化。在农村，特别是那些经济相对较差的农村，农民距离都市化的、网络化的、多媒体的、前卫的文化娱乐生活还很遥远，并且在这些文化当中找不到自我，在这些文化传播器面前是"落后的"、"不合格的"木偶被动式的看客。而农村地方戏曲产生于农村生活，植根于村庄文化，有发展的条件。

第二，它是一种便宜的娱乐方式。农民自编自演地方戏曲剧组成员并非以此为职业，只是在闲暇时间里赚点额外的收入，故而，其演出的价格比较低，农民可以接受。同时，农村尤其是经济条件较差地区，生活费用低，开支也小。乡亲们出于对演职员的关心、热爱，也还有一些不列成本、不计开支的消费支持。如一盒烟，一壶茶，一杯酒，一顿普普通通的农家饭，这些都透着浓浓的乡情和戏外文化气氛。④

第三，它是群众参与性的娱乐方式，这是地方戏曲在农村有市场的根本原因。通常一次演出，有策划者、组织者，他们常常又是指挥者和演出者，自己负责诸如人员接送、食宿安排、舞台场地、广告宣传、水电供应等。有的人既是观众，又是义务剧务、舞台后勤甚至值班警卫。而对小孩子来说，农村简易的剧场是不可多得的俱乐部和游乐场，大人看大人的戏，小孩玩小孩的游戏，这种情况在农户办喜事请人唱戏时最常见。

这样的演出，内容固然也重要，与农村生活、节日和喜庆相关的内容，让

---

① 刘俊鸿：《地方戏曲发展刍议》，《艺术百家》2003年第1期。
② 邹平、陈忠国：《地方戏曲的根不能丢》，《上海戏曲》2001年第2期。
③ 沈越：《浅谈戏剧观众断层现象》，《戏文》2005年第1期。
④ 武斌：《试析北方农村的戏曲市场》，《张家口职业技术学院学报》2000年第2期。

农民感到是"近距离"的生活,但最为重要的是农民在群体参与性当中找到了文化意义上的自我,找到了生存尊严的文化基础。在这种氛围里看戏,他不再是单纯的看客,演员是自己熟悉的人,农民感到自己是文艺生活当中的一分子,乐自己所乐——当农民进到了城里,"生存的压力,逼得他们不可能悠然自得地在剧场里等戏看"①,剧院只是以货币为单位度量其资格而将其拒之门外的场所,只是塑造其社会底层无生存尊严感的工具。② 而农民的演出虽然较之于正规剧团演出缺少艺术性,但它毕竟是农村生活的一部分,且不管是演员抑或观众,都是这种生活的主人。

农村地方戏曲是这样,其他群众性文艺亦是这样,它们的内容与农村生活贴近,它们的组织机制是群众参与性的,故而能突出农民的主体尊严。因此,农村群众文艺,对于丰富农民文化生活,重建乡村文化基础乃至乡村文化的自信,都是极有好处的。它可以重新赋予农村生活以意义,让暂无法进城或因无法长期在城市生存而返乡的农民,不至于因乡村生活的贫乏而无法实现生存尊严。它让农民在群众参与性的活动中找到自我,让民族传统审美与当下农民日常生活相结合,故而,它是在农村社区弘扬和培育民族精神的一条捷径。

最后,我们还要加上一问,开展群众体育运动和文艺活动,需要多少经济成本?对此,章星球做过大胆的假设,用十来年时间,投资1000亿美元在农村建一个文化中国。③ 依笔者愚见,实际所需远低于此数字。因为,章星球的大胆假设加入了利用经济手段引导农民进行文娱技能的学习等因素。我们可以村庄老年人协会的活动经费为参考,国家对村庄文体队进行同等额度的转移支付,也即每年全国投入35亿元,足可保证文体队的正常排练与演出。因为,实际上我们不在养一支专业的村庄文艺队伍(农民群众文艺队伍是生产之余闲暇消费,也并不需要国家养),而是以此激活农村的群

① 罗欣荣:《戏曲生存与文化环境》,《广东艺术》2004年第2期。
② 薛毅:《有关底层的问答》,《天涯》2005年第1期。
③ 章星球:《还农民一千亿,建一个文化中国》,《三农中国》第5辑,湖北人民出版社2005年版,第90—95页。

众文体活动,重建乡村文化,改善农民精神生存状态,弘扬和培育民族精神。就此投入和收益来看,对于国家而言不失为一项低成本高收益的战略选择。

总之,从现代化发展的战略高度来看,在很长一段时间内,农村仍是绝大部分农民安身立命的根基所在。而要护住这一根基,提高农民收入改善其物质生活的战略自是十分必要,但这远不是问题的全部——况且,即使中国经济持续稳定发展,在可预见的时段内,农民收入的提高也将是极其有限的。通过重建乡村文化,改善农民非物质福利,弘扬和培育民族精神,应是另一个同样重要的战略——而这至今并未受到起码的重视,在建设和谐社会与社会主义新农村的过程中发掘这一战略的潜力,已可谓迫在眉睫。尤其在社会主义新农村建设过程中,不仅仅只重视物质层面的建设,同样也注重非物质层面的建设,对于在农村社区弘扬和培育民族精神显得非常重要。

第十四章

军队弘扬与培育民族
精神路径研究

中国人民解放军在弘扬与培育民族精神中占有特殊地位。一方面,民族精神是军队战斗精神的直接动力和源泉;另一方面,军队历来是民族精神最集中、最生动的体现者,在维护民族和民族精神的生存和发展中负有特殊的使命。因此,中国人民解放军作为一个特殊的群体,其在弘扬和培育民族精神的内容和方式上都有着特殊之处。

一、军队弘扬和培育民族精神研究综述

近年来,军内学者以及各级领导对我军弘扬和培育民族精神的诸多问题进行了深入的研究和阐述,取得了丰硕的成果。

(一)关于军队与民族精神的关系

关于军队和民族精神的关系的阐述,有以下三个层次:

1. 军队和民族精神有着密切的联系

(1)民族精神具有国防军事功能。从世界范围来看,任何一支军队都

和民族精神渊源深厚。民族精神所激发的进取精神和奋斗意识,是军队战胜敌人的强大动力;民族的共同心理特征,是维系军队和民众整体统一性的精神纽带;民族的文化传统,是军队精神的社会根基和历史渊源。① (2)军队是国家意志和民族精神最集中、最生动的体现者,也是国家意志和民族精神强弱盛衰的晴雨表。② (3)民族精神是一个民族在历史活动中表现出来的富有生命力的优秀思想、高尚品格和坚定志向,具有对内动员国防力量、对外展示军队形象的重要功能。③

2. 我军是体现民族精神的楷模

以原军事科学院战略部副研究员刘江桂的观点最有代表性,他从五个方面进行了阐述:(1)中国人民解放军这支人民军队,从她诞生的那一天起,就与中华民族的伟大复兴事业紧紧联系在一起,与中国人民紧紧地站在一起,经历了多次战争,打出了一个新中国,是中国人民站起来的尖兵;(2)中国人民解放军是反对霸权主义威胁、捍卫国家主权和安全的坚强柱石。新中国成立以来,中国人民解放军胜利地进行了抗美援朝、中印边境自卫还击战、援越抗美、珍宝岛自卫还击战、对越自卫还击战,多次击落和击沉侵入我领空、领海的敌机和敌舰,为维护我国的主权与安全起到极为重要的作用。同时,我军始终保持强大的威慑力,为我国经济建设和发展赢得了和平环境。(3)中国人民解放军是增强国家综合国力的生力军。新中国成立之初,大批部队成建制转业或进驻边疆,屯垦戍边,极大地支援了国家经济建设。改革开放以来,军队服从服务于经济建设大局,铁道兵和基建工程兵等部队成建制转业,各部队积极参加国家和地方重点工程建设,参加扶贫开发。同时还向社会开放不少机场、港口、铁路专用线,将一些军事用地、军事设施改为民用,国防科技工业实行军转民。(4)中国人民解放军是维护国

---

① 兰书臣:《深化国防教育　振奋民族精神》,军事理论科学数字图书馆资源集合数据库2004年10月。
② 姚有志:《中华崛起的脊梁民族振兴的支柱》,《中国军事科学》2000年第5期。
③ 牟晓平:《发展先进军营文化的必然要求》,军事理论科学数字图书馆资源集合数据库2004年10月。

家稳定、促进民族团结的特殊力量。国家能经受住来自国际国内的各种干扰和冲击,十分重要的原因是军队保持了高度稳定和集中统一。(5)中国人民解放军是祖国统一大业的坚定维护者和促进者,在促进和实现祖国统一问题上,历来态度鲜明,行动果断。总之,中国人民解放军 70 多年的战斗历程充分证明,它在中华民族求独立、求解放、求生存、求发展的进程中始终战斗在最前列,是名副其实的中流砥柱、坚强柱石和钢铁长城,是中华民族精神的化身。[①] 还有研究者指出,我军弘扬民族精神在新民主主义革命时期表现尤为突出,特别是整风运动中反映出来的一支军队的强烈的自省、批评与自我批评以及实事求是的态度,大生产运动体现出来的自力更生、艰苦奋斗的精神以及整个抗日战争中凝聚起高度的爱国主义情结等,都从更具有战略意义的高度上凝聚了军心,提高了部队的整体精神风貌,树立了民族精神的新风范。[②]

3. 我军在传承中华民族伟大民族精神的同时为民族精神注入了新的血液,增添了新的内涵

研究者们从不同的角度作了不同的概括。如有的认为,红军时期战胜千难万苦的“长征精神”,延安 13 年塑造起来的延安精神,抗日战争时期誓把塞北变江南的“南泥湾精神”,解放战争时期“宜将剩勇追穷寇”的“将革命进行到底”的精神,以及在社会主义建设时期涌现的雷锋精神、“两弹一星”精神、“亏了我一个,幸福十亿人”的精神、“98 抗洪精神”等等,对丰富民族精神,增强民族凝聚力、向心力和为中华民族的自立、自强以及推进社会主义现代化建设产生了巨大影响,增添了无穷的精神力量。[③] 有的认为,人民军队创造的精神财富是中华文明在 20 世纪最具华彩的部分。井冈山精神、长征精神、延安精神、雷锋精神、“两弹一星”精神、抗洪精神等等,都是人民军队在为实现中华民族伟大复兴的历程中以自己的青春热血和无限忠诚创造出来的,既是全党全军全国人民克敌制胜、克难制胜的重要法宝,

---

① 刘江桂:《中国人民解放军与中华民族的伟大复兴》,《中国军事科学》2004 年第 10 期。
② 郭政、张文海:《军队思想政治教育与主导精神文化》,《西安政治学院学报》2001 年第 1 期。
③ 杨成:《大力弘扬和培育民族精神》,《解放军报》2003 年 2 月 26 日。

也是中华文明现代复兴的重要标志。军人英雄模范如雷锋、苏宁、徐洪刚、李国安、邹延龄、柏耀平、李向群等是人民军队在新时代的缩影、象征和榜样,他们对全社会产生了积极影响,他们是民族精神的典范和人民军队的光荣。① 有的还提出,我军在长期革命斗争中形成的优良传统,是民族精神的重要内容之一,发扬我军优良传统就是弘扬伟大的民族精神。② 最近还有新概括,如"小汤山精神"集中地体现了我军全心全意为人民服务的建军宗旨,体现了万众一心、众志成城、团结互助、和衷共济、迎难而上、敢于胜利的伟大民族精神③等等。

(二)关于军队弘扬和培育民族精神的重要意义

关于军队弘扬和培育民族精神的重要意义,各研究者着眼点不同,视角各异。

1. 着眼军队当前使命

认为弘扬和培育民族精神是军队当前建设的现实需要。(1)增强军威、国威的内在要求。当前,西方社会思潮和国内民族虚无思想或多或少地影响到部队年轻人,而我军地位特殊,使命重要,尤其要重视弘扬民族精神,继承发扬优良传统,守卫好祖国和人民的利益,以实际行动壮大军威,显现国威。(2)推进军队全面建设的必然选择。推进军队全面建设,做好军事斗争准备,打赢未来信息化战争,都需要长时间的艰苦奋斗,有时需要牺牲个人利益乃至生命。这就要求必须以民族精神激励、引导部队,教育官兵艰苦奋斗,自强不息,把自尊、自信、自强的民族精神和炽热的爱国情怀转化为岗位奉献的实际行动。(3)坚定官兵打胜信心的现实需要。当前,国际霸权主义和强权政治依然存在,各种恐怖势力活动频繁,局部不安定因素增多,我军随时有可能被迫卷入战争。但国内长时间的和平环境,使部分官兵滋长了麻痹思想,淡化了当兵打仗意识。因此必须加强民族精神教育,发挥

① 刘江桂:《中国人民解放军与中华民族的伟大复兴》,《中国军事科学》2004年第10期。
② 董翊彤:《发扬优良传统弘扬民族精神》,《解放军报》2003年11月19日。
③《大力发扬"小汤山精神"》,《后勤》2003年第8期。

民族精神强大的感召力和凝聚力,这样军队在战争来临时就会处变不惊,临危不乱,斗志高昂。①

2. 着眼军营文化建设

认为弘扬和培育民族精神是发展先进军营文化的内在要求。有的指出,民族精神是中国人民解放军继往开来的强大精神动力,军队弘扬和培育民族精神的根本目的,就是激发军人自豪感,提高军人自尊心,增强民族凝聚力,把全军将士的热情和力量引导、聚集到建设和保卫有中国特色社会主义的伟大事业上来,为祖国的统一、繁荣和富强而共同奋斗。② 有的认为,我国目前正处在社会转型期,各种思想文化互相激荡,意识形态领域的斗争异常尖锐。为此必须用民族精神打造军营文化的优秀品质,通过先进军营文化这个载体,引导和培养广大官兵的爱国意识、团结意识和自强意识,增强民族自尊心、自信心和自豪感,始终保持昂扬向上的精神状态。③

3. 着眼全球化浪潮

认为弘扬和培育民族精神是军队民族精神教育面临挑战的必然选择。21 世纪,整个世界正在发生巨大的变化,全球一体化、文化多元化、观念多样化等都直接冲击着军队民族精神的教育和培育。(1)全球化的影响。在全球化的环境下,意识形态斗争被经济、政治、社会、文化等各种形式的交往和活动所掩盖,这容易导致部分军人在全球观念逐渐强化的同时,国家意识和以爱国主义为核心的民族精神逐渐弱化。(2)网络化的冲击。军人不是生活在真空中,青年军人更容易受网络的影响,在有些不良信息的影响和刺激下,他们的思想观念、民族情感和民族认同感容易逐渐淡化,民族意识容易逐渐弱化,甚至会产生民族虚无主义。(3)市场化的影响。在市场经济条件下的种种环境的影响下,容易导致在军中也出现平等意识多于团结观

① 《论军队弘扬和培育民族精神》,《解放军报》2004 年 10 月 11 日。
② 牟晓平:《发展先进军营文化的必然要求》,军事理论科学数字图书馆 资源集合数据库 2004 年 10 月。
③ 龚银坤:《建设健康向上的军营文化》,军事理论科学数字图书馆 资源集合数据库 2004 年 10 月。

念、自主意识多于集体观念、竞争意识多于协作观念、亲情观念多于法治意识、报酬意识多于奉献观念的不良倾向,这些无疑影响着传统的、优良的民族精神对军人思想的健康培育。应对这些挑战,军校教育就必须在培育学员民族精神方面下大力量、做大文章。①

4. 着眼边疆地区

认为弘扬和培育民族精神对于驻守边疆少数民族地区的部队具有特殊的意义。我国的边疆少数民族地区,大多山高路险,交通不便,气候恶劣,环境艰苦,社会情况比较复杂。驻守在这里的部队,战备任务繁重,面临着种种内地所没有的困难。在这种情况下,更需要把大力弘扬和培育民族精神作为思想政治工作的重要内容,引导官兵坚定信念,不畏艰辛,戍守边关,履行好党和人民赋予的神圣使命。②

（三）关于军队弘扬和培育民族精神的内容

部队这个特殊的群体在弘扬和培育民族精神方面有着特殊的内容。对此,军内研究者挖掘得较深,概括起来,有以下几点:

1. 党对军队的绝对领导

（1）坚持和维护党对军队的绝对领导,这是军队应有的赤子之心。我军是党绝对领导下的人民军队,以党的旗帜为旗帜,以党的方向为方向,是我军的政治本色和优良传统。我军弘扬和培育民族精神,首要的是坚持党对军队的绝对领导这一永远不变的军魂。只有坚定不移地跟党走,军队才会顾全大局,不辱使命,维护好社会主义祖国的长治久安。（2）军队越是推进军事变革,越要强化党对军队的绝对领导。党对军队的绝对领导,是我军永远不变的军魂,是我军最大的政治优势,这是对我军建设与改革经验的深刻总结,是对东欧剧变、苏联解体历史教训的深刻揭示。中国特色军事变革,是一项以整体"转型"为目标的涉及军队建设方方面面的全面改革,只

---

① 郑海松、欧阳任国:《新时期军校学员民族精神培育面临的挑战及对策》,《中国军事教育》2003年第5期。
② 于曙光:《在戍边卫国中弘扬民族精神》,《解放军报》2003年7月23日。

有坚持党对军队的绝对领导,充分发挥我军的政治优势,才能确保军事变革的正确方向,为推进变革提供政治保证。①

2. 团结精神

军队是一个大家庭,团结友爱、相互尊重的氛围,能使官兵保持良好的心态,激发崇高的革命热情。革命战争年代,虽然斗争环境异常残酷,但由于党和军队善于营造团结氛围,把全国各族人民不分地域、不分阶层、不分职业、不分年龄地凝聚在一起,同心同德,同甘共苦,人际关系和谐,因此,虽然环境艰苦,但大家心情舒畅,士气高昂。可以说,团结就是军队向心力、凝聚力、战斗力的源泉。

3. 艰苦奋斗精神

我军建立以来,历经艰苦卓绝的战斗,正是因为有了艰苦奋斗精神,才能披荆斩棘,历经磨难而不断强大。当前世界新军事革命方兴未艾,实现我军跨越式发展制约因素较多,必须下大力培植艰苦奋斗精神。比如在较长时期内,与世界军事强国相比,我军的武器装备总体上还处于劣势,打赢高技术战争则需要我军继续发扬艰苦奋斗的精神,引导官兵正确进行力量对比,满怀信心地谋"打赢"、练"打赢"。

4. 忧患意识

就是要坚定中国特色社会主义的理想信念,居安思危,看到世界和平与发展的主流之外潜伏着动荡和不安,做好应对各种威胁和挑战的准备,真正做到常备不懈。②

5. 英模精神

时代呼唤英雄,时代造就英雄。在广大人民群众和部队官兵心中,英模精神始终是矫正人生坐标的一面镜子。英模精神是一个国家、民族、军队意志、毅力、信念和良好道德品行的折射,是一个国家、民族、军队兴旺发达的象征。英模匮乏的国家是没有前途的国家,淡化英模的民族是没有希望的

---

① 《用民族精神激励官兵》,《光明日报》2004 年 7 月 27 日。
② 程建华:《把握我军弘扬民族精神的特殊要求》,《解放军报》2003 年 2 月 19 日。

民族,缺少英模的军队是没有战斗力的军队。①

6. 科学精神

军队斗争准备实践靠的是真功夫,为此必须大力弘扬科学精神,坚持一切从实际出发,研究新情况,解决新问题,总结新经验,探索新方法,提高工作的质量和效益。做到既敢闯敢干,又尊重科学、把握规律,以科学精神推进新军事变革,实现军队建设的跨越式发展。

(四)关于军队弘扬和培育民族精神的方法途径

关于军队如何弘扬和培育民族精神,系统地提出方法途径的不多。大致有:

1. 坚持民族精神的教育学习

(1)多数研究者都谈到,要以课堂教育为主。在课堂教学中,组织官兵学习中华民族悠久历史和优秀传统文化,了解中华民族自强不息、百折不挠的发展历史和对人类文明的巨大贡献;学习近现代以来中华民族屈辱历史,增强"落后挨打"的忧患意识和奋起直追的紧迫感;学习党史军史,了解我党我军艰苦卓绝的奋斗历程和不朽功勋;学习社会主义祖国的改革发展史,从时代巨变中感受民族精神的巨大动力。通过教育学习,加深官兵对民族精神丰富内涵和时代意义的认识,自觉把民族精神内化为世界观、人生观、价值观。

(2)有的比较系统地提出在军校对学员进行民族精神的教育问题。①加强悠久历史和优秀传统文化教育,增强学员的爱国主义精神。通过对中国历史特别是近现代史的教育,通过对学员进行中华民族传统文化教育,通过学习和了解中华民族的悠久历史和优秀传统文化,不断激发学员的民族自尊心、自信心和自豪感,使民族精神的培育获得高度的人文自觉。②加强马克思主义理论品质教育,增强学员与时俱进的创新精神。用马克思主义理论品质中的与时俱进精神来指导学员,让他们认识到民族精神并不是

---

① 兰晓军:《英模精神:军队先进文化的一个亮点》,《解放军报》2002 年 8 月 13 日。

故纸堆里不变的教条,而是随着社会的发展、时代的变换而不断进步、不断发展的。也只有如此,才能真正使中华民族精神永具时代气息,使中华民族精神永葆青春。③加强人生观、价值观和世界现的实效性教育,增强学员勤劳勇敢、自强不息的精神。首先,必须坚持用马克思主义、毛泽东思想、邓小平理论和江泽民"三个代表"的重要思想武装学员的头脑;其次,必须倡导健康向上的生活情趣,切实优化军校的环境氛围。再次,充分利用网络的形象化、趣味性以及迅速、普及的特点,加强军校人生观、价值观和世界观的网络教学,让马克思主义思想理论占领校园网站,使学员置身于大量的具有良好教育功能的信息环境之中。最后,还要提高广大干部、教员的思想政治素质,使其在对学员的民族精神培育中起言传身教的作用。④加强时事政治和国际形势的分析教育,特别要善于分析当前的国际政治斗争形势,教育学员不仅要正确认识和平与发展是时代的主题,树立和平的观念和意识,而且要时刻保持高度警惕,在对外交往增多的情况下,战斗队思想一刻也不能放松。①

2. 坚持用良好环境来感染熏陶

(1)要努力为广大官兵提供优秀的军营文化,让广大官兵从中吸取丰富的精神营养,陶冶高尚健康的情操。比如在军事题材的文艺创作中,既要坚持主旋律,又要提倡多样化。坚持主旋律,就是江泽民在 1994 年用"四个一切"做的概括,即一切有利于发扬爱国主义、集体主义、社会主义的思想和精神,一切有利于改革开放和现代化建设的思想和精神,一切有利于民族团结、社会进步、人民幸福的思想和精神,一切用诚实劳动争取美好生活的思想和精神。提倡多样化,包含两个方面的含义,一方面,就内容来说,要倡导、鼓励和支持一切健康有益的文化;另一方面,要求包括主旋律在内的所有精神文化产品在题材、主题、风格、样式等各个方面都做到丰

---

① 郑海松、欧阳任国:《新时期军校学员民族精神培育面临的挑战及对策》,《中国军事教育》2003 年第 5 期。

富多样。①

(2)军营环境设置,要能体现民族精神,让官兵时时感受到民族精神的鼓舞。要利用重要节日、重大历史事件和历史人物的纪念日,开展形式多样、富有教育意义的军营活动,适时举行庄严隆重的升国旗、唱国歌仪式,组织参观荣誉馆(室),瞻仰革命英雄纪念碑,用光荣传统感染官兵。

总之,就是要下工夫使军队的各种"软"、"硬"环境,一切思想文化阵地,一切精神文化产品,各类主题宣传教育和文娱活动,都充分体现民族精神,积极宣扬民族精神,大力讴歌民族精神,使官兵在长期浸润中陶冶情操,成为传统美德的继承者,社会主义道德规范的模范实践者,民族精神的实践、开拓者。

3. 其他方面

包括坚持用正面典型来引导示范、坚持用岗位贡献来鞭策激励、在方式手段上要与时俱进等等。

如前所述,军队弘扬和培育民族精神的研究已经取得了比较丰硕的成果。这些研究成果分别从不同的方面和不同的视角做了富有成效的探索,取得的成就是有目共睹的。但是目前为止的研究所存在的不足也显而易见:一是系统性研究不够,往往对于军队弘扬和培育民族精神的某一方面的具体内涵挖掘较深,而缺乏将军队弘扬和培育民族精神当做一门专项课题把握的宏观意识,这样就难于揭示出军队弘扬和培育民族精神的一般规律;二是现实性不够,比如目前军队弘扬和培育民族精神应当突出战斗精神这个内容,而研究者揭示得不够深入,强调得不够突出;三是对比性比较缺乏,对于外军弘扬和培育他们本民族的民族精神的内容和做法涉及和研究不够,缺少必要的参照系和可借鉴的外军经验;四是前瞻性不够,对于在新时期军队弘扬和培育民族精神正在遇到和还将可能遇到的问题比如全球化、网络化等缺乏深入研究,相应的对策当然也就不很充分;五是从内容和意义方面强调得多,从对策方面研究得少,即使提出对策也往往强调某一方面而

---

① 刘亚辉:《用先进文化塑造军旅人生——关于军事文艺创作中坚持主旋律与多样化的理论思考》,《解放军报》2003 年 3 月 3 日。

忽视其他,缺乏整体性的观照。因此,专门研究军队弘扬和培育民族精神的策略和实施路径,显得非常及时,也非常有意义。

二、军队弘扬与培育民族精神的基本路径

研究军队弘扬和培育民族精神的策略和实施路径,要运用马克思主义的基本立场、观点、方法,以"三个代表"重要思想作为指导思想,同时立足于全球化的时代大背景和我军新军事变革的实践,以历史与现实、普遍与特殊、理论与实践相结合的方法,努力探索出军队弘扬和培育民族精神的有效途径。坚持历史与现实相结合,就是要在看到我军弘扬和培育民族精神的辉煌历史的基础上,立足我军发展的现状和新军事变革的现实,只有这样才能真正地弘扬民族精神。坚持普遍与特殊相结合,就是应该看到和其他社会群体相比,军队是一个特殊的群体,在弘扬和培育民族精神上有着特殊的要求,因此,研究军队弘扬和培育民族精神的策略和实施路径,也就是在坚持中华儿女弘扬和培育民族精神的普遍性的同时,深入研究中华儿女的优秀分子组成的群体——军队弘扬和培育民族精神的特殊性。坚持理论与实践相结合,就是要在了解、掌握和运用民族精神的诸多理论概括的同时,立足我军戍边卫国的具体行动,在具体而微的军事实践中弘扬和培育民族精神。我们应当遵循这样的研究思路,来分析军队在弘扬和培育民族精神上所要遵循的原则、可能碰到的障碍、可以采取的措施等等,从而保证军队弘扬和培育民族精神的顺利进行。

基于上述考虑,结合我军政治工作的丰富经验,我们认为,军队弘扬与培育民族精神,应按照三个统一的原则,做好六个方面的工作:

(一)坚持继承性与创新性相统一

弘扬与培育民族精神,包含着相互关联的两个方面的工作。一方面,是

对我们中华民族既有的优秀文化、优秀品格,对我们民族赖以生存和发展的精神财富加以继承。另一方面,是在继承的基础上,根据今天的任务与特点,培养和创造出富有时代特征的民族精神,或者说与民族精神相一致的时代精神。在弘扬中包含着培育,在培育中体现着弘扬。二者相辅相成,辩证统一。故军队弘扬与培育民族精神,首先在内容上要处理好继承与创新的关系。

1. 继承中国传统文化精华和我军光荣传统,是军队弘扬民族精神的基本任务

继承是创新的基础,但继承的前提是要明确民族精神的基本内容,也就是说,继承什么? 长期以来,学术界对中华民族精神内涵的探讨应该说已经相当广泛而深入,虽见仁见智,不乏差异,但就其基本内容而言还是有共识的。这就是:中华民族精神蕴涵于博大精深的中国传统文化之中,属于传统文化的精华部分、积极进取的部分。它包括:

爱国主义精神。重视个人对社会、对国家的责任和使命,强调"国家兴亡,匹夫有责",倡导"公而忘私、国而忘家","先天下之忧而忧,后天下之乐而乐","苟利国家生死已,岂因祸福趋避之"。这种爱国主义伴随着中华民族,历经沧桑,世代相传。

团结统一精神。主张大一统,信奉"和为贵",坚持用宽厚仁爱的原则、用信义和平的方式来处理中国境内各兄弟民族复杂的关系,"化干戈为玉帛",使各民族和睦相处,亲如一家。

爱好和平精神。视"四海之内皆兄弟",主张以和与善的精神,与他民族友好交往:"亲仁善邻"、"讲信修睦"、"和协万邦"。故中华民族历来以爱好和平著称于世,被誉为"礼仪之邦"。

勤劳勇敢精神。视勤劳为兴家之宝、兴国之本、众德之首、万善之源。倡导"克勤于邦、克俭于家","报德明功、勤勤恳恳"。勤劳与勇敢是孪生兄弟,传统文化在倡导勤劳的同时,极力推崇勇敢坚毅,为实现崇高目标,"不畏强御"、"勇者无惧",为了真理和正义,敢于"赴汤火,蹈白刃"。

自强不息精神。主张人应当效天法地,既要刚健有为、坚忍不拔、上下求索,又要胸襟博大、兼容万物、德载万邦;既要不屈不挠,又要"与日俱

新"。"天行健,君子以自强不息;地势坤,君子以厚德载物。"这是中华民族数千年来不懈的精神追求。它不仅体现在诸如"精卫填海"、"愚公移山"这类神话和寓言中,更体现在世世代代变革创新、不断进取的实践之中,体现在战胜天灾人祸、内忧外患的奋斗之中。

这些可贵的精神,就是中华民族一以贯之的民族精神,正如江泽民同志在十六大报告中所概括的:"在五千多年的发展中,中华民族形成了以爱国主义为核心的团结统一、爱好和平、勤劳勇敢、自强不息的伟大民族精神。"①我们讲继承和弘扬民族精神,最根本的就是要继承与弘扬这些精神。

我军是党创建和领导的人民军队。在长期艰苦卓绝的革命战争中,在保卫和建设祖国的过程中,我军把弘扬民族精神与履行自身使命完美地结合起来,在不同时期、伴随着不同的情势与任务,塑造了具有时代特色的革命精神如"井冈山精神"、"长征精神"、"延安精神"、"抗美援朝精神"、"雷锋精神"、"两弹一星精神"、"老山精神"、"抗洪精神"、"小汤山精神"等。小平同志曾将其概括为"五种精神",即革命和拼命精神,严守纪律和自我牺牲精神,大公无私和先人后己精神,压倒一切敌人、压倒一切困难的精神,坚持革命乐观主义、排除困难去争取胜利的精神。与此相联系的是,逐渐形成了我军独特的政治、军事传统,包括:坚持党对军队的绝对领导,坚持全心全意为人民服务的宗旨,严格执行三大纪律八项注意,实行政治民主、军事民主、经济民主,实行军民一致、官兵一致、瓦解敌军,实行人民战争的战略战术,等等。这些革命精神和优良传统,是中国传统文化所倡导的爱国重民、厚德载物、刚毅坚忍等优良品质在军事领域的体现,是人民军队的传家之宝。继承这些革命精神与优良传统,是军队继承中华传统文化精华、弘扬民族精神的应有之义。

2. 新世纪新阶段我军培育民族精神,最根本的就是要培育战斗精神

民族精神传承过程常常表现为民族精神的培育、创新的过程。这个过

① 《十六大报告辅导读本》,人民出版社 2002 年版,第 35 页。

程就是把民族精神与时代要求相结合、构建既符合民族精神又符合时代要求的文化精神和价值理性的过程，就是以新的内容与形式丰富和发展民族精神的过程。数千年来，中华民族精神内核世代相传，而不同时期的具体内容和表现形式却千姿百态，其原因盖在于此。故今天我们讲弘扬与培育民族精神，就是要把民族精神渗透于全面建设小康社会、加快推进社会主义现代化的伟大实践中，使民族精神真正成为全体社会成员普遍认同的价值取向和行为准则，为社会稳定与发展提供强大的支撑力和凝聚力。

新世纪新阶段，我军肩负的历史使命是："为巩固党的执政地位提供重要的力量保证，为维护国家发展的重要战略机遇期提供坚强的安全保障，为维护国家利益提供有力的战略支撑，为维护世界和平促进共同发展发挥重要作用。"①这一使命要求我军必须把培育民族精神的根本着眼点放在部队的战斗精神培养上。因为：

（1）军队是为战争而存在的，缺乏战斗精神的军队不可能赢得战争胜利。虽然我军基本职能是为了保卫人民的和平生活，但保卫和平要靠制止战争和消灭战争才能实现，正如毛泽东所说："我们是战争消灭论者，我们是不要战争的；但是只能经过战争去消灭战争，不要枪杆子必须拿起枪杆子。"②故准备打仗，并确保战之能胜，是我军永恒的主题。打仗，一靠装备，二靠人。装备是重要因素，人是决定因素。而战斗精神对于人，就如同神经对于身体一样。军队如果缺乏战斗精神，就会陷入瘫痪。

（2）战斗精神准备是军事斗争准备的重要内容。我国周边环境的复杂情况和"台独"势力存在，使我军随时面临着战争的考验。我军官兵必须牢固树立为维护祖国统一而战，为捍卫国家主权和领土完整而战，为捍卫民族尊严而战，为中华民族根本利益而战的思想。

（3）培育战斗精神与培育民族精神在本质上具有一致性。一方面，战斗精神是民族精神的重要内容。所谓战斗精神，就是由军人的信念、情感、

---

① 郑卫平、刘明福主编：《军队新的历史使命论》，人民武警出版社2005年版，第1页。
② 《毛泽东选集》第二卷，人民出版社1991年版，第547页。

意志、胆量等精神、心理因素融合并外化而成的一种战争力量,是军队个体或集体在执行作战、训练及其他任务中表现出来的一种精神面貌和气质特征。而民族精神,则是在民族的共同语言、共同地域、共同经济生活的基础上产生,并表现于共同文化上的民族的心理特征、文化传统和自我意识的精神综合体。可见,民族精神就其外延来说是可以包容战斗精神的。另一方面,民族精神是战斗精神的动力和源泉。以爱国主义为核心的民族精神,曾经激励中华民族演出了一幕又一幕"执干戈,卫社稷"殊死战斗的英雄活剧。今天,它仍然是我军战斗精神的直接来源。因为对人民的爱、对祖国的忠、对信念的执著、对荣誉的珍视,必然化为官兵敢打必胜的气概、威武不屈的情怀、刚毅果敢的品格、守纪如铁的观念,化为部队雷霆万钧、所向披靡、战无不胜、攻无不克的战斗力量。如果说,战斗精神是一座直刺青天的山峰,那么,民族精神则是托起山峰的大地。

(二)坚持广泛性与针对性相统一

所谓广泛性,是指全军所有人员和单位,无论战士还是干部,无论基层还是上层,无论战斗部队还是机关、院校、后勤、科研部门,无一例外都有弘扬与培育民族精神、强化战斗精神的责任。所谓针对性,是指不同的单位、不同的人员,在弘扬民族精神、强化战斗精神方面有着不同的具体要求。坚持广泛性与针对性的统一,是辩证唯物主义关于矛盾普遍性与特殊性、关于量与质的关系原理对军队弘扬与培育民族精神工作的基本要求。

1. 树立整体意识,克服片面认识

军队弘扬与培育民族精神要有广泛性,这主要是由两个方面的原因决定的:其一,弘扬和培育民族精神,是全民族共同的神圣的使命,是所有炎黄子孙义不容辞的责任。作为国家的柱石、民族的脊梁,人民军队及其全体成员不仅责无旁贷、概莫能外,而且应率先垂范、走在全民族前列。其二,军队是由各部分组成的,军队的战斗力是由各部分构成的。故弘扬与培育民族精神,强化作为战斗力的重要组成部分——战斗精神,是构成军队的各个部分包括每个单位与成员的应尽之责。这就要求我军各级组织与全体成员,

在弘扬民族精神、强化战斗精神上,要有强烈的整体意识、责任意识,要注意防止和克服各种片面认识和不好的倾向:

(1)防止和克服重下轻上的倾向。基层官兵是部队建设的主体,战时他们将在第一线冲锋陷阵。面对日益严峻的台海局势,着力加强他们的民族精神教育,培养他们英勇顽强的战斗精神无疑是十分必要而紧迫的。但这并不意味着可以忽视或弱化各级首长和机关的战斗精神培育。从领导干部来说,他们担负着反"台独"军事斗争准备的战略决策、战斗部署和组织指挥的艰巨任务。他们的一言一行、一举一动,对所属官兵起着潜移默化的示范作用。尤其是在近似实战的训练场上,在血与火的战场上,一名领导干部率先垂范、大义凛然、沉着镇定的表率形象将直接化为官兵临危不惧、团结拼搏的巨大精神力量。人们常说:"狮子带领一群羊,能打败羊带领的一群狮子",道理即在于此。部队接触机关人员比接触首长的机会更多,他们往往从机关的精神状态,办事效率、工作能力上,来看待上级首长的素质与精神状态。如果他们得出的结论是积极的,就会产生信赖、信服、信任之感,精神振奋,一呼百应。反之,将使官兵感到失望而变得消极。所以,各级首长、机关的民族精神教育与战斗精神培养,必须作为重点突出出来。

(2)防止和克服重战斗部队轻非战斗单位的倾向。战斗部队是战争中的铁锤和钢刀,重视战斗部队的精神锻造是完全正确的。但是,这并不是说非战斗部队要求就可以低一些。比如说军队院校,它是军官的摇篮,今天的学员即是明天的指挥员,他们素质如何,直接关系到部队干部队伍的状况。再如,科研机构,虽然他们直接参战的几率要小一些,但他们的工作对作战影响关系极大,有没有"两弹一星"精神,有没有强我中华、兴我中华的民族精神,直接影响着他们科研攻关的成效和部队装备更新与改善,影响到我军战斗力。至于各类勤务保障机构和分队,如通信、医务、维修、物资供应等等,战时则直接服务于战斗部队,他们的业务水平、战斗精神与部队作战行动息息相关。因此,这些所谓非战斗单位同样需要有旺盛的战斗精神,必须加强民族精神的培树。

(3)防止和克服重现役部队轻预备役部队的倾向。由陆军、海军、空军、第二炮兵组成的人民解放军现役部队,是抵抗侵略、保卫祖国、维护国家主权和安全的主要力量。加强现役部队的民族精神教育,重视现役部队战斗精神的培养,是确保我军"不变质"、"打得赢"的根本职能要求。但是,预备役部队的民族精神教育和战斗精神培养,仍然是一个需要引起高度重视的问题。预备役部队是党中央、中央军委根据我国国情、军情和未来军事斗争需要而组建起来的一支新型部队。它以预备役军人为基础,以现役军人为骨干,战时能依照国家动员令迅速转为现役部队。它既是我军强大而可靠的后备力量,也是我军有机构成部分。它的建设状况,包括组织建设、装备建设、思想建设、作风建设状况,对于提高未来战争中的快速动员和快速反应能力,保障战争胜利,具有极其重要的作用。所以,必须从战略高度来认识预备役部队建设,必须按照实战的要求,来培养其战斗精神。

2. 针对不同情况,确定工作重点

唯物辩证法认为,矛盾的普遍性寓于矛盾的特殊性之中,并通过特殊性表现出来。这一哲学原理要求军队各级组织在弘扬与培育民族精神、强化部队战斗精神中,在重视广泛性的同时,要加强工作的针对性。只有把广泛性与针对性有机结合起来,才能真正达成有效性。

(1)根据不同的任务和使命,确定工作重点。同是民族精神,但在不同行业、不同岗位、不同对象身上的表现却是千差万别的。反过来讲,任务不同、岗位不同、对象不同、情况不同,弘扬民族精神、强化战斗精神的具体要求是有差别的。比如,对于一个士兵来说,如果他能做到服从命令听指挥,熟练掌握手和使用中装备,不怕苦、不怕死,生命不息、战斗不止,那么他就可以称之为集爱国主义与革命英雄主义于一身的好兵,就是民族精神的充分体现。但对于一个指挥员来说,仅仅如此是不够的,他还必须精通战法,富有谋略,一线指挥员还必须身先士卒,冲锋在前,退却在后,吃苦在前,享受在后,否则不能算是合格指挥员。再比如,同样是讲"精武强能",但陆军部队与海军部队、空军部队、第二炮兵部队的具体内涵和要求会有很大的不同。即使是同一军种,不同的兵种、不同的岗位,差异也很大。一名飞行员、一名水兵与一位教官、一位军医相比较,其战斗精神、爱国情怀,无论是表现形式还是具体内容,都会有很大的不同。这些情况说明,各级组织在弘扬与培育民族精神的工作中,在强化部队战斗精神的过程中,一定要根据不同的任务和使命、着眼于不同特点,来确定教育内容与形式,不可"一锅煮"、"一刀切"、"一般粗"。

(2)根据人员现实思想状况,有的放矢地开展工作。弘扬与培育民族精神,说到底,就是将中华民族的优秀品格、优良传统根植于官兵的头脑之中,增强官兵爱军习武、爱国奉献、英勇顽强的精神,是解决一个思想、信念、精神上"立"的问题。但是,"立"与"破"从来都是相伴相随,相辅相成,"不破不立"。这就要求各级组织掌握官兵思想脉搏,弄清影响培育民族精神、培养战斗精神的思想障碍,有针对性地开展工作,把"破"与"立"有机结合起来。从我们调查了解以及军队媒体反映的情况看,当前有三个问题需要引起注意:

一是战斗队意识问题。长期处在和平环境,使一些同志产生了做和平官、当和平兵的思想,战斗队意识、当兵打仗的观念不强。有些战士参军入伍主要是想学技术、找出路、受锻炼,没有打仗的思想准备。有的同志认为制约战争的因素很多,"仗一时打不起来"。还有些官兵认为所在部队远离台海地区,就是打起来也不一定轮得上,想参战也不一定参加得了。总之,是在以一种不打仗的心态来对待军事斗争准备工作。有道是:祸患莫大于麻痹。生于忧患,死于安乐。这种和平麻痹思想,显然是与忧国忧民的民族精神相悖,与党中央、中央军委关于军事准备必须抓得紧而又紧的要求相悖。

二是敢打必胜的信心问题。有的同志片面理解人与武器的关系,认为未来战争不再是阵地争夺、短兵相接,打的是高科技,拼的是新装备,能否取胜主要取决于武器装备,并且看对手装备优势比较多,看我方整体优势不足,因而对打赢的底气不足,信心不足。这里面,既有一个战争观的问题,即如何认识人与武器的关系问题以及如何认识战争制胜因素的问题,也有一个敢不敢面对强敌,有没有不信邪、不怕鬼的民族精神问题。

三是牺牲奉献的精神问题。有的官兵对个人利益考虑较多,牺牲奉献的精神有所淡化。有些基层干部感到部队生活清苦、工作辛苦、两地分居痛苦,产生了"迟走不如早走"的想法,要求转业的比较多。这种状态,与"愿得此身长报国,何须生入玉门关"、"但使雕戈销杀气,未妨白发老边才"这样一种民族精神相对照,显然存在着莫大反差。①

(三)坚持多样性与经常性相统一

坚持多样性,是说军队在弘扬与培育民族精神、强化部队战斗精神的工作中,要运用多种形式、方法与手段。这既是针对性的基本要求,更是增强工作的生动性、吸引力、影响力的必然要求。坚持经常性,是说弘扬民族精神、强化战斗精神是军队建设的一项基础性与根本性工作,更是一项长期而艰巨的任务,不可能一蹴而就,必须常抓不懈。只有把多样性与经常性有机统一起来,即把多样性寓于经常性之中,在经常性中包含着多样性,才能最大可能地实现目标。

1. 方法灵活,形式多样

方法是实现目标的工具或路径。同样的工作,方法不同,结果会大相径庭。所以,做任何一件事都要讲求方法,从事部队精神培育工作则更需讲求方法。杜威有一句话直白而又深刻地说明了这个道理,他说:"如果目的是培养一种社会合作和社会生活的精神,那么训练方法必须从这个目的出发。"②

在弘扬与培育民族精神、强化部队战斗精神的工作中,我们应根据传统做法与探索创新结合的原则,着重从以下几方面下工夫:

(1)进行系统教育。近年来,全军部队按照总部要求,坚持进行以爱国奉献、革命人生观、尊干爱兵、艰苦奋斗为基本内容的"四个教育"。应该说,这"四个教育"的内容,在很大程度上涉及民族精神,或者说与民族精神具有一致性。但"四个教育"似乎还不能等同于民族精神教育。因为民族

---

① 参见《世界军事思想宝库》,济南出版社,1992 年 7 月,第 903、905 页。
②《现代西方资产阶级教育思想流派论著选》,人民教育出版社 1980 年版,第 21 页。

精神不仅有其独特的内容体系,而且内涵更丰富一些。在充分认识到民族精神教育对部队建设,尤其是对强化部队战斗精神的意义之后,我们应该叫响"民族精神"这个口号,高扬"民族精神"这面旗帜,应该在全军开展以民族精神为主题的教育。其具体的实施办法,一是在内容上,要构建民族精神教育体系,可以用江泽民所概括的"以爱国主义为核心的团结统一、爱好和平、勤劳勇敢、自强不息的伟大民族精神"为核心内容和理论框架来编写教育材料、讲义或教材。二是在形式上,可以因情况不同而不同,如部队可采取专题教育的形式,而军队院校则可以开设专门的课程,如《民族精神概论》、《中国传统文化概论》等。总之,要通过系统的教育,使广大官兵对中国传统文化有一个系统的了解,对中华民族精神有一个系统的认识,对我军光荣历史和优良传统有一个系统的把握,并且在这种系统掌握的基础上,树立起民族的大义、大节、大智、大勇。

（2）注重环境熏陶。环境对人的思想具有重大影响。中国自古就有"居楚而楚,居越而越"（《荀子》）之说。马克思则更深刻地指出人与环境的辩证关系,他说:人创造环境,同样环境也创造人。因此,弘扬民族精神、强化部队战斗精神,必须加强环境建设,重视环境对官兵思想的熏陶。一方面,要加强"硬环境"建设。也就是说,要加强与培育民族精神、强化战斗精神有关的物质环境建设,包括军营的整体规划、军营建筑、军营绿化美化、军营文化设施等等。一幅激励人心的标语,一段催人奋进的训词,一组历史人物、英模人物的雕塑,一个荣誉室、一个纪念馆,一个整洁美丽的校园、军营,都会对官兵精神塑造产生感染作用、教育作用、促进作用。另一方面,要加强"软环境"即精神环境建设。比如说,繁荣军事文学。在中国五千多年的历史中,曾发生过数以千计的战争和武装冲突。尽管其中有许多互相征伐侵夺的不义战争,但从整体来说,谋求国家统一、抵御外侮、反抗封建统治和争取民族解放,代表着中国战争史的主流。以中国军事史尤其是近现代军事史为背景,加强军事文学创作,通过各种文学作品展现军事历史的生动画卷,探索战争哲理和将帅修养,赞颂爱国牺牲精神,讴歌正义之师和热血男儿,对我军官兵乃至全体人民的民族精神塑造,都是非常必要和有益的。又比如说,开展丰富多彩的军营文化活动,包括组织官兵读战斗书籍、看战斗影片、唱战斗歌曲、咏战斗诗篇、讲战斗故事、做战斗游戏等,能够有效地激发他们的爱国主义和革命英雄主义精神,用民族精神与战斗精神铸造兵魂和军威,使之成为优秀军人。

（3）借助现代科技。美国学者斯通指出:在选择沟通方法时,"听众的教育水平,它的专业兴趣,甚至成员的智力水平都是需要考虑的因素。"①今天我军官兵知识构成、所处环境较之以往已发生巨大变化。弘扬民族精神、强化战斗精神,作为我军政治工作的重要部分,必须着眼于这种变化,努力改变单一灌输模式,充分借助现代科学技术成果,增强教育的吸引力和影响力:一是在民族精神教育中,充分吸收和运用相关学科如心理学、行为科学、社会学、教育学等等的科研成果,努力增强教育方法的科学性。二是充分发挥军网作用,使之为弘扬与培育民族精神服务,如开展网上民族精神知识竞赛,举办网上辩论会、网文评奖,进行民族精神与战斗精神网页设计大赛,建立高质量、大容量、有吸引力的"民族精神网站",开辟"民族精神论坛",使广大官兵通过主动参与、积极互动,加深对民族精神内涵的理解,接受民族精神的熏陶。三是运用现代声像传媒手段,把战斗精神激励有形化。要针对当前士兵服役期短、适应性训练少,独生子女数量多、心理承受能力差的实际,积极采取光、电、声等模拟手段开展信息战模拟化训练,提高官兵对信息化战场环境的适应能力。四是建立与自动化系统联网,集光纤与卫星通信、广播电视、计算机网络等技术手段于一体的宣传鼓动系统,实现宣传信息获取、分析、发布高度联合化、自动化。

2. 持之以恒、常抓不懈

民族精神教育与战斗精神培育的经常性包含两层意思:一是指长期性,二是指反复性。这是由人的认识的渐进性、思想的波动性、价值观形成的长期性以及军队人员的流动性所决定的。要做到经常性,就必须把民族精神教育和战斗精神培养与部队经常性工作结合起来,形成长效机制。

① 威廉·F.斯通著,胡杰译:《政治心理学》,黑龙江人民出版社1987年版,第270页。

（1）把弘扬与培育民族精神与经常性思想工作结合起来。经常性思想工作是针对官兵日常工作和生活中的具体思想问题，随时随地进行的教育疏导工作。它与系统的思想政治教育相互联系和补充，具有很强的及时性、针对性和广泛性。把弘扬与培育民族精神与经常性思想工作结合起来，对于巩固、深化民族精神教育的效果，帮助官兵将民族精神内化为自身素质和自觉行动具有重要作用。为此，各级组织必须深入工作对象之中，及时准确地掌握所属人员思想的情况，有的放矢地开展工作，切实解决官兵在民族精神、战斗精神方面存在的模糊认识，回答官兵提出的各种疑虑。根据我们对部队战斗精神准备情况的调查了解，感觉当前有些问题需要深入回答和认真解决：信息化战争对战斗精神的要求是降低了还是更高了？有了敢于打仗、不怕牺牲的思想，是不是就等于具备了高昂的战斗精神？立足现有装备打胜仗，是不是就等于仅仅依靠自己执掌的武器装备打胜仗？全训合格形成战斗力，是不是就等于具备了打赢能力？部队建设取得了很多成绩和荣誉，是不是就等于战场上一定能获得"第一"？只有很好地解决这些深层次的思想问题，民族精神教育与战斗精神培树才会取得实实在在的效果。

（2）把弘扬与培育民族精神与经常性管理工作结合起来。军人的民族精神主要表现为战斗精神，而培养战斗精神，关键在平时的磨炼与养成。经常性的管理工作，就是以军队条例条令为依据，来规范、约束军人的言行，培养军人的作风。古往今来，杰出的将帅无不重视通过平时的严格管理、严格要求来培养部队战斗精神。古罗马时代的"马其顿方阵"，曾让人闻之色变；我国宋代的"岳家军"，平时治军严明，威如雷霆，于是有"撼山易，撼岳家军难"的美谈；第二次世界大战时期的将星巴顿视军纪如生命，他有一句名言："假如你不执行和维护纪律，你就是潜在的杀人犯。"①从严执纪，正是他的部队屡建奇功的秘诀。这些事例都有力地说明，治军之道，成之于严，失之于松。故民族精神教育必须与经常性管理工作结合起来，从日常工作、

----

① 《解放军报》2005 年 4 月 13 日。

生活中最常见的事情、最难抓的问题抓起,严格落实条令条例和各项规章制度,切实解决少数单位和个人存在的管理松懈、作风松散、纪律松弛的问题,一点一滴抓养成,提高部队正规化建设水平,强化部队战斗精神。

(3)把弘扬与培育民族精神与经常性训练工作结合起来。和平时期,部队提高战斗力的基本途径是军事训练,培养战斗精神的基本渠道也是军事训练。所以,必须把弘扬与培育民族精神贯穿于军事训练之中。要把培育民族精神、强化战斗精神培育列入军事训练计划,把胆量训练、信心训练、意志训练、团队精神训练、服从意识训练等内容,落实到具体的科目之中,贯穿于军事训练的全过程。要引导部队把战斗精神与科学精神结合起来,立足本职岗位,着眼信息化战争特点,学习新知识、苦练新技能、掌握新装备、研究新战法,不断提高克敌制胜的本领。要从打大仗、打硬仗、打恶仗出发,加大训练难度、强度、险度,把对手设强、把情况设险、把困难设够,在恶劣复杂的环境中,培养官兵勇敢战斗、不怕牺牲的英雄气概,讲求科学、严谨求实的科学精神,严守纪律、团结协同的过硬作风,处变不惊、坚毅顽强的意志品质。

第十五章
涉外群体弘扬和培育民族精神的实施策略与路径研究

　　21世纪,经济全球化、文化多元化、社会信息化、世界多极化,世界范围内各种思想文化相互融合、交汇,相互碰撞、激荡。西方一些势力乘机扩大文化霸权,强势推销西方思想文化价值观。我们必须抵制西方腐朽文化的渗透,培育民族精神。涉外群体是沟通中国与世界的桥梁,也是弘扬和培育民族精神的重要载体之一。本章将对涉外群体的含义、作用、现状、问题、发展趋势等问题进行探讨。

一、涉外群体概述

　　涉外群体是社会发展到一定阶段的产物,它在社会发展过程中有着重要的作用,是一个国家的窗口形象,是一个国家民族精神的重要载体。它有着特定的涵义和构成要素,由于各种要素及其组合规则不同,涉外群体的类型也千差万别。

（一）涉外群体的含义

群体作为社会学分析的具体单位,是指将个人与社会相联结的桥梁和纽带。群体是社会的中观系统,是社会的组成部分。美国社会学家阿尔比恩·W.斯莫尔在1905年将群体定义为:"一大群或一小群的人,在其间所存在的关系使我们必须把他们作为整体来考虑。"①涉外群体作为一个重要的社会群体,它是指参加与异国人交往的活动即涉外活动的人们通过某种社会关系联结起来,进行对外交流活动和感情交流的集体。对涉外群体的理解一般有两种:一种是广义的涉外群体,即泛指一切参与涉外活动的群体,包括官方正式外交组织、民间外交团体、侨居异国的侨胞组织、留学生组织等群体;另一种是狭义的涉外群体,即官方正式的外交组织,是国家主管外交事务的职能部门,贯彻执行国家总体外交方针和国别外交政策,维护国家最高利益。涉外群体应具有:

1. 一定的为群体成员所接受的目标

涉外群体的目标是其功能的重要体现,是涉外活动的灵魂,没有目标的涉外群体是不可能存在的。涉外交往中它们既有全局性的长远组织目标,也可以形成阶段性的短期目标,此外它们也可以根据涉外活动的不同发展阶段制定不同的发展目标。

2. 一定的行为准则

涉外群体规范有些是明文规定的,有些则是约定俗成的,它保证群体有秩序地、协调地开展活动。它们通过规定成员角色和职责促进群体目标的达成,通过指示共同的行为方式以维持群体的自我同一性。这些规范的形成对涉外交往起指示和标识作用,形塑涉外群体的窗口形象。因此,涉外群体一定要制定适宜并且有组织特色的行为规则,以进一步增强群体的整合力和凝聚力。

---

① 郑杭生:《社会学概论新修》(修订本),中国人民大学出版社2002年版,第217页。

3. 特殊的群体意识

鉴于涉外群体接触的对象是异国群体,因此它们在群体信息传播和互动过程中形成自身独特的群体意识。其传播结构可以从信息的流量与流向两个方面来解释:一方面,群体之间的信息的流量大,覆盖面广,并带有强烈的主观情感因素,大多带有己国特点的思维模式;另一方面,信息的流向在参与涉外活动的人员之间是双向的。涉外人员是特定的少数人,只有具有特殊知识结构的涉外人员才有参与涉外交往的机会,他们在交往过程中不可能离开现代多媒体技术和特定的语言,确切地讲,他们是运用特定的知识进行涉外交往的人。

4. 明确的成员关系和一定的归属感

涉外群体成员之间相互依赖,在心理和行为上相互影响,围绕群体目标开展活动,具有相对独特的互动方式。特别是侨居异国的侨胞,他们易于形成一些非正式群体,其成员间在心理上相互依赖,行动上相互帮助,渐渐产生并强化一定的归属感。

(二)涉外群体是社会发展的产物

涉外群体是社会一定生产过程中的产物,它是在经济社会发展到一定阶段才出现的,正如马克思所说的:"人们在生产中不仅仅影响自然界,而且也互相影响。他们只有以一定的方式共同活动和互相交换其活动,才能进行生产。为了进行生产,人们互相之间便发生一定的联系和关系;只有在这些社会关系和社会关系的范围内,才会有他们对自然界的影响,才会有生产。"[1]事实上,正是物质资料以及人类自身生产的需要,促成了群体关系的发生和群体的形成。涉外群体也不例外。

当下,频繁、广泛而复杂的涉外交往可谓是经济全球化的必然产物,也深受全球化的影响。第二次世界大战以后,伴随科技、经济的发展而来的全球性的一体化进程和趋势,使得当今世界不同国家、地区和民族以及各类共

---

[1]《马克思恩格斯选集》第 1 卷,人民出版社 1995 年版,第 344 页。

同体之间的交往互动日益密切,涉外交往的频率和层次不断提高,涉外群体也有了更广阔的活动舞台,也有了更坚实的存在基础,它必将成为一个国家外交活动的重要支柱。

1. 涉外群体及其交往活动是国家安全的需要

一个国家通过涉外群体的交往活动,能把分散的利益要素结合成一个有机的整体,可消化利益群体、民族、国家之间的利益冲突,化消极因素为积极因素,变无序为有序,不仅增强了国家安全,而且也维护了各民族人民的共同利益。

2. 涉外群体及其交往活动是国家经济发展的需要

随着一个国家经济的不断发展,人员的流动性增强,涉外交往也空前活跃,也可以说国家经济的发展是涉外群体发展源源不断的动力,经济发展为涉外交往提供了坚实的物质基础,同时,涉外交往也促进了经济的发展,二者系唇齿相依的关系。纵观中国涉外交往史,涉外群体对促进中外经济交流起了重要作用。经济发展催生了涉外商业群体,涉外商业群体促进了中西方的经济交流,是中西经济交流的桥梁,它们活跃在对外经济交流的大舞台上,开创了中国经济发展的新局面。

3. 涉外群体及其交往活动是文化交流的需要

涉外群体通过其涉外交往活动继承和吸收人类创造出来的一切优秀文化成果——在继承和发扬本国优秀文化遗产的同时,将外来文化加以消化、整合,吸收成为自己文化的一部分,从而使世界各国的一切优秀成果得以互通有无,取长补短,精益求精,发扬光大。文化交流是人类社会向前发展的基本动力之一,与此同时,文化交流也促进了涉外群体的发育,涉外群体在维系文化发展的连续性和加快文化发展方面作出了突出贡献。涉外使者促进中西方文化交流,在教育交流中起到了无可取代的作用。文化教育交流是促进中外民族友好和理解最为重要的途径。古往今来,大批涉外人员一直紧紧地把他们的拼搏和事业与祖国的改革开放、繁荣昌盛联系在一起,一直致力于开发祖国与异国之间的文化交流。

4. 涉外群体及其交往活动是宗教交流的需要

随着对外政治、经济、文化的交流全面展开,涉外人员的往来不断增加,文化交流由广及深,宗教界和民间信仰交流也日趋热络,透过宗教交流团体的具体合作行动,可以增进国家之间的友谊,充实国家之间的合作交流的基础。宗教交流在日益增多的国际交往中,可以为增进各国人民的友谊作出贡献。在通信和交通等信息手段十分落后的古代社会,宗教的交流传播一般是通过僧人来直接实现的。他们总是怀着一种强烈的文化意识,自觉以传承为己任。

总之,从政治、经济、文化、宗教视角回顾中国涉外交往的历史,中华民族在涉外工作上取得了伟大的成绩,通过涉外群体与周边国家的合作交流,妥善处理各种矛盾和问题,推动了相互关系的进一步改善和发展;同时,涉外群体广泛深入开展民间外交,做好文化交流,加强对外宣传工作,增进同世界各国人民的相互了解和友谊,为弘扬和培育民族精神作出了杰出的贡献。

中华民族精神深深植根于中华大地丰厚的文化和历史的沃土之中,中华民族之所以能在五千多年的发展中创造出灿烂辉煌的中华文明,民族精神始终是其重要的力量源泉。在中华民族的发展历程中,涉外群体是培育和弘扬中华民族精神的实践主体,是中华民族精神的最好承继者、倡导者、发扬者、实践者。

(三)涉外群体的分类

在实际研究中,我们可以根据不同的标准将涉外群体划分为不同的类型,鉴于目前学界还没有公认的定义和划分标准,本文参照社会学界通常采用的群体划分标准,将涉外群体划分为以下四组类别。

1. 正式涉外群体和非正式涉外群体

依据涉外群体的正规化程度以及其成员互动方式,我们可将涉外群体划分为正式涉外群体和非正式涉外群体。

正式涉外群体的正规化程度高,其成员间的互动采取制度化、规范化的方式,其成员的权利、义务以及彼此的关系都有明确的、且常常是书面的形式的规定。如一个国家的外交部、海外领事馆、民间外交机构等这些机构,主要负责一个国家的对外事务。

非正式涉外群体的正规化程度低,其成员的互动采取随意的、常规的方式,成员的权利、义务及彼此间的关系并没有明确的或者是成文的规定。在非正式涉外群体中,成员间通过经常性的自由交往,形成一些不言而喻的规范和角色期待,大家很自然地就结合在一起,具有稳定性、包容性、灵活性。如一些留学回国的同学会、海归小团体等。

2. 官方涉外群体和民间涉外群体

依据涉外群体的组织性质,我们可以将涉外群体划分为官方涉外群体和民间涉外群体。

官方涉外群体主要是指政府组织,负责办理国家间的外交事务的职能部门。例如,中华人民共和国外交部、中国人民对外友好协会、中共中央对外联络部(简称中联部)等。

民间涉外群体是有别于政府组织、营利组织的各种非政府、非营利涉外组织的总称,它们具有非营利性、民间性、自治性、志愿性、非政府性等重要特征。如,中国人民对外文化协会。

3. 常设涉外群体和临时涉外群体

依据涉外群体进行涉外活动的时效性来,我们可以将涉外群体划分为常设涉外群体和临时涉外群体。

常设涉外群体是根据宪法或组织法而成立的有固定名称、地址、人员编制及工作程序规则的、拥有长期进行涉外活动资格的群体。它是国家进行对外交往的主体部分,是完成国家涉外管理职能的基本保证,在整个国家机构中占有极其重要的地位和作用。其设置必须依照宪法或组织法的规定,经过一定法律程序报请批准。常设涉外群体并非永久不变,随着社会政治、经济形势的发展和各方面情况的变化,有时也作相应调整。如一些驻外大使馆、国内的一些涉外教育机构等。

临时涉外群体是指根据宪法或组织法而成立的有固定名称、地址、人员编制及工作程序规则的、拥有短期进行涉外活动资格的群体。但其进行涉外活动必须向有关主管部门申请,通过审核才有资格参与涉外活动,超过一定期限即丧失其涉外活动资格。它们举行的活动一般是临时的、短暂的,并随着政治、经济、文化等各种环境的变化而不断更新其活动内容。如一些国内的演出团体,出国演出期间属于涉外群体,回国之后就不再是涉外群体了。

4. 国内涉外群体和国外涉外群体

依据涉外群体人际交往发生的空间范围,我们可以将涉外群体划分为国内涉外群体和国外涉外群体。

国内涉外群体是指本国领土范围内的公民参与涉外活动而形成的群体。

国外涉外群体是指本国领土范围外的公民参与涉外活动而形成的群体。

二、涉外群体与民族精神的培育和弘扬

中共十六大报告指出,民族精神是一个民族赖以生存和发展的精神支撑。一个民族没有振奋和高尚的品格,不可能自立于世界民族之林。在五千多年的发展中,中华民族形成了以爱国主义为核心的团结统一、爱好和平、勤劳勇敢、自强不息的伟大民族精神。这是中华民族精神的高度概括,民族精神作为一个具有复杂结构的动态系统,除了有鲜明的民族性,还具有强烈的时代性,在中华民族精神不同的发展阶段有着不同的表现。涉外群体作为弘扬和培育民族精神的重要载体,在不同的历史发展阶段发挥着不同的作用,并且表现出不同的具有时代特性的民族精神。

(一)涉外群体与民族精神

民族精神是一种社会意识,是一个民族区别于其他民族的精神特质,是民族大多数成员所认可和接受的、富有生命力的优秀思想品格、价值取向和

道德规范的总和。从总体上看,中华民族精神最主要的是:刚健有为,自强不息;和而不同,厚德载物。

涉外群体作为一个国家对外交往的实践者,同时,也是创新中华民族精神的重要推动者。涉外群体开展涉外活动是以国家的利益为出发点的,伟大的民族精神是其赖以存在和发展的精神支撑。可以说,涉外群体开展对外政治、经济、文化、宗教交往的历史,也就是弘扬和培育民族精神的历史。

(二)中华民族精神对涉外交往的影响

中华民族精神中的爱好和平的优秀品质是与中国古代文化的血脉紧密相连的,也可以说,只有中国古代的文化传统才能培育出这样的优秀民族精神品质。当然,中国古代五千年的文化传统是丰富繁盛的,其中关于和平外交思想的论述也是非常多的。以下从中国古代文化的"忠恕"、"和为贵"、"和而不同"三个突出观念切入论题,并从理论的梳理和发掘中进一步论析和探讨这些思想对当代国际交往中中华民族精神的建构的启示。

1."忠恕"

当我们重温中华民族精神关于和平思想的论述时,就必然谈及以"忠恕"为核心的儒家"仁学"思想。

《论语》中曾经有这样的记载:"子曰:'参乎! 吾道一以贯之。'曾子曰:'唯。'子出,门人问曰:'何谓也?'曾子曰:'夫子之道,忠恕而已矣。'"(《论语·里仁》)曾参用"忠恕"来解释孔子一生的"道",那么"忠恕"是什么含义呢? 后世的朱熹解释为:"尽己之谓忠,推己之谓恕。"(朱熹《四书集注》)所谓"尽己"就是要尽己之力为人,"己欲立而立人,己欲达而达人"(《论语·雍也》),也就是要诚恳真心为他人,帮助开化他人;至于推己,则是"己所不欲,勿施于人"(《论语·卫灵公》),这样才能推己及人,与人为善,进而能够宽容别人、体谅别人和尊重别人。

这种"与人为善"的人际交往规则历久弥新,遂成为后世儒家思想追求和谐社会关系的一种最为重要的指针。可以说,在中国古代社会中,小到一个家庭的人际交往,大到整个社会成员间的关系,乃至与周围邦国之间的来往活动,这种"忠恕之道"都起了不可忽视的重要作用,成为儒家追求和谐人际、社会、国家关系的一个重要思想准则。

就我们的现实社会而言,当我们重新发掘儒家"忠恕"思想的合理成分时,就会发现一种人类所有伟大思想所共通的素质,那就是"忠恕"。甚至有学者曾提出将"己所不欲,勿施于人"作为当前社会可以共同接受的最低限度伦理观念上的"共识"。① 就"忠恕"观念而言,已有学者提出可将其从人际关系引申到国际关系领域,并认为就是"亲仁善邻"、"协和万邦"的思想,而且还认为"'忠恕之道'是'全球伦理'、'普世伦理'的重要准则。如果把'忠恕之道'作为国际关系伦理的准则,它将对促进世界各国'共存共赢',推动世界范围内的'文明对话',实现国际关系民主化,创造中国伟大复兴的平台,大有理念上的启迪意义。"②可见,以"忠恕"为核心的儒家"仁学"思想是具有中国古代传统文化烙印的,它强调不把自己难以接受的观念、爱恶、欲求强加给对方,从对方着想,这样才能达到一种和谐的人际关系,而在涉外活动中才能达到一种和谐的涉外关系。也就是说,从自我反省出发,以自律性来推进与他人关系的和谐性,并最终能够获得从一家,推及一郡、一国,乃至万国之间的和谐关系。这也正是我们今天重新从民族文化精神中汲取营养,获得启迪和收益,并能以之运用到现实涉外交往的伟大外交思想——"和谐外交"思想。

2."和为贵"

与儒家"忠恕"观念相关的一个观念就是"和为贵",二者都强调了人际关系和谐的重要性。

从字源上面来说,"和"字在中国历史上出现较早。《尚书》出现"和"字共42次,《老子》一书出现了5次,《论语》出现8次。归纳起来,"和"字主要含义有:相安、协调、团结、和平、平息争端等。而"和为贵"在一起,第一次出现则是在《论语》中:"礼之用,和为贵。先王之道,斯为美,小大由

---

① 汤一介:《"全球伦理"与"文明冲突"》,《北京行政学院学报》2003 年第 1 期。
② 吴星杰:《"忠恕之道"与国际关系》,《沈阳师范大学学报》(社科版)2005 年第 5 期。

之。有所不行,知和而和,不以礼节之,亦不可行也。"(《论语·学而第一》)朱熹在《论语集注》中认为:"礼者,天理之节文,人事之仪则也。和者,从容不迫之意,盖礼之体虽严,而皆出于自然之理,故其为用,必从容不迫,乃可为贵。"(朱熹《论语集注》)也就是说,在这里"和为贵"的意思,是与当时之"礼"相结合的。因此,"和"包含两个意思,一是遵循自然的道理,这样自然能够达到第二个含义,也就是从容不迫,不受人情的拘束。从这个解释中我们能够体会出一种和谐在其中,"天人合一"的思想也浸透其间,只要符合自然规律,则一切皆自然和谐而得。

当然,"和"就是现代意义上的和谐关系的意思。在中国古代文化中它包含的范围是极其广泛的,可以说,中国古代的和谐观念既有"天人之和",又有"人人之和",还有"社会之和"。这种观念在中国古代文化中数不胜数,比如,表现人和自然关系的"天人合一"观念;表现人际关系的"讲信修睦"、"善与人合"、"和睦相处"等观念;还有表现社会之和的"天时不如地利,地利不如人和"、"政通人和"、"泰平盛世"等。这些观念共同构成了中国关于"和"的观念,也正如此,中国古人就把和谐视为在矛盾对立关系中追求进步和发展的正面力量。这才会有"和气生财"、"家和万事兴"等谚语,这就从正面肯定了"和"的好处所在。

"和为贵"的观念也完全能够推而广之,运用在国家之间的交往上面,此正所谓"修文德以来远人"的儒家观念。爱好和平,以和谐为贵,以和谐为美,正是中国古代在处理国家之间交往时留给我们后人的宝贵民族财富,我们当然不能舍近求远,应该在民族财富中寻找能够体现民族精神的外交思想。

3. "和而不同"

我们中华民族精神中追求的和谐,并不是无原则或者懦弱的遵从和附和,而是强调"和而不同"。

第一次把"和"与"同"相提并论的,是《国语》。《国语·郑语》记载:"夫和实生物,同则不继。以他平他谓之和,故能丰长而物归之;若以同裨同,尽乃弃矣。故先王以土与金木水火杂,以成百物。"如果从现代视角来理解这种观念,那就是说"和"是不同元素的结合,不同、差别是"和"的前提,这样的"和"才能长久,这样的"和"才会产生世间万物。而简单的没有差别的物质之"同"则"不继",不会有新的发展或者产生新物质。这种充满朴素辩证观念的古代思想丰富了中国古代关于"和"的思想体系。此后第一次提出"和而不同"并进行诠释的,是在《左传·昭公二十年》。原文如下:

> 齐侯至自田,晏子侍于遄台,子犹驰而造焉。公曰:"唯据与我和夫!"晏子对曰:"据亦同也,焉得为和?"公曰:"和与同异乎?"对曰:"异。和如羹焉,水、火、醯、醢、盐、梅,以烹鱼肉,燀之以薪,宰夫和之,齐之以味,济其不及,以泄其过。君子食之,以平其心。君臣亦然。君所谓可而有否焉,臣献其否以成其可;君所谓否而有可焉,臣献其可以去其否,是以政平而不干,民无争心。故《诗》曰:'亦有和羹,既戒既平。鬷嘏无言,时靡有争。'先王之济五味、和五声也,以平其心,成其政也。声亦如味,一气,二体,三类,四物,五声,六律,七音,八风,九歌,以相成也;清浊、小大、短长、疾徐、哀乐、刚柔、迟速、高下、出入、周疏,以相济也。君子听之,以平其心。心平,德和。故《诗》曰:'德音不瑕'。今据不然。君所谓可,据亦曰可;君所谓否,据亦曰否。若以水济水,谁能食之?若琴瑟之专一,谁能听之?同之不可也如是。"

在这个小故事中,晏婴论述了"和"与"同"的区别。他说,"和"与"同"是不一样的。"和"就好像是做菜,是把水、火、油、盐、酱、醋等这些不同的材料调和在一起做出来的。"和"也像是一首乐曲,五音调配在一起,才能构成美妙的乐章,让人感受到旋律之美。可见,"不同"才是"和"的基础,而简单的"同"则不会达到"和"的境界。因此晏婴认为,梁丘据对齐侯的态度不是"和",而是"同",因为"君所谓可,据亦曰可;君所谓否,据亦曰否。"梁丘据这种与齐侯随声附和的情势,就好比做菜只用水,谱曲只用一个音符,"若以水济水,谁能食之?如琴瑟之专一,谁能听之?同之不可也若是。"故而,"不同"是"和"的基础和前提,几样事物相异相关,才有可能达成一种"和谐"。

晏子之后,孔子又将这种"和而不同"的观念从言说君臣关系扩大至言说人与人之间的关系,提出"君子和而不同,小人同而不和"(《论语·子路》)的主张。尔后这一观点在儒家经典中频繁出现,加上后继大儒们的不断阐发和历代统治者的认可,遂成为中国传统文化的一个核心观念。

尚"和"而不"同"是中国传统文化中的一个重要观念,"和"是综合会通的意思,"同"是单一附和的意思。"和而不同"是事物协调发展的必要条件。任何事物,只有不断地综合会通才能发展创新,若是一味地单一附和则将萎缩死亡。

通过"不同"来获得和谐关系,这已经成为我们民族文化精神中关于"和"的基本原则。而它也对我们当下的涉外交往活动具有极大的启发性。

可以说,在涉外交往中,我们强调和平,热爱和平,也强调自己是热爱和平的,是和平的使者和最重要的支持者之一。无论是外交、商务,还是教育和文化等方面,我们对外交往都是首先追求一种平等的和平或者和谐关系的。所以,和平或者和谐是我们在涉外活动中最重要的目的和目标。如果没有和平或者和谐作为涉外活动的目标,就会使得这种涉外活动变得盲目而不能取得预期的成效,往往会事倍功半。中华民族精神对我国的涉外交往起着导向、支持、促进的作用,涉外群体作为涉外交往的实践者,其实践对弘扬和培育民族精神有着非常重要的作用。

(三)涉外群体弘扬和培育民族精神的功能分析

涉外群体作为中西文化交流的重要桥梁,在不同的传播阶段扮演不同的传播角色,发挥不同的功能。因此,不同的传播角色决定它们表现出不同的与其时代特点相适应的民族精神。涉外群体作为民族精神的传播者、弘扬者和建设者,在对外传播中华文明、彰显中华民族精神的同时,不断吸收外国优秀的文化并不断丰富中华民族精神。涉外群体作为处在中西文化交流大舞台的前台,它们进行涉外交往属于"前台表演",这样一个特殊的位置就决定了它们弘扬和培育民族精神特殊的功能,以下我们从显功能和潜功能分析其在弘扬和培育民族精神中所起的作用。

美国社会学家默顿发展了结构功能方法,提出了中层理论功能分析范式。他认为,在功能分析上,应该注意分析社会文化事项对个人、社会群体所造成的客观后果。他提出外显功能和潜在功能的概念,外显功能指那些有意造成并可认识到的后果,潜在功能是那些并非有意造成和不被认识到的后果。进行功能分析时,应裁定所分析的对象系统的性质与界限,因为对某个系统具有某种功能的事项,对另一系统就可能不具这样的功能。因此对涉外群体弘扬和培育民族精神功能分析可从显功能和潜功能两个方面进行。

1. 涉外群体弘扬和培育民族精神的显功能分析

涉外群体作为中西文化交流的载体,是促进中西方友好交流的重要桥梁。它们在涉外交往的征程中,从民族精神中不断汲取养分,将民族精神纳入涉外交往的全过程,在自己的前台交往中向全世界人民展现出中华民族团结统一、爱好和平、勤劳勇敢、自强不息的伟大民族精神。涉外交往是一个十分复杂的社会现象,从交往的方式来看,有时是商业贸易,有时是政治交流,有时是军事战争,有时是直接的文化交流。它涵盖的面非常广,把整个文化载体当中丰富的内涵,通过具体的活动都展现出来,这无疑对弘扬和培育民族精神有显著作用,特别是在世界范围内弘扬中华文化传统,可进一步增进世界友人对中华文化的理解乃至认同。

(1)民族精神的继承者。涉外群体作为中华民族大家庭的重要一分子,它们在适应环境、改造世界的长期发展历程中,以马克思列宁主义、毛泽东思想、邓小平理论和"三个代表"重要思想为指导,根据自身涉外活动的特点和规律,在涉外实践中树立中国特色社会主义的共同理想和正确的世界观、人生观、价值观,其所表现的积极与进步的思想品格、思维方式、价值取向以及道德规范,正在折射出中华民族以爱国主义为核心的团结统一、爱好和平、勤劳勇敢、自强不息的伟大民族精神。

就中国赴海外留学第一人——容闳为例,便可以折射出中华儿女以天下为己任的高度责任感和爱国情操。容闳作为中国人留学事业的拓荒者,19岁时,怀着"教育救国"的理想抱负赴美求学,并于3年后考入耶鲁大学学习法律,成为中国首位留美学生,150年前他从耶鲁大学毕业并获得学士学位。回国后,容闳最大的贡献就是倡导并主持幼童留美计划,开创了中国官派留学教育的先河。在容闳的设计和实施下,先后有120名幼童分4批赴美留学。这些中国最早的官派留学生后来都成了中国铁路、矿业、外交和高等教育方面的先驱人物,其中不乏诸如"中国铁路之父"詹天佑、中华民国第一任国务总理唐绍仪、中国第一位大学校长蔡绍基等历史名人。

可以说,作为中国近代第一批留学人员第一次在国际教育舞台上传承了中华民族"爱我中华、献身中华的伟大爱国情操"。涉外留学者虽然远离祖国,但始终念念不忘自己是中华民族的子孙,是龙的传人;始终坚持民族的气节,维护了民族尊严;作为中华民族的一分子,时刻关心着国家的前途、民族的命运,真正做到了"先天下之忧而忧",以天下人为念。爱国情操集中反映了中华民族优秀传统中最本质的东西,它是中华文化的精粹。这些优良传统代代相传,源远流长,不断发扬光大,在留学生身上充分体现出中华民族的优良传统在不断地发扬光大。

(2)民族精神的演绎者。涉外群体处在中外交流大舞台的前台表演,在世界友人面前演绎着中华民族的精彩。作为民族精神的表演者,他们给世界人民不仅奉献了中华民族的物质文明,更重要的是演绎了中华民族的精神文明。涉外群体在与外国文化大规模接触和交流过程中,给世界友人带去了造纸术、指南针、火药、活字印刷术等物质文明,但最深刻的意义是演绎出中华民族是一个爱好和平、乐于奉献的民族。

在中国涉外交往史中,甘愿效劳边陲、为祖国进行奉献的开拓者层出不穷,其中最杰出的代表是张骞和班超。为了联络大月氏夹击匈奴,张骞奉汉武帝之命于公元前139年第一次出使西域。公元前119年,他又奉命第二次出使西域,前往乌孙,直到公元前115年才由乌孙使者伴送归汉,次年病逝。他把自己一生的最后20年都无私地献给了祖国的边陲。班超是继张骞之后我国又一个在边陲为祖国效劳和奉献的杰出人物。公元73年,以效法张骞为己任、以投笔从戎著称于世的班超随从窦固出击北匈奴贵族,旋奉命率吏士36人赴西域。他在西域整整活动了30年,巩固了东汉在西域的统治,保护了西域各族的安全和丝绸之路的畅通无阻。他把自己一生的最后30年完全献给了西域——我国的西部边陲,为我们统一的多民族国家的形成和巩固作出了卓绝的贡献。

张骞和班超在世界的大舞台上演绎着中华儿女大公无私、不图名利、为民造福、任劳任怨的伟大民族精神。他们是国家的栋梁、民族的英雄、人民的骄傲,他们用自己的智慧与勇气创造了辉煌灿烂的物质文明和精神文明,赢得了世界各个民族的赞扬和尊敬。

从华夏民族古代文化的传播到近现代文化的交流,中华民族的涉外群体演绎着一段富有中华民族个性特点的舞蹈历程,每一个舞蹈者,都用心去演绎民族精神,龙腾虎跃、龙凤呈祥、龙飞凤舞……无不体现一种兼收并蓄为我所用的包容精神和巨大魄力。拓而能容,勇于开拓,乐于进取,并且能够兼收并蓄,这就是每一位涉外人员所要演绎传承的龙的精神。

(3)民族精神的创新者。涉外群体作为领略外国文化的先驱者,它们一方面宣扬中华民族的优秀文化传统,自强不息、独立不惧、团结统一、重德崇贤的精神,无论在古代还是当今,都是涉外群体要向国际友人传播的民族精神,因为它能保持民族的自尊心、自信心、自豪感;另一方面,它们作为传播中外文明的转译人员,要以批判的眼光去对待西方文明,要对其进行科学的辨析,剔其糟粕,保留其精华,经过涉外人员的诠释和转译,实现民族精神的自我更新和民族文化的更加明亮,及时、自觉地学习现代先进民族的优秀民族精神,实现中华民族精神的现代化。特别是中西文化处于冲突之期,中国传统文化受到威胁冲击时,涉外群体的一些成员容易产生对列强的依附,民族独立的精神开始在那里失落,所以在与外来文化竞争中,涉外人员一定要提高警惕,始终保持独立自强的人格和竞争意识,勇敢担当起民族精神的创新者这一角色。

鸦片战争期间,中国一直处在闭关锁国的状态,再加上涉外交往由于受交通、交往费用等客观因素影响,一般以官方的涉外交往为主,而且对外交往的次数比较少,频率不高;而且由于中国文化相比西方文化处于一种低势能的状态,交流的内容也比较少,大多集中在道德伦理、诗词曲赋、曲章经书等方面。而涉外人员主要分三部分：饱读经书，经过科举"正途"而跻身朝士行列的驻外使节；长年居留国外，但时刻关心祖国命运的有识之士；出于求知求学的目的到国外进行考察游历的官员和文人学者。特别是这时期出现了精通外文、能独立译书的中国第一代翻译人才，以严复和马君武为代表。他们苦心研究资产阶级的社会政治学说，认真辨析"西学"与"中学"的异同，反对顽固守旧，主张向西方学习，提倡西学，实行改良。他们认为培育民力、民智、民德是使中国富强的根本方法。这一时期涉外翻译人员在与外来文化竞争中，始终坚持自己独立创新的人格，不做西方文化的附庸，誓死保护民族精神家园，义不容辞地担负起培养创新精神、发展创新能力的责任。

因此，涉外群体作为民族精神的领潮人，他们要以身作则，时刻保持警惕，在竞争中正确地了解世界、认识世界，去吸收世界上的一切优秀文化成果，去汲取民族精神的精华，把创新精神放在首位，不断增强民族的自尊心、自信心和自豪感。

2. 涉外群体弘扬和培育民族精神的潜功能分析

在对外进行政治、经济、文化交流的过程中，作为民族精神的继承者、演绎者、创新者的涉外群体在弘扬和培育民族精神方面具有显功能作用。同时在潜功能层面，它们是提升涉外群体硬实力的精神保障和涉外交往的无形资产。

（1）为提升涉外群体的硬实力提供精神保障。这里所说的"硬实力"是指涉外人员本身的群体素质，它包括科学文化素质、思想政治素质、伦理道德素质、心理意识素质和身体素质。涉外人员在长期的涉外交往的实践基础上，在认识世界和改造世界等方面所形成和达到的状态和水平。

涉外人员在与世界各方面人士开展交流和合作的过程中，面对国际间综合国力竞争、人才竞争、文化竞争，要成功抵御和克服拜金主义、享乐主义、个人主义、民族虚无主义等不良思潮的侵蚀，必须弘扬和培育民族精神，以增强其自信心和民族自尊心，也可以说，民族精神是精神文化的灵魂，也是他们赖以生存和发展的精神支撑，在弘扬和培育民族精神过程中，能防止

"西化"、"分化"、"遏制"中国图谋的得逞,能不断丰富人们的精神世界,为提高涉外硬实力提供精神保障。

(2)为涉外交往提供无价的无形资产。如果说"硬实力"是涉外群体的必备工具,那么涉外群体的凝聚力是一种"软实力",它是附于涉外人员身上的民族文化之"魂",只有民族精神的支撑才能提升涉外人员的凝聚力。而涉外群体凝聚力的增强,又为涉外交往提供了无价的无形资产。

民族凝聚力是一定的文化、精神、情感以及这个民族所生息的乡土山川对于本民族全体人员所产生的吸引力、向心力、奋进力等,是一种吸引其他国家作为自己盟友和伙伴的"隐性资源",是发展模式和意识形态方面的吸引力。涉外群体弘扬和培育民族精神,将每个涉外人员的人格与社会、民族的责任统一起来,并逐渐成为涉外人员最深层的心理状态,进而激发涉外人员的爱国热情,使爱国的向心力形成民族的凝聚力。民族凝聚力的作用是不可低估的,它驱使涉外人员积极努力、奋发向上、自觉主动地履行各项义务;它能产生良好的心理环境,为涉外交往提供无价的无形资产。

面对世界范围的各种思想文化的相互激荡,面对西方敌对势力对我国实施"西化"、"分化"的图谋,涉外群体将肩负起弘扬和培育民族精神的重要任务,为中华民族的生存和发展强基固本。

综上所述,涉外人员是民族精神的传播者、弘扬者和建设者,他们与其他人一道共同续写着中华民族精神的新篇章。今天,他们在培育和弘扬民族精神方面,面临着新的形势和任务,肩负着更大的责任和任务。

(四)涉外群体培育和弘扬民族精神面临的形势和任务

当今世界处于一个全球化的开放时代。全球化已不仅仅是世界经济领域中的现象,它对世界各国的政治、文化都产生着巨大的影响,特别是对世界各民族的文化与精神产生重大冲击,是当今世界发展的重要趋势。而具体到各地域文明文化,尤其是那些一向处于殖民地地位、或者边缘化的文明文化体来说,全球化会造成"国家边界的消失及由市场联结为一体的世界之出现,对地区和民族文化及传统、神话、习俗等等决定每个国家或地区文化身份（cultural identity）的东西是致命的打击"①。我们当前面临的全球化在很大程度上已经变成了一个"同质化"的过程,我们的本土文化逐渐地被西方强势文化所"同化"。在某种意义上说,这样的一个全球化过程就可能侵蚀我们的传统文化和民族精神,进而侵犯我们的国家主权、威胁我们国家的经济和社会稳定。

全球化是一种挑战,也是一种机遇。根据汤因比在《历史研究》一书中提出的挑战应战理论,挑战越大,压力和机遇也越大,关键是如何应战。应战有力,就能战胜压力,抓住机遇,推动发展和进步。我们的任务,就是正确认识压力或者挑战的来源和性质,并设法适应所处的环境,战胜压力,捕捉机遇。② 全球化的这种挑战,要求我们在参与到全球化的进程中的时候,一定要守护好自己的文化根基,使我们民族的文化更加明亮,否则就会走上被西方强势文化"同质化"的文化不归之路,民族文化将再无自己的独特性所在。面对这个世界性数千年未有之大变局,我们必须有清醒的认识,并采取有效的措施。涉外群体尤应秉持民族大义,弘扬和培育民族精神,弘扬和培育民族精神乃是我们中华民族文化在全球化时代的一条必由之路,涉外群体的民族精神弘扬和培养更是一个非常重要的问题。那么,我们面对怎样的形势和任务呢?

1. 涉外群体弘扬和培育民族精神面临的形势

（1）涉外群体弘扬和培育民族精神面临的机遇——有利形势。

①制度保障——政策为涉外群体培育民族精神提供政治保证。

党中央、国务院一向高度重视民族精神的培育,多次在中央重大会议上提倡弘扬和培育民族精神。党的十六大报告指出:"民族精神是一个民族赖以生存和发展的精神支撑,一个民族,没有振奋的精神和高尚的品格,不可能自立于世界民族之林。"同时又提出,"必须把弘扬和培育民族精神作为文化建设极为重要的任务,纳入国民教育全过程,纳入精神文明建设全过

---

① 巴尔加斯·略萨著,秋风译:《全球化:文化的解放》,《天涯》2003 年第 2 期。
② 汤因比著,刘北成、郭小凌译:《历史研究》,上海人民出版社 2000 年版,第 171 页。

程,使全体人民始终保持昂扬向上的精神状态。"这一重要论断,强调了民族精神的重要性,把弘扬和培育中华民族精神提到了比以往更加突出、更加显著的地位上来,甚至把它视为关系我们民族命运的重大问题。弘扬和培育民族精神,是党的十六大提出的一项重要战略任务,是我国改革开放和社会主义市场经济条件下进一步提高国民素质的创新之举,也是中华民族抓住机遇发展自己、在复杂多变的国际风云中始终立于不败之地的必然选择。

此外,党中央就如何培育和弘扬民族精神颁布了一系列政策文件。如,《关于进一步加强和改进未成年人思想道德建设的若干意见》、《关于进一步加强和改进大学生思想政治教育工作的意见》、《关于认真开展学习贯彻胡锦涛同志重要讲话精神,广泛深入开展社会主义荣辱观教育活动的通知》等,这些政策都对年轻涉外群体的成长提供了良好的学习氛围,使它们从小接受中华民族精神的熏陶,当它们真正发展成为成熟的涉外群体的时候,能以最佳的姿态投身到弘扬和培育民族精神的伟大工程中去。

因此,党中央和国务院提供的政治保障是涉外群体培育民族精神的重要基石,涉外群体应该紧紧把握这一大好的政治氛围,尽自己的最大努力发挥自己在涉外活动中的重要作用。

②物质保障——社会经济、政治、文化高速发展,综合国力日益增强,从而为涉外群体弘扬和培育民族精神创造了有利的环境,提供了有力的物质保障。

当前,我国社会经济、政治、文化高速发展,这为涉外群体弘扬和培育民族精神创造了有利的环境,涉外群体有更多参与涉外活动的机会和权利,在国际交往中争取了更多的话语权。改革开放以来,我国综合国力有了长足提升,勤劳的中国人民创造了丰富的物质文明,人民的物质生活水平不断提高。物质文明的发展程度决定着、制约着精神生产的发展规模和发展水平。物质生产和物质文明越发展,就越是能够为精神生产提供各种变革现实对象的物质工具、物化精神产品的物质材料、传输精神产品的物质手段,人们就越是能够更加卓有成效地从深度和广度上认识自然、社会和思维,就越是能够开辟和丰富精神生产的形式和门类,越是能够有效地从事各种精神生产,"铸造"出丰富、精美的精神产品。因此,丰富的物质条件为民族精神的培育创造良好的环境,有利于扩大涉外群体的交往范围,丰富民族精神的内容,不断更新民族精神的内涵。

(2)涉外群体弘扬和培育民族精神面临的挑战——不利形势。

①西方强势文化借经济全球化之机打压中华民族精神。

毫无疑问,全球化是一把双刃剑,在给我们带来经济增长和新技术革命以及生活水平提高的过程中,也会侵蚀和削弱我们本土的文化和民族精神。在西方强势文化的冲击下,中华民族精神面临巨大的威胁,一些弱势文化被迫采取放弃自己的传统、面向西方、欢迎西方强势文化进入的态度。而弱势文化从此也患上了"自卑症",失去了对自己文化的欣赏能力和对西方文化的批判能力。结果导致了凡是西方的、凡是强势文化里面的东西都是好的的态度,使得强势文化里面的价值自然而然地成为全世界弱势文化共同接受的普遍价值。关于人权、法治、民主、自由等理想和口号的接受和实践充分证明了弱势文化在强势文化的冲击下别无选择,只有彻底拥抱强势文化的文化价值。①

在某种意义上说,这样的一个全球化过程有可能侵蚀我们的传统文化和民族精神,进而侵犯我们的国家主权、威胁我们国家的经济和社会稳定。

②一些涉外人员缺乏民族精神教育,受西方影响,民族精神有所削弱、淡化。

改革开放,国门大开。中国在经济上要进一步扩大开放,参与国际经济竞争;在政治和思想文化上,也要不断地扩大交往与交流,民族文化与文明面临着外来思想文化的冲击。在日益增多的对外交往中,一部分涉外人员对我国国情和我们过去工作中的一些失误缺乏正确认识,盲目崇拜资本主义国家,有的甚至全盘肯定资本主义的一切,制造民族自卑感,直接或间接地为"全盘西化"服务。在中西文化交流过程中,资本主义、封建主义流毒泛滥起来,市场经济的一些负面因素,使个人主义、拜金主义、享乐主义迅速

---

① 於兴中:《强势文化、二元认识论与法治》,《清华法治论衡》2004 年 4 月 26 日。

膨胀。社会事业心、责任心、正义感被削弱和淡化,道德水准下滑,丑恶现象增多等。现在,自费出国读书的留学生越来越多,由于我们对其政治思想教育抓得不够,这一批年轻的涉外人员的爱国主义意识和艰苦奋斗的精神淡薄,有的甚至受坏人利用,酿下悲剧。

因此,在改革开放的新形势下,必须高度重视涉外人员民族精神教育。这对于增强全国人民的向心力和凝聚力,防止和遏制权力腐败和道德滑坡,使涉外群体在改革开放过程中增强识别善与恶、美与丑、荣与辱、先进与落后的能力,使社会主义物质文明和精神文明健康发展都有着特别重要的现实意义。

③一些涉外群体对涉外工作规律认识不足,方法不当,不能有效对外宣传中华民族精神。

涉外工作由于交往对象是异国人士,其工作特点决定涉外工作的特殊工作规律。涉外交往涉及外事纪律、外交常识、涉外礼仪、涉外人员形象设计、涉外人员沟通技巧以及涉外人员素质训练等内容。特别是对于官方的涉外人员,要对涉外专业知识十分熟悉,还应包括穿着打扮、言谈话语、举止行为、交际应酬、待人接物等。涉外人员只有掌握涉外专业知识,才有利于自身"内强素质,外塑形象",以便更好地掌握国际惯例,从而有效地对外宣传中华民族精神。

但是,也有一些涉外媒体工作者不能恪守职业道德、遵循自身行业规律,随便刊登一些危害国家安全、社会稳定的报道和有害人们身心健康的消息。有时还蓄意炒作渲染诱发情绪、激化矛盾、影响工作的事件;采取不道德的手段进行采访报道;在新闻报道和涉外交往中泄露国家机密、损害国家尊严和中国新闻工作者的形象。本来对外传媒工作者是弘扬和培育中华民族精神的主力军,但是由于他们对涉外工作的性质没有深刻的认识,其直接后果就是在涉外交往中失去了自己参与全球化对话的资格,更不用谈有效对外宣扬中华民族精神。

可以说,涉外交往是国内政治的延续,但又有别于内政,需要知己知彼、学贯东西,绝不可以一厢情愿、以己度人、或单纯地"以德报怨",尤其是在这个全球化的时代,正确的对策是既要积极大胆地吸收一切有利于本民族利益的合理因素,又必须从国家权力政治的高度防止国外"软权力"对民族精神的侵蚀。

2. 涉外群体弘扬和培育民族精神面临的任务

以上探讨了涉外群体弘扬和培育民族精神的发展形势,依此我们可以为涉外群体弘扬和培育民族精神提出一些可行的策略路径。下面我们从涉外交往活动中的几个不同的群体来具体探讨如何弘扬和培育民族精神。

(1)外交机构弘扬和培育民族精神的任务。涉外群体中最为重要的一个群体就是外交机构。作为一个国家对外的政治性交往的代表和常驻机构,外交群体面临的问题是复杂多样的,而其中最重要的一个就是要在各种外交场合中体现出中国的国家形象和民族精神。那么如何在外交机构这一对外群体中培育民族精神呢?

根据上文所探讨的民族精神在涉外活动中体现的原则——以相互尊重、共同协商为基础,增进政治关系;以共同发展、相互促进为目标,密切经贸往来;以相互借鉴、共同繁荣为内容,扩大文化交流;以维护世界和平、促进共同发展为宗旨,加强在国际事务中的合作;以相互信任、共同维护为出发点,树立互信、互利、平等和协作的新安全观,在外交机构这一群体中弘扬和培育民族精神应着重注意两个方面的内容。

首先,要注意我们现阶段的外交国策是"和谐"。因此,我们要着重弘扬民族精神中的"忠恕"和"和为贵"的思想。在外交活动中,我们要坚持和谐外交政策,与邻为善,与邻为伴,"睦邻、安邻、富邻","向更广领域、更深层次、更高水平"展开互利合作,共同发展,相互促进,为人类的和平作出努力。在和平发展的动态过程中重新整合人类文明所有的健康因素,建立一个各国平等、民主协商、共同繁荣、公正、公平、合理的国际政治经济新秩序。

其次,我们奉行和平外交,不是无原则的外交。我们把坚持国家利益作为外交活动的根本原则。如果不能把国家利益放在首位,那么在世界外交舞台上,就无法定位自己的角色。也就是说,我们在现阶段的外交活动中,我们还要牢记"和而不同"的原则。在全球化的趋势下,尤其是面对西方某些大国的霸权主义外交、"唯我独尊"的外交、"大棒加胡萝卜"的外交,我们更应该坚持自己的国家利益。只有这样,才能真正地打破霸权主义对我国外交的威胁和束缚,走出有中国特色的独立自主的和平外交之路。而且,从中国五十多年的外交历程来看,正是因为我们坚持了这一点,坚持有中国特色的独立自主的外交政策,才获得了世界大多数国家的肯定和赞誉,才在国际外交活动中发挥出与我们国家实力相称的作用。而这也正是我们坚持和弘扬民族精神的具体体现,在今后的外交活动中应该继续坚持和发扬。

再次,要发挥首脑外交的示范作用。国家首脑和政府官员作为公共外交的先行者,可以通过一系列外交活动展现中华民族精神、展示个人魅力,提升外国公众对中国的浓厚兴趣和良好印象。与此同时,要大力开展民间外交,争取更多的国际会展、经济论坛、学术交流和体育赛事在中国举办,通过邀请商人、学者或运动员等各类知名人士来华出席活动,以其所见所闻影响其母国的公众。提高驻外人员的服务意识和素质,努力在当地树立中国人团结、平等、热情的良好形象。

最后,我们还需要继续倡导全国各阶层民众,从自身做起,从小事做起,在国民中树立开放、自信、合作、负责、团结、独立的大国意识。今天,在独立自主的和平共处五项原则基础上,积极与世界接轨,广泛溶入国际社会,塑造和展示中国的良好国际形象,已成为中国各阶层民众的共识。今后,我们还需要继续倡导弘扬民族精神,从现在做起,从小事做起,尤其是个体公民在国外要慎独,要懂得自己的一言一行都展示和代表着中国和中华民族,杜绝不文明的行为和所谓"小事"。继续树立政府的亲民、爱民、安民形象,继续改进行政机制和作风,带动树立和发扬社会正气;提高全国公民素质和公民意识,在国内进一步塑造和巩固稳健自信、积极向上、平等法治、公正民主的社会环境,并及时把这个发展中的、良好的中国公民社会形象推向世界。在国际上高举和平、发展、合作的旗帜,通过积极参与国际机制和处理国际重大问题,中国完全可以在国际上树立良好的国际形象。

(2)涉外商务群体弘扬和培育民族精神的任务。毫不夸张地说,我们所处的时代,是一个经济全球化的时代,一个追求经济利益最大化的时代。

涉外商务群体正站在经济全球化的最前沿,它是我们关注的重要群体之一。那么,涉外商务群体如何弘扬和培育民族精神呢?

首先,我们不畏惧全球化,要本着"和为贵"的原则,与世界一切友好国家的企业和经济组织在各个层面上开展友好经济往来,争取"双赢、多赢、共赢"的局面。这就要求我们的涉外商务群体一定要摆正心态,积极参与到全球化的商业竞争中,顺应时代潮流,在资金、技术、人力、市场以及服务等各个领域与国外企业进行合作,这样才能在涉外商务活动中争取主动,取得理想的经济效益。

其次,在合作的同时,我们还要注意,在当前全球化的市场布局中不能过于短视,要有可持续发展和长远的眼光,要创造出有我们民族特色的民族品牌和具有自主知识产权的产品。也就是说,我们要走出粗放型的经济发展困境,向可持续发展的集约型经济转型,以民族品牌和质量取胜,以便在整个世界市场上占据有利地位,走出有民族特色的经济发展之路,为我国经济实力的进一步增长作出贡献。而这正是民族精神可以大展鸿图的地方,因为我国历史和文化资源丰富,完全可以打好这张牌,创生出有我们民族特色的品牌。事实上,我们国家在世界上知名的民族企业也多是在发展中弘扬和坚持了民族精神,或者用民族文化资源来创生品牌,才慢慢成长为具有吸引力的名牌,并取得成功走向世界的。

(3)教育文化群体弘扬和培育民族精神的任务。当前的世界是一个全球化的时代,这带给每个国家的是文化的全球化过程。无论是影视、文学、传媒,还是时尚等各个方面,都可以说是一个全球统一的时代。比如一个电影,或者一个时尚潮流,可以在短短的几周甚至几天内传播并流行到世界的每一个角落。可以说,这种全球化的势头严重地改变了全球的文化生态,全球化在很大程度上成为一个"同质化"的过程,而处于主导地位的西方强势文化在某种意义上成为一种文化霸权,拥有霸权话语,它对广大发展中国家的本土文化构成了巨大的威胁。那么,我们如何应对这种教育文化方面的全球化局面呢? 又如何在这种全球化中来弘扬和培育民族精神呢?

中华文明是一项独特的文明,自古以来,中国的思维并不单是民族国家式的,而是一种文明式的、开放式的思维方式。面对这种全球化的浪潮,首先,我们要认清这个趋势,以积极主动的心态,参与到文化全球化的过程中去,既不盲目自大、固步自封,也不贬抑自我、全盘西化。也就是以一种开放的心态,接受世界上各种文化中的优秀的部分为我所用,使我们的文化更加明亮,真正实现中华民族文化的全面复兴。

其次,文化全球化,不应该是文化同质化的过程,而应该是一个文化共存的多元化存在。所以,在这个过程中,我们应该发扬,而且能够弘扬我们民族文化中的优秀特质,积极参与到当前这个全球文化碰撞、对话、交流和融合的进程中去。也就是说,我们要把"和而不同"的观念真正落到实处,在涉外教育和义化交流中,充分显示出我们自己的"不同"之处,以"不同"作为与其他民族文化对话的基础,以我们特有的民族精神整合其他文化的优秀因素,以此来创生一种有中华民族文化传统特色的且具时代特征的新的民族文化,为中华民族的伟大复兴做好准备。

(4)新兴涉外群体弘扬和培育民族精神的任务——"海归"学者的作用。中国未来能否顺利发展,最重要的影响因素,不是硬件,而是软件。中国现代化进程已经基本完成器物层面的任务,未来最重要的任务是制度与文化方面的进步。与以往"海归"精英更多地从硬件上推动中国与国际接轨不同,当代"海归"精英追求的目标开始兼顾提升中国国际化和公民社会的软实力。他们开始超脱于自身的企业或机构,更多地开始考虑民间外交、公民社会、环境保护和自主创新等中国国际化进程中的实际问题。对这些问题的思考与实践,实际上决定了"海归"群体的未来定位。这些特点,对民族精神的培育和弘扬,可以发挥很重要的作用。

总之,"海归"未来的发展,实际上跟中国经济社会发展息息相关。中国每年有十多万人出国留学,每年有好几万人回国,包括短期进修,同时中国每年还有几千万人出国旅游,随着中国与国际文化、经济、商务、政治等方面的全面接轨,"海归"未来的机会可能越来越多。从这个意义上讲,"海归"的未来实际上就是中国的未来,或者说中国的未来为他们提供了发展机会。当然,"海归"必须与中国的实际相结合,不能脱离中国的实际,也不能盲目照搬,必须与国内广大的精英结合起来,如此中国"海归"的未来才是大有可为的。

三、建设一支弘扬中华民族
精神的涉外工作队伍

为了实现中华民族的伟大复兴,为了全面建设小康社会和和谐世界,需要全社会与时俱进地大力弘扬中华民族精神,使全体人民始终保持昂扬向上的精神状态。在分析涉外群体弘扬和培育民族精神所面临的优势、劣势,以及存在问题之后,我们有必要具体探讨如何在涉外交往中弘扬和培育民族精神。

(一)涉外群体及其涉外活动的发展趋势

随着中国改革开放的不断深入和发展,涉外群体及其涉外活动向着主体多样、方式多样、载体多样的多元化方向发展。

1. 涉外活动主体多元化

伴随着中国的"入世",更多不同阶层的人员参与到涉外交往中去,各种正式组织和非正式群体剧增,涉外工作队伍不断壮大,涉外交往主体多样化。特别是民间外交群体也将不断成长发育,这将为中国的对外交往事业作出巨大的贡献。

特别是留学生将来在民间外交中将发挥重要作用。民间外交是最近一个比较热门的话题。这些年来,我国在国际上的地位得到了较大的提升,但是对我国的误解和不了解也很多,比如"中国威胁论"——"中国经济威胁论"、"中国资源威胁论"、"中国环境威胁论"、"中国人口威胁论"、"中国军事威胁论"、"中国模式威胁论"、"中国崛起威胁论"、"文化冲突论"、"中国崩溃论"等。例如,有关机构做的调查显示,对中国保持好感的比例,不同国家有时候有很大的差异。

针对这些偏见和对中国人的误解，民间外交显得越发重要。我们现在留学外国的学生有 100 万，至少还有六七十万在国外，他们在民间外交中会发挥重要作用，在目前这种复杂的国际环境中，民间外交显得格外重要，民间的解释、民间的争辩、民间的沟通，可以增信释疑，加强了解，在一些敏感问题上产生的效果往往比官方的渠道更好。

在这种民间外交活动——国际公关工作中，归国留学生群体有着天然的优势。归国留学生对不断变化着的中国国情比较了解，能够较好地表达出中国的利益所在。他们在出国前以及归国后长期在国内生活，对国内的工作习惯及运作方式也比较熟悉。他们又有国外生活的经验，可以从不同的角度来观察问题，解释问题，能比较准确地表达出中国的立场和观点。

2. 涉外活动方式多样化

随着中国改革开放的不断深入，特别是加入 WTO 后，涉外群体正对外开展多层次、多渠道、多领域的交流与合作，涉及政治、经济、文化、军事、体育、卫生、航天等领域，对外交往活跃，活动的形式也不断多样化，呈现出多元化和多样性特征和趋势。

首先，官方外交活动形式由单一向多元化发展。传统观念认为，外交是政府的专利，但是，随着民主建设进程的加快，各国政府的职能均出现了不同程度的转变，政府外交的职能也随着民主进程被各种外交形式所分摊，首脑外交、议会外交、政党外交大放异彩。以政党外交为例：中共中央对外联络部（简称"中联部"）是中国共产党专门负责对外联系与交流的部门。十一届三中全会确定改革开放政策以来，中联部在国际舞台上一直十分活跃。经过不懈努力，中国共产党已成为当今世界上国际交往最为广泛深入的执政党，迄今已与 140 多个国家和地区的 400 多个政党和政治组织建立了不同形式的联系、交流与合作关系，形成了全方位、多渠道、宽领域、深层次的政党交往格局。近年来，交往方式也趋向信息化、休闲化。

其次，民间外交活动形式也向多元化发展。民间外交"是由非官方机构或非官方人士所从事的外交活动"，民间外交的参与者可以是在野党、社会团体,也可以是各界人士。民间外交涉及的内容越来越多,它在诸如民间贸易、环境保护、人道主义援助、人权合作等方面发挥着独特的作用。一方面,它反映着各国人民的利益、要求和愿望,对有关国家的政府构成直接的压力和影响;另一方面,在国家关系恶化,甚至不存在正式外交关系的情况下,它可以扮演政府私人代表的角色,投石问路,活动余地较大。从表面上看,民间外交与政府外交之间并无直接的联系,可是在实际上,它们是相辅相成的。当下,民间外交在诸如人道主义援助、资源、人口、教育、人权、环境、安全、经济和社会发展等各个领域空前活跃。民间外交在这些领域的参与在一定条件下补充了政府外交行为的不足,提供了非官方的信息和对话渠道,是政府外交的补充和辅助,客观上起到了促进政府间合作的作用。

最后,公共文化事业全面发展,拓宽了涉外群体的活动范围。特别是文化支柱产业得到国家大力投入,为涉外群体的加快发展提供了广阔的市场空间,涉外活动方式呈现出多层次多样化发展趋势。随着我国演出娱乐业、会展博览业、竞技体育业、节庆文化业等文化支柱产业的飞速发展,为涉外群体带来许多活动的空间。以竞技体育业为例:21世纪,体育产业已成为一个国家显示综合国力的大舞台,而涉外体育人员正是这一舞台的重要主角。特别是2008年北京奥运会,为我国涉外群体的发展提供了得天独厚的涉外交往环境。随着经济的发展和人民生活水平的不断提高,体育产业具有十分广阔的发展前景。涉外人员应以人们喜闻乐见的体育运动服务为突破口,通过提高专业化水平和培育特色产业来促进体育产业的发展,与此同时,以这些世界聚会为契机,利用一切可利用的机会向世界推销中国,借助活动机会弘扬和培育有中国特色的民族精神。

3. 涉外宣传手段现代化

随着信息革命和全球化的发展,涉外群体宣扬中华民族精神的手段也日趋电子化,传播途径更加迅速,传播范围更加广泛。电子通信和互联网等信息网络的发展革新了传统的传播工具,以往涉外群体的交流因受交通、通信工具等客观因素制约,传播方式比较呆板、单一,而且传播的速度也比较慢,为此,涉外群体应把握先进的通信技术,进一步扩大自己在弘扬和培育民族精神的作用。

与此同时,涉外群体深入研究现代传媒事业发展,加强与海外相关媒体的联系与合作。对外传播要在维护国家利益的前提下,发挥传播方式的真实性、生动性、具体性,积极开展文化传播方面的国际交流,努力发挥海外华人华侨的媒介作用;积极宣传中国筹备奥运会、世博会以及在执行民族、宗教、人权政策方面的具体成就,把反映中国良好形象的音像资料放到国际主流传播平台上去;国内个别影视人员时而制作渲染愚昧、麻木等歪曲中国人形象的作品,对此要加以制止和修正。通过海外当地传媒播放有关中国的客观而生动的新闻娱乐节目,同时充分利用互联网等传播手段,开展丰富多彩的中国形象宣传活动,塑造和展示中国良好的国际形象。

4. 涉外交往载体——民族精神的多样兼容性

民族精神的内涵需要与时俱进,不断丰富、发展。一种民族精神的先进与落后,要看它能不能适应时代潮流,能不能跟进历史潮流。古代世界曾经产生过二十多个不同的文明,但大部分都湮灭在历史的长河中了。究其原因,就是这些文明或者说民族精神不能适应新的形势,最终不得不退出历史舞台。要在 21 世纪实现中华民族的伟大复兴,就一定要丰富和发展伟大的民族精神。博大精深的中华文明铸就了民族精神宽广的兼容胸怀。在漫长的历史进程中,中华文明吸纳了许多外来文明、外来民族的东西,它不但没有停滞和退后,反而进一步强大和壮实。民族精神应该是个开放的体系,要与时俱进、不断创新,要以中华民族的传统文化为主,同时又不保守,不拒绝人类文明的优秀成果。弘扬和培育反映时代特征、适合社会发展要求的民族精神,才能使民族精神永葆生机和活力,才能真正支撑起民族的精神大厦。否则,拘泥于传统,机械地保持其原始内容和表现形式,不仅不利于培育民族精神,实质上是抛弃民族精神、背离民族精神。因此,弘扬和培育民族精神是时代发展的新课题。

时代的发展推动了民族精神的培育。时代发展潮流是培育民族精神的坐标,也是拓展民族精神的动力。当今,和平与发展是时代的主题。在这一主题下,要求我们在弘扬民族精神的同时,更要培育锐意进取、开拓创新、求强求富的民族精神,以去除传统的循规蹈矩、安于现状的旧习,在维护世界和平的同时,加快国家的发展,以实现中华民族的伟大复兴。进入 21 世纪,时代发展出现了许多新情况、新特点。世界格局呈现多极化趋势,经济全球化趋势愈益明显,知识经济和信息革命扑面而来,大国之间的科技、经济竞争日趋激烈,文化多元化方兴未艾。这些时代发展的新特点,要求民族精神的内涵需要不断丰富和拓展,包括培育开放精神、竞争精神、兼容精神、科学精神、理性精神等民族精神,以使民族精神富有时代气息,顺应时代发展潮流。

时代发展的要求深化了民族精神的内容。社会主义市场经济作为新时期社会主义经济制度安排,需要与其相适应的精神观念。建立社会主义市场经济体制既意味着重构我们的经济生活,又表明需要培育民族精神作为市场经济的精神支撑。市场经济讲究效率、效益,要求平等、自由,强调竞争、诚信,市场经济既是一种法治经济,也是一种道德经济,市场经济的发展要求政治民主化相伴随。这些市场经济发展的新要求,大大深化了民族精神的内容,包括在弘扬艰苦奋斗精神、重德精神的同时,努力培育平等精神、自由精神、竞争精神、法治精神、契约精神、民主精神。民族精神的培育是社会主义市场经济发展的结果,社会主义市场经济的发展要求是催生新时期民族精神的重要动力。

(二)影响涉外群体及其涉外活动发展的制约因素

涉外群体作为与外国人较长期直接联系的群体,它们更直接地面对全球化的冲击,乃至成为全球化的重要载体,它们更直接地感觉着西化和本土化的矛盾和冲突,感觉到一些因素对其涉外活动的制约。

涉外交往活动的制约因素是多方面的、复杂的、综合的。涉外交往活动和涉外群体的发展从根本上说是一个国家生产力发展的综合表现,其中一个国家的综合国力是最重要的一个制约因素,而在构成综合国力的诸要素中,经济实力又是其中最重要的,其他的因素,诸如人口、资源、科技等有形因素以及民族凝聚力、社会、政治的稳定性和外交能力等无形因素也很重要。以下我们从涉外群体的参与方和涉外活动环境来分析影响涉外群体及其涉外活动的内外制约因素。

1. 涉外环境因素的制约

（1）政治因素——涉外活动得以开展的基本条件。政治因素，系指国内外的政治形势、政治活动、政局变化、国家机构和领导人的更迭、执政党的更替、国家政治经济政策与法律的公布或改变、国家或地区间的战争和军事行为等。这些因素，尤其是其中的政局突变和战争爆发，会引发涉外活动的巨大波动。

（2）经济因素——活跃涉外活动的物质基础。区域经济一体化、经济全球化已成为发展趋势。中国加入 WTO 后服务贸易不断规范和发展，为涉外活动提供了广阔的发展空间。社会主义市场经济体制的不断完善，经济的不断发展和人民生活水平的不断提高，人员流动性加强，为涉外群体及其涉外活动的发展提供了良好基础，同时也提出了更高要求。

（3）社会心理条件——党风、政风、社会风气和公民意识等，也是制约涉外交往的一个基本条件。社会心理条件作为群体的整体状态，反映出群体内部的各种特点，群体成员中优势的情绪与思想倾向往往会影响他们在涉外活动的领导作风、群体意识、群体的价值、需要、动机和兴趣等。

（4）自然环境以及与此相关的交通、邮政、电信、市政建设、环境卫生、旅游等，也是影响涉外交往的重要因素。特别是现代交通会影响涉外人员的交往的次数和频率等。

2. 涉外交往双方因素的制约

进行涉外交往的双方可能是不同类型的涉外群体，或者是该群体之间的成员，抑或者不同群体的成员，情况是复杂多变的。然而，无论是哪一类、哪一种涉外交往活动，归根到底总是通过直接的个人的交往来实现的，即通过个人的活动来实现。因而各涉外人员的经济状况、社会地位、家庭环境、社会关系、职业、个人阅历等等乃至性格品质都有可能直接影响涉外交往活动。参与涉外交往的双方应该是民主、平等、和谐、合作、互动的，根据双方在交往中所处的地位不同，可以分成三种合作交往类型：交换型涉外行为、自发性涉外合作行为、指导性涉外合作行为。

交换型涉外行为：涉外群体采取某种方式彼此交往，这种交往旨在获得报酬或回报，这样形成的关系就是交换涉外关系。如一些涉外商业机构，在进行贸易过程中就形成交换涉外关系，交往双方在对彼此职责进行清楚界定的前提下合作。

自发性涉外行为：一些涉外民间机构在从事国际社会公益事业过程中形成的自发支援行为。如，中国红十字会在开展国际救援工作过程中与异国人员交流就表现出自发志愿的涉外合作关系。

指导性涉外行为：涉外交往双方在具有权威地位的第三方的管理和指导下进行合作。如一些政府涉外机构，如外事办，主要负责组织、指导、管理和协调涉外事务，并为异国人员在华投资、贸易及从事文化、科技、体育等交流活动进行牵线搭桥，提供咨询服务。因此，这些涉外群体所进行的涉外交往是一种指导性质的合作行为。

为此，我们要根据不同的涉外交往类型，采取不同的行动措施，消除隔阂，促进交往活动。涉外人员应该成为涉外活动的支持者、合作者、引导者，努力构建和谐、民主的涉外交往关系。

涉外交往的制约因素是多方面的，又是交互作用的，互相制约的，因而必须从我国实际出发，全面分析各种因素，排除一切交往障碍，活跃涉外交往活动，开创我国涉外交往新局面。

（三）在涉外群体中开展弘扬和培育民族精神教育的重要意义

涉外群体是对外弘扬中华民族精神的传播者。它们是在世界范围内实现中华民族振兴的中流砥柱，在涉外群体中开展弘扬和培育民族精神教育，是深入贯彻落实"三个代表"重要思想和党的十六大精神，加强中华民族思想道德建设，全面实施素质教育，促进人的全面发展的需要，是中华民族精神代代相传、发扬光大的必然要求，是加强社会主义精神文明建设的基础性工程。

面对涉外交往中各种思想文化的相互激荡，面对西方敌对势力对我实行的"西化"、"分化"和争夺下一代的图谋,面对全面建设小康社会的宏伟目标和实现中华民族伟大复兴的历史重任,面对日益开放的环境和发展社会主义市场经济的新要求,在涉外群体中开展弘扬和培育民族精神教育,不断增强涉外人员对民族优秀文化的认同和自信,振奋民族精神,凝聚民族力量,是一项十分紧迫的任务。

马克思主义唯物辩证法认为,事物的发展是内因和外因共同作用的结果。内因是事物变化发展的根据,外因是事物变化发展的条件,外因通过内因而起作用,两者缺一不可。在影响涉外交往的众多因素当中,涉外交往的内部因素是决定性因素,从涉外群体弘扬和培育民族精神来看,涉外人员的个人素质是影响其发挥弘扬民族精神作用的内因,而涉外群体所处的交往环境则是外因条件。因此,要做好涉外群体弘扬中华民族精神工作的关键乃是提高涉外人员的素质,只有从科学文化素质、伦理道德素质和思想政治素质等方面提高涉外人员的整体素质,才能建设好一支弘扬中华民族精神的涉外工作队伍。

人是做好弘扬中华民族精神工作的决定性因素。提高涉外群体素质是一个系统工程,需要全民族的共同努力。我们应该把握涉外工作的规律,从德、智、体、美各个方面对涉外人员进行教育和培育。因此,建设一支弘扬中华民族精神的涉外工作队伍归根到底还是教育的问题,涉外群体弘扬民族精神的作用,已越来越被人们所认识,基于此,涉外群体民族精神的教育成为时下必不可少的一门"功课"。

(四)大力加强涉外工作人员的民族精神教育

从宏观层面分析了对各类涉外群体进行民族精神培育和弘扬的策略之后,我们有必要从微观层面——涉外群体中个人的层面来分析一下,也就是说如何在涉外群体中加强单个涉外人员的民族精神培育、弘扬的教育工作。

1. 明确涉外群体民族精神教育的目标

加强涉外群体民族精神教育是当前弘扬与培育民族精神的重要内容,也是一项长期的任务。为使涉外群体的民族精神教育更加科学化、系统化、规范化,应当把它纳入国民教育全过程。在涉外群体中开展弘扬和培育民族精神教育的指导思想是:以马克思列宁主义、毛泽东思想、邓小平理论和"三个代表"重要思想为指导,根据涉外人员个人特点和涉外工作的规律,坚持育人为本,重在实践,教育、引导涉外人员树立中国特色社会主义的共同理想和正确的世界观、人生观、价值观,不断增强民族自尊心、自信心和自豪感,建设一支高效弘扬中华民族精神的涉外工作队伍。

当前,许多涉外群体不同程度地存在国家意识不强、民族优秀文化传统观念淡薄、民族自信心和自豪感有所减退、对中华民族的归属意识还有待提高等问题,在行为上表现为诚信意识淡薄、社会责任感缺乏、勤俭自强精神淡化、和谐相处能力较差。因此,必须高度重视涉外群体民族精神教育,使广大涉外群体传承美德,爱我中华,让民族精神深植他们心中,成为一个有良好民族精神素养的涉外人员。

加强涉外群体的民族精神教育,绝非渲染狭隘的民族主义,而是把弘扬和传承中华优秀文化传统作为立足点,面向现代化、面向未来、面向世界,将民族精神与时代精神紧密结合,着眼于培养爱国主义情感和涉外人员对中华民族共同历史、文化、生活方式的归属感与认同感,引导涉外人员形成现代公民的良好道德品质和行为习惯。

涉外群体大多是在与异国人士交往中对外弘扬中华民族精神的,因此教育涉外工作人员要以民族精神为载体,使涉外交往与民族精神教育有机结合,让涉外人员在接受民族精神教育的同时,培养和提高倾听、表达、合作、交往、沟通——对话、协商、谈判等涉外交往素养。

当前,我国一部分涉外工作人员对自己涉外工作性质不了解,尤其是对自己所肩负的弘扬和维护民族精神的历史使命认识不清,我国能否有效地建立一支有效弘扬民族精神的涉外工作队伍,关键取决于涉外人员对自己历史使命的认识。因此,在涉外群体民族精神教育中,要把民族责任感、历史使命感放到十分重要的位置,不断提高每一个涉外人员进行弘扬民族精神教育的自觉性和能力。

涉外群体民族精神教育,首先必须增强涉外人员"人人都是民族精神的宣传使者"的责任意识,要求涉外人员深入挖掘民族精神内涵,并与有自身特色的涉外工作有机结合,将民族精神学习有机融入日常涉外活动之中。同时,要重点加强涉外组织的领导队伍建设,提高他们的弘扬和培育民族精神的意识和能力。此外,还要动员政府、社区等方方面面参与到民族精神教育活动中,从舆论宣传、社区环境营造、教育基地建设等方面入手,真正形成良好的社区、媒体、政府良性互动的育人环境,在全社会范围更好地展示中华民族源远流长的历史文化,力争通过若干年的努力,形成以民族精神教育为根基的涉外工作新格局。

涉外群体民族精神教育不同一般的民族精神教育。由于涉外人员工作性质的特殊性,因此要使涉外人员卓有成效地宣扬中华民族精神,关键是要让涉外人员把握自身涉外工作的性质与规律。实际上,本国语言和本国法律是涉外人员知识结构的本位和基础,外国语言和外国法律是应该努力达到的高度。对于中国涉外工作人员而言,没有熟练掌握外语和外国法律就不是国际一流涉外人员,而没有熟练掌握本国语言和本国法律就根本谈不上是涉外人员。

身处国家对外开放不断扩大的时代,越来越多的中国人,在走出国门以后,对热爱祖国有了全新的体会;越来越多的中国人,在自身的涉外交往中,不断实践着爱国主义新的时代要求;拥有了国际视野的中国人普遍认识到,我们的一言一行,不仅代表自己,而且代表着祖国的形象! 只有涉外人员懂得自身涉外工作的规律和责任,才能卓有成效地弘扬中华民族精神。

2. 坚持涉外群体民族精神教育的原则

在涉外群体中开展弘扬和培育民族精神教育要遵循以下原则:因人制宜,分类指导的原则。按照不同的涉外群体的类型,有针对性地开展分类教育。

以涉外人员为主体、重在实践的原则。坚持教育与涉外交往实践相结合,通过丰富多彩的涉外交往实践活动,使他们在实践活动中体验、感悟、认同民族精神;注重知行统一,鼓励和引导其在社会生活实际中身体力行,弘扬民族精神。

突出重点、体现特色的原则。要以爱国主义教育为核心,以中华传统美德和革命传统教育为重点,大力开展中国革命、社会主义建设和改革开放的历史教育与国情教育。从他们涉外工作的实际出发,从他们最关心的问题入手,善于挖掘和利用涉外群体所在地体现民族精神的各种资源,用事实说话,用典型说话,以情动人,以事感人,以理服人。

与时俱进、开拓创新的原则。开展弘扬和培育民族精神教育,既要继承和发扬长期行之有效的好经验和好做法,又要紧跟时代前进的步伐,不断更新观念,在内容、方法、手段和机制等方面积极探索创新,采用新技术,开辟新渠道,占领新阵地。

3. 突出涉外群体民族精神教育的重点

大学生作为新世纪人才,他们将会是涉外群体的主力军,因此,对他们加强民族精神教育,将更有利于增强其民族精神意识,促进弘扬和培育民族精神。青年涉外群体,尤其是大学生的民族精神教育应成为我们开展涉外群体民族精神教育的重点。

首先,坚持优良传统教育与时代精神教育相结合。既要发扬民族精神中传统文化的精华,又要结合时代发展的实际,注重充实民族精神的时代内涵;既要弘扬中华民族五千年的传统美德,又要吸收、借鉴人类发展的一切文明成果;既要以历史教育弘扬民族精神,又要根据现代化建设对人才的要求,以发展的眼光培育民族精神的时代内涵。

其次,坚持突出重点与有机渗透相结合。教育内容需要生动的形式加以体现,教育工作者要善于挖掘课内课外民族精神教育的各种资源,敏锐捕捉各种具有民族精神教育意义的信息,有机、有意、有情、有序、有效地把民族精神渗透到教育的各个环节,用学生喜闻乐见的方式开展教育活动,重教育过程体验和教育内容的渗透,以情动人,以事感人,以理服人。

再次,坚持认知教育与实践体验相结合。弘扬和培育民族精神既要重视课堂教育又要重视实践体验,既要抓好认知教育更应开展实践教育,让学生在实践中真切感受民族精神的深刻内涵。

最后,坚持学校教育与社会引导相结合。既要发挥学校教育在弘扬和培育民族精神中的主渠道、主阵地作用,也要加强家庭教育、社会教育与学校教育之间相互配合,充分调动社会各方面的积极性,有效整合社会资源,形成民族精神教育的强大推动力。

培育和弘扬民族精神,要充分发挥大学生的主体作用。大学生本身具有接受和弘扬民族精神的内在动力。要充分发挥学生在教育中的主体作用,挖掘出学生的内在积极性和主动性,将这种积极性和主动性转化为对活动的主动参与,在发挥作用的过程中培育和弘扬大学生的民族精神。要根据学生的思想特点和成长规律,注意引导学生对德育过程的主动参与,在发挥作用中受到教育。使大学生真正认识到,民族精神强大的社会凝聚力和社会整合功能,是国家稳定和发展的精神基础,也是构建和谐社会的精神基础。

4. 开展灵活多样的民族精神教育

在上述指导思想和教育原则下,我们可采用丰富多彩、灵活多样的教育方式开展涉外人员民族精神教育。

如前所述,正式涉外群体的正规化程度高,其成员间的互动采取制度化、规范化的方式,其成员的权利、义务以及彼此的关系都有明确的、且常常是书面的形式的规定。他们一般有较高的科学文化素质,具备较强的硬实力,因此对其进行民族精神教育应着重提高他们的软实力,可以开展一些正规的培训班、主题讲座、座谈会等比较正式的培训途径去进行民族精神教育。

非正式涉外群体正规化程度低,其成员的互动采取随意的、非常规的方式,成员的权利、义务及彼此间的关系并没有明确的或者是成文的规定。在非正式涉外群体中,成员间通过经常性的自由交往,形成一些不言而喻的规范和角色期待,大家很自然地就结合在一起,它具有稳定性、包容性、灵活性。鉴于他们的涉外活动比较分散,因此,对他们的教育方式主要是借助主流媒体进行宣传和弘扬民族精神,借助网络媒体信息的链接、互动和传播大众化优势,着力传播伟大民族精神的重要内涵,提高涉外人员凝聚力。

官方涉外群体负责办理国家间的外交事务,民间涉外群体是有别于它,也有别于营利组织,而具有非营利性、民间性、自治性、志愿性、非政府性等重要特征。可以采取官民相结合的教育方式,官方作为主导方,民间群体作为协助方,开展官民共同合作的教育活动,二者共融共契,优势互补,增进二者的协调性,以有利于高效宣传民族精神。

对于常设和临时涉外群体,均应着重建立弘扬和培育民族精神的长效教育机制,必须把民族精神教育纳入他们涉外交往全过程,渗透在他们涉外工作的各个基本方面和主要领域;必须依托其组织文化资源,重视各种社会教育载体建设,形成相互补充、各有特色的教育平台。

针对国内外不同地方的涉外群体,宜开展富有地域特色的主题教育活动,以国内的主题教育为主,发挥国外主流传媒优势,扩大在国外的影响力。

灵活多样的教育方式、方法,归纳起来,不外乎以下几种:

(1)正规教育。深入开展民族精神正规教育,努力培养广大涉外人员的爱国主义情感。爱国主义是涉外群体民族精神教育的核心,是涉外人员赖以生生不息、不断前进的强大动力。因此,要充分利用各级各类学校的教学资源,在涉外人员中深入开展中华民族优良传统、中国革命传统和中国历史特别是中国近现代史教育,引导广大涉外人员认识中华民族的历史和传统,了解近代以来中华民族的深重灾难和中国人民进行的英勇斗争,从而树立民族自尊心、自信心和自豪感。

(2)短期培训。利用广播、电视、电影和音像制品等方式,在短时期内开展知识性、故事性、观赏性,能够吸引人、感染人、教育人和鼓舞人的民族精神教育。弘扬和培育民族精神是全部教育活动的共同任务,要把民族精神教育有机地渗透和融合到涉外工作之中,达到"润物无声"的教育效果。在教学实践中,要注重通过典型示范来阐释伟大的民族精神。

(3)专题培训。抓住有利于振奋民族精神的重大活动和重大事件,开展富有特色的主题教育活动,增强民族精神教育效果。例如,可以利用春节、清明节、中秋节等民族传统节日,五一节、国庆节等重要节日、重要事件和重要人物纪念日,开展主题教育活动,让涉外人员了解地域文化,从而对民族精神的理解更加深刻而具体,对民族精神的弘扬和培育更加主动、自觉。

（4）知识竞赛。通过举办知识竞赛活动，引导全体涉外人员从民族文化、历史、军事、体育等方面，充分认识了解中华民族的优秀历史文化传统和五千年来形成的"团结统一、爱好和平、勤劳勇敢、自强不息"的伟大民族精神，了解中国近现代的国史国情，学习民族英雄，弘扬民族文化，振奋民族精神，为中华民族的伟大复兴作出应有的贡献。

当然，还有很多我们这里没有论述和分析到的教育方式、方法，不过我们的要求是一定的，就是要求教育方式和方法应尽可能地多样、生动、灵活。

民族精神是涉外群体重要的精神旗帜，是反映涉外群体整体素质的重要尺度，也是我国民族精神教育的核心内容。民族精神教育是一种带有鲜明民族特色和政治色彩的民众教育，它是中华民族振兴的必由之路。我们要把涉外群体民族精神教育纳入全国民族精神教育的主阵地，依托中华民族文化资源优势，针对不同涉外群体，制订相应教育方案，从而把民族精神教育有效地贯穿到涉外群体教育的始终，使以爱国主义为核心的民族精神内化到每一个涉外人员的思想道德素质中。唯如此，我们才能使得在涉外群体中培育和弘扬民族精神的教育活动取得良好的效果和优异的成绩，也只有这样才能使得参与涉外交往活动的成员的民族精神素质得到极大的提高，进而我们可以通过这些具有坚定民族精神素养的、具有高度责任感和使命感的、对涉外工作的规律洞彻在胸的涉外交往人员来推动我们整个涉外群体的民族精神培育和弘扬。

参考文献

[1]《马克思恩格斯全集》第 1 卷,人民出版社 1956 年版。

[2]《马克思恩格斯全集》第 19 卷,人民出版社 1963 年版。

[3]《马克思恩格斯选集》第 1 卷,人民出版社 1995 年版。

[4]《马克思恩格斯选集》第 2 卷,人民出版社 1995 年版。

[5]《马克思恩格斯选集》第 3 卷,人民出版社 1995 年版。

[6]恩格斯:《反杜林论:欧根·杜林先生在科学中实行的变革》,中共中央马克思恩格斯列宁斯大林毛泽东著作编译局译,人民出版社 1970 年版。

[7]《斯大林全集》第 2 卷,人民出版社 1953 年版。

[8]《普列汉诺夫哲学著作选集》第 2 卷,三联书店 1961 年版。

[9]《毛泽东选集》第二卷,人民出版社 1991 年版。

[10]《孙中山选集》,人民出版社 1981 年版。

[11]教育部、中共中央文献研究室编:《毛泽东邓小平江泽民论教育》,中央文献出版社 2002 年版。

[12]《邓小平文选》第二卷,人民出版社 1994 年版。

[13]《邓小平文选》第三卷,人民出版社 1993 年版。

[14]中共中央宣传部:《毛泽东邓小平江泽民论弘扬和培育民族精神》,学习出版社 2003 年版。

[15]中华人民共和国外交部,中国中央文献研究室:《周恩来外交文选》,中央文献出版社。

[16]江泽民:《十五大以来重要文献选编》(上册),人民出版社 2000 年版。

[17]中央文献研究室编:《江泽民论有中国特色社会主义(专题摘编)》,中央文献出版社 2002 年版。

[18]江泽民:《全面建设小康社会开创中国特色社会主义事业新局面》,人民出版社,2002.11。

[19]《十三大以来重要文献选编》(中),人民出版社1991年版。

[20]《十四大以来重要文献选编》(上),人民出版社1996年版。

[21]《十五大以来重要文献选编》(上),人民出版社2000年版。

[22]《中国共产党第十六次全国代表大会文件汇编》,人民出版社2002年版。

[23]《十六大辅导读本》,人民出版社2003年版。

[24]中共中央宣传部:《建设有中国特色社会主义若干理论问题学习纲要》,学习出版社1998年版。

[25]龚学增主编:《民族精神教育读本》,中共中央党校出版社2003年版。

[26]迈尔森:《博弈论:矛盾冲突分析》,中国经济出版社2001年版。

[27]亚当·斯密著,蒋自强等译:《道德情操论》,北京商务印书馆1997年版。

[28]凡勃伦:《有闲阶级论》,商务印书馆1983年版。

[29]康芒斯:《制度经济学》,商务印书馆1983年版。

[30]代尔斯:《直接民主与间接民主》,三联书店1998年版。

[31]安德烈·贡德·弗兰克著,刘北成译:《白银资本重视经济全球化中的东方》,中央编译出版社2000年版。

[32]马可·波罗著,冯承钧原译,党宝海注释并补译:《马可·波罗行纪》,河北人民出版社1999年版。

[33]钱穆:《中国文化史导论》,上海三联书店影印本1988年版。

[34][英]安格斯·麦迪森著,序平、吴湘松译:《中国经济的长远未来》,新华出版社1999年版。

[35][美]T.帕森斯著,张明德、夏翼南、彭刚译:《社会行动的结构》,译林出版社2003年版。

[36]张岱年、方克立:《中国文化概论》,北京师范大学出版社2002年版。

[37]刘献君:《中国传统道德》,华中理工大学出版社1998年版。

[38]董平主编:《中国传统文化与现代化》,中国政法大学出版社 2001年版。

[39]席泽宗主编:《中国科学技术史(科学思想卷)》,科学出版社 2001年版。

[40]赵洪恩、李宝席主编:《中国传统文化通论》,人民出版社 2003 年版。

[41]殷正坤、邱仁宗著:《科学哲学引论》,华中理工大学出版社 1996 版。

[42]李宗桂著:《中国文化导论》,广东人民出版社 2002 年版。

[43]杨雪冬:《全球化:西方理论前沿》,社会科学文献出版社 2002 年版。

[44]任涛、孔庆榕、张大可:《统一战线与中华民族凝聚力》,中国社会科学出版社 2000 年版。

[45][法]托克维尔著,董果良译:《论美国的民主》(上册),商务印书馆 1988 年版。

[46][英]阿克顿著,侯健、范亚峰译,《自由与权力》,商务印书馆 2001年版。

[47]张岱年《文化与哲学》,教育科学出版社 1988 年版。

[48]林毓生:《中国传统的创作性转化》,三联书店 1988 年版。

[49][美]塞缪尔·亨廷顿:《文明的冲突与世界秩序的重建》,新华出版社 1998 年版。

[50]虞崇胜:《政治文明论》,武汉大学出版社 2003 年版。

[51]潘一禾:《观念与体制——政治文化的比较研究》,学林出版社 2002年版。

[52]王沪宁:《比较政治分析》,上海人民出版社 1987 年版。

[53][美]菲利克斯·格罗斯著,王建娥、魏强译:《公民与国家——民族、部族和族属身份》,新华出版社 2003 年版。

[54][英]戴维·米勒、韦农·波格丹诺编,邓正来等译:《布莱克维尔政治学百科全书》,中国政法大学出版社 2002 年版。

[55]夏基松著:《当代西方哲学》,黑龙江人民出版社 1983 年版。

[56][德]卡尔·雅斯贝尔斯著,邹进译:《什么是教育》,三联书店 1991

年版。

[57][德]卡尔·雅斯贝尔斯著,王德峰译:《时代的精神状况》,上海译文出版社 1997 年版。

[58][英]厄内斯特·盖尔纳著,韩红译:《民族与民族主义》,中央编译出版社 2002 年版。

[59][英]埃里克·霍布斯鲍姆著,李金梅译:《民族与民族主义》,上海人民出版社 2000 年版。

[60][德]黑格尔著,王造时译:《历史哲学》,上海书店出版社 1999 年版。

[61][德]赫尔德著,姚小平译:《论语言的起源》,商务印刷馆 1998 年版。

[62]李宏图:《西欧近代民族主义思潮研究》,上海社会科学出版社 1997 年版。

[63]樊天顺主编:《中华精神》,海洋出版社 1991 年版。

[64]王俊义、黄爱平编《炎黄文化与民族精神》,中国人民大学出版社 1993 年版。

[65]陈其泰:《史学与民族精神》,学苑出版社 1999 年版。

[66]李晋有主编:《民族知识千题》,中央民族大学出版社 1999 年版。

[67][美]斯蒂芬·P.罗宾斯:《组织行为学》,中国人民大学出版社 2001 年版。

[68][德]马克斯·韦伯著,于晓、陈维纲译:《新教伦理与资本主义精神》,三联书店 1987 年版。

[69]丁少峰、刘居安:《民族先进精神论》,中央编译出版社 2004 年版。

[70]俞祖华,赵慧峰著:《中华民族精神新论》,山东大学出版社 2005 年版。

[71]曹兴:《民族精神与哲学智慧文库》,民族出版社 2005 年版。

[72][德]斐迪南·滕尼斯:《共同体与社会》,商务印书馆 1999 年版。

[73][法]雷蒙·阿隆著:《社会学主要思潮》,华夏出版社 2000 年版。

[74]朱国宏主编:《经济社会学》,复旦大学出版社 2003 年版。

[75]罗国杰、宋希仁:《西方伦理思想史》(下册),中国人民大学出版社

1988 年版。

[76]联合国教科文组织:《世界文化报告 1998》,北京大学出版社 2000
年版。

[77]刘智峰:《道德中国》,中国社会科学出版社 1999 年版。

[78]郑杭生:《社会学概论新修》(修订本),中国人民大学出版社 2002
年版。

[79][美]迈克尔·波特:《竞争优势》,华夏出版社 1997 年版。

[80]陆道生、王慧敏:《中小企业的创新与发展》,上海人民出版社 2002
年版。

[81]谢健:《民营中小企业制度创新研究》,新华出版社 2002 年版。

[82]高原、肖峰:《企业文化》,中国纺织出版社 2002 年版。

[83]刘光明:《企业文化》,经济管理出版社 2001 年版。

[84]张大中等主编:《中国企业文化大辞典》,当代中国出版社 1999 年版。

[85][美]约翰·科特、詹姆斯·赫斯科特著,曾中等译:《企业文化与经营
业绩》,华夏出版社 1997 年版。

[86][美]威廉·大内:《Z 理论:美国企业界怎样迎接日本的挑战》,中国
社会科学出版社 1984 年版。

[87][美]适克尔·茨威尔著,王申英等译:《创建基于能力的企业文化》,
华夏出版社 1999 年版。

[88][美]珍伯·高菲等著,林沫如译:《公司精神——决定成败的四种企
业文化》,哈尔滨出版社 2003 年版。

[89][英]伊丽莎白·切尔:《企业家精神:全球化、创新与发展》,中信出版
社 2004 年版。

[90]刘培金:《中国企业经营哲学》,解放军出版社 2002 年版。

[91]李亚:《民营企业企业文化》,中国方正出版社 2004 年版。

[92]王少华:《与国企精英对话》,湖北人民出版社 2000 年版。

[93][英]乔恩特:《跨文化管理》,东北财经大学出版社 1999 年版。

[94]樊国华:《先秦诸子与管理哲学》,新华出版社 1991 年版。

[95]张德、吴剑平:《企业文化与CI策划》,清华大学出版社2000年版。

[96]李宗红、朱沫:《企业文化:胜敌于无形》,中国纺织出版社2003年版。

[97]王成荣、周建波:《企业文化学》,经济管理出版社2002年版。

[98]赵建平:《企业文化管理的灵魂》,中国石化出版社2002年版。

[99]孙殿勇:《企业文化在企业中的作用》(决策前瞻),文汇出版社2003年版。

[100]刘冀生:《企业经营战略》,清华大学出版社1995年版。

[101]李建民:《企业核心能力》,法律出版社1998年版。

[102]王成荣:《企业文化》,中央广播电视大学出版社2000年版。

[103]邓波:《民营经济前沿问题的研究》,中国时代经济出版社2003年版。

[104]陈春花:《企业文化管理》,华南理工大学出版社2002年版。

[105]刘光明:《企业文化》,经济管理出版社2001年版。

[106]李海、郭必恒:《中国企业文化建设传承与创新》,企业管理出版社2005年版。

[107]罗长海:《微软文化》,清华大学出版社2004年版。

[108]冯帼英、朱海松:《海尔背后》,广东经济出版社2004年版。

[109]张大中等主编:《中国企业文化大辞典》,当代中国出版社1999年版。

[110]罗长海:《企业文化学》,中国人民大学出版社1999年版。

[111]蔡禾等:《城市社会学:理论与视野》,中山大学出版社2003年版。

[112]郑鹤声、郑一钧主编:《郑和下西洋资料汇编》(上),齐鲁出版社1980年版。

[113]注利平:《中国组织管理过程中的传统文化因素》,《第四届两岸文化与经营管理学术研讨会论文集》,人民大学出版社2000年版。

[114]陈振汉:《我国历史上国民经济的发达和落后及其原因》,《社会经济史学论文集》,经济科学出版社1999年版。

[115]林伟周、黄丹:《企业文化理论的兴衰演变及其启示》,《第四届两岸

中华文化与经营管理学术研讨会论文集》,人民大学出版社 2000 年版。

[116]《增强中华民族凝聚力第二次学术讨论会论文集》,香港汉荣书局
1992 年版。

[117]《中外企业文化》,中外企业文化出版社,2001 年 1—12 期。

[118][法]弗朗索瓦·若斯特:《电视全球化与文化认同问题探讨》,《新
华文摘》2003 年第 9 期。

[119][德]尤根·米特斯特拉斯:《现代世界与人文科学》,《新华文摘》
2003 年第 6 期。

[120]纪宝成等:《关于"重振国学"的讨论》,《新华文摘》2005 年第 7 期。

[121]王冀生:《中国大学百年文化研究》,《新华文摘》2006 年第 2 期。

[122]王义遒:《推进通识教育,催生一种新的教师模式》,《新华文摘》2006
年第 2 期。

[123]庞朴:《文化传统与传统文化》,《新华文摘》2003 年第 9 期。

[124]郑杭生:《和谐社会与社会学》,《新华文摘》2005 年第 4 期。

[125]王岳川:《科技的兴盛与人文理性的重建》,《民主与科学》1997 年第
5 期。

[126]何祚庥:《弘扬民族精神要讲科学,要与时俱进》,《北京党史》2003
年第 4 期。

[127]朱伦:《民族共治论对当代多民族国家族际政治事实的认识》,《中国
社会科学》2001 年第 4 期。

[128]杨叔子:《民族精神:中华民族文化哲理的凝视》,《华中科技大学学
报》(社会科学版),2005 年第 1 期。

[129]洪镰德:《民族主义的缘起、议题和理论——最近有关民族主义的英
文文献之简介》,《淡江人文社会学刊》2003 年第 15 期。

[130]李伯重:《西方对明清中国经济的看法及其原因》,《中国社会科学院
院报》2002 年第 3 期。

[131]孔令宏:《试论用技术社会学方法解答李约瑟难题》,《大自然探索》
1998 年第 3 期。

[132]李翔宇、黄雁玲:《中国传统思维的理性分析》,《广西社会科学》2001年第2期。

[133]王红婵、王丰年:《李约瑟难题的现实意义》,《哈尔滨师专学报》1999年第3期。

[134]诸凤娟、陶建钟:《刍议近代中国科技落后的文化原因》,《绍兴文理学院学报》2003年第3期。

[135]周云:《从"科玄论战"看20年代西方思想与中国社会思潮》,《社会科学辑刊》1999年第4期。

[136]何中华:《"科玄论战"与20世纪中国哲学走向》,《文史哲》1998年第2期。

[137]李醒民:《科玄论战的主旋律、插曲及其当代回响》(下),《北京行政学院》2004年第2期。

[138]李铁:《重读科玄论战》,《湘潭大学社会科学学报》2003年第3期。

[139]李秋丽:《现代化视野中的"科玄论战"》,《理论学刊》2004年第8期。

[140]刘芳玲、蒋佩琳:《中国科技发展与传统文化关系的几个问题》,《四川师范大学学报》(自然科学版),1997年第3期。

[141]刘啸霆、姜照华:《科技及其文化前提浅析》,《自然辩证法研究》1994年第6期。

[142]毛伟英:《论传统文化在现代科技发展中的作用》,《浙江师大学报》(社会科学版),1997年第3期。

[143]郝海燕:《儒家文化与中国科学:现代新儒家的见解》,《自然辩证法研究》2004年第11期。

[144]姚茂群:《传统思维方式与科学技术》,《杭州师范学院学报》(自然科学版),2004年第6期。

[145]马来平:《中国传统文化与科学技术发展三题》,《济南大学学报》1995年第2期。

[146]徐祥运:《论科学技术发展与社会文化进步》,《青岛科技大学学报》

（社会科学版）,2004 年第 4 期。

[147]王茹、谭泓:《在多元文化冲突中弘扬和培育民族精神》,《理论学刊》2003 年第 5 期。

[148]萧景阳:《论中华民族精神在发展我国市场经济中的地位与作用》,《广东民族学院学报》（社科版）,1994 年第 2 期。

[149]于光远:《怎样理解"在弘扬民族精神要讲科学"》,《北京党史》2003 年第 4 期。

[150]程京武:《论全球化进程中民族精神的培育》,《广东社会科学》2005 年第 1 期。

[151]R.默顿著,林聚任译:《科学的规范结构》,《哲学译丛》2000 年第 3 期。

[152]张浩:《发挥民族文化优势,促进当代科技创新》,《晋阳学刊》2001 年第 3 期。

[153]常立农:《技术的民族性与国际性》,《中国科技论坛》2004 年第 1 期。

[154]陈军科:《理性思维:文化自觉的本质特征》,《北京师范大学学报》（社会科学版）,2003 年第 5 期。

[155]任雪萍:《科学理性及其双重效应》,《安徽大学学报》（哲学社会科学版）,1998 年第 6 期。

[156]孙德忠:《论科学理性和人文理性的分殊与融通》,《武汉理工大学学报》（社会科学版）,2004 年第 2 期。

[157]史及伟:《杭州的城市人文精神》,《城市问题》2003 年第 2 期。

[158]唐永进:《弘扬民族精神与人的全面发展》,《齐鲁学刊》2005 年第 1 期。

[159]邓卫红:《弘扬和培育民族精神》,《桂海论丛》2003 年第 10 期。

[160]王缉思:《民族与民族主义》,《欧洲》1993 年第 5 期。

[161]陈明明:《政治发展视角中的民族与民族主义》,《战略与管理》1996 年第 2 期。

[162] 张岱年:《炎黄传说与民族精神》,《炎黄春秋》1993 年第 1 期。

[163] 储朝晖:《"大学精神"语义的实证分析》,《复旦教育论坛》2004 年第 4 期。

[164] 刘宝存:《中世纪的大学理念及其对后世的影响》,《复旦教育论坛》2004 年第 4 期。

[165] 李延保:《现代大学精神和大学文化传统与品格》,《中国大学教学》2002 年第 5 期。

[166] 任剑涛:《大学的主义与主义的大学》,东方文化 1998 年第 5 期。

[167] 杨东平:《大学之道:精神重建与制度创新》,《东方论坛》,1995 年第 1 期。

[168] 刘创:《大学之道:精神的传承、生产与原创》,《现代大学教育》2003 年第 6 期。

[169] 冯俊:《大学的永恒精神》,《国家教育行政学院学报》2003 年第 6 期。

[170] 苗素莲:《大学精神及其演化》,《教育发展研究》2003 年第 2 期。

[171] 何中华:《现代语境中的大学精神及其悖论》,《文史哲》2002 年第 1 期。

[172] 项锷:《科学精神的失落:近代中国科学观的庸俗化倾向》,《深圳大学学报》(人文社会科学版),2000 年第 4 期。

[173] 赵婷婷:《大学市场化趋势与大学精神的传承》,《高等教育研究》2001 年第 9 期。

[174] 王天兵、王玉柱:《校园文化整合与大学精神的塑造》,《高教研究与实践》2001 年第 4 期。

[175] 王冀生:《大学精神与制度建设》,《有色金属高教研究》2001 年第 1 期。

[176] 叶隽:《大学精神何处寻》,《未来与思考》2000 年第 8 期。

[177] 张岂之:《科学教育与人文教育关系的历史考察》,《中国大学教学》2002 年第 6 期。

［178］朱小曼:《道德学习与脑培养》,《沈阳师范大学学报》2005 年第 2 期。

［179］方棣:《市场经济与当代民族精神》,《江汉大学学报》1995 年第 12 卷第 5 期。

［180］周宁:《探寻世界文明的中华文化资源》,《东南学术》2003 年第 3 期。

［181］李辉、钟明华:《"大学精神"的本质特征及其建设思路》,《中山大学学报》(社会科学版),1999 年第 2 期。

［182］潘正祥、胡君:《什么样的民族精神需要我们去培育与弘扬》,《理论前沿》2003 年第 7 期。

［183］周锦飞、刘晓鸾:《民营企业如何铸造"企业精神"》,《中国民营科技与经济》2004 年 12 期。

［184］钟炳良:《对浙江民营企业发展的再思考》,《经济管理》2002 年第 3 期。

［185］陈春花:《企业文化的改造与创新》,《北京大学学报》(社科版),1999 年第 3 期。

［186］悸琪:《欧洲管理学者看中西企业文化的差异》,《改革》1999 年第 3 期。

［187］占德干、张炳林:《企业文化构架的实证性分析:对四个不同类型企业的调查与分析》,《管理世界》1996 年第 5 期。

［188］胡晓清:《中国建设现代企业制度的社会文化困扰》,《管理世界》1998 年第 3 期。

［189］黎红雷:《"文化人"假设及其管理理念——知识社会和管理哲学》,《中山大学学报》(社会科学版),1999 年第 6 期。

［190］何力、凌文轻:《组织文化与企业效能研究综述》,《科技进步与对策》2003 年第 8 期。

［191］林国建:《二十一世纪企业文化再造新论》(上),《企业文化》2002 年第 11 期。

[192]林国建:《二十一世纪企业文化再造新论》(下),《企业文化》2002年第12期。

[193]桑粤春:《论民营企业文化再造》,《经济纵横》2001第11期。

[194]钟英姿:《民营企业可持续发展的关键——文化力》,《科技管理研究》2004年第5期。

[195]张涛:《知识经济下的企业文化再造》,《企业改革与管理》2002年第9期。

[196]王淼、范慧丽:《企业核心竞争力提升中的文化再造》,《工业技术经济》2003年第22期。

[197]齐卫华:《当代企业文化新的发展趋向》,《经济经纬》2004年第6期。

[198]樊耘:《组织文化的构成及其内涵》,《湖南工程学院学报》2003年第3期。

[199]范琦:《21世纪中国企业文化发展趋势》,《现代企业》2004年第3期。

[200]曹哗:《对中国企业文化发展的反思》,《经济与管理》2004年第5期。

[201]王希恩:《民族精神的形成和发展》,《世界民族》2003年第4期。

[202]许晓明:《华夏传统文化与华人企业成长》,《复旦大学学报》2000年第3期。

[203]黄继刚、杨君:《企业核心竞争力发展的渐近性分析》,《经济管理》2002年第16期。

[204]张炜:《核心竞争力辨析》,《经济管理》2002年第12期。

[205]陈晓军、陈宏辉:《企业文化:组织核心竞争力的助推器》,《科技进步与对策》2003年第7期。

[206]《魏杰访谈录》,《企业改革与管理》2004年第6期。

[207]王茁:《管理是一门哲学》,《当代经理人》2003年第12期。

[208]唐修国:《突破企业文化的传统》,《经贸导刊》2002年第12期。

[209]程玮东:《从海尔"吃休克鱼"想到的》,《石油企业管理》2002年第8期。

[210]石春生,张春风:《领导者的文化角色》,《企业管理》2004年第4期。

[211]张仁兴:《企业文化结构深层解析》,《航天工业管理》2003年第1期。

[212]孟常元:《企业文化探析》,《理论与探索》2004年第2期。

[213]林佑刚:《企业文化是什么》,《企业管理》2004年第3期。

[214]吴刚:《社区自治体制创新的理论思考》,《国家行政学院学报》2001年第1期。

[215]俞可平:《论全球化与国家主权》,《马克思主义与现实》2004年第1期。

[216]陈颜:《论城市社区文化建设》,《西南民族大学学报》2005年第1期。

[217]夏建中:《国外社会学关于城市社区权力的界定》,《江海学刊》2001年第5期。

[218]武汉市人民政府研究室:《关于提高武汉城市文化竞争力的思考》,《武汉市调查研究报告》总第108期。

[219]张兵:《企业文化与管理》,《南风窗》2000年第10期。

[220][西班牙]巴尔加斯·略萨著,秋风译:《全球化:文化的解放》,《天涯》2003年第2期。

[221]方维规:《论近代思想史上的"民族"、"Nation"与"中国"》,《二十一世纪》(网络版)2002年第6期。

[222]严昭柱:《先进文化是构建和谐社会的精神支撑》,《求是》2005年第8期。

[223]吴潜涛:《论弘扬和培育民族精神》,《求是》2003年第19期。

[224][美]珍·加迪·威尔逊:《西方大众传播中的语言歧视》,《粤海风》2003年第4期。

[225]陈涌:《"五四"文化革命的评价问题》,《人民日报》2004年4月

28 日。

[226]杨耕:《优秀传统和时代精神相结合》,《人民日报》2003 年 8 月 26 日。

[227]宣宇才:《传统文化是现代化的宝贵思想资源——访北京大学教授楼宇烈》,《人民日报》2000 年 4 月 27 日。

[228]刘云山:《充分发挥爱国主义教育基地作用 大力弘扬和培育伟大民族精神》,《光明日报》2004 年 7 月 20 日。

[229]瞿林东:《文化自觉与社会发展》,《光明日报》2003 年 5 月 27 日。

[230]张晋俐:《构建和谐社会的社区文化》,《光明日报》2005 年 5 月 18 日。

[231]陈学璞、王春林:《深刻认识文化建设的战略意义》,《中国文化报》2003 年 1 月 15 日。

[232]解昆桦:《亚当·斯密〈国富论〉的先修论述——简论〈道德情操论〉》,http://www.gongfa.com/xiekhsimidaodeqingcaolun.htm。

[233]《中国的民族主义:一个巨大而空洞的符号》,www.sinoliberal.net/enemy/nationalism.htm。

[234]何爱国:《马克斯·韦伯为什么认为中国没有'科学'?》,http://dzl.legaltheory.com.cn/info.asp?id=4564。

[235]Altbach, P. G. Academic freedom: International realities and challenges. *HigherEducation*, 2001(41).

[236]Carl Mosk. "Failed States and Failed Economies: Nationalism and Economic Behavior, 1955—1995," Econometrics Working Papers 0506, Department of Economics, University of Victoria, 2005.

[237]F. Fukuyama Culture and Economic Development: Cultural Concerns, in Cultural Variations in Inter-personal Relationships, International Encyclopedia of the Social & Behavioral Sciences, Elsevier Science Ltd. 2001.

[238]Maassen, P. A. M. Quality in European Higher Education: recent trends and their historic roots, *European Journal of Education*, 1997, 32(2).

[239] North, D. C. Institutions, Institutional Change, and Economic Perform-ance. Cambridge University Press, New York, 1990.

[240] Preston P. W. , 1996. Development Theory: An Introduction. Oxford: Blackwell.

[241] Ulrich Blum and Leonard Dudley, 2001, Religion and economic growth: was Weber right? Journal of Evolutionary Economics, 2001(11).

[242] Weber, M. The Protestant Ethic and the Spirit of Capitalism, Allen & Un-win, London, 1930.

后　记

　　本书研究内容属于教育部 2003 年度哲学社会科学研究重大攻关项目——"弘扬与培育民族精神研究"的"对策研究"部分,主要探索有效弘扬和培育民族精神的基本途径和方法。课题组成员遵循"立足国情、立足现实,尊重历史、面向未来,积极进取、充满自信"的原则,在研究中,尽力了解中国现实状况,研究中国现实,把握中国社会发展的状况,总结中国经验,在此基础上认识中华民族精神的现状、发展趋势。为此,课题组成员深入城市社区、农村社区、企业、学校、部队、涉外群体,通过问卷和访谈,进行了大量调查工作,获得了第一手资料;同时,查阅了各个时期的大量文献资料,学习了党和政府各个时期开展民族精神教育的有关文件。正是在此基础上,课题组成员进行了深入研究,召开了多次研讨会,几易其稿,形成了本书。

　　本书"前言"由刘献君撰写,第一章由姚遂撰写,第二章由徐长生、宋德勇撰写,第三章由钟书华撰写,第四章由龙太江撰写,第五章由何志武、刘洁撰写,第六章由李振文撰写,第七章由曹茂君撰写,第八章由别敦荣撰写,第九章由李太平撰写,第十章由周艳、汪洪撰写,第十一章由杨玲、张建华撰写,第十二章由吴中宇撰写,第十三章由谭同学撰写,第十四章由郭立峰、李仲元、刘明诗撰写,第十五章由彭未名撰写。全书由刘献君、张俊超统稿,刘献君任主编,张俊超任副主编。

　　在本书写作过程中,得到了华中科技大学杨叔子、欧阳康教授的指导,栗志刚老师协助做了大量的工作,部分研究生参与了调研工作。人民出版社夏青同志对全书进行修改。在此,对他们一并表示感谢。本书的研究还是初步的,本书的出版,期望引起更多的各行各业的同志们共同参与研究,将我国民族精神教育不断引向深入。

编　者

2009 年 1 月 17 日

责任编辑:夏　青

图书在版编目(CIP)数据

现实挑战与路径选择——民族精神的对策研究/刘献君　主编.
-北京:人民出版社,2009.8
(民族精神研究丛书)
ISBN 978-7-01-007725-3

Ⅰ.现… Ⅱ.刘… Ⅲ.中华民族-民族精神-研究 Ⅳ.C955.2

中国版本图书馆 CIP 数据核字(2009)第 019176 号

现实挑战与路径选择
XIANSHI TIAOZHAN YÜ LUJING XUANZE
——民族精神的对策研究

刘献君　主编

人民出版社 出版发行
(100706　北京朝阳门内大街 166 号)

北京集惠印刷有限责任公司印刷　新华书店经销

2009 年 8 月第 1 版　2009 年 8 月北京第 1 次印刷
开本:710 毫米×1000 毫米 1/16　印张:29.5
字数:420 千字　印数:0,001-3,000 册

ISBN 978-7-01-007725-3　定价:62.00 元

邮购地址 100706　北京朝阳门内大街 166 号
人民东方图书销售中心　电话 (010)65250042　65289539